제2판

국제상무

박명섭 · 신정식 공저

International Commerce

아카데미프레스

머리말

우리나라는 근년 무역규모 세계 제7위의 무역대국으로 지속적 성장을 거듭하였다. 이러한 글로벌 무역 환경하에서 무역은 우리 경제의 원동력으로 국민 경제의 전 분야에 걸쳐 막대한 영향을 미치고 있으며, 무역의 성장은 더욱 고도의 글로벌 무역 전문 인력의 육성을 요구하고 있고, 대학 교육에서 무역학의 중요성을 다시금 일깨워 주고 있다.

이 책은 이러한 시대적 요구에 부응하여 글로벌 전문 무역인이 무역업을 수행하기 위한 필수적 능력을 갖추는 데 유용한 기본서로 2011년도에 출간되어 대학 및 각급 무역관련 기관에서 활용된 바 있다.

이제 그 이후 실무적으로 변화된 내용과 새로 도입된 내용을 전반적으로 고찰하여 반영하고, 이 책을 활용하고자 하는 독자들이 좀 더 이해하기 쉽도록 정리하여 2판을 내놓게 되었다.

특히, 무역계약과 무역계약의 각 조건에 대하여 더 상세하게 실무적 관점에서 보완하였으며, 국제운송 부분에서는 국제물류의 기본적 시스템과 주요 내용을 확충하였다. 무역대금결제에서는 최근 다양하게 실무적으로 활용되고 있는 결제방법을 소개하였고 무역거래에서 중요하게 취급되고 있는 선적서류와 그의 주요 내용을 실무적 활용에 적용할 수 있도록 정리하였다.

저자는 아무쪼록 이 책이 무역학을 전공하는 학도뿐만 아니라 무역 실무자 및 관세사, 국제무역사 또는 무역영어 등 각종 수험생에게 이르기까지 유용한 기본 지침서가 되기를 희망하며 아울러 더욱 발전하는 우리 무역 전반에 걸쳐 조그마한 기여가 되기를 기대한다.

그리고 2판이 출간되기까지 다방면에 걸쳐 검토의 수고를 아끼지 않은 상지대학교의 박세훈 교수와 자료의 정리와 교열에 이르기까지 애써 준 성균관대학교 대학원의 최영주 양에게 고마운 마음을 전하며, 개정판 출간을 기꺼이 승낙해 주신 아카데미프레스 사장님께 감사드리고, 편집부 직원 여러분의 노고에 심심한 사의를 표하는 바이다.

2014년 1월 저자 씀

차례

제1장 무역거래의 기초

Ⅰ. 국제상무론의 개요 ···· 1
1. 무역의 의의 / 1
2. 무역학의 구성 / 2
3. 국제상무론의 구성 / 2

Ⅱ. 무역거래의 의의와 절차 ···· 3
1. 무역거래의 의의 / 3
2. 무역거래의 주체와 객체 / 4
3. 무역거래의 형태 / 5
4. 무역거래의 절차 / 7

Ⅲ. 무역관리 ···· 16
1. 무역관리의 의의 / 16
2. 무역관리의 목적 / 16
3. 무역관련법규에 의한 관리 / 16
4. 무역물품에 대한 관리 / 17
5. 무역주체에 대한 관리 / 25
6. 무역거래 형태별 관리 / 25

제2장 무역거래의 개설

Ⅰ. 해외시장조사 ···· 31
1. 해외시장조사의 의의 / 31
2. 해외시장조사의 항목 / 31
3. 해외시장조사의 방법 / 35

Ⅱ. 무역거래처 선정 ···· 37
1. 무역업자명부를 통한 발굴 / 37
2. 해외광고를 통한 발굴 / 38
3. 국내외 공공기관을 통한 발굴 / 39
4. 직접출장 등을 통한 발굴 / 39

Ⅲ. 신용조사 ········ 39
1. 신용조사의 목적 / 39
2. 신용조사의 필요성 / 40
3. 신용조사의 조사항목 / 40
4. 신용조사의 방법 / 41

Ⅳ. 무역거래관계의 개설 ········ 43
1. 거래제의 / 43
2. 조회 및 회신 / 44

제3장 무역계약의 성립

Ⅰ. 무역계약의 기초 ········ 45
1. 무역계약의 개념 / 45
2. 무역계약의 대상 / 47
3. 무역계약의 법적 성격 / 47

Ⅱ. 무역계약의 성립 ········ 48
1. 무역계약의 성립요건 / 48
2. 청약의 법리 / 48
3. 승낙의 법리 / 52

Ⅲ. 무역계약서의 종류와 작성 ········ 54
1. 무역계약서의 종류 / 54
2. 무역계약서의 작성 / 54

제4장 무역계약의 기본조건

Ⅰ. 품질조건 ········ 59
1. 품질의 결정방법 / 59
2. 품질의 결정시기 / 61
3. 품질의 증명 / 62

Ⅱ. 수량조건 ········ 63
1. 수량의 단위 / 63
2. 수량의 결정시기 / 64
3. 과부족 용인조건 / 64
4. 개산수량조건 / 65

III. 가격조건 65

IV. 선적조건 66

1. 선적기간 / 66
2. 분할선적 / 67
3. 환적 / 67
4. 선적일자 증명 / 68

V. 결제조건 68

1. 결제방식 / 68
2. 결제시기 / 70

VI. 보험조건 71

VII. 포장조건 72

1. 포장의 의의 / 72
2. 포장의 종류 및 화인 / 72

VIII. 클레임조건 74

1. 클레임과 중재조항 / 74
2. 준거법조항 / 76

제5장 무역거래조건의 정형화

I. 정형거래조건의 의의 79

II. Incoterms의 제정과 개정 79

III. Incoterms® 2010의 활용 81

1. 매매계약서상에 반드시 'Incoterms® 2010' 으로 표기 / 81
2. 적절한 Incoterms 조건 채택 / 81
3. 물품인도 장소의 구체적 명시 / 81
4. Incoterms의 적용범위 / 82

IV. Incoterms® 2010의 주요 개정내용 82

1. 정형거래조건의 구분변경 및 감소 / 82
2. 국제거래뿐만 아니라 국내거래 사용 공식화 / 83
3. 전자적 통신에 관한 규정 개정 및 신설 / 84
4. 보안에 관한 규정 신설 / 84
5. THC에 관련된 규정 추가 / 84
6. 연속매매에 관한 규정 / 85
7. Incoterms 조건의 변형 / 85

V. Incoterms® 2010의 정형거래조건의 개요 85
1. 모든 운송방식에 사용가능한 규칙 / 85
2. 수상운송전용조건 / 90

VI. Incoterms® 2010에서의 계약 당사자의 의무 93
1. 매매당사자의 일반적 의무 / 93
2. 허가, 승인, 보안통관 및 기타 절차 / 94
3. 운송 및 보험계약의 의무 / 95
4. 매도인의 인도와 매수인의 인도수령 / 97
5. 위험의 이전 / 98
6. 비용의 분담 / 98
7. 매도인과 매수인의 통지의무 / 104
8. 인도서류 및 인도증빙 / 105
9. 검사 · 포장 · 화인과 물품의 검사 / 106
10. 정보에 관한 협조 및 관련비용 / 106

제6장 국제운송

I. 무역계약과 국제운송 107

II. 해상운송 109
1. 해상운송의 의의 / 109
2. 해상운송계약 / 109
3. 정기선 운송 / 110
4. 부정기선 운송 / 117
5. 해상운송 관련 국제규칙 / 120

III. 국제항공운송 122
1. 국제항공운송의 의의 / 122
2. 항공화물 이용에 따른 경제적 효과 / 123
3. 항공화물의 탑재방식 / 123
4. 항공화물의 운송절차 / 123
5. 항공운임 / 125
6. 부대비용 / 126
7. 항공운송계약과 준거법 / 126
8. 항공운송인과 항공화물운송대리점 / 128
9. 항공화물운송장 / 130

IV. 국제복합운송 131
1. 국제복합운송의 의의 / 131

2. 국제복합운송인 / 132
3. 복합운송인의 책임체계 / 132
4. 국제복합운송의 주요 형태 / 133

V. 컨테이너 운송 ······ 135
1. 컨테이너 운송의 의의 / 135
2. 컨테이너 규격 / 136
3. 컨테이너 종류 / 137
4. 컨테이너 터미널 및 ICD / 138
5. 컨테이너 운송의 형태 / 140
6. 컨테이너화물의 수출절차 / 141
7. 기타 육상운송 / 142

제7장 해상보험

I. 해상보험의 의의 ······ 145
1. 해상보험의 의의 / 145
2. 해상보험의 법률적 특징 / 146
3. 해상보험의 분류 / 146
4. 해상보험의 용어 / 147

II. 해상위험과 해상손해 ······ 150
1. 해상위험 / 150
2. 해상손해 / 152

III. 해상보험증권과 적하보험약관 ······ 156
1. 해상보험증권 / 156
2. 적하보험약관 / 157

제8장 무역대금결제

I. 무역대금결제의 개요 ······ 169
1. 무역대금결제의 의의 / 169
2. 무역대금결제방법 결정시 고려사항 / 170

II. 송금방식 ······ 173
1. 송금방식의 개요 / 173
2. 송금방식의 특징 / 173
3. 송금방식의 종류 / 174

III. 추심방식 175
1. 추심방식의 의의 / 175
2. 추심방식의 특징 / 176
3. 추심거래절차 / 177

IV. 화환신용장방식 178
1. 신용장방식의 의의 / 178
2. 신용장의 기원과 신용장통일규칙의 제정 / 179
3. 신용장방식의 특징 / 181
4. 신용장거래의 당사자 / 183
5. 신용장의 종류 / 186
6. 신용장의 개설 / 196
7. 신용장의 구성 / 201

V. 기타 결제방식 206
1. 상호계산방식 / 206
2. Open Account / 209
3. 국제팩토링 / 210
4. 포페이팅 / 210
5. 청구보증 / 211

제9장 수출입통관과 관세환급

I. 관세법 및 통관의 개요 213
1. 관세법의 개요 / 213
2. 통관 / 213

II. 수출입통관절차 214
1. 수입통관 / 214
2. 수출통관 / 217

III. 보세제도 218
1. 보세구역 / 219
2. 보세운송 / 221

IV. 관세환급제도 222
1. 관세환급의 개요 / 222
2. 관세환급의 종류 / 222

제10장 선적서류

I. 운송에 관한 서류 ······ 226
1. 선하증권 / 226
2. 해상화물운송장 / 237
3. 항공화물운송장 / 239
4. 복합운송서류 / 241
5. 전자식 선하증권 / 241

II. 매매계약에 관한 서류 ······ 243
1. 송장 / 243
2. 포장명세서 / 244
3. 보험에 관한 서류 / 245
4. 기타 서류 / 246

제11장 전자무역

I. 전자무역의 의의 ······ 247
1. 전자무역의 개념 / 247
2. 전자무역과 전자상거래 / 248
3. 전자무역의 절차 / 248

II. 전자무역의 특징 ······ 252
1. 무역거래관행의 변화 / 252
2. 전자무역의 특징 / 254

III. 전자무역의 수단 ······ 256
1. EDI / 256
2. 볼레로 프로젝트 / 259
3. Trade Card System / 261
4. 인터넷 EDI / 262

제12장 무역분쟁

I. 무역클레임 ······ 265
1. 무역클레임의 개념 / 265
2. 무역클레임의 발생원인 / 265
3. 무역클레임의 종류 / 266

4. 무역클레임의 실태 / 267
5. 무역클레임의 제기 / 268

II. 상사중재 274
1. 상사중재의 의의 / 274
2. 상사중재제도의 장 · 단점 / 275
3. 중재계약 / 276

부록
무역서식 / 284
Incoterms® 2010 / 317
UCP 600 / 385
CISG / 415

참고문헌 / 447
찾아보기 / 449

무역거래의 기초 제1장

I. 국제상무론의 개요

1. 무역의 의의

1) 무역과 국제무역

일반적으로 무역이라 함은 대상물의 교환(exchange), 거래(business, transaction) 또는 매매(sale) 등을 의미한다. 특히 거래의 지역 범위를 나타내는 의미로 구분하면 무역(trade)이란 미국의 경우에서는 국가 간 구별 없이 넓은 의미로 사용하며 기타 국가에서는 국내거래의 의미로 사용(domestic trade)되기도 하고, 유럽, 아시아 등에서와 같이 국제무역(international trade)으로 일반적으로 국가 간 교역의 의미로 사용되기도 한다.

2) 무역의 현대적 의미

오늘날에 있어서 무역이란 그 범위가 한 국가의 역내를 초월하여 다국 간, 다수참여자 간에 생산과 소비의 모든 경로가 국경을 초월하여 이루어지는 활동을 의미한다.

그리고 그 대상물에 있어서는 국제간에 발생하는 물품(goods), 용역(service), 생산요소(노동, 자본, 기술, 경영능력 등)의 국제적 이동(거래) 일체를 의미하는 개념으로 사용하고 있다.

3) 무역활동의 목적

무역활동의 목적은 구체적 의미에서 대가를 수반하여야 한다. 대가성이 없는 무상거래는 원조 또는 이전거래라 함이 옳고, 유상거래를 무역이라 함이 옳다.

또한 거래의 대상물에 따라 유형무역과 무형무역으로 나눈다. 유형무역은 물품(goods)과 같은 유체동산의 거래를 의미하며 그 대가로 물품의 대금을 수반한다. 무형무역은 용역(service) 등과 같은 무체동산의 거래로서 그 대가로 royalty, 운임, 보험료, 통신광고비, 저작권사용료, 투자수익, 특허료 등을 수반한다.

2. 무역학의 구성

무역학은 국제경제활동에 관련된 다양한 학문 중에서도 지극히 실천적인 학문이다.

무역학의 연구대상에는 무역이론으로 국제경제학과 긴밀한 관련성을 갖고 있는 분야와 국제상무론으로 무역학 고유의 특징적 분야, 그리고 무역경영론으로 국제경영학과 긴밀한 관련성을 갖고 있는 분야가 있다.

1) 무역이론

무역활동이 교역국에 대한 경제적 이익과 혜택을 주는가의 문제를 탐구하며 국제무역론, 국제경제학, 무역정책론 등이 포함된다.

2) 국제상무론

재화나 용역의 이동에 영향을 주는 국제간 관습, 제도, 법규, 환경 및 통상문제 등 전문적 관행이나 절차에 대하여 탐구하며, 무역학 고유의 특징적 분야로서 무역실무, 무역계약론, 무역관습론, 전자무역론, 국제통상론, 국제운송론, 관세론, 무역관계법규, 무역결제론, 해상보험론, 상사중재론 등이 포함된다.

3) 무역경영론

무역활동을 수행하는 기업의 국제경영원리와 활동에 수반되는 문제에 대하여 탐구하며 국제경영론, 국제마케팅론 등이 포함된다.

3. 국제상무론의 구성

1) 무역관리론

국제무역법규, 대외무역법, 외국환거래법, 관세법, 기타

2) 무역관습론

Incoterms, 신용장통일규칙, 전자무역론, 기타

3) 무역계약론

무역계약, 무역클레임, 상사중재, 기타

4) 국제운송론

해상운송, 항공운송, 복합운송, 국제물류론, 국제유통구조론, 기타

5) 보험론

해상보험, 무역보험, 기타

6) 무역결제론

외환, 신용장 등 무역결제, 무역금융, 기타

7) 국제통상론

국제무역기구론, 국제거래법규, 통상교섭론, 국제지역연구, 무역환경론, 기타

II. 무역거래의 의의와 절차

1. 무역거래의 의의

무역은 이국 간에 이루어지는 상거래로서 일반적으로 물품(goods)을 매체로 한 국제간 물품매매(sale of goods) 형태로 수행된다. 오늘날 무역거래가 대형기계의 매매, 플랜트무역, 특허나 노하우계약 및 대리점계약 등과 같이 대형화, 거액화, 장기화, 다양화되고, 그 내용도 복잡다기해졌기 때문에 무역매매의 개념이 다양하게 변화하였으나 무역거래의 원형은 역시 물품매매임에 틀림없다.

무역거래의 진정한 목표가 일국의 부를 증대시킴과 아울러 지구상의 부의 편재를 없애고 온 세계가 평등하게 부를 누리는 데 있다고 한다면, 이를 위하여 무역거래는 어떻게 이루어져야 하는가 하는 무역거래의 기본문제를 검토하는 것이 무엇보다 중요하다고 할 수 있다. 특히 우리나라와 같이 부존자원이 빈약한 나라에서는 국민경제의 무역의존도가 높기 때문에 무역거래의 국민경제적 의의는 매우 크다고 할 수 있다.

무역거래의 중요성을 인식하기에 앞서 우리는 매매계약의 체결을 통하여 당사자 간에 계약이 성립되고, 통관, 운송, 보험 및 결제를 통하여 계약이 이행되며, 무역클레임의 해결을 통하여 계약이 종료되는 무역매매를 상무적 · 법리적 기반 위에서 올바르게 이해할 필요가 있다.

무역거래는 국제간의 물품매매이며, 국내의 상거래에서도 물품매매가 그 주체이기 때문에 양자 모두 물품거래라는 점에서 다를 바가 없다. 그러나 무역거래는 국가를 서로 달리하는 거래라는 점에서 국내거래와는 다른 여러 가지 특질을 갖고 있다. 국가를 달리함으로써 종교, 교육, 언어, 법률, 상관습, 통화, 도량형, 가치관 및 생활양식이 달라진다. 따라서 무역거래는 단순한 국내의 물품매매와 달리 복잡하므로 이를 체계적으로 공부할 필요가 있다. 그 중에서도 언어, 준거법, 외국환, 관세제도, 운송 및 보험제도는 무역매매와 직접적인 관계가 있기 때문에 국제적 통일 내지 약정이 필요하다고 할 수 있다.

2. 무역거래의 주체와 객체

1) 무역거래의 주체

무역거래는 이를 행하는 자가 개인인가 국가인가에 따라 민간무역과 국영무역으로 분류된다. 민간무역은 자본주의 국가에 있어서의 통상적인 무역형태이기 때문에 개인 또는 회사조직의 무역업자가 그 주체이나, 국영무역은 그 주체가 정부기관이나 정부소속의 특별기관 또는 정부관리하의 무역관계 공공단체이다.

민간무역은 일국과 외국의 무역업자를 주체로 하기 때문에 상인 대 상인의 무역이나 무역업자의 규모 및 양태는 천차만별이다.

우리나라의 무역업자들 가운데도 대규모 종합무역상사가 존재하는가 하면, 전자통신장비만 보유한 소규모 중개업자의 형태로 존재하는 무역업자의 수도 적지 않다. 또한 같은 규모의 무역업자라도 수출전업, 수입전업 또는 수출입업 및 제조업까지 겸하는 등 다양한 양태로 운영하고 있다. 또한 현실적으로 전문무역업자만이 무역매매의 주체라고 할 수 없다. 제조업자나 유통업자도 무역업에 진출함으로써 무역매매의 주체가 되었고, 직종별로도 전문무역업자, 도 · 소매업을 겸한 무역업자, 제조업자의 무역겸업 및 기타 무역겸업 등으로 다양해졌다. 업태별로는 수출업, 수입업, 수출입업 등으로, 또 취급하는 수출입액수를 기준으로 여러 계층의 그룹으로 분류할 수 있다.

2) 무역거래의 객체

무역거래의 대상물로 객체인 취급물품은 소자본으로 취급할 수 있는 잡화류로부터 대자본과 특수기술을 필요로 하는 중화학공업제품, 정보산업제품에 이르기까지 그 종류가 매우 다양하다. 해외시장에서 수요가 왕성하여 높은 이윤을 기대할 수 있는 물품과, 고기술집약적 물품으로 장래성이 있는 물품이 있는가 하면 장래성이 없는 사양적인 물품도 적지 않다.

한편, 높은 이윤이 기대된다고 해서 소규모 무역업자가 철강이나 선박, 플랜트 등과 같은 대규모 물품을 취급하기에는 현실적으로 곤란하다. 각 주체는 객체를 선정함에 있어서 기술과 자본 등의 모든 사정을 고려하여야 할 것이다. 수출입물품의 구조 또한 국내외의 경제발전과 세계 무역환경의 변화와 더불어 계속 변화하여 간다.

3. 무역거래의 형태

1) 직접거래

기업체가 개인경영인가 회사조직인가를 불문하고 양국의 무역업자가 서로 자기의 계산과 위험(account and risk)부담으로 본인 대 본인(principal to principal)의 입장에서 물품의 매매를 행하는 경우가 직접거래(direct trade)로, 무역매매의 기본적인 거래형태이다. 이 경우 양국의 무역업자는 각각 자국 내의 제조업자나 공급자로부터 물품을 구입하여 이것을 자기의 소유로 한 다음 외국의 상대방에게 수출하는 경우와, 상대방으로부터 수입한 물품을 자국 내의 수요자에게 인도하는 경우의 두 가지 기능을 갖고 있다. 따라서 양국의 무역업자는 대내거래와 대외거래를 함께 하고 있는 셈이다.

또한 양국의 무역업자가 수출입거래를 겸하는 경우뿐만 아니라 수출과 수입 중 어느 일방에 특히 주력하는 경우도 있다. 예컨대 중소규모의 무역업자가 자본이나 금융관계로 주로 수출거래에 주력하는 경우도 있고, 제조업자가 외국의 거래처에 자기 물품을 직접 수출하거나 자기 물품의 생산에 필요한 원재료를 직접 외국으로부터 수입하는 경우도 있다.

또한 무역매매는 국내거래와는 달리 특수성이 있고 복잡하기 때문에 무역거래에 관한 전문적인 지식과 경험을 필요로 한다.

따라서 제조업자는 자신의 자본과 능력을 물품의 생산에만 집중·전념하고, 물품의 수출과 필요한 원재료의 수입은 무역전문업자의 서비스를 이용하는 방법이 경우에 따라서는 안전하고 결과적으로 유리하다고 할 수 있다.

2) 간접거래

간접거래(indirect trade)는 일반적인 형태냐 특수한 형태냐에 따라 여러 가지 형태가 있다. 간접거래의 대표적인 형태 중 하나인 위탁거래(trade on commission)에는 통상 매도위탁과 매입위탁이 있다.

(1) 무역업자가 위탁자인 경우

일국의 무역업자가 자국물품의 판매를 자기와 거래관계가 있는 외국의 거래처에 위탁하는 경우로, 무역업자가 사전에 거래처의 동의를 얻어 위탁품을 적송하는 것이다. 이것을 일반적으로 위탁판매(consignment)라고 하며, 이때 위탁하는 무역업자는 판매위탁자(consignor), 외국 거래처는 판매수탁자(consignee)이다.

이러한 위탁판매는 무역업자가 외국에 자기 물품의 판로 확장을 목적으로 많이 이용하고 있다. 위탁판매에 관한 조건은 양자 간에 체결된 위탁판매계약(agreement on consignment)에 따라 결정된다.

수탁자가 위탁된 물품을 판매할 경우에는 그 대가로 약정된 계약에 따라 판매수수료(selling commission)를 위탁자로부터 취득한다. 이러한 판매위탁이 양자 간에 계속적으로 행하여질 경우, 수탁자는 위탁자의 판매대리점(selling agent)이 된다.

한편, 일국의 무역업자가 외국에 있는 거래처에 그 나라의 물품의 매입을 위탁하는 경우를 위탁매입(indent)이라 하며, 무역업자는 매입위탁자(indentor)가 되고, 외국의 거래처는 매입수탁자(indentee)가 된다. 이러한 매입위탁에 관한 조건은 양자 간에 체결된 매입위탁계약(agreement or indent)에 따라 결정된다. 수탁자가 위탁자의 희망물품을 매입하는 경우에는 그 업무의 대가로 매입수수료(buying commission)를 위탁자로부터 취득한다. 이러한 매입위탁이 양자 간에 계속적으로 행하여질 경우 수탁자는 위탁자의 매입대리점(buying agent)이 된다.

(2) 무역업자가 수탁자인 경우

일국의 무역업자가 자국 내의 제조업자의 의뢰에 의하여 그의 물품을 외국시장에 판매하도록 위탁받는 경우와 외국에 있는 제조업자의 의뢰에 의하여 그의 물품을 국내시장에 판매하도록 위탁받는 경우가 있다. 이러한 경우 국내 및 외국의 제조업자는 판매위탁자가 되고 무역업자는 판매수탁자가 된다. 따라서 양자 간의 판매위탁계약이 체결되고 이 계약서에 위탁조건이 약정된다. 물론 위탁자는 수탁자에게 약정된 판매수수료를 지급하게 된다.

한편, 일국의 무역업자가 국내의 제조업자 또는 상사의 의뢰로 외국물품의 매입을 위탁받는 경우도 있다. 이러한 경우 국내의 제조업자나 상사는 매입위탁자가 되고 무역업자는 매입수탁자가 된다. 이들 양자 간에는 매입위탁계약이 체결되고 거기에 매입위탁조건이 약정된다. 수탁자인 무역업자는 위탁자로부터 약정된 수수료를 취득한다.

4. 무역거래의 절차[1)]

1) 수출거래 절차

수출거래 절차는 거래단계에 따라 계약체결을 위한 준비, 계약의 성립, 계약의 이행 및 계약의 종료로 나누어 볼 수 있다.

(1) 계약체결을 위한 준비

수출거래를 시작하려고 하는 수출자가 제일 먼저 부딪치는 문제는 자신의 물품을 어느 나라 어느 수입자에게 수출하느냐 하는 점이다. 먼저 대상국가를 선정하기 위하여 각국의 국민소득, 정치적 · 사회적 안정, 통상법규, 관습, 기호 및 인구 등 정치 · 경제 · 사회 · 문화적 여건을 고려하여 특정 국가를 선정하고, 그 나라에 진출하기 위하여 수출마케팅계획을 세워야 한다. 이를 위하여 수출마케팅조사(export marketing research)가 그 기초가 된다. 수출마케팅조사의 결과에 의거하여 수출업자는 조사한 시장에의 진출여부를 결정하게 된다.

목적시장이 결정되면 수출자는 구체적으로 어느 회사와 거래관계를 맺을 것인가 하는 유력한 거래처를 물색하여야 한다. 이를 위하여 대한무역진흥공사(Korea Trade Promotion Corporation: KOTRA), 상공회의소(Chamber of Commerce and Industry), 한국무역협회(Korea International Trade Association: KITA) 및 외국영사관 같은 무역알선기관의 소개를 받거나 상공인명부(Directory) 등에서 찾아내는 것이 일반적이다. 또한 수출자는 WTCA(World Trade Centers Association)와 같은 해외공공기관이나 국내에서 발행하는 해외홍보매체를 이용할 수도 있고 각종 사절단이나 전시회에 참가하여 직접 수입상을 물색할 수도 있다.

거래상대방의 회사명과 주소가 확실해지면 수출자는 신용조회처(references), 예컨대 은행, 동업자, 또는 상업흥신소 등을 통하여 상대방의 인격(character), 자본(capital) 및 영업능력(capacity) 등의 신용상태(credit standing)를 조사한다.

신용조사 결과 상대방의 신용상태가 믿을 수 있는 회사로 판명되면 상대방에게 거래제의를 하게 된다. 이에 대하여 상대방으로부터 승낙한다는 회신이 있으면 거

---

1) 무역거래절차는 신용장방식을 기준으로 설명하고자 한다.

래의 성립을 위하여 견본(sample), 카탈로그(catalogue) 및 가격표(price list) 등을 송부한다. 특히 앞으로의 거래를 원만히 하기 위하여 거래의 기초가 되는 일반거래조건협정서(Agreement on General Terms and Conditions of Business)를 교환해 둔다.

특히 대리점계약(agency agreement)이나 판매점계약(distributor agreement)의 경우에는 별도의 계약서나 협정서를 교환하는 경우가 많지만 단순한 매매계약에서는 위의 협정서를 교환하지 않고 곧 바로 청약(offer)하는 경우가 많기 때문에 나중에 종종 문제가 발생할 수 있다.

(2) 계약의 성립

매도인이 발송한 카탈로그, 견본 및 가격표를 보고 매수인이 품질, 수량, 선적기일 등의 제 거래조건에 관하여 문의를 해오게 되는데 이를 문의 또는 조회(inquiry)라고 한다. 이 조회를 받으면 매도인은 제 거래조건을 제시하고 계약을 신청하는데 이를 매도청약(selling offer)이라 한다. 오퍼는 보통 전신, 텔렉스(telex) 또는 팩시밀리(facsimile) 등으로 발송하고 그 내용을 확인하기 위하여 확인서신(confirmation letter)을 송부한다. 이 오퍼로서 확정청약(confirmation offer)은 승낙(acceptance)되면 그대로 매매계약(sales contract)이 성립하는데 이때의 승낙은 절대적(absolute), 무조건(unconditional)의 것이다. 현실적으로는 매매당사자 간에 여러 차례의 대응청약(counter offer)[2)]이 교환된 후에 계약이 성립되는 것이 일반적이다. 매매계약이 성립되면 계약내용을 확인하기 위하여 매수인은 주문서(order sheet) 또는 매약서(purchase note)를 매도인에게 송부하고 매도인은 주문승낙서(acknowledgement of order) 또는 판매확약서(sales note)를 매수인에게 송부함으로써 주문의 인수를 확인한다.

(3) 계약의 이행

① 신용장의 접수 등

매매계약이 성립하면 매매당사자는 계약조건에 합치하는 각자의 의무를 이행하지 않으면 안 된다. 일반적으로 국제무역거래에서 당사자 간의 의무 이행의 가장 확실한 방법으로 사용되는 것이 신용장(Letter of Credit: L/C)이다. 신용장은 수입자가

---

2) 국제물품매매법(United Nations Convention on Contracts for the International Sale of Goods: CISG(1980)) 제19조에서 대응청약은 승낙을 의도하고는 있으나 추가 또는 제한, 기타 변경을 담고 있는 청약에의 응답은 승낙의 거절이자 또한 대응청약이 된다.

자신의 거래은행에 신용장거래약정을 체결하고 수입신용장개설신청서를 제출하여 수출자 앞으로 신용장을 개설하도록 의뢰하고, 그 신용장을 통지은행을 통하여 전달받은 수출자는 수령한 신용장이 매매계약과 일치하는지를 확인하고 일치하지 않는 사항이 있으면 신용장의 조건변경(amendment)을 요구하는 등 은행을 거래에 개입시켜 안전한 거래를 하기 위하여 사용하는 것이다.

수출물품의 조달을 위하여 수출자는 직접 물품을 제조하거나 수출물품 제조업자로부터 이를 매입한다. 수출자는 수출물품을 매입할 때 제조업자 앞으로 내국신용장(local L/C)을 발행할 수 있다.

또한 수출자는 수출물품의 제조 · 가공 · 집화 · 매입 등에 소요되는 자금을 수출지원금융제도에 따라 거래은행으로부터 융자받을 수 있고, 무역어음을 이용하여 필요한 자금을 조달할 수도 있으며, 또 수입금융을 이용하여 수출용 원자재를 해외에서 수입할 수도 있다. 이 경우 수출자는 다시 수입자의 자격으로 해외의 원자재 공급자에게 수입신용장을 개설하도록 자기의 거래은행에 의뢰하여야 한다. 또한 수출자는 결제통화가 외화이고 환율변동의 위험이 있을 경우 이에 대처하기 위하여 선물환계약(forward exchange contract)의 체결도 고려하여야 한다.

② 수출승인

수출자는 수출입공고, 수출입별도 공고상의 대상물이나 외화획득용 원료기재로 수입한 물품의 수출, 산업설비수출 및 전략물자 공고 대상물품, 특정 거래의 수출입물품 등에 해당하는 수출의 경우 산업통상자원부장관으로부터 수출승인을 받아야 한다.

수출자는 수출승인을 받기 위해 수출승인기관에 신청하고 수출승인을 받으면 수출승인서(Export License: E/L)를 획득하게 된다.

③ 수출물품의 확보

수출물품을 확보하는 방법으로는 직접제조, 위탁제조, 완제품 제조업자로부터의 매입 등을 들 수 있다. 또한 직접제조 또는 위탁제조의 경우 외국으로부터 원자재를 수입하여 제조하는 경우와 국산 원자재를 사용하여 제조하는 경우가 있다. 외국으로부터 원자재를 수입하여 제조할 경우에는 또 다른 수입행위가 발생하며 이때 수출과 관련하여 관세 또는 금융상의 편의를 취하는 경우도 있다. 국산 원자재를 사용하는 경우에도 원자재 구매에 내국신용장을 사용하는 등의 편의를 누릴 수 있다. 완제품의 국내 구매 시에도 수출용 완제품 구매와 관련하여 무역금융을 이용하여 구매할 수 있다.

④ 운송계약

운송계약의 체결 의무는 계약서에 별도의 명시가 없으면 매매계약의 정형거래조건(trade terms)에 따라 결정된다. 정형거래조건 중 수출자에게 운송계약 체결의무가 있는 조건은 C조건(CFR, CIF, CPT, CIP)이다. 이때 수출자는 운송계약뿐만 아니라 운임을 부담하여야 한다. 운송계약에서 국제무역에 주로 사용되는 해상운송은 정기선(liner)에 의한 개품운송계약, 부정기선(tramper)에 의한 용선운송계약, 그리고 컨테이너를 이용한 복합운송계약 등이 있으며 운송계약의 증거서류로 선하증권(Bill of Lading: B/L), 용선계약서(Charter Party) 또는 복합운송서류(Multimodal Transportation Documents) 등을 각각 발급받는다.

⑤ 해상보험계약 및 무역보험 이용

CIF 계약으로 수출할 경우 수출자는 해상적하보험계약(marine cargo insurance contract)을 체결하여야 한다. 현재 우리나라는 1983년 3월 1일부터 개정된 협회화물약관(Institute Cargo Clauses)인 ICC(A), ICC(B), ICC(C)를 종래의 ICC(A/R), ICC(WA) 및 ICC(FPA)와 병행하여 실시하고 있다. 보험계약의 증빙서류로 보험증권(Insurance Policy) 또는 보험증명서(Insurance Certificate)를 받는다.

한편, 수출자는 상대방의 신용위험(Credit Risk)이나 또는 비상위험(Emergency Risk)에 대비하기 위하여 무역보험(Trade Insurance)을 이용할 수 있다.

⑥ 수출통관

수출통관은 내국물품을 외국물품화하는 절차로서 외국으로 반출을 허용하는 세관장의 처분이다. 내륙수송(inland transportation)을 거쳐 통관을 위하여 물품을 보세지역(bonded area)에 반입하고 세관에 수출신고(export declaration)를 한 다음 수출면장(export permit)을 받으면 국제운송을 위하여 선적할 수 있다.

수출통관신고는 화주, 관세사, 관세사법인 또는 통관법인의 명의로 할 수 있다. 이 경우 관세사를 채용하지 않는 화주는 관세사 등에게 통관업무를 대행시킨다.

⑦ 선적

수출통관을 마친 화물은 보세지역에서 본선의 선측까지 운송하여 본선에 적재한다. 화주가 선적지시서(Shipping Order: S/O)를 본선에 제시하면 일등항해사(chief mate)가 이와 화물을 대조한 후 인수하고, 그 증빙으로 본선수령증(Mate' s Receipt: M/R)을 화주에게 교부하면 선박회사는 이와 상환하여 화주에게 선하증권(Bill of Lading: B/L)을 교부한다.

〈수출거래 절차도〉

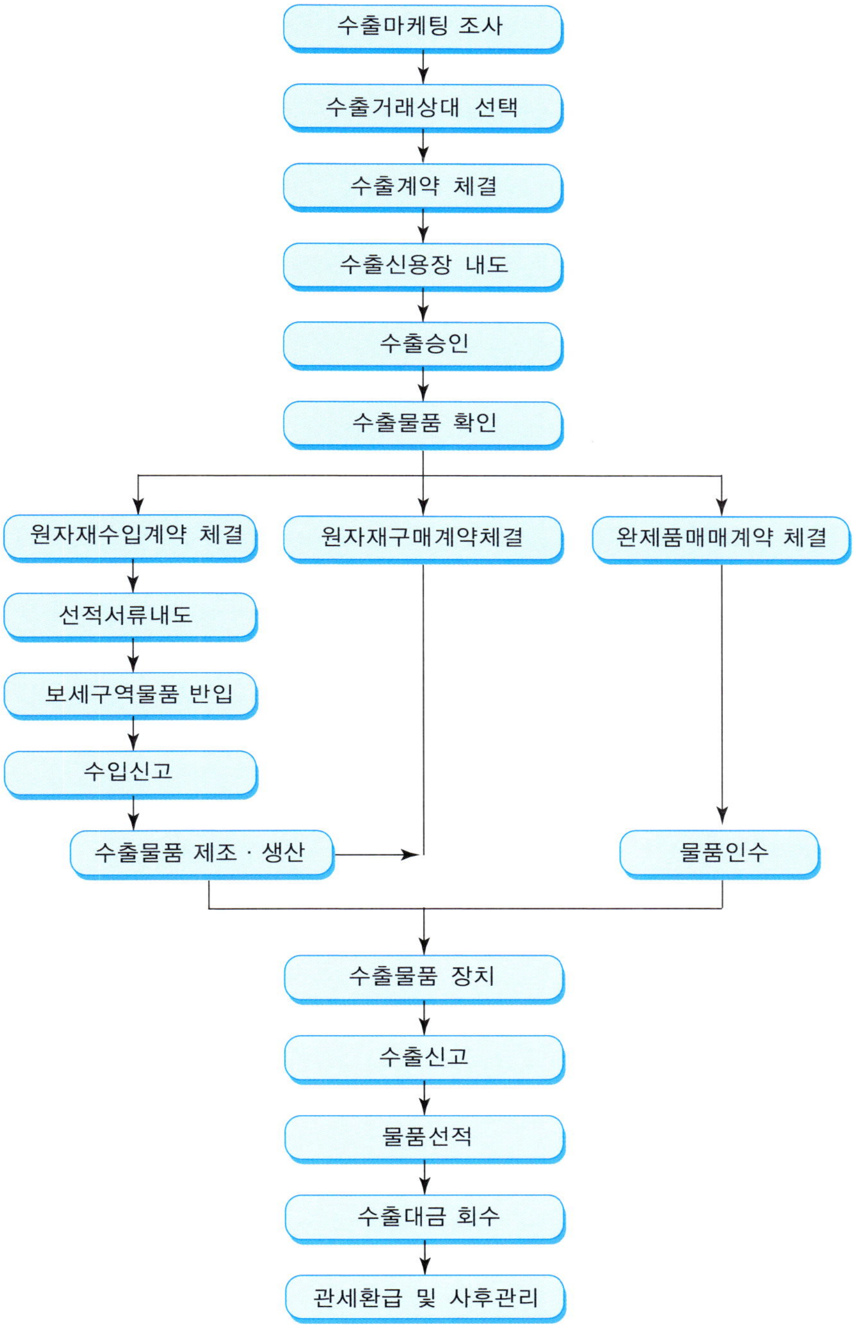
수출마케팅 조사
수출거래상대 선택
수출계약 체결
수출신용장 내도
수출승인
수출물품 확인
원자재수입계약 체결
원자재구매계약체결
완제품매매계약 체결
선적서류내도
보세구역물품 반입
수입신고
수출물품 제조 · 생산
물품인수
수출물품 장치
수출신고
물품선적
수출대금 회수
관세환급 및 사후관리

한편, 화물이 컨테이너에 적입될 경우, FCL(full container load) 화물의 경우에는 화물적재컨테이너를 CY(container yard)에, LCL(less than a container load) 화물의 경우에는 통관을 끝낸 화물을 CFS(container freight station)에 반입하면 선박회사의 대리인인 CY Operator 또는 CFS Operator로부터 부두수령증(Dock Receipt: D/R)을 교부받는다. 화주는 이와 상환하여 선박회사로부터 선하증권이나 복합운송서류 같은 운송서류를 발급받는다.

(4) 계약의 종료

① 관세환급

수출물품을 선적한 수출자는 관세환급 대상일 경우에는 관세환급(customs drawback)을 받을 수 있다. 관세환급이란 수출용 원재료를 수입하는 때에 납부하였거나 납부할 관세 등을 수출 등에 제공하였을 경우 수출자나 수출물품 생산자에게 되돌려주는 제도이다.

② 사후관리

수입제한승인품목이나 특별법규제대상품목이 외화획득용 원료로 수입된 경우에는 대응수출을 이행하였는지 여부에 대한 사후관리를 받아야 한다.

관세환급의 종류는 관세법상 관세환급과 환급특례법상 관세환급으로 구분할 수 있다. 자세한 사항은 제9장에 후술한다.

2) 수입거래 절차

수입거래도 시작에서부터 그 거래가 종료될 때까지 계약체결을 위한 준비, 계약의 성립, 계약의 이행 및 계약의 종료로 나누어 생각할 수 있다.

(1) 계약체결을 위한 준비

수출자의 최대업무는 목적시장과 거래처를 선정하는 것이지만, 수입자에게는 어떤 물품을 수입하면 국내시장에 잘 팔릴 것인가 하는 자국시장의 수요동향과 판매경로(route)를 파악하는 것이 보다 중요하다. 즉, 수입마케팅을 효율적으로 수행하기 위하여 가장 적합한 수입마케팅계획을 세워야 하고 이를 위하여 수입마케팅조사가 그 기초가 된다. 그 다음, 수입자는 자국시장의 수요에 맞는 물품을 공급할 수출자를 물색한다. 수출자를 물색하는 일은 수출거래 절차에서 수입자를 물색하는 방법과 같다.

수출자가 결정되면 그 상대방의 신용상태를 조사하고, 신용조사의 결과 신용상태가 양호하면 일반거래조건협정서(Agreement on General Terms and Conditions of Business)를 교환한다. 그러나 실제에 있어서는 이러한 협정서를 교환하지 않고, 바로 구체적인 거래에 들어가는 경우가 많다. 또 수출자로부터 송부되어 온 가격표나 견본을 충분히 검토해야 하는데, 예컨대 가격표를 기초로 국내에서의 판매가능 여부를 검토하고 가격인하를 요구할 수 있으며, 물품에 따라서는 색채, 장식, 크기 등을 국내시장에 맞게 변경해 줄 것을 요구할 필요도 있다.

(2) 계약의 성립

일반거래조건협정서가 당사자 간 교환되고 나면 수입자를 수출자 앞으로 거래문의(trade inquiry)를 한다. 수입자의 문의에 대하여 수출자는 통상 매도청약(selling offer)을 보낸다. 수입자는 수입채산을 검토한 후 그 결과 구입할 의사가 있는 경우 또는 국내의 실수요자가 오퍼조건을 수락하겠다는 의사를 표시하면 수출자에게 승낙(acceptance)한다는 회답을 보냄으로써 매매계약이 성립한다. 한편 수입자가 수출자 앞으로 매수청약(buying offer)을 보낸 경우에는 수출자가 여기에 승낙하면 매매계약이 성립한다. 승낙은 절대적(absolute)이며 무조건(unconditional)의 것이어야 하며 어떤 조건이나 수정을 가하면 대응오퍼(counter offer)가 되어 계약이 성립되지 않지만, 이러한 대응오퍼도 이를 상대방이 수락하면 역시 매매계약이 성립한다.

계약이 성립하면 수입자는 수출자에게 구매서(purchase note)를 발송하게 되는데, 만약 수입자동승인품목인지가 확인되지 않았으면 정부의 수입승인, 또는 수입허가조건부(subject to import license)라는 취지를 명기해 둔다. 이 점을 명확히 하지 않을 경우 종종 클레임이 발생할 가능성이 크기 때문에 각별히 유의하여야 한다.

(3) 계약의 이행

① 수입승인

우리나라의 수입은 대외무역법에 따라 원칙적으로 산업통상자원부(이하 산자부)장관이 지정하는 서류를 첨부하여 수입승인을 신청하도록 되어 있다. 수입승인의 유효기간은 원칙적으로 1년이며 필요에 따라 1년에서 20년까지의 범위 내에서 유효기간을 달리 정할 수 있도록 하고 있다.

수입승인은 대외무역법, 외국환거래법, 관세법 등에 의하여 관리되고 있다.

수입하려는 물품이 이러한 관련법규에 의한 금지품목이 아니고 대금결제방법이 외국환거래법에 저촉되지 않으면 일반적으로 수입승인을 받을 수 있다.

수입품이 수출입공고상 수입제한승인품목으로 기재되어 있는 경우에는 당해 제한조치에 합당한 수입요령에 따라 주무관서장 또는 조합의 수입추천을 받아야 한다. 동 수입품목이 별도공고에 따르도록 되어 있는 품목인 때에는 산자부장관이 정하는 별도공고에 따라야 한다.

② 수입신용장의 개설

수입승인을 받은 자는 당해 수입승인 유효기간 내에 외국환은행을 통하여 수입신용장을 개설하여야 한다. 수입신용장은 수입승인서와 동일한 내용으로 개설되어야 한다. 신용장금액은 수입승인금액을 초과할 수 없고 표시통화는 수입승인서에 기재된 통화와 같은 지정통화여야 한다. 또한 은행은 신용장을 개설하게 되면 수출자가 발행한 어음을 지급할 책임을 져야 하기 때문에 신용장 개설의뢰인인 수입자와 수입신용장 개설약정을 체결하고 수입자의 신용이 부족할 경우에는 담보권을 확보하기 위하여 담보차임증의 제출을 요구한다.

③ 선적서류의 인수

신용장을 받은 외국의 수출자가 신용장조건대로 물품을 선적하고 선적서류를 담보로 하여 발행한 화환어음을 자신의 거래은행에 매도한다.

화환어음을 매입한 매입은행이 선적서류를 신용장의 개설은행에 송부하면 개설은행은 선적서류가 신용장의 조건과 일치하는지의 여부를 검토 · 확인한 후, 수입자로 하여금 수출자가 발행한 환어음을 결제하도록 하고 선적서류를 수입자에게 인도한다. 따라서 수입자는 선하증권을 선박회사에 제시하고 수입화물을 찾을 수 있다.

만약 수입화물은 도착하였으나 선적서류가 도착하지 않았을 경우에는 은행으로부터 일정한 조건하의 수입화물선취보증서(Letter of Guarantee: L/G)를 발급받아 선박회사에 제시하고 수입화물을 찾을 수 있다.

또한 수입자가 외국환은행으로부터 환어음의 만기일 이전에 선적서류를 대여받으려면 우선 그 은행에 대하여 평소의 신용정도에 따라, 당해화물 이외에 상당한 담보를 제공하는 경우, 다른 은행 또는 신용이 충분한 제3자를 보증인으로 세우는 경우, 담보를 제공하고 보증인을 세우는 경우 등 세 가지 방법이 있다. 그 어느 경우에 있어서도 환어음담보화물보관증이라는 일종의 서류를 은행에 제공하고 선적서류를 수취하는 것을 수입화물대도(Trust Receipt: T/R)라 한다. 수입화물대도는 수입자가 어음대금을 결제하기 전이라도 수입화물을 처분할 수 있으며 개설은행이 그 화물에 대하여 담보권을 유지하도록 하는 제도이다.

(4) 계약의 종료

수입상은 선적서류 원본이나 수입화물선취보증서 등을 입수하면 수입신고를 하고 수입신고수리를 받아야 한다. 수입신고는 수입화물에 대하여 과세물건 · 적용법령 · 납세의무자를 확정하기 위한 절차이다.

수입자는 수입화물을 본선으로부터 양륙하여 보세구역에 반입하여 놓고 세관장에게 수입신고서를 제출한다. 수입통관신고는 수출통관신고에 있어서와 마찬가지로 관세사를 채용한 화주, 관세사, 관세사법인 및 통관법인만이 할 수 있다.

수입신고를 받은 세관은 수입화물이 수입승인서의 물품과 동일한지의 여부 및 구비서류상의 기재사항의 상호 일치여부를 검사 · 확인한 후, 그 수입물품에 대한 과세가격을 평가하여 관세 등을 부과 · 징수하고 수입승인서(Import License: I/L)를 수입신고인에게 교부한다. 수입승인서를 교부받은 수입신고인은 그 수입물품을 보세구역으로부터 반출함으로써 수입절차가 종료된다.

수입자는 물품을 수령한 뒤 그 물품이 계약조건과 일치하지 않으면 클레임(claim)을 제기할 수 있고, 이러한 클레임은 화해, 조정, 중재 또는 소송 등의 방법으로 해결할 수 있다.

〈수입거래 절차도〉

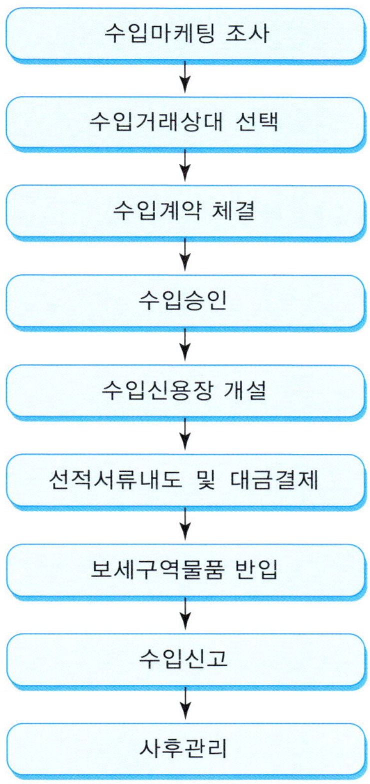

III. 무역관리

1. 무역관리의 의의

일반적으로 무역관리(trade control)라고 하면 국가가 제도, 기구 또는 법규에 의하여 수출입거래를 통제, 제한하거나 촉진하는 것을 말한다.

이는 협의의 무역에 대한 국가 공권력의 규제, 간섭 또는 지원작용의 총체로서, 정부가 무역거래에 대하여 일정한 개입 또는 간섭을 함으로써 무역거래의 질서를 유지하는 동시에 자국의 산업정책에 부응하여 수출을 촉진하고 수입을 적정히 조정하는 것이다.

오늘날 모든 나라가 자유무역을 지향하면서도 자국의 국제수지균형을 달성하기 위하여 어느 정도의 규제나 제한을 가하고 있는 실정이며, 우리나라와 같이 무역자유화를 지향하면서 국민경제의 무역의존도가 높은 국가에서는 무역관리가 바로 국민경제관리가 되기 때문에 그 의의는 더욱 크다고 할 수 있다.

무역관리는 무역을 영위하는 주체에 대한 관리와 객체인 무역물품에 대한 관리로 구분되는데 주로 무역관련법규에 의하여 규율되고 있다.

2. 무역관리의 목적

세계 각국은 자유무역을 지향하면서도 국내 산업의 발전, 국제수지의 균형 등 정책목표를 달성하기 위하여 일정한 무역관리체계를 운영하고 있다. 우리나라의 경우에도 대외무역법 제1조에 무역관리의 목적에 대하여, "이 법은 대외무역(이하 '무역'이라 한다)을 진흥하고 공정한 거래질서를 확립하여 국제수지의 균형과 통상의 확대를 도모함으로써 국민경제의 발전에 이바지함을 목적으로 한다" 고 규정하고 있다.

3. 무역관련법규에 의한 관리

우리나라의 무역관련법규에는 무역관련 기본법이라 할 수 있는 대외무역법, 외국환거래법과 관세법이 있다. 그 밖에 무역보험법, 수출검사법, 외자도입법, 중재법, 수출자유지역설치법, 수출용원자재에 대한 관세환급 특례법 등과 각 법규상 무역관련 조항 등이 있다.

이를 관리방법별로 구분해 보면 무역관리의 직접적 관리방법으로서 물적 관리인 수출입물품의 이동에 대한 관리와 외국환관리로서 물적 이동에 수반하는 대금결제에 대한 관리방법이 있고, 간접적 관리방법으로서 관세제도에 의한 관리가 있다.

1) 대외무역법에 의한 관리

대외무역법은 무역에 관하여 다른 법이 「대외무역법」의 적용을 명시적으로 배제하지 않는 한 모든 무역거래에 대하여 대외무역이 기본 법규로서 적용된다. 대외무역법은 무역 주체에 대한 인적 관리와 무역객체에 대한 물적 관리로 나눌 수 있다. 인적 관리는 무역거래자에 대한 규정이 있고, 물적 관리로는 수출입 공고, 수출입 승인 및 면제, 수출입 질서 유지, 산업피해의 조사, 무역분쟁 해결 등에 관한 규정이 있다. 또한 수출입정책의 관리로서 국제입찰의 조정, 수출입 관련 조합, 무역정책심의회, 각종 벌칙의 적용 등이 규정되어 있다.

2) 외국환거래법에 의한 관리

외국환거래법은 대금결제 및 외국환의 관리를 담당하는 법규로서 인적 관리 대상으로 거주자와 비거주자의 구분 및 외국환거래 관련 행위 및 대상의 관리방안으로 외국환 등에서 환율 및 지정통화, 외국환의 집중, 외국환거래의 제한 및 금지, 대외거래에 관한 규정과 행정관리의 수단으로 외국환수급계획, 외국환평형기금 및 각종 벌칙 등에 관한 규정으로 구성되어 있다.

3) 관세법에 의한 관리

관세법은 관세 및 통관에 대한 관리 관련법규로 관세 행위 관련 인적 관리로서 납세의무자와 통관 유자격자의 기준과 구분, 관세 행위 및 대상의 관리로서 관세의 부과 및 징수에 관한 관세율, 감면, 환급 및 유예, 보세구역 및 운송, 통관 등에 관한 내용이 규정되어 있고 행정관리에 해당하는 심사와 심판, 조사와 처분, 각종 벌칙 등에 관하여 규정되어 있다.

4. 무역물품에 대한 관리

우리나라의 무역은 자유무역을 원칙으로 하고, 국제법규의 이행을 위하여 필요한 경우에는 최소한의 범위에서 제한하고 있다. 대외무역법상 수출입 물품 관리체계는 수출입공고와 통합공고로 구성되어 있다.

1) 수출입공고

수출입공고는 수출입 품목을 관리하기 위한 기본 공고이다. 산자부장관은 헌법에 따라 체결·공포된 조약과 일반적으로 승인된 국제법규에 따른 의무의 이행, 생물자원의 보호 등을 위하여 필요하다고 인정하면 물품 등의 수출 또는 수입을 제한하거나 금지할 수 있다. 하지만 전술한 물품 등을 수출입하고자 하는 자는 산자부장관의 승인을 받아야 한다. 다만, 긴급히 처리하여야 하는 물품 등과 그 밖에 수출 또는 수입 절차를 간소화하기 위한 물품 등으로서 대통령령으로 정하는 기준에 해당하는 물품 등의 수출 또는 수입은 그러하지 아니한다.[3)]

(1) 수출입공고의 표시방법

정부는 GATT 가입을 계기로 무역자유화 추세에 따라 1967년 7월 25일부터 수출입공고(종전의 수출입기별공고)를 Positive List System에서 Negative List System으로 바꾸었다.

Positive List System이란 수출입공고에 수출입이 허용되는 수출입자동승인품목만을 표시하고 여기에 표시되지 않은 품목은 원칙적으로 수출입이 금지되도록 하는 수출입공고 표시방법이다.

이와는 반대로 Negative List System이란 수출입공고에 수출입의 금지품목과 제한승인품목만을 표시하고 여기에 표시되지 않은 기타 품목은 수출입이 허용되도록 하는 수출입공고 표시방법이다. 따라서 이 제도는 무역자유화의 폭을 넓히고, 값싸고 품질 좋은 외국물품을 수입하여 국내물품과 경쟁하도록 함으로써 국내산업의 발달과 국민생활의 향상을 기하기 위한 것이다.

(2) 품목분류방식

수출입공고상의 품목분류방식은 시기적으로 SITC 방식 → BTN 방식 → CCCN 방식 → HS 방식으로 바뀌어 왔다.

SITC(Standard International Trade Classification) 방식은 1950년 UN 경제사회이사회에서 선포된 후 1970년까지 사용되었다. SITC 방식에서는 약 45,000개의 품목을 10개의 부(section)로 나누고, 이를 다시 56개의 유(division)로, 유는 177개의 그룹(group)으로, 그룹은 다시 1,312개의 기본항목(basic item)으로 세분하고 있다.

1971년 1월 이후부터는 관세협력이사회(Customs Cooperation Council: CCC)에서 발행한 BTN(Brussels Tariff Nomenclature) 방식에 따라 품목을 분류하여 오다가, CCC 총회에서 특정 지역의 명칭을 사용한 BTN을 CCC 기구의 명칭에 따라 CCCN(Customs Cooperation Council Nomenclature) 방식으로 변경하여 사용하기로 함에 따라, 우리나라도 1977년 상반기부터 수출입기별 공고상의 품목분류를 CCCN 방식으로 표시하게 되었다.

---

3) 대외무역법 제11조.

CCCN 방식은 국제간에 거래가 가능한 모든 물품을 21부(section)로 대분류하고, 99류(chapter), 1,011항목(heading)으로 분류하고 있다.

CCCN 분류방식은 관세율표상의 품목분류에 통일성을 기할 수 있고, 국제간의 거래물품에 대한 각국의 규제와 세율의 비교가 용이하며, 무역거래 및 무역정책에 관한 국제간의 교섭이 간소화될 수 있으며 또한 과학적 방법에 의하여 원료의 종류별, 제조과정별, 용도별 및 작업과정별로 종합적인 분류가 가능하다.

그러나 CCCN 방식의 채택국과 미국 등의 미채택국 간에 공통된 물품분류기반이 없어 수출입통계 등의 비교에 애로가 많고 또한 관세 · 운송 · 보험 등에 있어서 물품분류의 공통성이 없으며, 물품구조의 변화 및 과학기술 발전 등에 부응하기 위하여 CCCN 방식의 개편이 필요하게 되었다.

이에 따라 물품분류의 국제적 통일과 범세계적 전산화를 위하여 HS 방식이 채택되어 1988년 1월 1일부터 우리나라를 포함한 세계 주요 통상국가들이 사용하기에 이르렀다.

HS 방식은 CCC에서 CCCN을 주골격으로 하여 새로 만든 물품분류법으로 'The Harmonized Commodity Description and Coding System'을 의미하며, 이를 줄여서 HS(Harmonized System: 신국제통일물품분류) 방식이라 한다. 여기서는 21부(section), 97류(chapter), 5,019품목(heading)으로 분류하고 있다.

(3) 수출입공고상 품목분류

현행 수출입공고는 Negative List System이나 동 공고 별표에서 수출금지품목과 수입금지품목까지 게기하지 않고 수출제한승인품목과 수입제한승인품목만 게기되어 있다.

수출입공고에서 표 1에 게기되지 않은 품목을 수출자동승인품목(export automatic approval items)이라고 하고, 표 2에 게기되지 않은 품목을 수입자동승인품목(import automatic approval items)이라고 한다. 비록 표 1, 2에 게기되었더라도 A.A.라고 표시된 품목은 수출입자동승인품목이라고 하며 자유로이 수출입승인을 할 수 있다.

① 수출제한승인품목

수출입공고 표 1에 게기된 품목은 수출제한승인품목(export restricted items)이며, 이는 각 품목별 수출요령에 따라 수출할 수 있다. 다만 산업설비수출의 이행을 위한 물품은 산자부장관이 별도로 공고하는 수출요령에 따라 수출할 수 있다.

② 수입제한승인품목

수출입공고 표 2에 게기된 품목은 수입제한승인품목(import restricted items)이며, 각 품목별 수입요령에 따라 수입할 수 있다. 이 경우 수입요령상에 제한조치된 품목은 그 추천을 받은 경우에 한하여 수입이 허용되고 그 외의 것은 허용되지 않는다. 또한 제한조치된 품목은 그 요령에 합당한 경우에만 수입이 가능하다.

2) 통합공고

대외무역법 외의 약사법, 마약법, 식품위생법, 검역법 등의 법령에 의하여 물품의 수출 · 수입요령을 정하는 것이 있는 경우에는 산자부장관이 그 법령에 의하여 정한 물품의 수출 · 수입요령을 통합하여 공고하며, 관계행정기관의 장은 이에 따른 수출 · 수입요령을 산자부장관에게 제출하여야 한다.[4] 수출입승인기관의 장은 수출 또는 수입승인하고자 하는 물품에 대하여 산자부장관이 공고하는 통합공고상에 수출 · 수입요령을 정한 것이 있는 경우에는 동 요건을 충족한 경우에 한하여 수출입공고에 따라 수출 또는 수입승인을 할 수 있다.

3) HS 협약

(1) HS 협약의 기본원칙

우리나라는 1988년 1월 범세계적으로 실시되는 HS 방식의 도입을 위하여 신관세율표안을 마련하였다. 재무부는 현행 CCCN을 골격으로 미국의 TSUSA(Tariff Schedules of the United States) 등을 참조해서 제21부, 97류, 5,019품목의 HS 품목 분류작업을 이미 마련했으며, 우리나라 실정에 맞게 품목분류를 HSK 10단위로 세분한 신관세율표안을 1985년 7월에 이미 마련했다.

HSK 10단위의 관세율표에는 약 10,000개의 품목이 수록되어 있다. 재무부가 신관세율표의 작성과정에서 국제적으로 통일된 HS 6단위보다 훨씬 세분된 HSK 10단위 품목분류를 채택하게 된 배경은 모든 거래품목을 하나의 물품분류표에 포괄적으로 기재하는 것은 현실적으로 불가능하기 때문에 HS 방식에서는 다음과 같은 세 가지의 CCCN 기본원칙을 그대로 견지하였다.

첫째, 간단명료성이다. 가능한 한 간단하고 간명하도록 국제적으로 인정되는 기술용어 이외에는 절대 사용해서는 안 된다.

---

4) 대외무역법 제12조.

둘째, 정확성이다. 용어의 정의와 단위가 명확한 것이 국제간 혹은 무역관계자 상호간의 분류의 불일치를 방지하는 데 특히 중요하기 때문이다.

셋째, 적용상의 객관성이다. 물품분류에 있어서 관계되는 모든 국가가 객관적으로 물품의 분류를 할 수 있고 사용할 수 있도록 하여야 한다.

(2) HS 협약의 구성

HS 협약은 본문(전문 및 20개 조항)과 부속서(품목표)로 구성되어 있으며 영어와 불어가 공식어로 사용되고 있다.

협약 본문은 체약국에 자국의 관세율표와 통계품목표를 HS에 일치시키는 의무를 부과하였다. 종래 CCCN 협약은 관세율표만을 대상으로 하였으나 HS는 통계품목표도 포함시켰다는 것이 특징이다. 또 협약본문에는 관세율표와 통계품목표상 6단위까지는 첨가나 감축 등 변화를 가하는 것을 금지하고 있으나, 7단위 이상의 국내세분화는 아무런 제한을 받지 않는다.

우리나라의 HS 품목분류에서는 세계 공통의 6단위 분류에다 국내의 제반사정을 감안한 자체분류 4단위를 합하여 앞의 예시와 같이 HSK 10단위로 분류하고 있다.

부속서인 HS 품목표는 CCCN이 통칙과 21부 99류로 되어 있는 것에서 제98 및 99류를 뺀 97류로 되어 있다. 이것은 의도적으로 뺀 것으로 각국으로 하여금 자유롭게 사용할 수 있도록 여분을 남겨둔 것이다. 또한 77류를 빈 채로 두었다. HS는 적어도 30년은 사용할 것을 전제로 만들어졌으며 그 사이 새로운 필요가 생기면 그 곳을 사용할 수 있도록 의도적으로 비워둔 것이다.

(3) SITC 및 CCCN과의 관계

HS와 종래의 대표적인 국제통계분류인 SITC와 CCCN의 차이점을 보기로 한다.

SITC는 UN 경제사회이사회에서 무역통계자료의 수집과 경제분석비교가 용이하도록 분류한 것이다. 따라서 관세율의 고저와는 관계없이 무역량이 많은 품목을 중심으로 분류하고 있다. 그러나 CCCN은 관세부과에 목적을 두고 관세협력이사회에서 작성한 품목표이기 때문에 무역량의 다소를 참고로 하되 산업보호 및 관세부과 필요품, 높은 부가가치품, 귀중품 등을 위주로 분류한 반면 무역량이 많아도 세율이 낮거나 무세품인 경우에는 품목을 세분하지 않고 있다.

또한 품목분류원칙도 대조적이어서 SITC는 먼저 가공단계별로 분류한 다음 재료별로 세분한 반면, CCCN은 먼저 재료별로 분류한 다음 가공단계별로 세분하고 있다.

그러나 HS는 CCCN을 모체로 하여 만들어졌기 때문에 CCCN의 분류원칙을 원용하고 있다. 다만 현재 CCCN의 결점을 보완하기 위하여 각국 수출입총액이 7백만 달러 이상인 품목과 7백만 달러 이하라도 국제 유통에 중요성이 인정되는 품목, 물품분류상 중요성이 있는 품목 등은 별도로 분류하고 있다.

따라서 HS 품목분류는 21부 97류(CCCN 99류에서 98 및 99류 삭제)에 6단위(5,019개 품목)를 협약국공통단위로 분류하고 있다.

(4) HSK

우리나라는 HS를 근간으로 하여 관세, 무역, 통계 등의 정책실정에 맞게 10단위로 작성, 운용하고 있다. 이를 HSK(The Harmonized System of Korea: 한국통일물품분류)라고 하며 이에 해당하는 품목수는 10,271개이다.

HSK의 활용범위는 다음 세 부문으로 나누어 볼 수 있다.

① 관세부문: 할당관세 등 탄력관세운용 및 관세감면이나 환급제도 운송에 운용한다.
② 무역부문: 수출입공고, 통합고시 등 수출입관련 규정에 운용한다.
③ 통계부분: 수출입통계 작성, 물가지수표 작성 등에 이용한다.

4) 쿼터제도

(1) Quota 제도의 의의

미국이나 EC 등 선진 제국은 자국의 무역수지적자, 실업률의 증가 및 자국산업의 보호·육성이라는 관점에서 관세 및 비관세장벽을 강화하여 수입을 규제하고 있다. 이 중에서 흔히 사용되는 비관세장벽 중의 하나가 Quota 제도이다.

Quota 제도는 수입물품을 일정한 기준에 따라 국가별 혹은 수입자별로 물량 또는 금액을 할당하는 수입할당제이다.

제2차 세계대전 이후 세계경제의 기본질서는 무역면에서 GATT 체제, 금융면에서 IMF 체제에 근간을 두고 유지되어 왔다. 이 양 체제는 근본적으로 자유경쟁, 무차별대우 및 호혜원칙에 입각하여 가격의 자율조정 메커니즘을 통한 세계경제의 균형적 발전을 기본이념으로 하여 출발하였기 때문에 이러한 체제하에서는 교역면에서의 수입규제가 주로 관세를 통한 무차별적 규제형태를 취하게 된다.

그러나 선진 각국은 1960년대를 기점으로 하여 종래의 관세에 의한 규제보다 효과가 직접적이고 확실한 비관세장벽을 이용하기 시작하였으며, 이러한 선진국의 수입규제강화 경향은 두 차례의 석유파동에 기인하는 세계경제의 불황으로 한층 더

심화되었다.

최근에는 ① 세계경기의 국가 간 파행적 회복, ② 선진국 경제의 구조적인 생산성의 저하, ③ 선후진국 간 비교우위구조변화에 대응하는 선진국의 원활한 산업구조조정의 지연, ④ 선진국 산업 간의 동질성 심화, ⑤ 새로운 Regionalism의 대두 등의 원인에 의한 보호주의 압력이 구조적이고 장기적인 소위 신보호주의의 경향이 갈수록 더해 가고 있어 규제형태가 아주 다양화되어 각종 수량규제가 크게 늘어나고 있으며, 종래의 규제하에 있던 품목에도 새로운 추가규제를 시도하려는 선진국의 압력이 한층 가중되고 있는 실정이다.

또한 이러한 수입규제도 국제간의 일정한 규범이나 약속 없이 양국 간에 임의적으로 비제도적이고 비공식적으로 행해지고 있으며 이는 수출자율규제(voluntary export restraint), 시장질서유지협정(orderly marketing agreement) 등의 양국 간 신사협정 형태로 소위 GATT의 회색지대를 최대한 활용한 수입규제방안을 강화하고 있다. Quota 제도는 이러한 국제무역환경 속에서 선진국이 즐겨 사용하는 규제방식의 하나이다.

(2) Quota의 구분과 내용

Quota를 여러 가지 방법으로 구분해 볼 수 있겠으나 일반적으로 협의의 Quota와 자율규제로 대별할 수 있으며, 다시 협의의 Quota는 ① 특정 물품에 대하여 일정한 기간을 설정하여 수입허가총량(또는 금액)을 한정하되 수입대상국별로 수입량을 할당하지 않는 총량 Quota(Global Quota)와 ② 국별로 Quota를 할당하는 국별 Quota로 나눌 수 있다.

국별 Quota는 Quota를 결정하는 방식에 따라 쌍무 Quota(Bilateral Quota)와 일방적 Quota(Unilateral Quota)로 나눌 수 있다. 쌍무 Quota는 수입국과 수출국 정부 간 또는 민간단체 상호간 Quota량, 통용기간, 연증가율, 융통성 및 품목분류 등에 대한 구체적 사항을 쌍무협정에 의하여 정하는 것을 말한다. 일방적 Quota는 상호 쌍무협정의 체결 없이 수입국에서 수입상대국별 규제물량(또는 금액) 및 Quota 운영방식 등을 일방적으로 정하여 규제하는 제도를 말한다.

한편 자율규제는 ① 수출국의 수출상대국 시장의 동향을 지속적으로 감시하여 수입규제 위험이 있는 품목을 사전에 발굴하여 수출국이 일방적으로 자율규제하는 순수자율규제와 ② 정식 쌍무협정은 체결하지 않았으나 쌍방 간 합의에 의하여 정기적으로 규제물량을 정하는 쌍방합의에 의한 자율규제로 나눌 수 있다. 통상 Quota라 함은 쌍무 Quota와 쌍무합의에 의한 자율규제를 지칭한다.

또한 Quota의 관리 주체에 따라 수출 Quota와 수입 Quota로 구분해 볼 수 있다. 수출 Quota인 경우는 수출의 주도권을 수출상이 갖게 되므로 상대국과의 상담력이 제고되고 수출국의 수출패턴에 맞는 판매가 가능하다. 반면 수입 Quota인 경우는 주도권을 수입상이 갖게 되므로 수출상의 지위가 수입상에 비하여 불리해지고 수출상 간에 과다경쟁이 유발될 가능성이 높다.

이외에도 수입국에서 일정한 물량을 정하고 그 물량을 초과하여 수입되는 물품에 대하여 초과관세를 부과하는 관세율 Quota(Tariff Quota)가 있으며, GATT의 예외규정 제6조(dumping 방지 및 상계관세) 및 제19조(국내산업의 위기를 극복하기 위한 보호조치)에 의한 수입규제와, 최근 미국의 통상법 제301조에 의한 수입규제가 있다.

섬유 Quota는 다자간섬유협정(multi-fiber arrangement: MFA)에 그 근거를 두고 있으며 동 협정 제3조 및 제4조에 섬유교역 당사국 간 쌍무협정을 체결할 수 있는 조항을 규정하고 있고, 이에 의거 우리나라는 현재 18개국(EU 12개국 포함)과 쌍무협정을 체결, 운영하고 있다.

(3) Quota의 관리

지역별 · 품목별로 수출이 한정된 물량을 초과하지 않도록 수량 및 금액을 통제하고 수출능력이 있는 상사들에게 한정된 물량을 균형 있게 배분하기 위하여 산자부는 당해 수출조합을 통하여 Quota 품목을 관리하고 있다. 동일한 물량을 수출하되 보다 많은 외화를 얻을 수 있도록 고가품의 수출을 유도하고 나아가서 Quota에 의한 물량제한을 비Quota지역으로의 수출다변화로 극복하기 위한 제반 유인시책을 위해서도 Quota 관리가 필요하다.

(4) 섬유 Quota의 운용

Quota 품목에 대하여 수출실적이 있는 기존의 수출업체가 배정받는 Quota 즉, 기존 수출실적을 고려하여 배정하는 Quota를 기본 Quota라고 하고, 신규 수출업체의 참여 또는 국가의 수출진흥 등 특수목적을 위하여 배정하는 Quota를 개방 Quota라고 부른다. 그 Quota량도 전년도 Quota 소진실적, Quota 증가량, 당해년도 소진전망 등을 고려하여 산자부에서 결정한다.

섬유 Quota 품목을 인기, 준인기 및 비인기 품목으로 구분하고, 인기품목의 수출은 신용장(단순송금 포함) 거래로 제한하고, 준인기 및 비인기품목은 신용장뿐만 아니라 추심(collection) 거래도 허용된다.

통상 기본 Quota의 배정은 전년도 상사별 Quota 소진실적의 점유율에 따라 배정하는 것이 원칙이며, 개방 Quota의 경우는 신용장, 송금 및 추심계약서를 수취한 업체(단, 인기품목의 경우 추심거래 제외)에게 배정한다.

한편, 기본 Quota의 경우 Quota의 양 · 수도가 자유롭지만 개방 Quota는 이를 금한다.

현행 Quota 품목은 수출입공고에서 수출조합의 추천을 받도록 되어 있으나 비자(visa)는 당해 수출물품이 선적을 마친 후 신청하면 발급된다. 이는 선적수량의 확인과 통제수단이며 수입국에서의 수입통관면허의 요건이 된다.

5. 무역주체에 대한 관리

1) 무역업

무역업은 2000년 1월 완전자유화됨에 따라 사업자등록을 한 개인 또는 법인은 모두 무역업의 신청 및 고유번호의 발급이 가능하게 되었다. 이에 따라 산자부장관으로부터 위임받은 한국무역협회장을 통하여 무역업고유번호를 부여받아 무역거래자가 이를 수출입신고시 표시하도록 하고 있다.

무역업고유번호의 신청요건은 사업자등록을 한 개인이나 법인이면 누구나 가능하며 원칙적으로 모든 물품에 대하여 수출입이 허용된다. 또한 수출입승인대상품목의 경우에는 해당승인기관의 장으로부터 승인을 받아 행할 수 있다.

2) 무역대리업

무역대리업은 외국의 수출자 또는 수입자로부터 위임을 받은 자가 국내에서 수출물품의 구매 또는 수입계약의 체결과 이에 부대되는 행위를 업으로 영위하는 것을 말한다.

무역대리업자는 외국의 수출자 또는 수입자로부터 수수료를 받고 수출입을 중개 · 알선하는 자로서 종전의 대외무역법에서는 이를 갑류무역대리업과 을류무역대리업으로 구분하여 관리하였으나 현행 법에서는 이를 폐지하고 모두 무역거래자로 통일하여 자유화하였다.

6. 무역거래 형태별 관리

대외무역법상 산자부장관은 물품 등의 수출 또는 수입이 원활히 이루어질 수 있도록 대통령령으로 정하는 물품 등의 수출입거래 형태를 인정할 수 있다.

대외무역관리 규정에 근거하여 무역거래 형태는 위탁 · 수탁 가공무역, 위탁 · 수탁 판매무역, 외국 인도 · 인수무역, 중계무역, 연계무역, 무환수출로 나눌 수 있다.

1) 위탁 · 수탁 가공무역

(1) 위탁가공무역에 의한 수출입

위탁가공무역은 가공임을 지급하는 조건으로 외국에서 가공(제조, 조립, 재생, 개조를 포함)할 원자재의 전부 또는 일부를 거래상대방에게 수출하거나 외국에서 조달하여 이를 가공한 후 가공물품 등을 수입하거나 외국으로 인도하는 수출입을 말한다.

위탁가공무역은 국내가공이 곤란하여 외국에서 가공할 필요성이 있고 또한 가공임이 적정수준이라고 인정되는 물품에 사용된다.

(2) 수탁가공무역에 의한 수출입

수탁가공무역은 가득액을 영수하기 위하여 원자재의 전부 또는 일부를 거래상대방의 위탁에 의하여 수입하여 이를 가공한 후 위탁자 또는 그가 지정하는 자에게 가공물품 등을 수출하는 수출입을 말한다. 다만, 위탁자가 지정하는 자가 국내에 있음으로써 보세공장 및 자유무역 지역에서 가공한 물품 등을 외국으로 수출할 수 없는 경우 「관세법」에 따른 수탁자의 수출 · 반출과 위탁자가 지정한 자의 수입 · 반입 · 사용은 이를 「대외무역법」에 따른 수출 · 수입으로 본다.

2) 위탁 · 수탁 판매무역

(1) 위탁판매수출

위탁판매수출은 물품 등을 무환으로 수출하여 해당 물품이 판매된 범위 안에서 대금을 결제하는 계약에 의한 수출거래이다. 위탁자와 수탁자 간에 체결되는 위탁판매수출계약은 다음과 같은 내용을 포함한다.

첫째, 수출물품의 소유권은 위탁자에게 있다. 따라서 위탁자는 운임과 기타 수출목적지까지의 운송경비를 부담하며 보험금의 수익자가 된다.

둘째, 수탁자는 수탁된 화물이 판매되었을 때 위탁자에게 그 대금을 송금하여야 하며, 그 대금을 송금할 때까지의 이자 및 기타 위험부담은 수탁자가 부담한다.

셋째, 위탁자는 판매수수료로서 판매대금의 일부를 수탁자에게 지급한다.

물품의 판매가격을 지정하는 방법에는 위탁자가 수탁자에게 최저판매가격을 지정하여 주는 방법인 지정위탁과 시세에 따라 판매하는 시가위탁이 있다. 위탁판매수출은 신규 수출업자가 중개업자를 통해서 안전하게 수출하려는 경우, 가격변동이 심한 물품을 수출하려는 경우 또는 새로운 시장을 개척하려는 경우 등에 활용된다.

(2) 수탁판매수입

수탁판매수입은 물품 등을 무환으로 수입하여 당해 물품이 판매된 범위 안에서 대금을 결제하는 계약에 의한 수입이다.

수탁판매수입에 있어서 위탁자와 수탁자의 관계는 물품의 소유권이 이전되지 않는 대리관계이므로 계약서상에 수탁자의 대금입체, 판매수수료, 판매기간 및 재고품 반환 등에 대한 책임한계가 명확하게 규정되어야 한다.

3) 외국 인도 · 인수무역

(1) 외국인도수출

수출대금은 국내에서 영수하지만 국내에서 통관되지 아니한 수출물품을 외국으로 인도하는 수출을 말한다.

이 방식은 산업설비수출과 해외건설 등 해외산업현장에 필요한 물품을 외국에서 수입하여 사용한 후 이를 국내에 반입하지 않고 다시 수출할 경우 등에 이용된다. 그 이유는 해외에서 사용한 기자재[5] 등을 국내에 반입하여 다시 수출절차를 밟을 경우 생기는 비용과 시간을 절약하기 위한 것이다.

(2) 외국인수수입

수입대금은 국내에서 지급되지만 수입물품은 외국으로 인도하는 수입을 말한다.

이 방식은 해외건설공사에 필요한 기자재를 외국으로부터 수입할 경우 등 물품대금은 국내에서 지급하고 운송시간과 경비의 절감, 번거로운 절차 생략을 위하여 물품을 국내로 반입하지 아니하고 곧바로 해외공사 현장으로 인도하는 경우에 사용한다.

4) 중계무역

중계무역(intermediate trade)은 수출할 것을 목적으로 물품 등을 수입하여 보세구역 및 보세구역외 장치의 허가를 받은 장소 또는 자유무역지대 이외의 국내에 반입하지 아니하고 수출하는 수출입을 말한다. 중계무역을 일명 통과무역이라고도 하며 수입한 물품을 원형 그대로 가공하지 않고 수출하여 지급액과의 차액, 즉 중계수수료를 수취하는 거래이다.

중계무역은 관세의 면제, 보세창고의 활용, 자유항, 금융적 편의, 편리한 교통시설 등이 마련되어야 하며, 중계국의 입장에서 중계수수료를 취득하는 이점이 있지

---

5) 기자재는 기계, 장치 및 자재를 말한다.

만 자국산업의 발달에는 좋지 않은 영향을 준다.

중계무역이 잘 이루어지려면 물품의 수출입에 관세가 부과되지 않는 자유항이 있어야 한다. 자유항에는 홍콩이나 싱가포르와 같은 자유항시(free port town), 함부르크나 브레멘과 같은 자유항구역(free port area) 및 마산수출자유지역과 같은 자유항지역(free port district) 등이 있다.

5) 연계무역

(1) 연계무역의 의의

연계무역은 수출 · 수입이 연계된 무역거래로서 물물교환(barter trade), 구상무역(compensation trade), 대응구매(counter purchase), 제품환매(buy back) 등의 형태에 의하여 수출 · 수입이 연계되어 이루어지는 수출입을 말한다.

연계무역은 1960년대 후반부터 시작하여 1970년대에 걸쳐 공업화를 겪은 국가들이 경화부족에 허덕이면서 괄목할 만하게 증대되어 왔다. 우리나라에서는 구상무역으로 알려져 왔으나 연계무역이란 현금 이외의 방식에 의하여 대금지급의 전부 또는 일부가 이루어지는 거래를 총칭하는 포괄적인 용어이다.

개발도상국들은 유동성이 높은 경화는 중요도가 높은 물품의 구매를 위하여 유보하여 두고 불요불급의 물품구매를 위하여는 연계무역 방식을 사용하기를 원한다. 따라서 외국물품에 대한 수요가 큰 개발도상국들이 수입과 수출을 연계하여 무역수지의 균형을 유지하는 수단으로 사용할 수 있다.

(2) 연계무역의 형태

① 물물교환

환거래가 발생하지 않는 단순한 물품교환 방식의 무역거래 형태이며, 하나의 계약으로 서로 거래가 성립한다. 물물교환은 연계무역의 기본 형태로서 인류역사상 최초의 외국무역방식이다. 이것은 신용장의 개설 없이 직접적인 물품의 교환형태로서 당사자 간 물품의 인도가 거의 동시에 이루어진다. 이는 교환물품의 양 및 질에 의하여 쌍방 간 지급의무가 상계되며 대응수입의무의 제3국으로의 전가는 불허된다.

② 구상무역

수출입물품의 대금을 그것에 상응하는 수입 또는 수출로 상계하는 수출입거래이다. 구상무역은 하나의 계약서로 거래가 성립되면 특수신용장인 Back to Back L/C, Tomas L/C, Escrow L/C 등에 의하여 결제가 이루어진다.

③ 대응구매

별도거래의 방식으로 쌍방 간에 거래가 이루어지는 형태로서 수출 · 수입이 각각 별도계약서에 의하여 거래가 이루어지며, 두 개의 일반신용장이 개설된다. 즉, 형식상 완전분리된 두 개의 일반무역거래 형태로서 환거래가 발생하며 쌍방 간 합의된 통화로 결제한다. 또한 대응수입의무를 제3국으로 전가시키는 것이 가능하다.

첫 번째 계약은 매도인이 그 대금의 전부 또는 그 일부를 매수인으로부터 물품을 구매할 것이라는 협정의 두번째 계약을 조건으로 하고 있다.

그러나 이 첫 번째 계약조건에서는 매도인이 두 번째 계약에 의한 물품구매 기간이 보통 6개월, 1년 또는 그 이상 허용되어 있으므로 구상거래의 경우보다도 매도인 측에 많은 융통성이 주어지며 대응구매에 제시되는 물품도 구상거래의 경우보다 훨씬 광범위하고 다양하다.

6) 무환수출입

무환수출입은 외국환 거래가 수반되지 않는 수출입을 말한다. 무환수출의 종류는 증여, 상속 등의 무상무환과 위 · 수탁 판매무역, 위 · 수탁가공 무역을 위한 원자재 수출입, 임대차 수출입, 물물교환 등의 유상무환 수출로 나눌 수 있다.

무역거래의 개설 제2장

I. 해외시장조사

1. 해외시장조사의 의의

수출입절차의 첫 단계는 해외시장조사(overseas market research)이다. 물품을 수출 또는 수입하려면 먼저 대상 시장부터 찾아야 하기 때문이다.

시장조사는 물품을 그 생산자로부터 소비자에게로 유통 · 판매함에 관련된 해당 문제에 대한 모든 사실을 수집 · 기록 · 분석하는 활동이라고 정의할 수 있다.

수출에 있어서 해외시장조사란 곧 목적물품을 가장 효율적으로 수출할 수 있는 시장을 탐색하기 위하여 행하는 절차로서, 당해물품의 판매에 관련된 여러 가지 정보를 과학적 방법으로 최대한 합리적으로 수집 · 종합 · 분석하는 일련의 활동이라고 할 수 있다.

2. 해외시장조사의 항목

1) 일반 시장조사항목

세계시장에 대한 그룹별 검토와 병행해서, 각국 시장에 대한 잠재구매력의 측정 및 시장 상호간의 비교 · 검토 내지 등급을 매겨야 한다.

이를 위하여 취급해야 할 조사항목에 대해서는 여러 가지 논의가 있을 수 있지만, 국내시장조사의 경우와 달리 해외시장에 대한 정보 내지 자료는 불완전하여 신빙성이 결여되는 경우가 많다. 그러나 이러한 결함이 있음에도 불구하고 소수의 자료를 기초로 각국의 시장을 비교 · 검토하는 것이기 때문에 되도록이면 간결한 조사항목을 설정할 필요가 있다. 따라서 이 단계의 조사항목은 다음과 같이 분류하는 것이 효과적이다.

첫째, 지리적 조건(geographical facts)으로서 각국의 면적, 지형, 기후, 도시의 분포상황 등을 검토하여야 한다.

둘째, 정치 · 경제적 조건으로서 각국의 자원 분포상황, 경제 · 재정 · 금융사정, 국내산업에 대한 보호정책의 정도 및 국내외의 투자관계 등을 우선 검토하여야 한다. 또한 후진국이나 개발도상국에 있어서는 공업화의 진도에 따라 소비재에 대한 수입규제 등의 실태도 파악해 둘 필요가 있으며, 또한 각국의 국제수지 동향에도 주목할 필요가 있다.

셋째, 사회적 조건으로서 각국의 시장을 이루고 있는 주민의 생활상황, 풍습, 관습이 정확하게 파악되어야 한다. 총인구와 그 인구의 주요도시 집중도 및 인종구성과 사용언어, 교육정도, 종교 등에 관하여도 조사 · 검토되어야 한다.

이상과 같은 지리적 조건, 정치 · 경제적 조건, 사회적 조건의 세 가지 항목에 관련된 여러 가지 자료를 기초로 각국 시장의 잠재적 구매력을 측정하고 이들 시장을 상호 비교 · 검토함으로써 각 시장의 상대적 위치를 파악하는 것이 이 단계의 과제이다.

즉, 당해물품의 목적시장으로 어디가 일류이고 어느 시장이 이류시장인가 하는 목적시장의 선정을 객관적 자료를 가지고 결정하는 것이 무역마케팅을 과학적으로 행하는 제1단계이다.

2) 특수 시장조사항목

해외시장조사의 2단계에서는 주로 판매능률(sales effort)에 대한 특수조사가 그 대상이 된다. 여기서는 국내시장조사의 기술조사가 유효하게 이용되며 국내적 사례조사방법과 통계적 방법을 필요에 따라 혼합하여 사용해야 한다.

혼합적 방법에 의한 특수조사의 내용은 구체적으로 다음과 같은 항목들이다.

(1) 품질

무역거래에서 품질과 관련하여 물품의 기본적 효용(essential utility)인 사용능률(effectiveness in use) 및 편리성(convenience) 등이 검토되어야 한다. 물품 사용자는 일상생활에서 어떤 경우 어떤 목적에 사용하는가, 사용계층은 어떠한가, 그들에게 보다 유리하고 편리한 매력을 주는 물품이 되기 위해서는 어떻게 개량하는 것이 좋은가, 이를 위하여 물품의 크기(size), 모양(shape), 중량(weight), 끝마무리(finish), 상표(brand), 색채(colour), 포장(packing) 등에 검토할 여지는 없는가 등 물품화계획(merchandising)의 적정화에 관한 것이다. 예컨대 생산재의 경우에는 강도 · 내구성 · 정밀도 등 기술상의 여러 가지가 외관적인 문제 이상으로 검토되어야 할 것이고, 서비스의 제공에 있어서는 객관적인 제 조건의 변화에 대응한 배려 · 설비 · 오락성에 대한 검토 등이 필요하다.

(2) 가격

당해물품의 시장가격을 어떻게 결정할 것인가 하는 것은 가격에 대한 국제적 경쟁력 여하가 문제이다.

가격적응성의 검토를 위해서는 당해물품의 각 배급단계에 있어서의 가격(price at each stage)을 어떻게 할 것인가를 결정해야 한다. 또한 목적시장까지의 해상운임(ocean freight), 해상보험료(marine insurance premium), 내국운송비(inland transportation charge), 당해물품의 목적시장에 있어서의 수입세(import duties) 및 수입국 내국세(local taxes) 등의 산정이 필요하다. 결국 이것들을 기초로 판매예상가격을 산정하여야 할 것이다.

(3) 납기

국내거래와 달리 풍속 · 관습이 다른 해외시장에 제조가공품을 수출하는 경우에는 물품의 조달을 주문생산으로 하는 경우가 대부분이다. 특히 우리나라에서 미국, EU, 중동으로 수출되는 물품은 국내에 적응되는 제 규격 그대로는 취미 · 기호 · 기후 · 풍속이 다른 이들 시장에는 부적당하기 때문에 수주 후에 생산하지 않으면 안 된다.

물론 매도인으로서는 하루라도 빨리 납품하기를 원하지만 주문에 대비하여 미리 생산해 두었다가 주문이 내도하지 않으면 국내에서도 처분할 수 없는 불량재고가 될 위험이 있다.

서구제국에서 성행하고 있는 위탁판매(consignment)와 주문 후 상당한 생산기간이 경과하여야 생산하여 선적하게 되는 우리나라 수출상들의 납기조건과는 거래조건에서 큰 차이가 있다고 할 수 있다.

(4) 결제방식

일반적으로 수출자에게는 신용장조건이 유리하고 수입자에게는 추심(Collection) 또는 사후송금방식(Later Remittance)이 유리하다.

그러나 경우에 따라서는 수입자에게도 신용장조건이 유리할 때가 있으며, 반대로 수출자에게도 추심 방식이 보다 유리한 시장도 있다. 따라서 이들 결제방식 가운데 어떤 조건을 요구하느냐 하는 것은 거래의 성패를 결정하는 중요한 조건이 된다. 따라서 수출자는 자기의 희망보다도 어디까지나 객관적이고 냉정한 입장에서 목적시장에 있어서의 관습이나 경쟁자의 방법 등을 조사 · 검토하여 그 시장에 가장 적절한 결제방식을 선택해야 한다.

(5) 배급방식

판매경로의 분석은 목적시장에 있어서 최종소비자까지의 배급경로(channel of distribution)를 검토 · 분석하는 것이다. 즉, 수입자를 상대로 할 것인지, 대리점을 설정할 것인지, 특약점을 통할 것인지, 아니면 특권보유자(franchise holder)를 지명할 것인지 등 어느 쪽이 당해시장에 적응성이 있느냐 하는 문제이다.

흔히 수입자의 외국물품을 취급하는 동기는 그 물품을 판매해 보겠다는 열의에 서라기보다는 단순히 자기의 이윤이 클 것이라는 판단에서 나온다. 따라서 유사한 경쟁품으로부터 보다 큰 이윤을 기대할 수 있다고 판단하는 경우에는 지금까지의 거래관계를 파기하는 경우도 드문 일이 아니다.

따라서 수출물품이 목적시장에서 확고한 기반을 구축했는지의 여부에 대한 판정을 일시적인 수출수량의 증대나 수입자와의 거래관계의 친밀도만을 기준으로 하는 것은 위험하다. 다시 말하면 수입자, 특약점, 도매업자, 소매업자, 최종소비자 모두가 그 물품의 우수성을 인식할 때 비로소 기반을 확립할 수 있는 것이다. 이런 의미에서 수입유통기구의 확립은 바로 판매력 증진의 기반이 된다. 어떤 판매경로를 설정할 것인가는 상대시장과 취급물품 등 여러 가지 요소를 고려하여 결정하여야 할 것이다.

이상의 조사항목 가운데 마지막의 배급방식의 적응성을 제외하면 모든 것이 물품 자체에 관한 직접적인 문제이다. 즉 품질, 가격, 납기 및 결제는 시장조사 제1단계의 수량 문제와 더불어 무역 물품거래의 기본 구성요소이며 이들 각 요소는 단독으로 존재하지 않고 유기적인 상호관련성을 가지고 있다.

해외시장조사의 제3단계에서는 실험적 조사를 통하여 제1 · 2단계에서의 조사결과를 근거로 한 가설을 실증하는 것이다. 최종소비자와 동향만을 주대상으로 하는 국내시장조사의 경우와 달리, 무역거래에 있어서는 일반적인 경제적 · 정치적 제조건에 따라 좌우되는 경우가 많다.

물론 현실의 상거래에 있어서는 시험주문(trial order)이나 견본주문(sample order) 등의 형태가 중요하다고 인식되고 있고 이 실험적 방법을 유일한 시장조사로 유효하게 이용하는 경우도 많다. 그러나 실험적 방법은 어디까지나 제1 · 2단계의 기초 위에서 이루어져야 하며 실험적 측정에 의한 과학적 방식이나 기준 등이 검토되어야 한다.

3. 해외시장조사의 방법

해외시장조사 방법은 무역업자나 제조업자가 자사의 해외지점이나 주재소의 사원을 파견하여 직접 정보를 수집하여 조사하는 직접조사, 공적 · 사적 기관이 발행하고 있는 조사자료 등을 수집 · 이용하여 조사하는 간접조사, 그리고 해외의 전문조사기관에 위탁하여 조사하는 위탁조사 등으로 나눌 수 있다.

1) 직접조사

직접시장조사 방법으로는, 첫째, 해외지점, 출장소, 주재소 등에 의한 시장조사로서 무역업자나 제조업자가 해외에 이들 지점이나 출장소를 갖고 있는 경우에 주재국의 신문 · 잡지 등에서 정보를 입수하거나 거래상대방과 꾸준히 접촉함으로써 신속하고 긴밀한 정보를 얻을 수 있다.

둘째, 거래상대국의 시장에 직접 출장을 가서 조사하는 방법으로 조사비용이 많이 든다는 단점이 있음에도 불구하고 주관적이지만 감각적인 시장정보를 얻는 가장 좋은 방법이라고 할 수 있다.

출장조사는 한 회사만의 단독출장조사, 업계에서 파견되는 시장조사단에 참가하는 공동출장조사, 해외에서 개최되는 국제적인 전시회 등에 참가하여 조사하는 것 등으로 나눌 수 있으며, 특히 국제무역박람회의 참가는 목적물품과 관련이 깊은 참가동업자와 접촉할 수 있기 때문에 정보를 직접 입수할 수 있는 장점이 있다.

현지 방문시에는 현지 대사관, 공관 및 무역관의 협조를 최대한 구하고 대상국가의 상업회의소 및 유관기관의 협조를 받는 것도 바람직한 방법이다. 이 방법은 현지의 유력 수입자 및 도매상을 방문하여 당해품목의 시황, 소비패턴, 가격구조 등을 조사할 수 있으며, 나아가 직접 상담단계에까지 이를 수 있는 이점이 있다.

셋째, 거래처를 통한 시장조사로서, 무릇 거래는 상호이익 의존관계에서 성립되는 것이기 때문에 좋은 거래상대방은 유리한 정보의 제공자이기도 하다. 물론 이쪽도 상대방에 대하여 좋은 상대로서 정보제공자가 되어야 한다. 그러나 거래처를 통하여 정보자료를 수집하면 거래관계의 물품계열 및 시장이나 소비자에 대한 보다 명확하고 정확한 정보를 기대할 수 있지만 조사자료의 수집에 틀림없이 협력한다고 하는 보장이 없기 때문에 언제나 밀접한 연락관계를 유지할 필요가 있다.

2) 간접조사

간접시장조사 방법으로서는 첫째, 한국에 주재하는 외국의 대사관, 공사관 및 영사관 또는 외국에 주재하는 한국의 공관을 통하여 목적시장에 대한 정보를 입수하는 이른바 공관을 통한 시장조사방법이 있다.

둘째, 외국의 상업회의소(Chamber of Commerce) 또는 우리나라의 대한상공회의소나 한국무역협회 등에 의뢰하여 시장정보를 입수하는 방법이다.

셋째, 대한무역진흥공사(KOTRA)를 통하여 행하는 시장조사로, KOTRA는 외국의 시장조사와 한국수출품의 해외선전 등을 실시하고 있는 전액 정부출자의 특수법인이다. KOTRA는 세계 각국의 주요시장에 무역관 및 사무소를 개설하고 있으며, 그 시장조사의 정확성 · 신속성에 정평이 있을 뿐만 아니라 KOTRA에서 수집한 해외정보나 실시한 시장조사의 결과에 관해서는 월간, 주간, 연간의 각종 간행물, 보고서, 자료로써 공표되고 있다. 해외에 지점이나 주재소를 설치할 수 없는 중소기업이나 중소상사의 KOTRA 이용도는 매우 높다.

특히 시장조사에 필요한 기초자료로는 한국무역협회 및 KOTRA 자료실에 비치된 「무역통계」, 지역별로 된 「무역동향」, 일본 JETRO 간행 「국별 시리즈」, 국별 「수출입업자총람」 등을 활용하면 개괄적인 시장정보를 수집할 수 있을 것이다.

기타의 방법으로는 해외의 광고대리점을 통하여 시장조사를 하는 방법이 있다. 현재 우리나라에서는 아직 외국의 광고회사가 진출하지 못하고 있으나 조사대상지역의 광고회사가 국내의 광고회사와 업무제휴되어 있을 경우 국내의 광고회사에 조사를 의뢰할 수 있으며, 이 경우 대부분 미국과 일본에 국한되어 있다.

이 외에도 UN의 UN 통계연보(Yearbook of International Statistics), IMF의 발행연보(International Financial Statistics), OECD, IBRD 및 ECAFE 등 국제경제협력 기관에서 발표하고 있는 일반경제통계에 의한 방법도 있다.

3) 위탁조사

그 밖에 국내외의 조사기관에 조사명목을 명시하고 비용을 부담하는 조건으로 조사를 위탁하는 경우가 있는데, 특정 시장이나 물품에 대하여 전문적이고 철저하며 상세한 시장조사를 기대할 수 있다.

해외시장에 대한 조사전문기관으로는 Booz Allen and Hamilton, Mckinsey and Company, Dun and Bradstreet 등을 들 수가 있다.

II. 무역거래처 선정

해외시장조사가 끝나고 특정한 해외시장이 선정되면, 다음에는 그 시장의 누구와 거래관계를 맺을 것인가 하는 거래처(business counterpart)를 물색하여야 한다. 거래처를 물색하는 방법으로는 무역업자명부를 통한 발굴, 해외광고를 통한 발굴, 국내외 공공기관을 통한 발굴 및 직접출장, 인테넷 등을 통한 발굴 등의 방법이 있다.

1. 무역업자명부를 통한 발굴

거래처의 선정을 위해서는 세계적인 상공인명부인 무역업자명부(Trade Directory)나 Yellow Page 등의 간행물을 통하여 해당품목을 수입 혹은 취급하는 업체의 명단을 입수하여 그 가운데 몇몇을 잠정적인 후보거래처로 내정한 다음 Circular Letter 및 홍보물의 발송 등을 통하여 거래처를 물색하게 된다. 참고로 지역별로 이용할 수 있는 무역업자명부는 다음과 같다.

(1) 전 세계적인 명부

① World Marketing Guide

③ Stores of the World

③ Kelly' s Directory of Merchants, Manufactures and Shippers of World

④ Dun & Bradstreet Reference Book

⑤ Bottin Mondial

⑥ Maiers Adressbuch der Exporteure und Importeure

(2) 미주지역의 명부

① Directory of United States Importers

② Directory of United States Exporters/U.S. Buying Guide

③ IBAR Trade Directory of Latin American Countries

④ Latin America Importers Directory

⑤ Thomas Register of American Manufacturers, N.Y.

(3) 구주지역의 명부

① International Directory of European Importers

② Major Companies of Europe

③ British Standard Importers(영국정부 편찬)

④ ABC Europe Production

(4) 중동지역의 명부

① Owen' s African and Indian Ocean Business Directory

② Owen' s Middle East and Mediterranean Business Directory

③ SLAM Trade Year Book of Africa

④ Major Companies of the Arab World

⑤ The Arabian Year Book

(5) 아주지역의 명부

① International Directory of Asian/Pacific Importers

② Asian Buyers Guide

③ Major Companies of the Far East

④ Standard Trade Index of Japan

2. 해외광고를 통한 발굴

해외거래처를 발굴하기 위한 기초단계로 해외홍보용 카탈로그나 리플렛을 제작하여 예상거래처에 배포하거나 국내의 해외홍보매체 등에 자사물품을 홍보하여 거래처를 물색할 수 있을 것이다.

해외배포용 카탈로그나 리플렛 제작시에는 사전 세심한 계획 아래 종합광고대행사나 광고기획사 등 전문가를 활용하여 영문 또는 대상지역의 언어로 제작하여야 하며, 홍보물의 내용도 회사 또는 대표자의 홍보보다는 취급물품의 정확한 규격·용도·재질 등 물품의 설명에 주안점을 두어 제작하여 구매자의 구매의욕을 자극할 수 있어야 한다.

홍보물 배포시 경제적인 비용으로 홍보효과의 극대화를 위해서는 적정배포처를 선정하는 것이 주요 과제인데, 적정배포처는 전술한 지역별 무역업자명부에 의거하여 물색된 예상거래선, 주한외국공관의 Buyer List, 한국무역협회나 KOTRA 등의 거래알선 List 등을 활용하여 선정하고 배포하는 것이 바람직할 것이다. 특히 배포처 선정에 있어서 해외발행 전문잡지의 구독자는 특정 물품에 관련된 잠재구매자로 판단되므로 취급물품을 전문으로 하는 잡지사의 배포처를 입수하여 이를 대상으로 홍보물을 배포한다면 상당한 효과를 얻을 수 있을 것이다.

한편, 국내에서 발행하는 수출유관기관의 해외홍보매체를 통한 물품광고는 홍보비용의 절감과 홍보의 효율성 면에서 상당한 효과를 얻을 수 있는 방법이다.

3. 국내외 공공기관을 통한 발굴

각국의 상업회의소, 세계무역센터협회(World Trade Center Association) 체인, 또는 수출입관련기관에 Circular Letter를 발송하여 그들이 발행하는 기관지를 통해 업계 홍보나 관련업자를 소개받는 방법이다.

한편, 국내의 유력기관으로는 한국무역협회의 거래알선 서비스를 받는 방법, 세계 각국에 현지 무역관을 운영하고 있는 KOTRA에 의뢰하여 거래처를 선정하거나 국제상업회의소(International Chamber of Commerce: ICC)에 가입되어 있는 대한상공회의소 등에 의뢰하여 거래처를 선택할 수 있다.

4. 직접출장 등을 통한 발굴

현지에 직접 출장하거나 무역관계기관에서 주선, 파견하는 각종 민간무역사절단, 박람회 및 전시회 등에 참가하여 거래처를 물색하거나 기존 거래처와의 거래를 더욱 확고히 하는 방법이다.

한국무역협회에 총괄하여 파견하는 민간무역사절단과 KOTRA에서 주관하여 참가하는 해외박람회 및 전시회는 각종 경비의 지원뿐 아니라 현지 무역관의 사전홍보를 통한 Buyer와의 상담을 주선하는 혜택을 받을 수 있다. 이러한 박람회나 전시회에 참가할 경우에는 출국 전에 국내에서 현지의 유력거래처에 대한 Circular Letter 등을 발송하여 사전준비에 만전을 기하여야 한다.

Ⅲ. 신용조사

1. 신용조사의 목적

선정된 상대방과 거래관계를 정식으로 체결하기 이전에 상대방의 신용상태(credit standing, business standing)에 대해서 엄격한 신용조사(credit inquiry)를 해두지 않으면 안 된다.

무역거래는 국내거래와 비교하여 매수인에게 신용위험(credit risk)이 발생할 가능성이 높다. 매도인에게 발생할 수 있는 신용위험은 예컨대 매수인의 파산 등에 의한 지급불능, 지급은행의 지급거절 등에 의한 부도위험, 또 전쟁 · 천재 · 국가간섭 등 비상위험에 의한 지급불이행, 매수인의 부정이나 불법행위에 의한 부도나 매도인의 계약위반에 대한 지급거절 등이 있다.

물론 이러한 여러 가지 위험에 대하여 신용장, 국제팩토링(International Factoring), 포페이팅(Forfaiting), 무역보험제도 등과 같은 방법에 의하여 신용위험을 회피 또는 전가할 수 있다.

그러나 문제는 그러한 소극적인 예방수단의 어느 것을 사용하더라도 근본적인 해결을 기대하기 어렵다는 것이다. 이런 경우의 근본 대책은 재정상태, 영업능력, 객관적 정세 등 모든 면에서 대금결제에 아무런 불안감이 없는 상대방을 선정하는 것이다. 즉, 상당한 정도의 신용을 공여해도 아무런 염려 없이 충분히 기대에 부응할 수 있는 신용상태가 우수한 상대를 선정하는 것이 무엇보다 중요하다.

결국 신용조사의 목적은 신뢰할 수 있는 상대방인가 아닌가를 조사하는 것으로서 거래관계의 창설 후에도 정기적으로 행할 필요가 있다.

2. 신용조사의 필요성

국내거래에 비해서 무역거래는 여러 가지 면에서 복잡할 뿐만 아니라 고도의 숙련을 필요로 한다. 즉, 국내거래와는 비교할 수 없을 만큼 시간과 비용도 많이 든다. 본질적으로 무역거래는 거래상대방의 확실성을 기반으로 성립하는 거래이다. 그 이유는 국내거래라면 설사 중대한 사고가 돌발해도 상대방과 직접 만나서 교섭할 수 있고, 또 필요하다면 물건을 차압할 수도 있다. 그러나 해외거래처와의 거래에 있어서는 문제가 발생하면 격지 간의 거래이기 때문에 즉시 해결하기 어렵다. 한편 해외에서 견본만을 요구, 수집하여 생계수단으로 삼는 속칭 Sample Merchant라고 불리는 위장무역상인도 있으며, 고의로 클레임을 제기할 것을 미리 계산하고 있는 Claim Merchant라 불리는 간교한 상인도 있다. 자칫 잘못하여 이러한 악덕상인을 만나면 아무리 노력해도 거래발전을 기대하기는커녕 큰 손해를 감수할 수밖에 없게 된다.

3. 신용조사의 조사항목

신용조사의 기준은 신뢰도(reliability)이다. 신뢰도를 측정하기 위하여 Three C's, Four C's 혹은 Five C's라고 하는 신뢰도 측정요소가 있다.

① Character(인격): 이는 대상업체의 개성(personality), 성실성(integrity), 평판(reputation), 영업태도(attitude toward business) 및 의무, 특히 채무변제이행 열의(willingness to meet obligation) 등 계약이행에 대한 도의심에 관련된 내용을 의미한다. 신뢰할 수 있는 상대방인지의 여부는 이런 의미의 Character

여하에 크게 의존한다.

② Capital(자본): 이는 당해 업체의 재정상태, 즉 수권자본(authorized capital)과 납입자본(paid-up capital), 자기자본과 타인자본의 비율 등 지급능력과 직결된 내용을 의미한다. 이것을 조사하기 위해서는 상대방의 재무제표 검토로부터 시작해야 하지만 자료의 입수가 곤란한 경우도 있고, 또 자료 자체의 신빙성에도 문제가 있을 수 있다.

③ Capacity(능력): 이는 당해 업체의 연간매출액(turn-over), 업체의 형태, 연혁, 경력(career) 및 영업권(good will) 등 영업능력에 관한 내용이다.

이러한 Three C's 이외에 Conditions(시장상황), Collateral(담보능력), Currency(거래통화), Country(소속국가) 가운데 한 가지나 두 가지를 추가하여 Four C's 혹은 Five C's라고 부르기도 한다.

최근에는 수출의 경우 특히 Conditions에 대한 검토의 필요성이 인식되어 Four C's가 일반적인 신용조사의 내용으로 인정되고 있다. Conditions는 상대방 회사가 소재하는 국가가 정치적으로 안정되어 있는지, 경제 · 재정 · 금융정책상 거래에 지장을 주는 요인이 없는지, 법률적 규제는 없는지, 통관수속, 항만 · 운송시설 등은 어떤지를 검토하는 것이다.

이상과 같은 신뢰도 측정요소 중 가장 중요한 것은 Character라고 지적되고 있다. 그것은 격지자 간의 매매거래인 무역에서는 무엇보다도 신용이 중시되어야 할 것이기 때문이다. Character에 대한 면밀하고 철저한 조사를 통하여 무역에 있어서 질병(disease in trade)이라고 할 수 있는 악질적인 마켓 클레임(market claim)을 미연에 방지할 수 있다. 이러한 신용조사는 거래개시 전에 한 번 행하는 것으로 충분하지 않다. 오랜 거래처에 대해서도 적어도 수차례 신용조사를 할 필요가 있다. 이때 조사사항의 중점을 어디에 두고, 구체적으로 무엇을 조사할 것인가는 그 때마다 제반정세를 고려하여 결정하여야 한다.

4. 신용조사의 방법

신용조사를 위하여 은행조회처(bank reference)나 동업자조회처(trade reference)를 이용하는 방법, 국제적으로 저명한 상업흥신소(mercantile agency, commercial credit agency)를 이용하는 방법과 전문해외신용조사기관인 신용보증기금(Korea Credit Guarantee Fund: KCGF), 한국수출입은행, 대한무역진흥공사 등을 이용하는 방법이 있다.

1) 은행조회처와 동업자조회처

오랫동안 자사와 거래관계가 있는 동업자나 상대방의 거래은행 또는 자기거래은행을 통하여 신용조회(credit inquiry)를 하는 것이 일반적이다.

상대방으로부터 최초로 받은 거래요청서 등에는 자사의 신용조사처(reference)를 명시하고 있는 경우가 많으며 때로는 Letterhead에 거래은행이 인쇄되어 있는 경우도 있다. 따라서 이들 상대방이 명시한 신용조회처 또는 거래은행 앞으로 조사를 의뢰하면 된다.

그러나 현실적으로 이들 은행에 신용조회를 하여도 만족할 만한 신용정보(credit information)를 얻을 수 없는 경우가 많고, 경우에 따라서는 전혀 회답이 없는 경우도 있다. 왜냐하면 이들 은행은 비록 피조사기업의 신용상태에 대한 충분한 자료를 가지고 있어도 비밀사항에 관한 조사내용을 전혀 알지 못하는 타국의 조사의뢰인에게 알리는 것을 좋아하지 않기 때문이다.

따라서 은행을 통한 신용조사의 경우 조사의뢰인은 우선 자기의 거래은행에 의뢰하고 거기서 다시 상대측의 은행에 의뢰하는 방법을 취하는 것이 현명하다. 이 같은 경로로 조사를 행하는 경우에는 2개의 은행이 개입함으로써 조사의뢰인과 피조사상사의 신용상태를 모두 파악할 수 있기 때문에 은행으로서도 안심하고 조사보고서를 낼 수 있다.

2) 상업흥신소

무역업자는 신규거래처의 신용조사를 위하여 상업흥신소를 많이 이용하고 있다.

상업흥신소는 신용조사를 전문업으로 하는 단체이며, 국제적으로 유명한 상업흥신소는 국내는 물론 세계 주요도시에 통신원이나 조사원을 주재 또는 파견하여 현지조사를 한다. 또한 세계 각국의 동업자와 연락을 취하고 정보를 교환하면서 전적으로 신용조사를 위하여 활동하고 있다.

우리나라에서도 이러한 신뢰성 있는 상업흥신소를 발달시켜 Dun and Bradstreet(미), Bradstreet British(영), Auskunft W. Schimmelpfung(독), Tokyo Mercantile Agency(일) 등과 같은 유명한 외국의 흥신소와 정보를 교환하여 무역업자들이 이를 이용할 수 있도록 하는 것이 바람직하다.

3) 신용보증기금 등

우리나라에는 해외신용조사를 전문으로 하는 기관으로 한국무역보험공사, 신용보증기금, 한국수출입은행 및 대한무역진흥공사 등이 있다. 신용보증기금은 현재 세계적으로 유수한 신용조사망을 갖춘 해외신용조사 전문기관과 제휴하고 신속 · 정확한 자료를 제공하고 있다. 동 기금은 무역업자의 신용보증과 해외신용조사를 주 업무로 하고 있으며, 또한 기업의 경영전략수립을 위한 특별조사 및 해외거래처에 대한 종합적 신용관리 등 다양한 서비스를 제공하고 있다.

IV. 무역거래관계의 개설

1. 거래제의

전술한 바와 같이 신용조사를 통하여 가장 적절하다고 판단된 업체가 선정되면 해당 업체 앞으로 거래제의(business proposal)를 하게 된다.

이러한 거래제의는 불특정 다수인에게 광고형식으로 하는 경우, 즉 간행물에 의하는 방법이 있고 동일 내용의 글을 여러 장 인쇄해 두었다가 상대방의 주소와 발신일자만을 타자하여 발송하는 Form Letter 내지 Circular Letter[6]에 의하는 방법도 있으나 통상 개별적인 서신을 작성하여 정중히 발송하는 방법이 많이 활용되고 있다.

Circular Letter는 면식이 없는 외국인에게 자사를 소개하는 첫 번째 서신이므로 이를 받는 상대방으로 하여금 좋은 인상을 갖고 거래를 결심할 수 있도록 작성해야 한다. Circular Letter의 구체적 내용은 취급물품 및 기타의 사정에 따라 동일하지 않지만 주로 다음 내용을 포함하고 있어야 한다.

① 상대방의 주소나 상호를 알게 된 경위 및 거래관계 희망
② 자사의 취급품목과 영업상태 및 신용상태
③ 거래내용 내지 방식, 즉 수출 또는 수입, 위탁판매(consignment) 또는 위탁매입(indent), 본인(principal) 또는 대리점(agent) 등 이들 가운데 어느 것을 택할 것인가 하는 희망하는 거래형태
④ 무역거래의 기본조건
⑤ 신용이나 물품의 조회처(credit reference)
⑥ 전신약호(cable address), 텔렉스 또는 팩시밀리 번호

---

6) Circular Letter(권유장)는 유망 거래선에서 자기 회사를 알리고 취급물품과 거래조건 등을 간략하게 안내하여 거래관계를 권유하는 서신을 말한다.

Circular Letter에는 거래개시의 희망사항을 기재하여야 하고, 자사의 영업에 대하여 충분하고도 효과적인 선전을 해야 한다. 상대방이 자사의 영업상태 및 신용상태를 쉽게 조사할 수 있도록 자사의 신용조회처(credit reference)를 명시하는 것은 거래의 권유에 효과가 있으며, 신용조회처로는 대부분의 경우 자사가 거래하는 은행을 지정한다. 또한 상대방에게 자사의 영업항목의 명세는 물론, 특히 목적물품에 관해서는 될 수 있는 대로 그 수요 또는 공급 상태와 국내외시황을 알려주어야 하며, 수출의 경우에는 자사에 주문할 수 있는 수량 및 금액의 한도를 예측할 수 있도록 주문에 응할 수 있는 최소 주문량을, 또한 수입의 경우에는 자사의 예상 주문량을 알려줄 필요가 있다.

2. 조회 및 회신

(1) 조회(Inquiry)

조회란 거래관계의 권유를 받은 유망 거래선이 그 권유에 관심이 있거나 물품구매의사가 있을 때 문의하는 것을 말한다. 조회를 할 경우 대체로 다음과 같은 사항을 기재하게 된다.

- 상대방을 알게 된 경위
- 관심품목이나 가격조회
- 필요한 물량이나 명세
- 기타 문의사항
- 결문인사

(2) 회신(Reply)

회신은 조회에 대한 답변이다. 이러한 회신은 신속하고 정확하게 이루어져야 한다. 조회에 대해 회신을 할 경우 대체로 다음과 같은 사항을 기재하게 된다.

- 조회접수에 대한 확인과 감사의 표시
- 조회사항에 대한 구체적 회답
- 거래성사시 유리한 점
- 견본 등을 송부
- 주문의 기대표시
- 결문인사

무역계약의 성립 제3장

I. 무역계약의 기초

1. 무역계약의 개념

1) 계약의 개념

계약이란 둘 이상의 당사자가 바라는 바에 따라서 그 사이의 법률관계를 규정하려는 수단으로 반드시 당사자 간에 의사의 합의(meeting of the minds of parties)가 있어야 하며 일정한 채권관계의 발생을 목적으로 한다. 즉, 계약이란 소송을 제기할 수 있는 단일 또는 복수의 약속이라 할 수 있다. 여기에서 약속이란 어떤 자가 다른 자에 대해 어떤 종류의 사건이 존재한다는 것을 선언 또는 보증하는 것이며, 장래 일정한 행위 또는 부작위를 할 의사를 선언하거나 보증함으로써 상대방에게 이러한 선언이나 보증의 수행을 청구하는 권리를 부여하는 것을 의미한다. 따라서 이를 실제로 물품매매계약에 적용하면 청약자(offeror)와 피청약자(offeree) 간의 합의를 의미하게 된다.

2) 무역계약의 개념

오늘날 무역거래는 일반적으로 물품매매[1]가 주종을 이루고 있어 무역계약이라고 할 경우 국제물품매매계약을 지칭하는 것이 보통이다. 그러나 무역거래의 대상이

1) 물품매매계약이란 매도인이 대금이라는 금전의 대가를 받고 매수인에게 물품의 소유권을 이전하기로 약정하는 계약이다. 따라서 국제간의 물품매매계약도 매도인인 수출상이 매수인인 수입상에게 물품의 소유권을 이전하거나 이전하기로 약속하고 매수인은 그 대금을 지급할 것을 약정하는 계약이라 할 수 있다.

기술 등의 용역, 금융 및 자본거래, 해외건설 및 플랜트 등으로 확대되었기 때문에 국제물품매매계약은 협의의 무역계약이라 할 수 있고, 광의의 무역계약이라 할 경우 국제간의 모든 계약을 통칭하는 것으로 보아야 할 것이다.

무역계약과 국내계약은 물품계약이 가지는 상업적 또는 법리적 성격을 공통적으로 가지고 있지만 무역계약은 제반환경이 상이한 국제간에 이루어진다는 점에서 국내매매계약과는 다른 몇 가지 특수성을 가진다. 즉 국제물품매매계약은 국제성을 가진 계약이라 할 수 있는데, 여기에서 국제성이란 매매당사자가 각기 다른 국가에 영업소를 두고 있거나, 서로 다른 국가 간의 물품운송, 격지 간의 청약과 승낙, 청약과 승낙이 행해진 국가 외의 다른 국가에서의 물품인도 중의 어느 하나 이상이 충족되는 것을 의미한다.

무역계약의 기본적 계약은 매도인(seller)과 매수인(buyer) 사이에 체결되는 국제물품매매계약(contracts for international sale of goods)이다. 이는 매도인의 입장에서는 수출계약(export contract)이고 매수인의 입장에서는 수입계약(import contract)이 된다. 통상 국제물품매매계약은 법역(法域)과 통화를 달리하는 격지 간의 거래이기 때문에 통상 다음의 세 가지 부속계약이 필요하다.

첫째, 물품이 매도인으로부터 이동하여 매수인에게 도달하기 위해서는 전문운송인(common carrier)과의 운송계약(contract of carriage)이 필요하다. 운송방법에는 해상운송, 항공운송, 육상운송 또는 복합운송 등이 있다. 운송방법, 운송계약 체결의 당사자, 운임의 부담자 등 운송계약의 내용은 매매당사자 간에 별도의 합의가 없는 한, 매매계약서에 나타난 정형거래조건(trade terms)에 따라 결정된다.

둘째, 물품 운송 중의 위험(risk)을 담보하기 위하여 보험계약(contract of insurance)이 필요하다. 물품의 운송 중 그 위험을 누가 부담하느냐와 보험계약체결의 당사자 및 보험료(insurance premium)의 부담자 등은 매매계약시 별도의 약정이 없는 한 운송계약의 경우와 마찬가지로 기본계약인 매매계약상의 정형거래조건에 따라 결정된다. Incoterms® 2010에서 CIF나 CIP 조건의 경우에는 매도인에게 보험 부보의 의무가 있다.

셋째, 매수인이 계약에 따라 매도인에게 대금을 결제하기 위해서는 지급계약(contract of payment)이 필요하다. 지급계약은 매매계약의 당사자 간의 약정에 따라 결정되는데 일반적으로 신용장의 발생유무에 따라 신용장방식(L/C basis)과 무신용장방식(Non L/C basis)으로 나눌 수 있고, 무신용장방식은 다시 송금(remittance)과 추심(collection)방식으로 나눌 수 있다.

신용장방식은 은행이 중간에 개입하여 수출자의 대금지급을 조건부로 확약하므로 무역거래 이행의 확정, 금융수혜, 신용위험의 배제 등 무역업자에게 여러 가지 이점을 발생시킨다. 반면에 무신용장방식은 절차나 비용측면에서 신용장방식보다 간편하고 저렴하나, 수입자의 신용만으로 거래를 하기 때문에 신용장방식에 비하여 신용위험, 비상위험(emergency risks) 등이 발생할 가능성이 높다.

2. 무역계약의 대상

무역계약의 대상은 물품(goods)이며 물품의 정의는 각종 제정법에서 다양하게 정의하고 있으나 대체로 부동산 및 무체동산, 금전을 제외한 유체동산을 의미한다. 따라서 물품매매계약상의 물품에 해당될 수 있는 것은 유체동산(things in possession)에 국한된다고 할 수 있다. 영미법의 경우 무체동산(things in action)은 채권이나 소송청구의 목적물과 같이 소유자가 현재 점유하고 있지 아니한 동산을 의미하며, 유체동산은 소유자가 현재 점유하고 있는 동산을 말한다.

한국 민법 제98조에 의하면 물품을 물건이라 표현하여 “물건은 유체물 및 전기 기타 관리할 수 있는 자연력”을 말하고, 제99조에서는 “토지 및 그 정착물은 부동산이며 부동산 이외의 물건은 동산”이라고 규정하고 있다.

3. 무역계약의 법적 성격

무역계약은 다음과 같은 네 가지 법적 성격을 가진다.

첫째, 낙성계약(concensual contract)은 계약당사자의 합의만으로 성립하는 계약이다. 즉 일방의 당사자가 일정한 조건으로 물품을 판매하겠다는 청약에 대해 상대방이 승낙함으로써 성립하는 계약을 말한다.

둘째, 쌍무계약(bilateral contract)은 계약당사자가 상호 채무를 부담하는 계약을 말한다. 예컨대 매도인은 물품인도의무를 부담하고 매수인은 대금지급의무를 부담하는 것을 들 수 있다.

셋째, 유상계약(remunerative contract)은 당사자 쌍방이 상호 대가적 관계에서 급부가 있는 계약을 말한다. 예컨대 매도인의 물품인도에 대한 매수인의 대금지급이 있어야 하는 계약으로 물품인도와 대금지급은 상호 대가적인 의미를 가진다.

넷째, 불요식계약(informal contract)은 요식에 의하지 않고 문서나 구두에 의한 명시계약이나 묵시계약으로도 계약이 성립된다는 것이다. 일반적으로 특정 양식에 의해 당사자가 의사표시를 명시함으로써 계약이 성립하는 요식계약(formal contract)은 주로 부동산거래나 어음·수표거래에서 많이 이용된다. 그러나 무역계약에서는 청약과 승낙이 반드시 서면으로 입증되어야 한다거나 어떤 특별한 방식에 따를 필요가 없으며 증인에 의해 입증될 수도 있다.

II. 무역계약의 성립

1. 무역계약의 성립요건

무역계약 성립요건의 전제조건은 계약당사자 간의 의사표시의 합치이다. 무역계약의 의사표시는 시간적으로 순차적이어야 하며, 시간적으로 앞의 의사표시를 청약(offer)이라 하고 뒤의 의사표시를 승낙(acceptance)이라 한다. 무역계약은 청약과 승낙에 의하여 성립하지만 계약이 유효하게 성립하기 위해서는 계약법상, 민법상, 공법상 하자가 없어야 한다. 예컨대 계약법상 하자는 당사자 간의 현저한 불공정(gross disparity), 착오(mistake), 사기(fraud), 강박(threat) 등이고, 민법상 하자는 미성년자(minor), 무능력자(lack of capacity), 무권한(lack of authority), 부도덕(immorality), 불법(illegality) 거래를 말한다. 마지막으로 공법상 하자(mandatory rules)는 출입허가 제한 및 외환통제에 관한 법률에 제한을 받는 경우이다.

2. 청약의 법리

1) 청약의 개념

청약(offer)은 청약자(offeror)가 피청약자(offeree) 앞으로 일방적으로 행하는 계약체결의 확정적 의사표시(definite intention)이다.[2)] 청약에서 확정적이란 의사표시가 물품을 표시하고 있고, 명시적 또는 묵시적으로 그 수량 또는 가격을 확정하고 있거나 결정하도록 규정하고 있는 경우이다. 즉, 청약은 물품을 구매 또는 판매하는 청약자가 피청약자에게 품질, 수량, 가격, 선적, 지급 등에 관한 조건을 피청약자에게 제시하여 피청약자가 동의하면 계약을 체결하겠다는 의사표시라고 할 수 있다.[3)]

---

2) UN통일매매법(United Nations Convention on Contract for the International Sale of Goods: CISG)에서 청약이란 "1인 또는 그 이상의 특정인에 대한 계약체결의 제의는 그것이 충분히 확정적이고 또한 승낙이 있는 경우에 이에 구속된다는 청약자의 의사를 표시하고 있는 경우에 청약이 된다"라고 규정하고 있다.

3) CISG 제14조 1항.

청약은 상대방에게 도달된 때부터 효력이 발생하며, 구두청약(oral offer)도 유효한 청약이 된다.

2) 청약의 종류

청약의 종류는 효력을 기준으로 다음과 같이 구분할 수 있다.

(1) 확정청약과 불확정청약

확정청약(firm offer)은 청약을 할 때 승낙기한을 명시하여 그 지정기한 내에는 철회할 수 없는 청약을 말한다. 지정된 기한 내에 피청약자가 발송한 승낙의 통지가 도달하면 매매계약이 성립된다.

불확정청약(free offer)은 청약을 할 때 승낙기한을 명시하지 않은 청약으로 피청약자가 승낙하기 이전에는 언제라도 청약내용을 변경하거나 철회할 수 있으며 또한 이를 승낙하더라도 청약자의 최종확인이 있어야 하는 청약이다.[4]

특히 불확정청약과 청약의 유인은 구분되어야 한다. 청약의 유인은 계약의 체결을 위한 사전예비교섭으로 타인을 권유하여 자기에게 청약을 하게 하는 행위이다. 예컨대, 청약의 예비교섭에 불과한 Inquiry, Circular Letter, Catalog, Sample, Price-list, Estimate 또는 Quotation 등은 청약의 유인이라 할 수 있다.

청약의 유인과 청약의 구분은 실제로 곤란한 경우가 많다. 그러나 대체로 상대방의 승낙과 동시에 자신의 의사표시에 구속되려는 의도일 경우에는 청약이며, 상대방의 승낙만으로는 구속되지 않고 청약자 자신의 확인에 의해 구속되려는 의도일 경우에는 청약의 유인이다. 또한 특정인에 대한 경우에는 통상 청약이며, 불특정인에 대한 경우에는 청약의 유인일 때가 많다. 하지만 청약과 청약의 유인과의 구분은 계약당사자의 추론적인 의사의 범주에 따라 달리 결정될 수 있다.

(2) 대응청약

대응청약(counter offer)은 주로 청약의 가격, 수량, 선적시기 등의 조건에 대하여 피청약자가 자신의 유리한 대안을 제시하면서 조건의 수정 또는 변경을 요구하는 청약을 말한다. 대응청약은 원 청약(original offer)에 대한 거절이며 동시에 새로운 청약이 된다. 이 대응청약에 대하여 거래상대방은 승낙하거나 거절하거나 하여

---

4) 청약기간의 표시는 대개 다음과 같이 한다.

- We offer you firm the following goods subject to your reply being received here by April 5, 2010.
- Validity : Until April 5, 2010.

대응청약을 할 수 있는데 최종승낙이 있기 전까지 계속적인 대응청약이 진행될 수 있다.

(3) 조건부청약

조건부청약(conditional offer)은 청약자의 청약내용에 어떤 조건이나 단서가 붙어 있는 청약이다. 조건부청약은 형식상으로는 불확정청약의 범주에 속하지만 엄밀한 의미에서는 청약이 아니고 청약의 유인에 지나지 않는다. 다음과 같은 조건, 예컨대, "offer subject to being unsold", "offer on approval", "offer on sale or return", "offer subject to our final confirmation", "offer subject to prior sale", "offer subject to market fluctuation" 등은 조건부청약이다.

(4) 교차청약

양 당사자가 동시에 동일한 내용의 청약을 하는 경우 이를 교차청약(cross offer)이라 한다. 한국과 일본은 교차청약을 인정하지만, 반면에 영미법계에서는 교차청약을 계약의 성립으로 보지 않는다.

3) 청약의 효력발생과 소멸

(1) 효력발생

국제물품매매법에서 청약의 효력발생시기는 청약이 피청약자에게 도달한 때에 그 효력이 발생한다.[5] 우리나라 민법 제111조 1항에서도 "상대방이 있는 의사표시는 그 통지가 상대방에게 도달한 때로부터 그 효력이 생긴다"는 도달주의를 채택하고 있다.

(2) 효력소멸

청약의 효력소멸은 법계에 따라 차이가 나지만 일반적으로 다음의 경우에 청약의 효력이 소멸된다. 예컨대, 피청약자가 청약을 거절하는 경우, 대응청약이 있는 경우, 청약의 유효기간이 지난 경우, 당사자가 사망하는 경우, 청약의 취소, 청약의 철회,[6] 후발적 위법상황 등이 위법(subsequent illegality)의 경우이다.

---

5) 국제물품매매법 제15조 1항.

6) 청약의 철회는 취소와는 달리 청약으로서 효력이 아직 발생하기 이전의 상태에서 청약자가 임의로 청약으로서 효력을 상실시키는 것을 말한다. 국제물품매매법에서는 "청약은, 이것이 취소불능이라도 그 철회의 의사표시가 청약의 도달전에 또는 그와 동시에 피청약자에게 도달하는 경우에는 철회될 수 있다"라고 규정하고 있다(국제물품매매법 제15조 2항).

청약서의 예

KOREA TRADING CO., LTD.

Messrs. ABC INC. Offer No.

Date; May 10, 20XX

Ref. No. _______________

Reg. No. _______________

OFFER SHEET

We are pleased to offer the under mentioned article(s) as per conditions and details described as follows:

Sample No. Commodity & (Code-Word)Description	Unit Price	Quantity	Amount
Cell phone case Model No 1	FOB Busan Per Set US $ 6.00	10,000	60,000.00

Origin: Republic of Korea

Supplier: Korea Trading Co., Ltd.

Packing: Export standard packing

Shipment: Within 30 days after receipt of Letter of Credit

Inspection: Ours to be final

Payment: By an Irrevocable Letter of Credit at Sight in our favor

Validity: By end of June, 20XX

Remarks : Minimum quantity is to be 1,000 sets per order.

Looking forward to your kind order for the above offer.

Yours faithfully,

KOREA TRADING CO., LTD

Authorized Signature

3. 승낙의 법리

1) 승낙의 개념

승낙(acceptance)은 피청약자가 청약의 내용을 받아들여서 계약을 성립시키고자 하는 의사표시를 말한다. 국제물품매매법에서는 청약에 동의를 표시하는 피청약자의 진술 및 기타의 행위를 승낙이라 한다.[7] 하지만 이러한 의사표시가 침묵(silence) 또는 무작위(inactivity)일 경우에는 그 자체로 승낙이 되지는 못한다.[8]

청약에 대한 승낙은 무조건 · 절대적 동의(unconditional and absolute assent)여야 한다. 이러한 원칙을 경상의 법칙(mirror image rule)이라고 한다.

2) 승낙의 효력

승낙은 청약과 함께 계약성립이라는 하나의 법률행위를 발생시키는 법률행위의 구성요소이며 승낙에 의하여 계약이 성립한다.

승낙의 효력발생시점에 대해서 발신주의와 도달주의가 있으나 도달주의가 원칙이다.[9] 그러나 격지 간 우편(전보)의 경우 우리나라 민법과 일본, 영미법에서도 발신주의를 인정하고 있다. 그러므로 승낙지연사유가 우송 자체에 있는 경우 발신주의를 인정하고 있는 것이다. 이와 같이 승낙의 효력발생시기는 각국의 입법 예가 다르기 때문에 분쟁가능성을 줄이기 위하여 청약시 도달주의임을 명시하거나 계약의 성립은 유엔통일매매법(CISG)에 따른다고 명시하는 것이 바람직하다. 승낙의 효력발생시기에 대한 각국의 입법 예는 표 3-1과 같다.[10]

구두청약은 별도의 사정이 없는 한 즉시 승낙되어야 한다. 그러나 청약의 성격에 의하여 혹은 당사자들이 그들 간에 이미 확립된 관행이나 관습의 결과로서 피청약자가 청약자에게 통지 없이 물품발송이나 대금지급과 같은 행위를 함으로써 동의를 표시할 경우 승낙은 이러한 행위가 이행된 때 발생한다. 단 이러한 행위는 규정된 기간 내에 이루어져야 한다. 실무상 승낙은 청약에 명시적으로 지정되어 있는 경우에는 그 지정된 방법에 따라야 하고, 그러하지 못한 경우에는 합리적인 방법으로 승낙하면 될 것이다.

부분적 승낙의 경우도, 청약조건의 변경을 꾀한 것이기 때문에, 이것에 의해서는

---

7) CISG 제18조 1항.

8) CISG 제18조 1항.

9) CISG 제18조.

10) 新堀 聰, 「貿易賣買」(同文館, 1990), p.36.

표 3-1 승낙의 효력발생시기에 대한 각국의 입법 예

준거법규 / 통신수단			영 국	미 국	독 일	한국민법	UN협약
의사표시에 관한 일반원칙			도달주의	도달주의	도달주의	도달주의	도달주의
승낙의 의사표시	대화자간	대 화	도달주의	도달주의	도달주의	도달주의	도달주의
		전 화	도달주의	발신주의	도달주의	도달주의	도달주의
		텔렉스	도달주의	발신주의	도달주의	도달주의	도달주의
	격지간	우 편	발신주의	발신주의	도달주의	발신주의	도달주의
		전 보	발신주의	발신주의	도달주의	발신중의	도달주의

계약은 성립하지 않는다고 보아야 할 것이다. 영국에서는 청약에 담겨 있지 않은 조건을 추가해서 청약을 승낙하는 경우 원칙적으로 계약은 성립하지 않는 것으로 된다. 왜냐하면 피청약자는 사실상 원청약을 거절해서 반대청약을 행한 것이 되기 때문이다.

만약 중요한 조건이 양 당사자의 장래의 합의로 위임되어 있다면, 계약은 그 시점에서는 불완전하고 성립하지 않는 것으로 되는 경우가 있다. 또 계약서에 따르는 조건부의 합의는 불완전하고, 계약은 계약서가 준비되고 양 당사자에 의해서 승인되기까지는 성립하지 않는다.

한편 승낙의 철회는 계약성립을 위한 의사표시의 효력발생시기를 발신주의로 하는가 혹은 도달주의로 하는가에 따라 다르게 처리되는 사항이다. 유엔통일매매법에서는 승낙의 효력이 발생하기 이전에 혹은 그와 동시에 철회의 통지가 청약자에게 도착한다면 승낙은 철회될 수 있다.[11] 영국에서는 일반원칙으로서 승낙이 도달주의의 입장을 취하고 있기 때문에, 승낙의 도달에 의해 계약이 성립하기 이전이라면 승낙은 언제든지 철회 가능하다.

승낙의 철회를 인정하는 경우, 철회의 의사가 승낙의 의사보다 빠르거나 동시에 상대방에게 도달하여야 한다. 그리고 승낙철회의 방식에는 아무런 제한이 없다고 해야 할 것이다.

11) CISG 제22조.

III. 무역계약서의 종류와 작성

1. 무역계약서의 종류

무역계약 체결방법은 개별계약서방식(case by case contract)과 포괄계약서방식(master contract)으로 나눌 수 있다.

개별계약서방식은 무역거래가 성립될 때마다 무역계약을 체결하는 방식으로 매도인이 작성하는 것을 Sales Note(매매계약서)라 하고 매수인이 작성하는 것을 Purchase Order(주문서)라 한다.

개별계약서는 표면사항과 이면사항으로 구성된다. 표면사항에는 물품 자체에 관한 사항으로 물품의 품명, 수량, 품질, 가격, 포장 등에 관한 사항과 계약의 이행에 관한 조항으로 선적, 포장, 결제, 보험 등의 조항이 포함된다. 이면사항에는 표면사항에 대한 구체적인 해석기준과 불가항력, 클레임, 중재, 준거법 조항 등이 포함된다.

포괄계약서방식은 계속적이고 반복적인 장기거래에 일반적으로 사용되는 방식이다. 포괄계약서방식에서는 당사자 간에 Agreement on General Terms and Conditions of Business(일반거래조건에 관한 협정서)[12]를 교환하여 본 계약을 체결하고 필요시마다 오더나 오퍼를 통하여 무역계약 내용을 확정한다. 포괄계약서의 내용은 개별계약서의 이면사항과 유사하다.

2. 무역계약서의 작성

무역은 국제간의 거래이므로 성사되기까지 많은 과정을 거치게 된다. 청약이 승낙되면 원활한 거래를 위하여 제 거래조건에 대해서 상호협정하고 이 협정사항에 의거, 계약서 2통을 작성하여 서명한 후 교환함으로써 계약체결을 하게 된다. 실무적으로는 청약서(offer sheet)에 수입자의 서명을 받아 계약서를 대신할 수도 있다.

12) 다른 표현으로는 'Memorandum', 'Memorandum of Understanding(MOU)' 이란 용어를 사용하기도 한다. 일반협정서의 내용이 개별계약서의 내용과 모순될 경우에는 개별(매매)계약서의 내용이 우선한다.

일반거래조건협정서

Agreement on General Terms and Conditions of Business

This Agreement entered into between The ABC Co.,Inc., New York (Hereinafter called to as the Buyer), and The Korea Trading Co., Ltd., Seoul, Korea(hereinafter called to as the Seller) witness as follows:

(1) **Business :** Both Seller and Buyer act as Principals and not as Agents.

(2) **Samples and Quality :** The Seller is to supply the buyer with samples free of charge, and the quality of the goods to be shipped should be about equal to the sample on which an order is given.

(3) **Quantity :** Weight and Quantity determined by the seller, as set forth in shipping documents, shall be final.

(4) **Prices :** Unless otherwise specified, prices are to be quoted in U.S. Dollars on CIF New York basis.

(5) **Firm Offers :** All firm offers are to remain effective for three days including the day cabled. Sundays and National Holidays shall not be counted as days.

(6) **Orders :** Except in cases where firm offers are accepted all orders are to be subject to the Seller' s final confirmation.

(7) **Packing :** Proper export standard packing is to be carried out, each set bearing the mark XXX with port mark, running numbers, and the country of origin.

(8) **Payment :** Draft is to be drawn at 30d/s for the full Invoice amount under Irrevocable Letter of Credit which should be issued in favor of seller immediately documents attached, namely, Bill of Lading, Insurance Policy, Commercial Invoice and other documents which each contract requires. The others shall be governed and interpreted under the UCP 600.

(9) **Shipment :** Shipment is to be made within the time stipulated in each contract. The date of Bill of Lading shall be taken as conclusive proof of the day of shipment. Unless expressly agreed upon, the port of ship-

ment shall be at the port of Busan, Korea.

(10) **Marine Insurance** : All shipments shall be covered on All Risks including War Risks and SRCC for the invoice amount plus 10 (ten) percent. All policies shall be made out in US Dollar and claims payable in New York.

(11) **Force Majeure** : The Sellers shall not be responsible for the delay in shipment due to force majeure, including mobilization, war, strikes, riots, civil commotion, hostilities, blockade, requisition of vessels, prohibition of export, fires, floods, earthquakes, tempest and any other contingencies, which prevent shipment within the stipulated period, In the event of any of the aforesaid causes arising, documents proving its occurrence or existence shall be sent by the Sellers to the Buyers without delay.

(12) **Delayed Shipment** : In all cases of force majeure provided in the Article No. 11, the period of shipment stipulated shall be extended for a period of twenty one (21) days. In case shipment within the extended period should still be prevented by a continuance of the causes mentioned in the Article No. 11 or the consequences of any of them, It shall be at the Buyer' s option either to allow the shipment of late goods or to cancel the order by giving the Sellers the notice of cancellation by cable.

(13) **Claims** : Claims, if any, shall be submitted by cable within fourteen (14) days after arrival of goods at destination. Certificated report by recognized surveyors shall be sent by mail without delay.

(14) **Arbitration** : All claims which cannot be amicably settled between Seller and Buyer shall be finally settled by arbitration in Seoul, Korea in accordance with the Commercial Arbitration Rules of the Korea Commercial Arbitration Board and under the Laws of Korea. The award rendered by the arbitrator shall be final and binding upon both parties concerned.

(15) **Trade Terms :** Unless specially stated, the trade terms under this contract shall be governed and interpreted by the latest Incoterms.

(16) **Governing Law :** This Agreement shall be governed as to all matters including validity, construction and performance under and by United Nations Convention on Contracts for the International Sale of Goods (1980).

This Agreement shall be valid on and after Jan 5, 20XX.

(Buyers) ABC Co., Inc.	(Seller) Korea Trading Co., Ltd.
(signed)	(signed)

제4장 무역계약의 기본조건

무역계약에 관한 기본조건은 무역계약 체결시 구체적으로 합의하여야 한다. 무역계약에 관해 합의하여야 하는 기본조건은 일반적으로 기본사항, 계약물품에 관한 조건, 계약이행에 관한 조건, 계약불이행에 관한 조건, 기타 조항으로 나눌 수 있다.

무역계약에 관한 기본사항으로는 당사자 및 계약체결확정문언이 있고, 계약물품에 관한 조건으로는 품질(quality), 수량(quantity), 가격(price), 포장(packing) 등이 있고, 계약이행에 관한 조건에는 선적(shipment), 지급(payment), 보험(insurance) 등이 있고, 계약불이행에 관한 조건으로 불가항력(force majeure), 클레임(claim), 중재(arbitration), 준거법(governing law) 등이 있다.

I. 품질조건

국제매매계약서에서 매매의 객체인 물품의 품질은 거래당사자 간에는 매우 중요한 관심사이기 때문에 이 문제로 인하여 상거래 분쟁이 야기되는 경우가 많다. 따라서 물품의 품질에 관하여는 품질의 결정방법, 품질의 결정시기, 품질의 증명방법 등을 명확히 하여야 한다.

1. 품질의 결정방법

상거래에서 어떠한 수준의 품질을 매매의 대상으로 약정한 것인가에 대하여는 다음과 같은 방법을 사용할 수 있다.

1) 견본에 의한 매매(Sales by Sample)

무역거래에서 가장 널리 이용되고 있는 방법으로 실제 매매될 물품의 품질을 매매의 당사자가 제시된 견본에 의하여 인도할 것을 약정하는 방법이다. 견본은 동종, 동질, 동형을 전제로 하기 때문에 무역클레임 가운데 가장 많이 발생하고 있는 품질 클레임의 경우 견본매매에 의한 경우가 대부분이다. 따라서 견본매매시 매도인은 반드시 원견본(original sample)을 매수인에게 발송하되 그것과 동일한 제2견본(duplicate or reference sample)을 보관하고 물품공급계약으로 물품을 조달하는 경우에는 공급자에게 제3견본(triplicate)을 보관시키는 것이 좋다. 또한 선적물품을 발송하기 전에 미리 매수인에게 선적품을 알리기 위하여 선발견본(advance sample)을 발송하기도 하며[1] 매수인이 견본에 의하여 요청을 해 왔을 때 매도인이 그 견본과 동일한 혹은 유사한 대견본(역견본: counter sample)을 보내고 승낙을 얻기도 한다. 계약시 품질을 표시할 때 품질표시의 문구로는 quality to be same as sample, quality as per sample, quality to be equal to sample 등과 같은 엄격한 표현보다는 quality to be about the same as sample, quality to be about equal to the sample, quality to be similar to the sample 등의 표현이 매도인에게는 바람직하다.

2) 상표에 의한 매매(Sales by Mark or Brand)

국제적으로 널리 알려진 물품에 대해서는 견본을 제시할 필요 없이 상표나 브랜드를 품질기준으로 삼는 거래는 말한다. 예컨대 Nikon 카메라, Parker 만년필, Omerga 손목시계, Dunhill 라이터 등과 같은 상표를 이용하는 방법이다.

3) 규격에 의한 매매(Sales by Type or Grade)

물품의 규격이 국제적으로 통일되어 있거나 수출국의 공적 규격으로 특정되어 있는 경우에 이용되는 방법이다. 국제표준화기구 ISO(International Organization for Standardization), 영국의 BBS(British Standard Specification), 일본의 JIS(Japan Industrial Standard), 한국의 KS(Korean Standard) 등과 같은 규격을 이용하는 방법이다.

---

1) 매도인이 선적시 선적품 중에서 선택하여 매수인에게 보내는 견본을 선적견본(shipping sample)이라 한다.

4) 명세서에 의한 매매(Sales by Specification)

거래대상물품의 소재, 구조, 성능 등에 대하여 상세한 명세서(specification)나 설명서(description), 설계도(plan) 등을 매매기준으로 삼는 방법이다. 예컨대, 선박, 철도차량, 의료용구, 중장비류 등이 해당된다.

5) 표준품에 의한 매매(Sales by Standard)

견본(sample)거래는 실제 국제거래의 대부분을 차지하고 있다. 그러나 수출국의 공정규격에 의해서 그 규격이 정해져 있는 물품에 대해서는 견본에 의할 필요 없이 그 규격(grade)또는 품형(style)에 의해서 거래를 한다. 실제의 품질을 사전에 정할 수 없는 물품은 표준품(standard)을 규격의 기초로 해서 거래한다. 표준품매매에는 다음의 세 가지 방법이 많이 사용된다.

- 평균중등품질(Fair Average Quality: F.A.Q.): 주로 곡물류의 매매에 사용되는 품질조건으로 인도물품의 품질은 선적시, 선적장소에서 당해 계절의 출하품의 평균중등품질(fair average quality of the season' s shipment at time and place of shipment)을 조건으로 하는 것을 의미한다. 이 조건은 품품의 선물거래(future transaction)에 많이 이용된다.
- 판매적격품질(Good Merchantable Quality: G.M.Q.): 목재, 냉동어류 등과 같이 견본이용이 곤란하고 그 내부의 품질을 외관상으로 알 수 없는 거래에 이용되는 방법으로 매도인이 인도한 물품은 매매적격성(merchantability)을 지닌 것임을 보증하는 조건이다.
- 보통품질(Usual Standard Quality: U.S.Q.): 주로 인삼, 원면, 원사거래에 이용되는 품질조건으로 공인검사기관 또는 공인표준기준에 의하여 보통품질을 표준품의 품질로 결정하는 조건이다.

2. 품질의 결정시기

무역거래에서 물품운송은 대부분이 장거리 해상운송에 의하여 이루어지기 때문에 선적시점과 양륙시점에서의 품질 차이가 발생할 가능성이 크다. 따라서 무역거래 당사자 간의 품질결정시기에 따른 후일의 분쟁을 피하기 위해서는 계약체결시에 품질결정시기를 명확하게 약정하여 두는 것이 중요하다. 품질의 결정시기는 선적품질조건(shipped quality terms)과 양륙품질조건(landed quality terms)으로 나눌 수 있다.

선적품질조건은 인도물품의 품질이 약정한 품질과 일치하는가 여부를 선적시의 품질에 의해 결정하는 방법으로 일반 공산품 등에 널리 이용되고 있다. 매도인은 운송에 변질된 물품에 대해서는 책임을 지지 않는 조건이다.

양륙품질조건은 인도물품의 품질이 계약품질과 일치하는가 여부를 도착지 양륙시의 품질에 의하여 결정하는 방법이다. 매도인은 운송 중에 변질된 물품에 대해서는 책임을 져야 한다.

공산품과 달리 곡물의 경우에는 물품의 운송 중에 품질의 변화가 심하다. 이에 런던곡물시장에서는 다음과 같은 품질조건을 사용한다.

- Tale Quale(T.Q.): 선적품질조건(shipped quality terms)으로 매도인은 약정한 물품의 품질을 선적할 때까지만 책임을 지는 조건이다.
- Rye Terms(R.T.): 호밀(rye)거래에 사용되면서 물품이 도착시 손상되어 있는 경우에 그 손해에 대하여 매도인이 변상하는 관례에서 생긴 것으로 양륙품질조건(landed quality terms)이다.
- Sea Damage(S.D.): 조건부선적품질조건으로 해상운송 중에 해수(sea water)나 민물(fresh water), 증기유(vapour), 비(rain), 습기(moisture) 등에 기인하는 품질손해에 대하여는 매도인이 부담하는 조건으로 선적품질조건과 양륙품질조건을 절충한 조건이라 할 수 있다.

3. 품질의 증명

품질에 대한 검사가 필요할 경우에 무역계약당사자들은 매매계약체결시에 품질의 검사에 관한 조항에 합의하여야 한다. 품질검사와 관련하여 검사시기, 장소, 검사비용, 검사인, 검사방법 등에 관한 사항에 대하여 합의하여야 한다. 하지만 당사자 간에 명시적 합의가 없는 경우에는 선적품질조건의 경우에는 매도인이, 양륙품질조건의 경우에는 매수인이 품질증명 책임을 져야 한다. 그 외에 전문 감정인(surveyor)에게 의뢰하여 품질을 증명할 수도 있다.

II. 수량조건

무역거래에서는 수량에 대한 관습이 국가에 따라 서로 상이하기 때문에 분쟁이 발생하기 쉽다. 이에 수량에 관한 조건에서는 수량의 단위, 수량결정의 시기, 과부족의 요인 등에 대하여 명확히 약정하여야 한다.

1. 수량의 단위

수량의 단위(unit)는 물품의 성질과 관습에 의해서 중량(weight), 용적(measurement), 개수(piece), 포장(package), 길이(length), 용적(square) 중 하나로 한다.

1) 중량

중량을 나타내는 단위에는 Ton, Pound(1b), Kilogram(kg) 등의 종류가 있다. Ton의 경우는 Long Ton, Short Ton, Metric Ton을 구분하여 명시하는 것이 필요하다. 같은 Ton이라도 다음과 같이 중량에 차이가 있기 때문이다.

L/T : long ton	1,016kg	2,240파운드(1b)	영국식
S/T : short ton	907kg	2,000파운드(1b)	미국식
M/T : metric ton	1,000kg	2,204파운드(1b)	프랑스(대륙)식, 한국

중량의 측정기준으로는 총중량(gross weight), 법적 중량(legal weight), 순중량(net weight) 등이 있다. 먼저 총중량이란 물품 자체의 무게에 포장무게를 포함한 무게이다. 그리고 법적 중량은 물품 자체의 무게에 외포장 무게는 제외한, 즉 소매단위의 개별 포장을 포함한 무게이다. 마지막으로 순중량이란 포장무게를 제외한 물품 자체의 무게이다.

2) 개수

잡화제품의 기준이 되는 개수단위는 piece, dozen, gross 등이다. 양말이나 스웨터의 경우 dozen, pin 같은 경우 gross로 한다. great gross, small gross를 사용하기도 한다.

1 dozen = 12 pcs(pieces)
1 gross = 12 dozen 144 pieces(12×12)
1 great gross = 12 gross(12×12×12) = 1728 pieces
1 small gross = 10 dozen(12×10) = 120 pieces

컨테이너의 경우에는 TEU(twenty feet equivalent unit) 또는 FEU(forty feet equivalent unit) 등의 단위를 사용한다.

3) 용적

용적을 단위로 하는 경우에는 m^3(Cubic Meter: CBM), ft^2(Cubic Feet: CFT), Barrel, Gallon, Liter 등을 단위로 한다. 주로 목재와 석유 등의 거래에 사용된다. 컨테이너 화물의 경우에는 소량화물은 CBM을, 만재화물은 TEU(twenty feet equivalent unit)와 FEU(forty feet equivalent unit)를 사용하는데 TEU가 보통 운송 또는 통계의 단위로 많이 사용된다.

4) 포장단위

포장단위에는 bale, case, bag 등이 있으며 그 안에 들어갈 수 있는 개수는 관습상 정해져 있는 경우가 많으나 계약시 이를 명시하는 것이 좋다. 예컨대 계약서에 "20 Cases Containing 30 pieces each" 등과 같이 표시해 두는 것이 좋다.

2. 수량의 결정시기

품질의 결정시기와 마찬가지로 수량조건에서도 수량의 결정시기는 선적수량조건(shipped quantity terms)과 양륙수량조건(landed quantity terms)으로 구분할 수 있다.

선적수량조건은 선적시점에 검량한 수량이 계약에서 명시한 수량과 합치되면 운송 중에 감량이 되더라도 매도인은 이에 대하여 아무런 책임을 부담하지 않는 조건으로 선적시 수량을 최종으로 하는 것이다. 일반적으로 FOB 조건이나 CIF 조건에 의한 거래는 선적지인도조건으로 선적수량조건에 의한다.

양륙수량조건은 목적지에서 양륙하는 시점에서 검량하여 인도수량이 계약수량과 합치되어야 하는 조건이며, 만약 운송중 감량이 있는 경우에는 매도인이 책임을 부담하게 되는 조건이다. DAT 조건이나 DAP 조건에 의한 거래는 양륙지인도조건으로 양륙수량조건에 의한다고 할 수 있다.

3. 과부족 용인조건

물품의 성질에 따라 수량과부족을 인정해야 할 경우에 얼마만큼 허용할 것인가와 과부족 선택권자를 누구로 할 것인가에 대하여 계약시 명시해 두는 것이 좋다. 예컨대 유류와 같이 휘발성이 있거나 광물이나 곡물처럼 bulk cargo인 경우에 운송 도중

감량이 생길 우려가 있는 물품에 대하여 매매계약시 과부족한도를 정해 두고 그 범위 내에서 물품인도가 이루어지면 수량부족에 대한 클레임을 제기하지 않기로 약정하는 수량표시방법을 과부족 용인조건(more or less clause: M/L clause)이라고 한다. 예컨대 "5% more or less at seller' s option"이라는 표시를 명시하면 된다. 한편 화환신용장 통일규칙(UCP)에서는 물품수량의 과부족 용인문언의 명시가 없더라도 과부족 금지문언이 없는 한, 환어음의 발행금액이 신용장금액을 초과하지 않는 범위 내에서 5%까지의 과부족이 용인된다. 단, 포장단위나 개개품목에 따라 수량이 명기된 경우에는 적용되지 않는다.[2] 그 이유는 bulk cargo의 거래에서는 그 성질상 신용장이 요구하는 대로 정확한 수량을 선적한다는 것이 사실상 불가능하기 때문에 분쟁을 예방하고 신용장거래의 원활을 도모하기 위한 것으로 보아야 한다.

4. 개산수량조건

물품의 수량이나 단가 앞에 '약' 이라는 의미의 'about' 이라든가 'circa' 또는 'nearly', 'approximately' 등의 유사한 용어를 사용하여 과부족 용인을 신축적으로 운용하는 것을 개산수량조건(approximate quantity term)이라 한다. 이때 당사자 간에 '약' 이라는 의미의 해석의 차이에 따라 분쟁이 생길 수 있기 때문에 계약체결시 '약' 에 대한 해석기준을 당사자 간에 합의하는 것이 분쟁을 예방할 수 있다. 화환신용장 통일규칙에서는 ±10%를 초과하지 아니하는 과부족을 용인하는 것으로 하고 있다.[3]

III. 가격조건

무역거래에서 매매당사자 간에 가장 관심을 두는 것은 무엇보다도 좋은 품질의 물품을 적정한 가격으로 매매계약을 체결하고자 하는 것이다. 가격조건(price terms)은 적정한 매매가격을 채산하는 데 있어서 기본적인 조건이며 중요한 조건이다. 가격조건을 약정하는 데는 매매가격의 산출조건, 매매가격의 구성요소, 매매가격의 표시통화 등을 고려하여야 한다.

먼저 매매가격의 산출근거와 관련하여, 매매가격을 매도인과 매수인이 부담해야

---

2) UCP 600 제30조 b항.
3) UCP 600 제30조 a항.

할 여러 가지의 원가요소와 물품의 인도장소 등을 감안하여 정하게 된다. 그러나 매매당사자 간에 이러한 점을 고려하여 매 거래시마다 계약서상에 구체적으로 나열하여 정한다는 것은 번잡하고 불편한 일이다. 따라서 실제 거래에서는 국제적으로 무역거래관습상 형성된 정형거래조건(trade terms)에 의하여 매매가격이 산출되고 있다.

다음으로 매매가격의 구성요소와 관련하여, 물품의 수출 또는 수입가격은 여러 가지의 원가요소를 포함하여 가격을 제시하게 된다. 수출가격은 물품을 직접 제조하거나 타사에서 구매하는 생산원가 또는 구매원가, 즉 기본원가와 거래조건에 따른 절차상의 부대비용 및 예상이익을 포함한 가격이 된다. 또한 수입가격은 매도인의 선적물품원가를 기본원가로 하여 수입자 내의 타 부문 간접비를 계상한 간접원가와 거래조건에 따른 부대비용 및 예상이익 등의 요소를 모두 포함하여 수입가격의 원가로 삼는다.

그리고 매매가격의 표시통화와 관련하여, 통화(currency)는 국가마다 고유의 통화를 사용하고 있기 때문에 무역거래에서는 매매당사자 간 어느 나라의 어떠한 통화를 사용할 것인지에 대하여 약정해 두어야 한다.

IV. 선적조건

선적(shipment)은 본선적재(loading on board), 발송(dispatch), 운송을 위한 인수(accepted for carriage), 비행일(flight date), 우편수령일(date of post receipt), 접수일(date of pick-up) 및 복합운송을 요구하거나 허용할 경우에는 수탁(taking in charge)의 뜻을 표현하는 것으로 광범위하게 이해되고 있다. 따라서 선적은 계약물품을 선적항의 지정선박에 적재하는 것뿐만 아니라 복합운송이 이루어지는 경우 매도인의 공장 문전에서 또는 특정한 장소에서 운송인에게 인도하는 것을 포함하는 다양한 개념이다.

1. 선적기간

선적기간의 표시방법으로, 계약서상 선적기일은 일자를 명시하는 방법과 계약 후 30일(within thirty days from the date of this contract), 신용장 개설 후 60일(within sixty days from the date of issuance of L/C) 등으로 표시하여 기일을 명시하지 않고 선적시기를 표시하는 방법도 있다. 선적일자의 계산과 관련하여, 신용장거래에서 일자에 관련된 용어(date terms)로 'to', 'until', 'till', 'from'의 용어는 당해 일자가 포함되고 'after', 'before'의 용어는 당해 일자가 제외되는 것으로 간주된다. 'shipment shall be effected during first half of May, 2014'와 같이 어느 달의 전반(first half), 후반(second half)이라는 용어는 그 달의 1일부터 15일 그리고 16일부터 말일까지를 포함하는 것으로 한다. 어느 달의 상순(beginning), 중순(middle) 또는 하순(end)이라는 용어가 사용되었다면 각기 그 달의 1일부터 10일, 11일부터 20일, 21일부터 말일까지를 포함하는 것으로 간주한다. 무역계약시 신용장거래와 관련하여 'prompt', 'immediately', 'as soon as possible' 등과 같은 막연한 표현을 사용하여서는 안 된다. 그런 용어가 사용되었을 경우 은행은 그것을 무시하도록 규정하고 있다. 또한 'on or about'이란 표현은 선적이 지정일자로부터 5일 전후까지의 기간 내(총 11일)에 선적되는 것으로 간주한다.

2. 분할선적

분할선적(partial shipment)은 신용장상에 분할선적을 금지하는 문언이 없을 경우에는 분할 선적이 허용되는 것으로 간주된다.[4] 분할선적시 그 할부선적분 중 어느 부분에 대하여 소정의 기간 내에 선적을 이행하지 못한 때에는 별도의 약정이 없는 한 그 불이행분은 물론이고, 그 이후의 모든 부분에 대하여도 무효가 된다. 또한 동일운송수단, 동일항해 분할선적 여부는 본선적재를 표시하는 운송서류에 상이한 발행일자를 나타내거나 상이한 본선 적재항을 표시하고 있을지라도 분할선적으로 간주되지 않는다.

3. 환적

선적한 물품을 하역하여 다른 선박이나 다른 운송수단에 재적재하는 것을 환적(transshipment)이라고 한다. 환적에 대하여는 신용장상에 환적이 금지되지 않은 한 운송인이 환적할 권리를 유보한다는 문언이 기재되거나, 복합운송인 경우 전항로를 단일한 동일증권이 커버하고 있는 운송서류를 포함하여 매우 폭넓게 환적된 운송서류를 수리하는 것으로 규정하고 있다. 환적은 금지되지 않는 한 허용된다. 특히 유리그릇, 도자기 등 깨지기 쉬운 물품(fragile goods)은 직항선(direct vessel)[5]을 이용

4) UCP 600 제31조.

5) 이는 환적금지(T/S Prohibited) 의미뿐만 아니라 관습적 항로(customary route)로 항해할 것을 표현하고 있다고 보아야 한다. 해난으로 인하여 일시적 양륙 후 재선적하는 행위의 경우에는 환적에 해당되지 않는다.

하도록 환적금지문언을 신용장에 삽입하는 것이 바람직하다. 복합운송을 포함하는 계약서에서는 환적을 금지한다는 문언이 있을지라도 환적이 허용되는 것으로 본다.

4. 선적일자 증명

매도인은 계약서에서 약정한 기일 내에 선적을 하여야 하고 이를 입증하여야 한다. 일반적으로 무역관행상 운송서류의 발행일을 선적기일로 간주한다. 다만 서류에 스탬프나 기타의 방법으로 인수 또는 본선적재일을 부기할 경우에는 그 날짜를 선적일로 본다. 선하증권의 경우에는 선하증권의 발행일을 선적일자로 간주하는 것이 무역관습으로 되어 있다.[6] 선적선하증권(Shipped B/L)의 경우에는 선적일자를, 수취선하증권(Received B/L)의 경우에는 후일 선적이 완료되었음을 나타내는 문언을 해당 선하증권이나 운송서류면에 운송인 또는 그 대리인이 부기(notation)하고 이때 기입하는 일자를 선적적재일로 간주한다.

V. 결제조건

무역계약에서 물품인도의 대가로 그 대금의 지급을 확약하여야 한다. 따라서 대금지급에 관한 결제조건(payment terms)은 매매계약에서 반드시 약정되어야 할 중요한 조건이다. 이때 매매당사자는 물품매매계약의 체결시 결제방식, 결제시기 등에 대하여 구체적으로 약정하여야 한다.

결제방식은 신용장방식(L/C basis), 추심방식(collection basis), 송금방식(remittance basis) 등으로 구분할 수 있다. 결제시기는 선지급(payment in advance), 동시지급(concurrent payment), 후지급(deferred payment), 분할지급(progressive payment)으로 구분할 수 있다.

1. 결제방식

1) 신용장방식

신용장이란 그 명칭과 상관없이 개설은행(issuing bank)이 일치하는 제시(comply-

---

6) 선하증권의 선적일이 실제 선적일의 추정적 증거(prima facie evidence)가 된다(Warsaw-Oxford Rules, Rule 3.).

ing presentation)에 대하여 결제(honour)하겠다는 확약(confirmation)으로서 취소가 불가능한 모든 약정이다.[7] 신용장은 은행의 조건부 지급확약이기 때문에 개설은행이 수입자를 대신하여 물품을 대표하는 선적서류 및/또는 환어음과 상환으로 대금을 결제하여 주는 것이다.

신용장은 개설은행이 수입자를 위하여 자신의 신용을 공여하는 행위로 이는 불확실한 수입자의 신용을 확실한 은행의 신용으로 대체한 증서(instrument)이다. 따라서 수출자는 판매 및 대금회수를 은행으로부터 보장받기 때문에 수입자의 지급불능이나 지급거절을 염려할 필요가 없다.

2) 추심방식

국제상거래에서 추심방식은 수출자가 수출대금을 회수하기 위하여 물품을 선적한 후 자신의 위험과 비용부담으로 수입자를 지급인(drawee)으로 하는 화환어음(documentary bill)을 발행하고, 자국에 있는 거래은행에게 수입자 소재지의 환거래은행(correspondent bank)을 통하여 대금을 회수하라는 지시와 함께 관련 서류(documents)를 인도한다. 이때 거래은행은 추심의뢰은행(remitting bank)이 되어 추심은행(collecting bank)에게 선적서류를 송부하여 추심을 의뢰하고, 추심은행이 환어음의 지급인(drawee)인 수입자에게 선적서류와 환어음(bill of exchange)을 제시하여 대금을 징수한 후 추심의뢰은행에 송금하면, 추심의뢰은행이 이를 추심의뢰인(principal)인 수출자에게 지급함으로써 대금결제가 이루어지는 역환방식을 말한다. 이와 같이 추심방식은 수입자 거래은행의 지급확약 없이 단지 수입자와 수출자 간의 매매계약에 따라 수입자의 신용을 바탕으로 은행을 통하여 선적서류와 상환으로 대금의 결제가 이루어지는 방식이다.

추심방식은 환어음을 지급인이 어음지급을 하여야 선적서류를 인도해주는 지급도방식(Documents against Payment: D/P)과 지급인이 어음인수를 하면 선적서류를 인도해 주는 인수도방식(Documents against Acceptance: D/A)으로 구분된다.

3) 송금방식

송금방식은 무역계약을 체결한 수입자가 수출자에 대하여 대금지급을 직접 현금으로 송부하지 않고 은행의 환거래를 통하여 송금하는 방식으로, 수출자가 물품을 선적하기 전에 수입자가 그 결제대금의 전액을 송금하거나, 수출자가 물품 또는 선적

7) UCP 600 제2조.

서류를 인도한 후 수입자가 스스로 대금을 송금하는 방식으로 대금결제가 이루어지는 것을 말한다.

송금하는 수단으로는 우편송금(Mail Transfer: M/T), 전신환송금(Telegraphic Transfer: T/T) 또는 은행의 송금수표(Demand Draft: D/D) 등이 있다.

우편송금환의 경우에는 은행이 수취인에 대하여 일정한 금액지급을 위탁하는 지급지시서(payment order)를 우편에 의해 통지하는 방법으로 신속을 요하지 않을 때 사용된다. 전신송금환의 경우에는 우편송금환과 비슷하나 지급지시를 우편이 아닌 전신(cable)에 의해 행한다는 점에서 차이가 있다. 따라서 많은 금액을 신속히 송금하고자 할 경우 유용하다. 송금수표의 경우에는 은행이 발행하는 수표를 수취인에게 송금인이 직접 발송하는 방법으로 소액송금시 유용하다. 수출상이 이러한 송금수표를 받는 경우 우선 이 송금수표가 신용 있는 은행이 발행한 은행수표(banker' s check)인지 여부를 확인하여야 한다.

2. 결제시기

1) 선지급

매도인이 물품을 선적 또는 인도하기 전에 매수인이 그 결제대금을 지급하는 방식이다. 선지급(payment in advance)방식에는 매수인이 주문을 하면서 대금을 지급하는 주문시지급(cash with order), 주문시 전신환(Telegraphic Transfer: T/T) 등에 의하여 송금하는 사전송금방식(advance remittance), 신용장 수령 후 바로 수출대금을 받을 수 있는 전대신용장(red clause credit) 등이 있다. 선지급은 물품을 인도받기 전에 먼저 매수인이 수출대금을 결제하기 때문에 매도인에게 유리하고 매수인에게 불리한 결제방식이다.

2) 동시지급

매도인이 물품 또는 선적서류를 인도할 때 그 결제대금을 지급하는 방식이다. 동시지급(concurrent payment)방식에는 물품인도시 대금지급이 이루어지는 현물상환도지급(Cash on Delivery: COD)방식과 매도인이 계약물품을 선적 또는 선적한 후에 선적서류(shipping documents)의 인도와 동시에 매수인이 결제대금을 지급하는 서류상환도지급(Cash against Document: CAD)방식이 있다. 그 외에 신용장방식의 일람출급신용장(sight L/C)과 추심방식의 지급도방식(D/P)이 동시지급에 해당된다.

3) 후지급

매도인이 물품 또는 선적서류를 인도한 후 일정기일 이후에 그 결제대금을 지급하는 방식이다. 후지급(deferred payment)방식은 외상거래방식 또는 연지급방식이라고도 한다. 따라서 매도인에게는 불리하고 매수인에게는 유리한 결제방식이다. 신용장방식에서는 기한부신용장(usance L/C)이, 추심방식에서는 인수도방식(D/A)이, 송금방식에는 사후송금방식(later remittance) 등이 후지급에 해당된다.

4) 분할지급

대금지급을 여러 단계로 나누어서 분할하는 지급방식은 분할지급(progressive payment)이다. 예컨대 계약금을 일정금액 선지급하고 잔금을 일정기간 이후에 2회 이상 분할하여 지급하는 방식이다.

VI. 보험조건

물품을 운송하는 과정에서는 선박의 좌초, 침몰, 충돌 등과 같은 해상고유의 위험이나 전쟁 등과 같은 인위적 위험을 만날 가능성이 있으며 이러한 위험을 담보받기 위해서 적하보험에 부보하여 만일의 손해(loss or damage)발생에 대비하여야 한다. 무역계약시 보험조건(insurance terms)을 약정하는 경우에는 보험가입금액, 보험을 부보하는 목적물의 성질, 운송 상황 등에 따라 어떠한 담보조건으로 부보할 것인가 하는 것이 중요하다.

매매계약의 체결시 먼저 당사자 간에는 보험자와의 보험계약을 체결하는 보험계약자와 피보험이익을 가지게 될 피보험자에 대한 관계를 분명히 하여야 한다. 계약에 따라 물품운송의 책임을 지는 당사자가 보험자와 보험계약을 체결하는 경우에 그 보험금액과 부보의 범위를 결정하면 된다. 그러나 CIF나 CIP 조건과 같이 보험계약자와 피보험자가 상이한 경우에는 보험금액에 대한 별도의 약정이 필요하다.

CIF 조건의 경우 '110 percent of the CIF invoice value' 와 같이 보험금액도 달라진다. 보통 송장금액에 10%를 가산한 금액이 최소부보금액이 된다. CIP의 경우는 복합운송의 경우가 많으므로 해상보험이 아닌 운송보험에 부보하여야 하며 해상적하보험처럼 보험약관의 정형이 있지 않으므로, 개별적 보험약관에 따라야 하지만 최소부보금액은 역시 송장금액에 10%를 가산한 금액이 된다.

특히 해상적하보험(Marine Cargo Insurance)은 1912년 '런던보험업자협회'(The Institute of London Underwriters)가 제정하고 1963년에 개정된 협회적하약관(Institute Cargo Clauses: ICC)을 사용하고 있다. 협회적하약관에서는 기본적 손해담보의 범위를 분손부담보 또는 단독해손부담보(Free from Particular Average, FPA 조건), 분손담보 또는 단독해손담보(With Average, With Particular Average, W.A, WPA 조건), 전위험담보(All Risks, A/R 조건) 등 세 가지로 구분하여 왔다. 그러나 1981년에 와서 ICC가 전면 개편되어 FPA와 유사한 ICC(C), W/A와 유사한 ICC(B), A/R와 유사한 ICC(A) 등의 신약관이 채택됨에 따라 현재 구약관과 신약관이 혼용되고 있다. FPA 또는 ICC(C) 약관은 담보하는 손해의 정도가 가장 좁아 보험료가 가장 싸며[8] A/R와 ICC(A)의 담보범위는 반대로 가장 넓은 반면 보험료는 고율이다.

VII. 포장조건

1. 포장의 의의

포장(packing)이란 물품의 운송, 보관, 하역, 판매 등을 하는 데 있어 그 물품의 내용 및 외형을 보호하고 물품으로서의 가치를 유지하기 위하여 적절한 재료나 용기로 둘러싸는 기술작업 및 상태를 말하며 모든 종류의 포장을 통칭하는 용어이다. 특히 수출포장은 적은 재료와 비용으로 안전하고 확실하게 물품을 포장하여 운송에서 물품을 보호하는 데 그 목적이 있기 때문에 중요하다. 어떠한 포장을 할 것인가는 일반적으로 계약서에 정해지는 경우가 많으나 무역에 관련된 물품은 주로 원거리 지역에 운송되고 때로는 환적을 하는 경우도 있기 때문에 화물을 취급할 때의 파손에 대한 클레임을 고려한 전문적인 포장이 필요하다.

2. 포장의 종류 및 확인

1) 포장의 종류

포장의 종류는 외장, 내장, 개장으로 구분할 수 있다. 구체적으로 살펴보면 다음과 같다. 먼저 외장(outer packing)은 한 포장물의 외부용기에 관한 포장으로서 포장작

8) FPA, ICC(C) 조건이 Incoterms® 2010상 규정된 최저부보조건이다.

업 중 주요한 부분이다. 그리고 내장(inner packing or interior packing)은 소포장한 물품 몇 개를 한 개의 수송용 용기에 넣을 때의 내용물포장과 물품을 용기에 넣을 때의 수분, 광열, 충격을 고려하여 그 예방적 조치로써 사용하는 보호적 내장(inner protection)의 두 가지를 말한다. 마지막으로 개장(unitary packing)은 하나의 용기에 수용된 물품 하나를 보호하기 위하여 그것을 적절한 소용기나 재료를 가하는 포장을 말한다.

2) 화인

수출물품에 대한 포장을 한 후에는 그 외장에 특정의 기호, 번호, 목적지, 취급주의 문구 등의 각종 표시의 화인(shipping mark)을 하게 되는데, 그 목적은 다른 화물과의 식별을 용이하게 하고 그 화물의 내용을 표시하는 데 있다. 주화인(main mark), 부화인(counter mark), 품질표시(quality mark), 중량표시(weight mark), 화물일련번호(case number), 항구표시(port mark), 주의표시(care mark), 원산지표시(origin mark) 등을 하여야 한다. 화인에 대하여 구체적으로 살펴보면 표 4-1과 같다. 그리고 화인의 표시는 다음 그림과 같다.

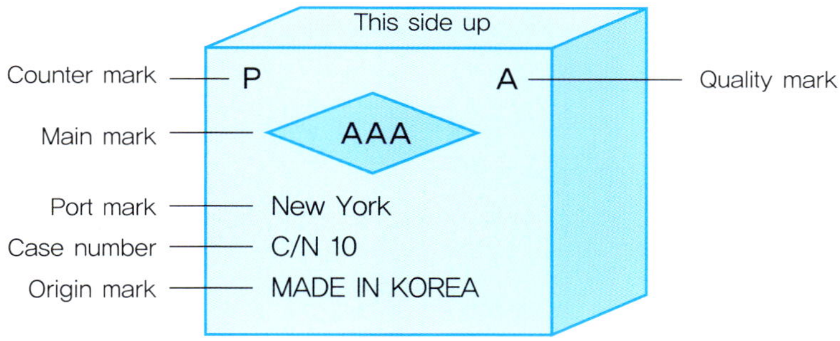

표 4-1 화인

표시	방법
주화인 (main mark)	일정한 기호로써 외장면에 가장 알아보기 쉬운 곳에 주화인을 한다. 주화인은 삼각형, 원형, 다이아몬드형, 정방형, 마름모형, 타원형 등의 표시로써 하며, 그 안에 수입자의 상호약자를 기재한다.
부화인 (counter mark)	주화인의 보조로서 만약에 주화인이 다른 화물과 같은 경우에 부화인으로 식별하도록 한다. 부화인으로는 주로 수출자의 약호를 쓴다.
품질표시 (quality mark)	내용물의 품질 또는 등급을 기호로써 표시한다. 수출검사를 받았을 때는 검사합격을 표시하기도 한다.

표 4-1 화인 (계속)

표시	방법
중량표시 (weight mark)	화물의 총무게와 순무게를 표시하는데 이는 운임계산과 하역작업에 편의를 준다.
화물일련번호 (case number)	포장물이 여러 개 있을 때는 포장마다 고유번호를 표시하며 또한 총 개수 중에 몇 번째임을 표시한다.
항구표시 (port mark)	한 선박에 여러 나라로 운송되는 화물을 한꺼번에 선적하는 경우, 화물의 선적 또는 양하작업이 용이하도록 하며 잘못 운송되는 일이 없도록 선적항과 도착항은 물론 경유항도 표시한다.
주의표시 (care mark)	화물을 선적 · 운반함에 있어서 취급항의 주의를 표시하는바 포장의 측면에 표시하기 때문에 side mark라고도 한다.
원산지표시 (origin mark)	법규에 따라 물품의 원산지 기입을 요구할 경우에는 당해 물품의 생산국을 표시한다.

VIII. 클레임조건

무역계약을 체결할 때는 물품매매와 관련된 기본적인 조건 이외에도 계약이행 이후에 발생될지도 모르는 분쟁과 계약내용에 대한 법적 구제조건들에 대하여도 약정하여 두는 것이 중요하다.

1. 클레임과 중재조항

무역거래에서 클레임(claim)이란 매매당사자가 약정된 계약을 위반함으로써 상대방에게 단순한 불평을 넘어서 권리의 회복을 요구하거나 손해배상을 청구하는 것을 말한다. 무역분쟁이 발생했을 경우를 대비하여 해결방법을 미리 약정해 둘 필요가 있는데 이 경우 중재조항을 미리 약정해 놓으면 간편한 방법으로 분쟁을 해결할 수 있다. 클레임조건(claim terms)은 물품인도 또는 서류도착 후 몇 일 이내에 클레임제기를 하여야 하는지 클레임 제기기한을 명시해야 한다. 또한 제기한 클레임의 정당성을 입증할 수 있는 공인된 감정인의 감정보고서를 첨부하도록 합의하여야 한다.

일단 클레임이 제기되면 신속히 해결하려는 노력이 필요하다. 매매당사자 간의 해결방법으로서 피해자가 클레임을 포기(waiver of claim)하는 방법과 당사자 간의 타협(compromise)과 화해(amicable settlement)로서 원만하게 수습하는 방법을 생각할 수 있다. 먼저 피해자가 클레임을 포기하는 방법은 경미한 클레임에 대해서는 클레임을 포기하고 단순한 경고를 함으로써 다음부터는 그렇게 하지 않도록 주의를 촉구하는 방법이다. 이 경우는 피해자가 일방적으로 가해자에게 클레임제기를 철회(withdrawal)함으로써 일단락되는 것이다.

다음으로 당사자 간의 타협과 화해로서 원만하게 수습하는 방법이란 매매당사자 쌍방 간에 합리적인 선에서 타협을 통하여 클레임 청구내용을 합의하는 것을 말한다. 타협은 양보와 화해를 통하여 이루어진다. 그러나 클레임의 해결을 당사자 간에 직접적으로 처리하려고 할 때는 클레임의 제기가 있을 때 그에 대한 반응이 신속히 이루어져야 할 것이다. 클레임의 내용이 부당하게 보이더라도 상대방의 입장에서는 정당하다고 생각되어 클레임을 제기하게 되므로 이에 대해서 즉각적인 회답을 하는 것이 중요하다. 일단 클레임이 제기되면 피해자는 피해감정을 가지기 마련인데, 회신의 지연으로 피해자의 감정을 더욱 악화시킨다면 당사자 간의 원만한 해결을 기대하기란 힘들다. 따라서 클레임의 해결은 가급적 쌍방 간에 타협과 화해를 통하여 종결짓는 것이 가장 바람직한 것이라고 할 수 있다.

그러나 만일 당사자 간에 클레임에 대해 타협하지 못하였을 경우에는 제3자를 통하여 알선(intercession or recommendation)이나 조정(conciliation or mediation) 또는 중재(arbitration), 소송(litigation)의 단계로 해결점을 모색하게 된다. 즉 매매거래상대방이 자신의 견해나 입장만을 주장하여 양보하지 않는 경우, 혹은 쌍방 또는 일방이 감정이 악화되어 적절한 제3자의 냉정한 판단이 필요한 경우, 상대방의 무성의로 인해 타협이나 양보를 기대할 수 없는 경우, 학식과 경험이 풍부하고 또 무역실무에 정통한 제3자를 개입시키면 신속히 해결되리라고 간주될 경우에는 당사자 간의 직접적인 해결보다는 제3자에 의한 클레임의 해결이 더 바람직스러울 것이다.

한편 중재에 의하여 클레임을 해결하려면 반드시 양 당사자의 중재계약(arbitration agreement)이 있어야만 한다. 이러한 중재계약이 없는 경우 중재에 의한 해결을 일방이 거절하면 성립되지 않는다. 중재계약에는 중재인 또는 중재기관, 중재지, 중재절차, 준거법이 명시되어야 유효하다. 매매계약서에 다음과 같은 중재조항을 삽입하여야 한다. 대한상사중재원이 권고하는 중재조항은 다음과 같다.

"All disputes, controversies, or differences which may arise between the parties, out of or in relation to or in connection with this contract, or for the breach thereof, shall be finally settled by arbitration in Seoul, Korea in accordance with

The Commercial Arbitration Rules of The Korean Commercial Arbitration Board and under the laws of Korea. The award rendered by the arbitrator(s) shall be final and binding upon both parties concerned."

2. 준거법조항

무역계약은 당사자 자치의 원칙이 존중되기 때문에 분쟁의 해결을 중재에 의하지 않고 법원판결에 의하기로 하거나, 뉴욕협약에 가입되어 있지 않거나 기타의 사유로 중재합의가 이루어지지 않은 거래에서는 어느 특정 국가의 관할법원으로 할 것인가에 대한 재판관할조항(jurisdiction clause)을 설정해 두어야 한다.

그리고 무역계약의 성립과 이행, 그 해석에 관하여 어느 국가의 법을 적용할 것인지, 즉 준거법이 문제가 된다. 준거법을 결정하는 데에는 각 법제의 해석기준이 다르기 때문에 계약당사자가 어느 국가의 법을 준거법으로 할 것인지를 명확히 약정해 두어야 한다.

준거법(applicable law, governing law)은 준거법 결정원리(choice of law rule)를 적용하여 섭외적 성질을 가지는 법률관계를 규율하기 위해 지정된 법이라 할 수 있다. 그리고 섭외적 법률관계를 규율하기 위하여 준거법을 결정하는 것은 국제사법(private international law) 또는 저촉법(conflict of law)상의 문제로 일반적으로 어떠한 연결요소를 매개로 하여 이루어진다. 이러한 준거법 결정에 있어서는 당사자 간에 유효한 법의 지정이 있는 경우와 그렇지 않은 경우로 구분하여 살펴볼 수 있다.

먼저 당사자 간에 유효한 법의 지정이나 선택이 있는 경우의 준거법 결정원칙으로는 각국의 입법, 판례, 학설 등이 다양하지만 크게 객관주의와 주관주의로 대립하고 있다.

객관주의(비의사주의, objective view; objectivism)는 계약당사자의 의사와는 관계없이 소송이 제기된 법원이 계약체결지법, 계약이행지법, 채무자의 본국법 등과 같이 계약에 가장 깊은 객관적인 연결요소를 매개로 하여 일률적 정형적으로 준거법을 결정하는 것을 말한다. 이 원칙은 계약을 체결하는 당사자들 스스로의 의사에 의하여 준거법을 결정할 수 있다는 당사자 자치의 원칙을 인정하지 않고, 오직 분쟁이 발생하여 소송이 제기된 법원만이 일정한 연결요소를 매개로 하여 가장 밀접한 법을 준거법으로 결정하는 것이 합리적이라는 관점이다. 그러나 이 원칙에 의한 준거법 결정은 합리적이고도 개관적인 연결점을 찾기가 어렵다는 점에서 비판이 많이 제기되어 왔다.

주관주의(의사주의)는 계약법상의 계약자유의 원칙(liberty of contract)을 준용하여 당사자의 자유로운 의사를 존중하는 것으로서 국제사법상 당사자 자치의 원칙(principle of autonomy by the parties concerned)에 의거, 당사자가 선택한 법이 준거법으로 결정되어야 한다는 준거법 결정원리이다. 이러한 준거법 결정은 일반계약법에서 보편적으로 받아들여지는 일반원칙(general principle)이며 세계 각국에서 입법, 판례상으로 널리 채택되고 있다. 이와 같은 주관주의가 적용되기 위해서는 당사자 간의 명시적 또는 묵시적인 준거법 지정이 전제되어야 한다. 특히 당사자 간에 묵시적 합의가 있었는지 여부는 상황으로 판단하여야 할 사항이며, 당해계약의 기초가 되는 사실과 법적용에 관한 당사자의 합의를 추정하게 하는 모든 사실을 참작하여야 한다.

다음으로 당사자 간에 유효한 법의 지정이나 선택이 없는 경우에는 소송지의 국제사법과 법원의 판단에 위임되고 있다. 일반적으로 국제계약에 있어서 준거법에 관한 당사자의 의사가 불분명한 경우 여러 가지 연결요소를 매개로 하여 당해계약과 가장 실질적인 관계를 가지는 곳의 법이 준거법이 된다. 이 경우 법원이 연결요소로서 고려하여야 할 사항으로는 계약당사자의 주영업 소재지, 이행지, 계약목적물 소재지, 계약의 교섭지 또는 체결지, 어떤 법체계에 기초한 표준계약서나 일반조건협정서를 사용한 경우 당사자에 의한 중재지의 선정, 계약에 사용된 언어 등이 있다.

무역거래조건의 정형화 제5장

I. 정형거래조건의 의의

국제매매계약은 이국 간의 매도인과 매수인의 의사의 합치에 의하여 계약이 성립된다. 이러한 계약은 매도인과 매수인의 의무로 구성된다. 하지만 당사자의 의무를 매 계약시 일일이 합의하여 계약서에 기재하다면 이는 매우 번거롭고 복잡할 것이다.

당사자들의 의무 가운데 물품인도에 관하여는 오래전부터 확립된 관습이 존재한다. 즉, 인도장소와 인도방법, 운송 및 보험계약, 수출통관 및 위험과 비용의 부담 등에 관하여 기확립된 관습을 그 성격에 따라 부호화하여 사용하므로 매매당사자들은 인도에 관한 계약서 내용을 하나하나 계약서에 명기하지 않고 단지 이들 부호를 선택함으로써 자신들의 계약내용을 간단하고 명료하게 확정할 수 있다. 이러한 부호를 정형거래조건(trade terms)이라고 한다.

II. Incoterms의 제정과 개정

종래 Incoterms[1]의 정식명칭은 'International Rules for the Interpretation of the Trade Terms(정형거래조건의 해석에 관한 국제규칙)' 이나 최근 개정된 Incoterms® 2010에서는 그 명칭을 'ICC Rules for the Use of Domestic and International Trade Terms(국

1) International Commercial Terms의 약칭으로 Incoterms라 불린다.

내 및 국제거래조건의 사용에 관한 ICC 규칙)' 으로 하였다.

Incoterms의 제정목적은 무역에 있어서 가장 많이 사용되는 무역조건의 해석을 위한 일정한 국제규칙을 제공하는 데 있다. 계약당사자들이 그들의 각기 다른 국가에 있어서의 상이한 무역관행을 잘 모르는 경우가 많다. 그래서 이로 인하여 시간 및 금전의 낭비와 더불어 오해, 분쟁 및 소송을 야기할 수 있다.

이러한 문제를 제거하기 위하여 국제상업회의소는 1936년에 무역조건의 해석에 관한 국제규칙을 제정하였고 그 이후 1953년, 1967년, 1976년, 1980년, 1990 및 2000에 보완 · 개정하였으며, 2010년에 Incoterms® 2010을 개정 완료하였고 Incoterms® 2010을 2011년 1월 1일부터 발효하고 있다.

Incoterms는 1936년 ICC가 처음 제정될 당시에는 11개의 조건으로 규정되었으나, 1953년에는 분쟁의 소지가 많았던 2개의 조건이 삭제되어 9개의 조건으로 규정되었다. 그 후 1967년에 동서 국경무역의 발전과 매수인의 최소부담조건의 요구에 따라 2개의 조건이 추가되어 다시 11개의 조건으로 규정되었고, 1976년에는 항공운송이 발전됨에 따라 1개의 조건이 추가되어 12개의 조건으로 규정되었으며, 1980년에는 국제복합운송의 발전에 따라 2개의 조건이 추가되어 14개의 조건으로 규정되었다.

1989년 말에 개정이 확정되어 1990년 7월 1일부터 시행되고 있는 Incoterms 1990은 전자문서교환(Electronic Data Interchange: EDI) 통신과 국제복합운송이 고도로 발전됨에 따라 종전의 14개 조건 중에서 2개의 조건(FOR 및 FOA)이 흡수 · 삭제되고 1개의 조건(DDU)이 추가되어 13개의 조건으로 규정되어 있다.

Incoterms 1990은 구성면에서 실무적으로 식별하기 쉽게 13개의 조건을 그룹화하였으며, 또한 각 조건에서의 매매인의 의무를 각각 10개의 조항으로 간단명료하게 배열하였고, 내용면에서는 문장의 표현을 전폭적으로 재조정하여 알기 쉽게 표현하고 또한 개별 조건이 사용될 수 있는 적용범위를 명시하고 있다.

Incoterms 2000은 13개 정형거래조건에 대하여 과거의 규칙에 비해 보다 간결하고 명료한 정의를 내리고 있으며 당사자 간의 권리, 의무의 내용을 보다 분명히 함으로써 이를 실무에 적용함에 있어서 야기될 수 있는 오해나 분쟁의 소지를 없앴다.

2011년 1월 1일 발효된 Incoterms® 2010의 개정은 범세계적으로 관세자유지역의 확대, 전자적 통신수단의 사용증대, 물류상 보안에 대한 규제의 확대 그리고 운송관행의 변화 등에 그 배경을 두고 있다.

Incoterms® 2010의 두드러진 특징으로, 최근 FTA의 확대와 전자무역의 확산을 고려하였고, 기존의 13개 조건을 11개로 줄이면서 내용을 보다 분명하고 간단하게 정리하였고, Incoterms® 2010은 기존의 국제거래뿐만 아니라 국내거래에도 적용 가능하도록 계약당사자의 의무를 규정하였다.

Ⅲ. Incoterms® 2010의 활용

Incoterms® 2010은 종전과 같이 FOB, CIF와 같이 세 개의 문자가 기본단위로 구성되어 있고 무역계약에서 매도인으로부터 매수인에게 계약물품을 인도과정에서 발생하는 계약의무, 위험, 비용부담에 관한 국제적인 상관습이다. 따라서 Incoterms® 2010은 다음과 같은 사항에 유의하여 활용하여야 할 것이다.

1. 매매계약서상에 반드시 'Incoterms® 2010'으로 표기

매매계약에서 반드시 'Incoterms® 2010'로 표기하여야 한다. 왜냐하면 동일한 정형거래조건의 형태가 기존의 Incoterms에도 존재하기 때문에 정확한 버전을 표시하지 않을 경우에는 계약당사자 간에 부담해야 할 비용과 위험의 분기점에 관하여 오해와 분쟁이 발생할 수 있기 때문이다. 예컨대, FOB Busan port(Incoterms® 2010)이라고 버전을 명시하여 분쟁을 사전에 예방하도록 한다.

2. 적절한 Incoterms 조건 채택

매매계약의 당사자는 계약에서 자신이 의도하고 있는 모든 내용을 분명히 하여 계약의 이행과정에서 발생하는 추가의무의 설정과 같은 내용이 오해가 없도록 하여야 한다. 예컨대 Incoterms상에서는 계약물품의 인도의무, 위험, 비용부담 및 보험에 관한 의무가 매도인과 매수인 중 어느 쪽에서 부담하여야 할 것인지를 규정하고 있으므로 이를 반영하여 적절한 Incoterms 정형거래조건을 채택하여야 한다. 이에 Incoterms상의 가이드에서는 Incoterms의 각 정형거래조건을 어떤 기준으로 결정해야 하는지 기준을 제시하고 있다.

3. 물품인도 장소의 구체적 명시

무역계약에서 계약당사자가 물품을 인도하기로 결정한 장소가 항구이거나 또는 내륙의 어느 지점이거나 이에 대하여 최대한 상세히 인도장소를 명시하여야 한다.[2]

---

2) 예컨대, FCA 38 Cours Albert 1er, Paris, France Incoterms® 2010.

4. Incoterms의 적용범위

Incoterms는 매매계약 이외의 운송, 보험 및 지급계약 등에 대하여는 적용되지 아니하며, 매매계약에 있어서도 소유권의 이전, 계약위반과 권리규제 또는 의무면제의 사유 등에 관하여는 전혀 다루지 아니한다는 점을 유의하여야 한다. 이러한 문제들은 매매계약상의 다른 규정과 그 준거법에 의하여 해결되어야 하기 때문에 계약시 UN통일매매법 등과 같이 당해 거래에 적용이 가능한 준거법(governing law)을 명시적으로 합의해 두는 것이 중요하다. 또한 Incoterms는 국제적인 통일법이나 조약과 같은 강행력을 갖지 못하고 각국에서 이를 공식적으로 채택하거나 법률에 의하여 적용되는 것이 아니라, 계약당사자들간의 합의에 따라 적용되는 임의규범이라는 사실을 유의하여야 한다.

IV. Incoterms® 2010의 주요 개정내용

1. 정형거래조건의 구분변경 및 감소

기존의 Incoterms 2000에서는 13가지 규칙을 E, F, C, D 4개 그룹으로 분류하였으나 Incoterms® 2010에서는 11가지 규칙을 모든 운송방식에 사용가능한 규칙과 해상 및 내수로운송규칙으로 구분방법을 변경하였다.[3)]

모든 운송방식에 사용가능한 규칙은 하나 또는 하나 이상의 운송방식이 결합된 운송방식으로 운송방식에 상관없이 모든 운송조건에 적용할 수 있다.

해상 및 내수로운송규칙은 전통적으로 사용 활용도가 대단히 높은 조건으로 대부분의 국제무역에서 활용하고 있다. 해상 및 내수로운송규칙 중 FOB, CFR, CIF 조건에서 위험이전시점에 대해 기존의 'ship' s rail' 대신에 'on board' (the vessel)(본선적재)라는 기준을 채택하였다.[4)]

---

3) 실무상 컨테이너화물의 경우에는 단일 또는 복수의 운송수단에 사용가능한 규칙을 사용하는 것이 바람직한데도 불구하고 적절하게 사용하지 못하는 것을 바로잡고자 Incoterms® 2010에서는 단일 또는 복수의 운송수단에 사용가능한 규칙을 전면에 배치하였다.

4) 본선난간(ship' s rail)이라는 가상의 수직선이라는 관념상의 기준을 본선적재(on board the vessel)라는 기준을 채택함으로써 매도인과 매수인 간의 위험이전시점에 관한 안정성을 제고하여 분쟁의 여지를 제거하고자 하는 취지이다.

Incoterms® 2010에서는 기존 정형거래조건의 DAF, DES, DEQ, DDU 조건이 삭제되고 DAT와 DAP 조건이 신설되었다. DAF, DES, DDU는 DAP로 흡수되었고 DEQ가 DAT로 변경되었다. 따라서 정형거래조건이 기존 13개에서 11개로 감소되었다. Incoterms® 2010의 정형거래조건의 구분변경 및 감소는 표 5-1을 참조하기 바란다.

표 5-1 Incoterms 2000과 2010의 비교

<table>
<tr><th colspan="2">Incoterms 2000</th><th colspan="2">Incoterms® 2010</th></tr>
<tr><td>E조건</td><td>• EXW(EX Work)</td><td rowspan="2">모든 운송방식</td><td rowspan="2">• EXW(EX Works)
• FCA(Free Carrier)
• CPT(Carriage paid to)
• CIP(Carriage and Insurance paid to)
• DAT(Delivered At Terminal)
• DAP(Delivered At Place)
• DDP(Delivered Duty Paid)</td></tr>
<tr><td>F조건</td><td>• FCA(Free Carrier)
• FAS(Free Alongside Ship)
• FOB(Free On Board)</td></tr>
<tr><td>C조건</td><td>• CFR(Cost and Freight)
• CIF(Cost, Insurance and Freight)
• CPT(Carriage paid to)
• CIP(Carriage and Insurance paid to)</td><td rowspan="2">해상 및 내수로 운송방식</td><td rowspan="2">• FAS(Free Alongside Ship)
• FOB(Free On Board)
• CFR(Cost and Freight)
• CIF(Cost, Insurance and Freight)</td></tr>
<tr><td>D조건</td><td>• DAF(Delivered At Frontier)
• DES(Delivered Ex Ship)
• DEQ(Delivered Ex Quay)
• DDU(Delivery Duty Unpaid)
• DDP(Delivery Duty Paid)</td></tr>
</table>

2. 국제거래뿐만 아니라 국내거래 사용 공식화

Incoterms는 국제매매계약에 주로 사용하였으나 Incoterms® 2010은 국제거래뿐만 아니라 국내매매계약에도 적용하기 위하여 기존의 공식명칭을 'International Rules for the Interpretation of the Trade Terms' 에서 'ICC rule for the use of Domestic and International trade terms' 으로 변경하였다.

Incoterms의 공식명칭의 변경은 최근 국제무역환경의 새로운 경향이 블록화와

FTA 등이 확산되는 추세이고 특히 EU와 같은 경제권으로 변화됨에 따라 국경의 의미가 퇴색하는 경향을 보이고 있어 국내거래와 국제거래의 차이점이 감소하고 있기 때문이다.

이러한 공식명칭의 변경은 실무상 국내매매계약에서 흔히 Incoterms가 사용되고, 또한 미국에서도 기존의 미국통일상법전(Uniform Commercial Code: UCC)의 정형거래조건 대신 Incoterms를 사용하는 경향이 증가하고 있다는 점을 반영한 것이다.

3. 전자적 통신에 관한 규정 개정 및 신설

기존의 Incoterms 2000에서는 EDI 전자서류를 대체할 수 있는 서류를 인도의 증거 또는 운송서류로 특정하였다. 하지만 Incoterms® 2010에서는 계약당사자가 합의하고 관행이 있는 경우에 전자서류도 허용됨을 보다 명확히 하였다.[5)]

4. 보안에 관한 규정 신설

보안에 관한 규정의 신설은 최근 물품 자체의 특성 이외의 문제로 인명과 기타 물품에 위협이 되지 않도록 확인을 요구하는 물품에 대한 보안검색이 증가하는 추세를 반영하였다.

Incoterms® 2010의 각 정형거래조건의 A2/B2에서는 통관의무에 보안에 관한 사항이 포함됨을 명확히 하였고, A10/B10에서는 상대방에게 통관에 필요한 보안에 관한 정보를 제공하거나 그 취득에 협력을 제공하여야 할 의무를 규정하였다. 따라서 Incoterms® 2010에서는 매도인 또는 매수인은 보안에 관련된 의무를 부담하여야 한다.

5. THC에 관련된 규정 추가

CPT, CIP, CFR, CIF, DAT, DAP, DDP 조건에서는 매도인이 매수인과 합의한 목적지까지 물품을 운송하기 위한 운송수배를 하여야 하고 운송비를 부담하여야 한다.

전술한 정형거래조건에서 운송비는 매도인이 지급하지만, 운송비는 매도인이 제시한 가격에 포함된 것으로 실제 운송비는 매수인이 지급하는 것이다. 이러한 운송비에는 항구나 컨테이너 터미널 내에서 물품취급하고 운반하는 비용 즉, THC 비용(Terminal Handing Charge)이 포함되어 있는 경우도 있다. 하지만 부두 또는 컨

---

5) Incoterms® 2010에서는 각 정형거래조건 A1/B1 규정에 "Any documents referred to in (A1-A10)(B1-B10) may be equivalent electronic record or procedure if agreed between the parties or customary"라는 규정을 추가하였다.

테이너 터미널에서 운송인이나 터미널 운영자들이 항구 내에서 또는 컨테이너 터미널 내에서 물품을 취급하거나 운반하는 비용을 매수인에게 부과하는 경우가 있다.

이 경우에 매도인은 이미 운송비를 선지급하였음에도 불구하고 매수인에게도 동일한 비용이 중복청구되는 경우가 발생할 수 있으므로 이러한 오해를 제거하기 위하여 Incoterms® 2010에서는 A6/B6 규정을 통하여 이를 분명히 하였다.

6. 연속매매에 관한 규정

제조물이 아닌 곡물 또는 광물 등의 매매의 경우에는 운송 중에 여러 차례 전매(string sales)될 수 있다. 2차 매도인으로서 운송 중 물품을 인도하는 매도인은 자신이 직접 물품을 선적하여 인도하지 않고, 선적되어 운송 중인 물품을 조달(procure)하여 계약물품의 인도를 이행하게 된다. Incoterms® 2010에서는 매도인이 물품을 선적하거나 또는 선적된 물품을 조달하여 인도하는 것도 계약물품을 인도한 것으로 규정하고 있다.

7. Incoterms 조건의 변형

매도인과 매수인은 Incoterms 규정에 조건을 추가하거나 그 조건을 변경하여 사용할 수 있다. 단, 기존조건의 변경으로 계약당사자의 의무와 권리를 표시하는 것에 오해가 발생하지 않도록 특별히 조심하여 그 내용을 분명히 표시하여야 한다고 규정하고 있다. 왜냐하면 조건의 변형으로 인한 위험이 존재하기 때문이다.

V. Incoterms® 2010의 정형거래조건의 개요

Incoterms® 2010은 모든 운송방식에 사용가능한 규칙과 해상 및 내수로운송방식으로 나눌 수 있다.

1. 모든 운송방식에 사용가능한 규칙

1) EXW(EX Works: 공장인도)

EXW(insert named place of delivery; 인도 지정장소 명시) Incoterms® 2010

EXW는 선택된 운송수단의 종류와 관계없이 사용할 수 있고, 한 개 또는 그 이상의 운송수단이 적용되는 곳에서도 사용할 수 있다. EXW는 국내거래에 적합하고, 국제거래를 위해서는 FCA가 더 적절하다.

EXW는 매도인의 구내영업장 또는 다른 지정된 장소(예컨대, 작업장, 공장, 창고 등)에서 매수인의 임의처분상태로 물품을 두었을 때를 인도라고 의미한다. 이 때 수출통관은 매수인의 의무이다.

EXW에서 인도장소의 지점을 최대한 정확히 명시하여야 한다. 왜냐하면 그 지점까지의 위험과 비용은 매도인에게 있기 때문이다. 합의된 인도 지정장소가 있다면 매수인은 그 지점에서 물품을 인수하는 것을 포함한 모든 비용과 위험을 부담한다. 본 조건에서는 위험과 비용의 분기점이 동일하다.

EXW는 무역계약에서 매도인의 최소의무를 의미한다. EXW를 사용할 경우에는 다음과 같은 사항을 유의하여야 한다.

첫째, 매도인이 물품을 적재하는 데 매수인이 보다 더 유리한 위치에 있더라도 그렇게 하는 것은 매도인에게 물품 적재의 의무가 없다. 매도인이 물품을 적재하는 경우에는 매수인의 위험과 비용으로 한다.

실무적으로 매도인이 물품을 적재하기 위하여 더 유리한 위치에 있는 경우에는 매도인에게 그러한 위험과 비용을 부담하는 FCA 조건을 사용하는 것이 더 적절하다.

둘째, 매수인이 수출을 위하여 매도인으로부터 EXW로 물품을 구매할 경우 매도인은 수출이행을 위한 단순한 협조의 의무만 있고 수출통관의 의무가 없다. 그러므로 매수인이 직접 또는 간접적으로 수출통관을 할 수 없다면 EXW가 아닌 FCA를 사용하여야 한다.

셋째, 매도인의 필요에 따라 매수인에게 요구하는 경우에도 매수인은 약정물품의 수출에 대하여 매도인에게 한정된 최소한의 정보만 제공한다. 왜냐하면 매도인은 세금(조세) 또는 기타 보고의 목적으로 물품의 수출에 관한 정보가 필요할 수 있기 때문이다.

2) FCA(Free Carrier: 운송인인도)

FCA(insert named place of delivery; 인도 지정장소 명시) Incoterms® 2010

FCA는 운송수단의 종류와 상관없이 사용할 수 있고 그리고 한 개 또는 그 이상의 운송수단이 적용되는 곳에서도 사용할 수 있다.

FCA는 매도인이 매도인의 구내 또는 그 밖의 지정된 장소에서 매수인에 의하여 지정된 운송인 또는 제3자에게 물품을 인도하여야 한다.

계약 당사자들은 인도 지정된 장소 내에서 그 지점을 가능한 한 정확하게 명시하여야 한다. 왜냐하면 그 지점에서 매수인에게 위험이 이전되기 때문이다.

FCA에서는 선택된 인도장소에 따라 물품적재 및 양하의 의무가 달라진다. 인도장소가 매도인의 구내인 경우 매도인은 매수인이 제공한 운송수단에 물품을 적재하여야 하고, 그 밖의 지정된 장소일 경우 매도인은 운송수단에 적재되어 있는 상태로 매수인이 지명한 운송인 또는 제3자의 처분하에 두면 된다.

FCA에서 매도인은 물품 수출통관 의무가 있다. 하지만 매도인에게 물품 수입통관, 수입관세 부담 등의 의무는 없다.

3) CPT(Carriage Paid to: 운송비지급인도)

CPT(insert named place of destination; 지정 목적지 명시) Incoterms® 2010

CPT는 운송수단의 종류와 관계없이 사용할 수 있고 하나 이상의 운송수단이 적용되는 곳에서도 사용할 수 있다.

CPT에서 매도인은 자신이 지정한 운송인이나 제3자에게 합의된 장소(당사자 간 장소가 합의된 경우)에서 물품을 인도하고, 매도인은 지정된 목적지까지 물품을 운송하는 데 필요한 운송계약을 체결하고 운송비를 지급하여야 한다. CPT에서 매도인 인도의무는 물품이 목적지에 도착하였을 때가 아니라 물품을 운송인에게 전달하였을 때 이행한 것이다.

CPT에서는 위험과 비용의 분기점이 상이하므로 당사자들은 매매계약에서 인도장소와 매도인이 운송비를 부담하는 지정 목적지를 최대한 정확하게 지정하여야 한다.

만약 합의된 목적지까지 물품을 운송하기 위하여 다수의 운송인이 개입되고, 당사자가 특정한 인도지점에 대한 합의를 하지 않았을 경우에는, 매도인이 선택한 최초의 운송인에게 물품을 인도한 지점에서 위험이 이전된다. 하지만 그 이후 단계에서 위험의 이전을 원하는 경우, 예컨대 항구나 공항에서 하고자 하는 경우에는 계약당사자가 매매계약서에 위험의 인도지점을 자세히 명시하는 것이 바람직하다. 그리고 만약 매도인이 운송계약에서 목적지에서 하역비용을 부담하는 경우에도 계약당사자 사이에 별도의 합의가 없다면, 매도인은 매수인에게 하역비용을 청구할 수 없다.

CPT는 매도인에게 수출통관의 의무가 있다. 그러나 매도인이 수입통관, 수입관세 지불, 수입세관 절차를 진행할 의무가 없다.

4) CIP(Carriage and Insurance Paid to: 운송비 · 보험료지급인도)

CIP(insert named place of destination) Incoterms® 2010

CIP는 운송수단의 종류와 관계없이 사용할 수 있고, 하나 이상의 운송수단이 적용되는 곳에서도 사용할 수 있다.

CIP에서 매도인은 자신이 지정한 운송인이나 제3자에게 합의된 장소(당사자 간 장소가 합의된 경우)에서 물품을 인도하고, 매도인은 지정된 목적지까지 물품을 운송하는 데 필요한 운송계약을 체결하고 운송비를 지급하여야 하고, 또한 매도인은 운송 중 발생할 수 있는 물품의 멸실 또는 손상에 대한 보험계약을 체결하여야 한다. CIP 조건에서 매도인은 최소한의 담보조건으로만 보험계약을 체결한다. 만일 매수인이 보다 더 큰 담보조건으로 보험계약을 원하는 경우에는 매도인과 이에 대하여 명시적으로 합의하거나 스스로 별도의 보험약정을 체결하여야 한다.

CIP에서 매도인 인도의무는 물품이 목적지에 도착하였을 때가 아니라 물품을 운송인에게 전달하였을 때 이행한 것이다.

CIP에서는 위험과 비용의 분기점이 상이하므로 당사자들은 매매계약에서 인도장소와 매도인이 운송비를 부담하는 지정 목적지를 최대한 정확하게 지정하여야 한다.

만약 합의된 목적지까지 물품을 운송하기 위하여 다수의 운송인이 개입되고, 당사자가 특정한 인도지점에 대한 합의를 하지 않았을 경우에는, 매도인이 선택한 최초의 운송인에게 물품을 인도한 지점에서 위험이 이전된다. 하지만 그 이후 단계에서 위험의 이전을 원하는 경우, 예컨대 항구나 공항에서 하고자 하는 경우에는 계약당사자가 매매계약서에 위험의 인도지점을 자세히 명시하는 것이 바람직하다. 그리고 만약 매도인이 운송계약에서 목적지에서 하역비용을 부담하는 경우에도 계약당사자 사이에 별도의 합의가 없다면, 매도인은 매수인에게 하역비용을 청구할 수 없다.

CIP는 매도인에게 수출통관의 의무가 있다. 그러나 매도인이 수입통관, 수입관세 지불, 수입세관 절차를 진행할 의무가 없다.

5) DAT(Delivered at Terminal: 도착터미널인도)

DAT(Insert named terminal at port or place of destination) Incoterms® 2010

DAT는 운송수단의 종류와 관계없이 사용할 수 있고, 하나 이상의 운송수단이 적용되는 곳에서도 사용할 수 있다.

DAT는 지정된 항구 또는 목적지의 지정된 터미널에서 도착운송수단으로부터 양하된 물품을 매수인의 임의처분 상태로 놓아두었을 때 인도된다. '터미널' 은 부두, 창고, CY(Container Yard) 또는 도로, 철로 또는 공항화물터미널과 같이 지붕의 유무와 상관없이 모든 장소를 포함한다. DAT에서 매도인은 지정된 항구 또는 목적지까지 물품을 운송하기 위한 운송계약을 체결하고 운송비를 부담하여야 한다.

DAT에서 매도인은 지정된 항구 또는 목적지까지 물품을 운반하여 양하까지의 모든 위험을 부담한다. 따라서 당사자들은 지정된 항구 또는 목적지 장소의 터미널, 가능하다면 터미널 내에 특정 지점을 최대한 정확히 명시하여야 한다.

만약 당사자들이 터미널에서 다른 장소로의 물품 운송과 처리에 대한 위험과 비용을 매도인의 부담으로 하기를 원할 경우에는 DAT 조건 대신 DAP 또는 DDP 조건을 사용하여야 한다.

DAT에서 매도인은 물품의 수출통관 의무가 있다. 하지만 매도인은 물품의 수입통관, 수입관세 지불이나 수입세관 절차를 진행할 의무가 없다.

6) DAP(Delivered at Place: 도착장소인도)

DAP(Insert named place of destination) Incoterms® 2010

DAP는 운송수단의 종류와 관계없이 사용할 수 있고, 하나 이상의 운송수단이 적용되는 곳에서도 사용할 수 있다.

DAP는 매도인이 물품이 목적지의 지정된 장소에 도착되는 운송수단으로부터 양하준비 상태로 매수인이 임의처분상태로 놓아두었을 때 인도된다.

DAP에서 매도인은 지정된 목적지까지 물품을 운송하기 위한 운송계약 체결 및 운송비를 부담하고, 목적지 지정장소까지 운송하는 데 관련된 모든 위험을 부담하기 때문에 당사자들은 인도장소의 지점을 최대한 정확히 명시하여야 한다.

만약 당사자 간에 별도의 합의가 없다면 매도인에게 물품의 양하비용이 발생하였더라도 매도인은 매수인으로부터 양하비용을 돌려받을 수 없다.

DAT 조건은 매도인이 수출통관을 부담한다. 하지만 매도인에게는 물품수입을 위한 수입관세 또는 수입통관 절차이행 의무가 없다. 만약 매도인이 물품수입을 위한 수입통관, 수입관세 지불이나, 수입세관 절차 이행을 원할 경우에는 DDP 조건을 사용하여야 한다.

7) DDP(Delivered Duty Paid: 관세지급인도)

DDP(Insert named place of destination) Incoterms® 2010

DDP는 선택된 운송형태와 관계없이 사용할 수 있고, 하나 이상의 운송수단이 적용되는 곳에서도 사용할 수 있다.

DDP는 매도인이 계약물품을 수입통관하고 지정된 목적지에 도착하는 모든 운송수단으로부터 양하 준비를 마친 상태로 매수인의 임의처분 상태로 인도한다.

매도인은 지정된 목적지까지 운송계약을 체결하여야 하고 운송과 관련된 모든 비용과 위험을 부담하며 물품의 수출통관뿐만 아니라 수입통관의 의무를 지며, 모든 관세를 지급한다. 따라서 매도인 측면에서 DDP는 정형거래조건 중 매도인의 최대의무를 나타낸다.

DDP에서 당사자들은 인도장소의 지점을 최대한 정확히 명시하여야 한다. 왜냐하면 해당 지점까지의 위험은 매도인의 부담이기 때문이다.

당사자 간에 합의되지 않은 상황에서 매도인에게 물품의 양하비용이 발생하였더라도 매도인은 매수인으로부터 양하비용을 돌려받을 수 없다.

매도인이 직접 또는 간접적으로 수입통관을 할 수 없는 경우에는 DDP 조건을 사용해서는 안 된다. 만약 당사자들이 매수인이 수입통관의 비용과 위험을 부담하기를 원한다면 DAP 조건을 사용하여야 한다.

2. 수상운송전용조건

1) FAS(Free Alongside Ship: 선측인도)

FAS(Insert named port of shipment) Incoterms® 2010

FAS는 해상운송과 내수로 운송에만 사용할 수 있다. FAS란 매도인이 선적항에서 매수인이 지정한 본선의 선측(예컨대, 부두 또는 바지선)에 인도하는 것을 의미한다.

물품이 본선 선측에 인도될 때 물품에 대한 멸실과 손상의 위험이 매도인으로부터 매수인에게 이전된다. 그리고 나아가 매수인은 그 시점부터 모든 비용을 부담한다.

계약당사자는 지정선적항의 선적지점을 가능한 한 세밀하게 명시하여야 한다. 왜냐하면 인도지점까지 물품에 대한 위험과 비용이 매도인의 책임이고, 이러한 비용과 관련 수수료는 해당 항구의 관습에 따라 변경될 수 있기 때문이다.

FAS에서 매도인은 지정선적항에서 매수인이 지정한 본선의 선측에 물품을 인도하거나 또는 이미 그렇게 인도된 물품을 조달(procure)하여 매수인에 대한 물품 인도의무를 이행한다. 이때 'procure'의 의미는 전매(string sales)를 의미하는 것으로 전매는 제조물이 아닌 곡물이나 광물 등 'commodity' 매매에서 일반적으로 발생한다.

컨테이너 운송의 경우에는 매도인이 물품을 컨테이너 터미널에서 운송인에게 인도하는 것이 일반적이다. 따라서 이 경우에는 FAS 조건을 사용하는 것이 적합하지 않고 FCA를 사용하여야 한다.

FAS 조건에서는 매도인이 수출통관을 이행하여야 한다. 하지만 수입통관과 수입관세의 비용부담 의무는 없다.

2) FOB(Free on Board: 본선인도)

FOB(Insert named port of shipment) Incoterms® 2010
FOB는 해상운송과 내수로 운송에만 사용할 수 있다.

FOB에서는 매도인이 지정된 선적항에서 매수인이 지정한 본선상에 계약물품을 인도하거나, 이미 그렇게 인도된 물품을 조달하면 된다. 물품의 멸실 또는 손상에 대한 위험은 물품이 본선적재되었을 때 이전된다. 그리고 나아가 매수인은 그 순간부터 모든 비용을 부담한다.

매도인은 계약물품을 본선적재하거나 선적을 위해 인도된 물품을 조달(procure)하여 매수인에 대한 물품인도의무를 이행한다. 이때 'procure' 의 의미는 전매(string sales)를 의미하는 것으로 전매는 제조물이 아닌 곡물이나 광물 등 'commodity' 매매에서 일반적으로 발생한다.

FOB는 물품이 선박에 적재되기 전에 운송인에게 넘겨지는 경우에는 적절하지 않다. 예컨대 컨테이너 운송의 경우에는 매도인이 물품을 컨테이너 터미널에서 운송인에게 인도하는 것이 일반적이다. 따라서 이 경우에는 FOB를 사용하는 것은 적합하지 않고 FCA를 사용하여야 한다.

FOB에서는 매도인이 수출통관을 이행하지만, 수입지에서 수입통관과 수입관세의 비용부담 의무는 없다.

3) CFR(Cost and Freight: 운임포함인도)

CFR(Insert named port of destination) Incoterms® 2010
CFR은 해상운송과 내수로 운송에만 사용할 수 있다.

CFR에서 매도인은 물품을 본선에 적재하여 인도하거나 이미 그렇게 인도된 물품을 조달하면 된다. 물품의 멸실 또는 손상에 대한 위험은 물품이 본선적재되었을 때 이전된다.

매도인은 지정된 목적항까지 물품을 운송하기 위하여 필요한 운임과 비용을 지불하고 운송계약을 체결하여야 한다.

CFR의 중요한 특징은 위험의 이전시점과 비용의 분기점이 불일치하는 것이다. 매도인은 물품이 선적항의 본선에 적재될 때까지 물품의 멸실 또는 손상에 대한 위험을 부담하지만 선적항의 본선적재시까지의 비용에 목적항까지의 운임을 추가하여 부담하여야 한다.[6)]

운송계약하에서 매도인이 목적항의 특정한 지점에서 양하비용을 부담한다면, 당사자 간에 별도의 합의가 없을 경우에는 매도인이 매수인으로부터 그러한 비용을 회수할 권리가 없다.

매도인은 계약물품을 본선적재하거나 선적을 위해 인도된 물품을 조달(procure)하여 매수인에 대한 물품인도 의무를 이행한다. 이때 'procure'의 의미는 전매(string sales)를 의미하는 것으로 전매는 제조물이 아닌 곡물이나 광물 등 'commodity' 매매에서 일반적으로 발생한다.

CFR은 물품이 선박에 적재되기 전에 운송인에게 넘겨지는 경우에는 적절하지 않다. 예컨대 컨테이너 운송의 경우에는 매도인이 물품을 컨테이너 터미널에서 운송인에게 인도하는 것이 일반적이다. 따라서 이 경우에 CFR을 사용하는 것은 적합하지 않고 CPT를 사용하여야 한다.

CFR에서는 매도인이 수출통관을 이행하여야 한다. 하지만 매도인에게 수입통관과 수입관세 비용부담 의무는 없다.

4) CIF(Cost Insurance and Freight: 운임 · 보험료 포함인도)

CIF(Insert named port of destination) Incoterms® 2010

CIF는 해상운송과 내수로 운송에만 사용할 수 있다.

CIF에서 매도인은 물품을 본선에 적재하여 인도하거나 이미 그렇게 인도된 물품을 조달하면 된다. 물품의 멸실 또는 손상에 대한 위험은 물품이 본선적재되었을 때 이전된다.

매도인은 지정된 목적항까지 물품을 운송하기 위하여 필요한 운임과 비용을 지불하고 운송계약을 체결하여야 한다. 그리고 매도인은 또한 운송 중 물품에 대한 멸실 또는 손실의 매수인 위험에 대하여 보험계약을 체결하여야 한다.

CIF에서 별도의 합의가 없으면 매도인이 최소담보로 보험을 부보하면 된다. 만약 매수인이 보다 높은 담보조건으로 보험계약을 원하는 경우에는 매수인이 명시적

---

6) 매수인은 물품이 본선적재된 이후의 모든 위험과 물품이 본선적재된 이후 해상운임을 제외한 모든 추가비용을 부담하여야 한다.

으로 매도인에게 동의하거나 자신이 추가 보험계약을 체결하여야 한다.

CIF의 중요한 특징은 위험의 이전시점과 비용의 분기점이 불일치하는 것이다. 매도인은 물품이 선적항의 본선에 적재될 때까지의 물품의 멸실 또는 손상에 대한 위험을 부담하지만 선적항의 본선적재시까지의 비용에 목적항까지의 운임과 보험료를 추가하여 부담하여야 한다.

운송계약하에서 매도인이 목적항의 특정한 지점에서 양하비용을 부담한다면, 당사자 간에 별도의 합의가 없을 경우에는 매도인이 매수인으로부터 그러한 비용을 회수할 권리가 없다.

매도인은 계약물품을 본선적재하거나 선적을 위해 인도된 물품을 조달(procure)하여 매수인에 대한 물품인도 의무를 이행한다. 이때 'procure' 의 의미는 전매(string sales)를 의미하는 것으로 전매는 제조물이 아닌 곡물이나 광물 등 'commodity' 매매에서 일반적으로 발생한다.

CIF는 물품이 선박에 적재되기 전에 운송인에게 넘겨지는 경우에는 적절하지 않다. 예컨대 컨테이너 운송의 경우에는 매도인이 물품을 컨테이너 터미널에서 운송인에게 인도하는 것이 일반적이다. 따라서 이 경우 CIF를 사용하는 것은 적합하지 않고 CIP를 사용하여야 한다.

CIF는 매도인이 수출통관을 이행하여야 한다. 하지만 매도인에게 수입통관과 수입관세 비용부담 의무는 없다.

VI. Incoterms® 2010에서의 계약 당사자의 의무

Incoterms® 2010에서도 Incoterms 2000과 마찬가지로 각 상대방에 대한 의무사항을 아래와 같이 10개 조항씩 대칭시켜 규정하고 있다.

1. 매매당사자의 일반적 의무

Incoterms® 2010 A1과 B1에서는 매도인과 매수인의 일반적 의무를 규정하고 있다. A1에서 매도인은 계약에 일치하는 물품을 제공하여야 한다. 그리고 B1에서는 매수인의 물품대금 지급의무를 규정하고 있다.

매도인의 일반의무로 매도인은 매매계약에 일치한 물품, 상업송장 그리고 계약에서 요구하는 기타 모든 증명서류를 일치하게 제공해야 한다.

당사자 간 합의가 있거나 관습적으로 허용이 되는 경우에는 매도인의 의무(A1-A10)로 요구하는 모든 서류를 전자기록이나 전자적 절차로 대체할 수 있다.

표 5-2 Incoterms® 2010상의 당사자들의 의무

Seller's Obligation		Buyer's Obligation	
A1	General obligation of seller	B1	General obligation of buyer
A2	Licences, authorizations, security clearance and other formalities	B2	Licences, authorizations, security clearance and other formalities
A3	Contract of carriage and insurance	B3	Contract of carriage and insurance
A4	Delivery	B4	Taking Delivery
A5	Transfer of risks	B5	Transfer of risks
A6	Allocations of costs	B6	Allocations of costs
A7	Notices to the buyer	B7	Notices to the seller
A8	Delivery document	B8	Delivery document
A9	Checking-packing-marking	B9	Inspection of goods
A10	Assistance with information and related cost	B10	Assistance with information and related cost

2. 허가, 승인, 보안통관 및 기타 절차

Incoterms® 2010의 A2와 B2에서는 매도인과 매수인의 허가, 승인, 보안통관 및 기타 절차(licences, authorization, security clearance and other formalities)에 관한 의무를 규정하고 있다. A2와 B2는 통관의무의 내용에 보안(security)에 관한 사항을 포함하였다.

실무적으로는 무역거래에서 해당국에 거주하는 당사자가 수출 또는 수입통관 절차를 이행하는 것이 유리하기 때문에 Incoterms® 2010은 기본적으로 이러한 입장을 취하고 있다.

다만, EXW의 경우에는 매도인의 최소의무이기 때문에 수출통관절차는 매수인이 하여야 하지만 적용 가능한 경우 매도인은 매수인의 요청에 따라 매수인의 위험과 비용으로 물품의 수출에 필요한 수출허가 또는 기타 공적 승인을 취득하는 데 협

조하여야 한다. 또한 매도인은 매수인의 위험 및 비용부담으로 물품 보안통관에 필요한 모든 정보를 제공하여야 한다.

DDP의 경우에도 정형거래조건상 매도인의 최대의무이기 때문에 수출 · 수입통관절차는 매도인이 부담하여야 한다. 정형거래조건별 매도인과 매수인의 허가, 승인, 보안통관 및 기타 절차의 의무 부담자는 표 5-3과 같다.

표 5-3 허가, 승인, 보안통관 및 기타 절차
(Licences, authorizations, security clearance and other formalities)

구분	수출허가, 승인, 보안통관 및 기타 절차	수입허가, 승인, 보안통관 및 기타 절차
EXW	Buyer	Buyer
FCA	Seller	Buyer
CPT	Seller	Buyer
CIP	Seller	Buyer
DAT	Seller	Buyer
DAP	Seller	Buyer
DDP	Seller	Seller
FAS	Seller	Buyer
FOB	Seller	Buyer
CFR	Seller	Buyer
CIF	Seller	Buyer

3. 운송 및 보험계약의 의무

Incoterms® 2010상 A3와 B3에서는 무역거래 당사자의 운송 및 보험계약의 의무를 규정하고 있다. 각 조건별로 매도인과 매수인의 운송 및 보험계약 의무를 살펴보자.

EXW에서는 매도인과 매수인은 운송 및 보험계약의 의무가 없다. 하지만 매수인의 요청이 있을 경우에는 매도인이 매수인의 위험과 비용으로 보험을 취득하는 데 필요한 정보를 제공하여야 한다.

FCA에서는 매도인은 운송계약의 의무가 없다. 단, 매수인의 요청이 있거나 상관행인 경우에는 매도인이 매수인의 위험과 비용으로 운송계약을 체결할 수 있다. 실무상 유의하여야 할 것은 매도인은 이때 운송계약의 체결을 거절할 수 있으며, 그러한 경우에는 매수인에게 즉시 통지해야 한다는 것이다. 또한 매도인은 보험계약의 의무가 없다. 단, 매수인의 요청이 있을 경우에는 매수인의 위험과 비용으로 보험을 취득하는 데 필요한 정보를 제공하여야 한다. 매수인은 운송계약의 의무가 있다. 하지만 보험계약의 의무는 없다.

CPT에서는 매도인은 운송계약의 의무가 있다. 하지만 보험계약의 의무는 없다. 단, 매수인의 요청이 있을 경우에 FCA 조건과 같이 매수인의 위험과 비용으로 보험을 취득하는 데 필요한 정보를 제공하여야 한다. 매수인은 운송 및 보험계약 의무가 없다. 하지만 매수인은 매도인의 요청이 있을 경우에는 매도인의 보험계약 의무의 이행을 위한 정보 제공의 의무가 있다.

CIP에서는 매도인은 운송 및 보험계약의 의무가 있다. 매수인은 매도인의 요청이 있을 경우 매도인의 추가 보험계약 체결에 필요한 정보를 제공하여야 한다.

DAT, DAP, DDP에서 매도인은 운송계약의 의무가 있지만 보험계약의 의무는 없다. 단, 매수인의 요청이 있을 경우 매수인의 위험과 비용으로 보험계약 체결에 필요한 정보를 제공하여야 한다. 매수인은 운송 및 보험 계약의 의무는 없다. 단, 매도인의 요청이 있을 경우에 매도인의 비용으로 보험계약 체결에 필요한 정보를 제공하여야 한다.

FAS와 FOB는 매도인에게 운송계약의 의무는 없다. 단, 매수인의 요청이 있거나 상관행인 경우에는 매도인이 매수인의 위험과 비용으로 운송계약을 체결할 수 있다. 실무상 유의하여야 할 것은 매도인은 이때 운송계약의 체결을 거절할 수 있으며, 그러한 경우에는 매수인에게 즉시 통지해야 한다는 것이다. 또한 매도인은 보험계약의 의무가 없다. 단, 매수인의 요청이 있을 경우에는 매수인의 위험과 비용으로 매수인의 보험계약 체결에 필요한 정보를 제공하여야 한다. 매수인은 운송계약 의무가 있다. 하지만 보험계약 의무는 없다.

CFR에서는 매도인은 운송계약 의무가 있다. 하지만 보험계약 의무는 없다. 단, 매수인의 요청이 있을 경우에는 매수인의 위험과 비용으로 매수인의 보험계약 체결에 필요한 정보를 제공하여야 하는 의무가 있다.

CIF에서는 매도인은 운송계약 및 보험계약의 의무가 있다. 매수인에게는 운송계약 및 보험계약의 의무가 없다. 단, 매도인의 요청이 있을 경우 매도인의 추가 보험계약 체결에 필요한 정보를 제공하여야 한다.

4. 매도인의 인도와 매수인의 인도수령

무역거래에서 매도인은 계약조건에 일치하는 물품을 인도하여야 하고 매수인은 해당 물품을 인수하여야 한다. Incoterms® 2010 A4와 B4에서는 물품 인도와 인수 의무를 규정하고 있다.

Incoterms® 2010에서 물품의 인도는 물품이 매수인의 처분에 둔 경우나 운송인 또는 제3자에게 인도된 경우이다.

EXW에서는 매도인이 지정된 인도장소에서 매수인의 처분에 둘 때 인도된다. 매수인은 그 장소에서 물품을 인수한다.

FCA에서는 매도인은 매수인이 지명한 운송인 또는 제3자에게 계약물품을 인도하여야 한다. 이때 인도장소가 매도인의 영업소 구내일 경우에는 매수인에 의하여 지명된 집하차량에 적재하여야 하고, 그 밖의 장소일 경우에는 매도인의 운송수단에 양하하지 않은 상태로 인도하면 된다. 매수인은 그 장소에서 물품을 인수한다.

CPT와 CIP에서는 매도인은 지정일 또는 지정기간 내에 운송인에게 인도하여야 하고, 매수인은 운송인으로부터 지정된 목적지에서 물품을 인수하여야 한다.

DAT는 지정된 목적항 또는 목적지 지정터미널에 도착한 운송수단에서 물품을 양하하여 매수인의 임의처분 상태로 놓아 둘 때 인도된다. 매수인은 인도된 물품을 그 장소에서 수령하여야 한다.

DAP와 DDP에서는 지정된 목적지의 합의된 지점에서 도착운송수단에서 물품을 양하할 준비를 하여 매수인의 임의처분 상태로 놓아 둘 때 인도된다. 매수인은 인도된 물품을 그 장소에서 수령하여야 한다.

FAS에서는 매도인은 지정선적항에서 매수인이 지명한 본선선측에 인도하거나 그렇게 인도된 물품을 조달하면 된다. 매수인은 인도된 물품을 그 장소에서 수령하여야 한다.

FOB에서는 매도인은 지정선적항에서 매수인이 지명한 본선에 적재하거나 그렇게 인도된 물품을 조달하면 된다. 매수인은 인도된 물품을 그 장소에서 수령하여야 한다.

CFR와 CIF에서는 본선상에 적재하거나 그렇게 인도된 물품을 조달하면 된다. 매수인은 인도된 물품을 수리하고 지정된 목적항에서 운송인으로부터 물품을 인수한다.

5. 위험의 이전

매도인의 위험은 Incoterms® 2010상의 매도인의 인도의무(A4)에 따라 매수인에게 이전된다.

위험이전과 관련하여 중요한 변화는 기존 Incoterms 2000에서 FOB, CFR, CIF에서 위험의 이전은 'ship's rail' 에서 Incoterms® 2010에서는 'on board the vessel' 이라는 기준으로 변경된 것이다.

EXW에서는 지정 인도장소에서 매수인의 임의처분에 놓여질 때 위험이 이전된다. FCA에서는 매수인이 지정한 운송인 또는 제3자에게 물품이 인도된 때 위험이 이전된다. CPT와 CIP에서는 운송인에게 인도된 때 위험이 이전된다. DAT에서는 지정된 목적항 또는 목적지 지정터미널에 도착한 운송수단에서 물품을 양하하여 매수인의 임의처분 상태로 놓아 둘 때 위험이 이전된다. DAP와 DDP에서는 지정된 목적지의 합의된 지점에서 도착운송수단에서 물품을 양하할 준비를 하여 매수인의 임의처분 상태로 놓아 둘 때 위험이 이전된다. FAS에서는 매도인은 지정선적항에서 매수인이 지명한 본선선측에 인도하거나 그렇게 인도된 물품을 조달할 때 위험이 이전된다. FOB에서는 매도인은 지정선적항에서 매수인이 지명한 본선에 적재하거나 그렇게 인도된 물품을 조달하면 위험이 이전된다. CFR과 CIF에서는 본선상에 적재하거나 그렇게 인도된 물품을 조달하면 위험이 이전된다.

6. 비용의 분담

Incoterms® 2010 A6과 B6에서는 매도인과 매수인의 비용 배분을 규정하고 있다.

EXW에서 매도인의 경우에는 물품이 인도될 때까지 물품에 관련된 모든 비용을 부담하여야 하고, 그 외의 비용은 B6에 따라 매수인이 부담하여야 한다.

매수인의 경우에는 다음과 같은 비용을 부담하여야 한다.

a. A4에 따라 물품을 수령하였을 때부터 발생하는 모든 비용을 지급하여야 한다.
b. 매수인이 B7에 따라 통지를 하지 않거나 B2에 따른 자신의 의무를 이행하지 않았다면 매도인에게 발생한 추가비용을 부담하여야 한다. 다만, 계약물품은 명확하게 특정되어야 한다.
c. 매수인은 적용 가능한 경우 수출통관 절차의 이행비용과 모든 관세, 조세 및 기타비용을 부담하여야 한다.
d. 매수인은 A2에 따라 매도인이 협조를 제공하는 데 발생한 모든 공과금을 상환하여야 한다.

FCA에서 매도인은 다음과 같은 비용을 부담하여야 한다.

a) A4에 따라 인도될 때까지 물품과 관련된 모든 비용 단, B6에 따라 매수인이 지급하여야 하는 비용은 제외한다.

b) 적용할 수 있을 경우에는 매도인은 수출시 지급하여야 하는 통관절차 비용뿐만 아니라 수출시 지급하여야 하는 모든 관세, 조세 및 기타 부과금을 부담하여야 한다.

매수인의 경우에는 다음과 같은 비용을 부담하여야 한다.

a. A4에 따라 물품을 수령하였을 때부터 발생하는 모든 비용을 지급하여야 한다. 적용 가능할 경우에는 다만, A6 b)에 따라 수출시 지급해야 하는 통관절차비용, 모든 관세, 조세 및 다른 공과금은 매수인이 부담하지 않는다.

b. 매도인의 약정물품이 특정되었을 경우에 다음의 추가비용을 부담한다.

 (i) A4에 따라 매수인이 운송인이나 제3자를 지정하지 못한 경우

 (ii) A4에 따라 매수인이 지정한 운송인이나 제3자가 물품을 인수하지 못한 경우

 (iii) B7에 따라 매수인이 적절하게 통지를 하지 않은 경우

c. 적용 가능한 경우 수입시 지급되어야 하는 모든 관세, 조세 및 기타부과금, 통관절차 진행 비용과 제3국으로의 통과를 위한 비용을 부담하여야 한다.

CPT에서 매도인의 경우에는 다음의 비용을 부담한다.

a) B6에 따라 매수인이 지급하는 비용을 제외하고, A4에 따라 물품이 인도되기 이전의 모든 비용

b) A3의 매도인의 운송 및 보험계약 의무의 결과로 발생하는 모든 운송과 다른 비용, 물품의 적재비 및 운송계약에 따라 목적지에서의 양하시 발생하는 모든 비용

c) 수출통관절차의 비용뿐만 아니라 모든 관세, 조세 및 기타 부과금, 운송계약에 따라 매도인의 부담으로 제3국을 통과하는 비용

매수인은 A3에 따라 다음과 같은 비용을 부담한다.

a) A4에 따라 물품이 인도된 때로부터 발생하는 물품에 대한 모든 비용

b) 운송계약상 매도인이 부담하지 않는 비용으로서 물품이 목적지에 도착할 때까지 발생한 모든 비용과 부과금

c) 운송계약상 매도인이 부담하지 않는 양하비용

d) 매수인이 B7조에 따라 통지를 하지 않아 합의된 물품 인도일 또는 인도기간

의 만기일로부터 발생되는 추가 비용. 단, 물품은 계약물품으로서 명확히 특정되어야 한다.

e) 운송계약에 포함되지 않은 모든 관세, 조세 및 다른 공과금과 수입시 발생되는 통관절차 비용과 제3국을 통과하는 비용

CIP에서 매도인은 다음의 비용을 부담한다.

a) B6에 따라 매수인이 지급하는 비용을 제외하고, A4에 따라 물품이 인도되기 이전의 모든 비용

b) A3의 결과로 발생하는 운송과 다른 모든 비용, 물품의 적재비 및 운송계약에 따라 매도인의 부담인 목적지에서의 양하시 발생하는 모든 비용

c) 매도인의 보험계약 체결에서 발생하는 비용

d) 수출시 지급하여야 하는 통관비용과 모든 관세, 조세 및 기타 부과금, 운송계약에 따라 매도인의 부담으로 제3국을 통과하는 비용

매수인은 A3 a) 규정에 따라 다음과 같은 비용을 지급한다.

a) A4에 따라 물품이 인도된 때로부터 발생하는 물품에 대한 모든 비용

b) 운송계약상 매도인이 부담하지 않는 비용으로서 물품이 목적지에 도착할 때까지 발생한 모든 비용과 부과금

c) 운송계약상 매도인이 부담하지 않는 한 양하비용

d) 매수인이 B7에 따라 통지를 하지 않아 합의된 물품 인도일 또는 인도기간의 만기일로부터 발생되는 추가 비용. 단, 물품은 계약물품으로서 명확히 특정되어야 한다.

e) 운송계약에 포함되지 않은 모든 관세, 조세 및 기타 부과금과 수입시 발생되는 통관절차 비용과 제3국으로의 통과 비용

f) 매수인의 요청으로 추가되는 모든 추가보험의 비용

DAT에서 매도인은 다음과 같은 비용을 부담한다.

a) A3 a)에 따른 비용과 B6에 따라 매수인이 지급하여야 하는 비용을 제외한 물품이 인도되기까지의 모든 비용

b) 적용 가능한 경우 A4에 따라 인도하기 이전의 수출통관절차의 비용뿐만 아니라 수출시 지불하여야 하는 모든 관세, 조세 및 기타 부과금, 제3국으로의 통과 비용

매수인은 다음과 같은 비용을 부담한다.

a) A4에 따라 매도인이 인도의무를 완료한 때부터 발생하는 물품에 대한 모든

비용

b) 매수인이 B2에 따라 의무를 이행하지 않거나 B7에 따라 통지를 하지 않았을 때 매도인에게 발생한 추가비용. 단, 물품은 계약물품으로서 명확히 특정되어야 한다.

c) 적용 가능한 경우 물품 수입시 지불하여야 하는 통관절차 비용과 모든 관세, 조세 및 기타 부과금

DAP에서 매도인은 다음과 같은 비용을 부담하여야 한다.

a) A3 a)에 따른 비용에 추가로 B6에 따라 매수인이 지급하여야 하는 비용을 제외한 A4에 따라 물품이 인도되기 이전의 모든 비용

b) 운송계약하에서 목적장소에서의 양하비용은 매도인의 비용

c) 적용 가능한 경우 A4에 따라 인도하기 이전의 수출통관절차의 비용뿐만 아니라 수출시 지급하여야 하는 모든 관세, 조세 및 기타 부과금, 제3국으로의 통과 비용

매수인은 다음과 같은 비용을 부담하여야 한다.

a) A4에 따라 물품이 인도되었을 때부터 발생하는 모든 비용

b) 운송계약상에 매도인이 부담으로 지정되지 않았을 경우에 지정된 목적지에서 도착 운송수단으로부터 물품의 인수에 필요한 모든 양하비용

c) 매수인이 B2에 따라 의무를 이행하지 않거나 B7에 따라 통지를 하지 않았을 때 매도인에게 발생한 추가비용. 단, 물품은 계약물품으로서 명확히 특정되어야 한다.

d) 적용 가능한 경우 물품 수입시 지불하여야 하는 통관절차 비용과 모든 관세, 조세 및 다른 공과금

DDP에서 매도인은 다음과 같은 비용을 부담하여야 한다.

a) A3 a)에 따른 비용에 추가로 B6에 따라 매수인이 지급하여야 하는 비용을 제외한 A4에 따라 물품이 인도되기 이전의 모든 비용

b) 운송계약하에서 목적장소에서의 양하비용은 매도인의 비용

c) 적용 가능한 경우 A4에 따라 인도하기 이전의 수출 및 수입통관 절차의 비용뿐만 아니라 물품의 수출입에 따른 지급하여야 하는 모든 관세, 조세 및 기타 부과금, 제3국으로의 통과 비용

매수인은 다음과 같은 비용을 부담하여야 한다.

a) A4에 따라 물품이 인도되었을 때부터 발생하는 모든 비용

b) 운송계약상에 매도인이 부담으로 지정되지 않았을 경우에 지정된 목적지에서 도착한 운송수단으로부터 물품의 인수에 필요한 모든 양하비용
c) B2에 따라 의무를 이행하지 않거나 B7에 따라 통지를 하지 않았을 때 발생한 추가비용. 단, 물품은 계약물품으로서 명확히 특정되어야 한다.

FAS에서 매도인은 다음과 같은 비용을 부담하여야 한다.
a) A4에 따라 인도될 때까지 물품과 관련된 모든 비용. 단, B6에 따라 매수인이 지급하여야 하는 비용은 제외한다.
b) 적용할 수 있을 경우에는 매도인은 수출시 지급하여야 하는 통관절차 비용뿐만 아니라 수출시 지불하여야 하는 모든 관세, 조세 및 기타 부과금을 지급하여야 한다.

매수인은 다음과 같은 비용을 부담하여야 한다.
a. A4에 따라 물품을 수령하였을 때부터 발생하는 모든 비용을 지급하여야 한다. 적용 가능할 경우에는 다만, A6 b)에 따라 수출시 지불해야 하는 통관절차 비용, 모든 관세, 조세 및 다른 공과금은 매수인이 부담하지 않는다.
b. 매도인의 약정물품이 특정되었을 경우에 다음의 추가비용을 부담한다.
  i) B7에 따라 매수인이 통지의무를 이행하지 않아 발생하는 모든 비용
  ii) 매수인이 지정한 선박이 정시에 도착하지 않아 물품을 수령하지 못하였거나, 매수인의 통지일보다 일찍 화물을 마감하여 계약물품을 수령하지 못하여 발생한 모든 비용
c. 적용 가능한 경우 수입통관 절차의 비용뿐만 아니라 물품의 수입에 따른 지급하여야 하는 모든 관세, 조세 및 기타 부과금, 제3국으로의 통과 비용

FOB에서 매도인은 다음과 같은 비용을 부담하여야 한다.
a) A4에 따라 인도될 때까지 물품과 관련된 모든 비용. 단, B6에 따라 매수인이 지급하여야 하는 비용은 제외한다.
b) 적용할 수 있을 경우에는 매도인은 수출시 지급하여야 하는 통관절차 비용뿐만 아니라 수출시 지불하여야 하는 모든 관세, 조세 및 기타 부과금을 지급하여야 한다.

매수인은 다음과 같은 비용을 부담하여야 한다.
a. A4에 따라 물품을 수령하였을 때부터 발생하는 모든 비용을 지급하여야 한다. 적용 가능할 경우에는 다만, A6 b)에 따라 수출시 지불해야 하는 통관절차 비

용, 모든 관세, 조세 및 다른 공과금은 매수인이 부담하지 않는다.

b. 매도인의 약정물품이 특정되었을 경우에 다음의 추가비용을 부담한다.

i) B7에 따라 매수인이 통지의무를 이행하지 않아 발생하는 모든 비용

ii) 매수인이 지정한 선박이 정시에 도착하지 않아 물품을 수령하지 못하였거나, 매수인의 통지일보다 일찍 화물을 마감하여 계약물품을 수령하지 못하여 발생한 모든 비용

c. 적용 가능한 경우 수입통관 절차의 비용뿐만 아니라 물품의 수입에 따른 지급하여야 하는 모든 관세, 조세 및 기타 부과금, 제3국으로의 통과 비용

CFR에서 매도인은 다음과 같은 비용을 부담하여야 한다.

a) B6 따라 매수인이 지급하는 비용을 제외하고, A4에 따라 물품이 인도되기 이전의 모든 비용

b) A3의 매도인의 운송 및 보험계약 의무의 결과로 발생하는 모든 운송과 다른 비용, 물품의 적재비 및 운송계약에 따라 목적지에서의 양하시 발생하는 모든 비용

c) 적용 가능한 경우 수출통관절차의 비용뿐만 아니라 수출시 지불하여야 하는 모든 관세, 조세 그리고 기타 부과금, 운송계약에 따라 매도인의 부담으로 제3국을 통과하는 비용

매수인은 A3 a) 규정에 따라 다음과 같은 비용을 지급한다.

a) A4에 따라 물품이 인도된 때로부터 발생하는 물품에 대한 모든 비용

b) 운송계약상 매도인이 부담하지 않는 비용으로서 물품이 목적지에 도착할 때까지 발생한 모든 비용과 부과금

c) 운송계약상 매도인이 부담하지 않는 양하비용

d) 매수인이 B7조에 따라 통지를 하지 않아 합의된 물품 인도일 또는 인도기간의 만기일로부터 발생되는 추가 비용. 단, 물품은 계약물품으로서 명확히 특정되어야 한다.

e) 운송계약에 포함되지 않은 모든 관세, 조세 및 다른 공과금과 수입시 발생되는 통관절차 비용과 제3국을 통과하는 비용

CIF에서 매도인은 다음과 같은 비용을 부담하여야 한다.

a) B6에 따라 매수인이 지급하는 비용을 제외하고, A4에 따라 물품이 인도되기 이전의 모든 비용

b) A3의 매도인의 운송 및 보험계약 의무의 결과로 발생하는 운송과 다른 모든 비

용, 물품의 적재비 및 운송계약에 따라 목적지에서의 양하시 발생하는 모든 비용

c) 매도인의 보험계약체결에서 발생하는 비용

d) 수출시 지급하여야 하는 통관비용과 모든 관세, 조세 및 기타 부과금, 운송계약에 따라 매도인의 부담으로 제3국을 통과하는 비용

매수인은 A3 a) 규정에 따라 다음과 같은 비용을 부담한다.

a) A4에 따라 물품이 인도된 때로부터 발생하는 물품에 대한 모든 비용

b) 운송계약상 매도인이 부담하지 않는 비용으로서 물품이 목적지에 도착할 때까지 발생한 모든 비용과 부과금

c) 운송계약상 매도인이 부담하지 않는 한 양하비용

d) 매수인이 B7에 따라 통지를 하지 않아 합의된 물품 인도일 또는 인도기간의 만기일로부터 발생되는 추가 비용. 단, 물품은 계약물품으로서 명확히 특정되어야 한다.

e) 운송계약에 포함되지 않은 모든 관세, 조세 및 기타 부과금과 수입시 발생되는 통관절차 비용과 제3국으로의 통과 비용

f) 매수인의 요청으로 추가되는 모든 추가보험의 비용

7. 매도인과 매수인의 통지의무

Incoterms® 2010의 A7과 B7은 매도인과 매수인의 통지의무에 관해 규정한 조항이다.

EXW에서 매도인은 매수인이 물품을 수령하는 데 필요한 통지를 하여야 하고, 매수인이 합의된 기간 내에 물품 인수시기 및/또는 지정된 장소의 인수지점을 결정하여야 할 경우에는 매도인에게 충분한 통지를 하여야 한다.

FCA에서 매도인은 매수인의 위험과 비용으로 A4에 따라 물품이 인도되었다는 것을 또는, 매수인에 의하여 지정된 운송인 또는 제3자가 합의된 기간 내에 물품을 인수하지 못한 경우라도 매수인에게 충분히 그 사실을 통지하여야 하고, 매수인은 매도인에게 다음과 상황에 대한 통지를 해야 한다.

a) A4에 따라 지정된 운송인이나 제3자의 이름을 충분한 시간 내 매도인에게 통지

b) 필요할 경우, 지정된 운송인이나 제3자가 물품을 인수할 합의된 기간 내 정해진 시간

c) 지정된 제3자가 이용하는 운송수단

d) 지정장소 내의 인도 지점

CPT와 CIP에서는 매도인은 다음과 같은 사실을 통지하여야 한다.

a) A4에 따라 물품이 인도되었다는 것

b) 매수인이 물품의 인수에 통상 필요한 조치를 취하기 위해서 요구되는 사항

매수인이 합의된 기간 내에 물품 인수시기 및/또는 지정된 장소의 인수지점을 결정하여야 할 경우에는 매도인에게 충분한 통지를 하여야 한다.

DAT, DAP, DDP에서는 매도인은 매수인이 물품의 인수를 위하여 통상적으로 필요한 조치를 취할 수 있게 모든 통지를 한다. 매수인에게 합의된 기간 내에 물품 인수의 시기 및/또는 터미널을 결정할 권한이 주어진 경우에는 이에 대하여 매도인에게 충분한 통지를 하여야 한다.

FAS와 FOB에서는 매도인은 매수인의 위험과 비용으로 A4에 따라 물품이 인도되었거나 합의한 기간 내 매수인이 본선에 물품을 인수하지 못하였음을 통지하여야 하고, 매수인은 선박명, 선적항, 합의된 기간내 선택된 시간에 대하여 매도인에게 충분히 통지하여야 한다.

CFR과 CIF에서는 매도인은 매수인이 물품의 인수를 위하여 통상적으로 필요한 조치를 취할 수 있게 모든 통지를 하여야 한다. 매수인이 물품인도의 선적 시기 및/또는 목적지의 지정항에서 물품의 인수 장소를 결정하여야 할 때에는 이에 대하여 매도인에게 충분한 통지를 하여야 한다.

8. 인도서류 및 인도증빙

Incoterms® 2010의 A8과 B8은 매도인과 매수인의 통지의무에 관해 규정한 조항이다.

Incoterms® 2010에서 EXW를 제외하고는 각 A8에서 매도인은 매수인이 물품을 인수하는 데 필요한 서류를 제공하여야 한다고 규정하고 있다. 반면에 B8에서는 매수인은 매도인이 제공한 서류를 수리하여야 한다고 규정하고 있다.

FCA에서는 매도인은 자신의 비용으로 A4에 따라 매수인에게 물품이 인도되었다는 통상적인 증거를 제공하여야 한다. 매도인은 매수인의 요청에 따라 매수인의 위험과 비용으로 운송서류를 취득하는 데 협조를 제공하여야 한다.

CPT와 CIP에서는 관습으로 또는 매수인의 요청이 있는 경우, 매도인은 자신의 비용부담으로 A3에 따라 체결된 운송을 위한 통상적인 운송서류를 매수인에게 제공하여야 한다. 매도인이 제공하는 운송서류가 유통가능한 형태의 복수의 원본으로 발행되었다면 매도인은 원본 전통(full set of originals)을 매수인에게 제공하여야 한다.

DAT, DAP, DDP에서는 매도인은 본인의 비용으로 A4/B4에 따라 매수인이 물

품을 수령하는 데 필요한 서류를 제공하여야 한다.

FAS와 FOB에서는 매도인은 자신의 비용으로 A4에 따라 매수인에게 물품이 인도되었다는 통상적인 증거를 제공하여야 한다. 이러한 증거서류가 운송서류가 아닌 경우에는 매수인의 요청시 매수인의 비용과 위험으로 운송서류를 취득하는 데 필요한 협조를 하여야 한다. 매수인은 매도인에게 제시한 운송서류가 계약에 일치하는 경우에는 운송서류를 수리하여야 한다.

CFR와 CIF에서는 매도인은 자신의 비용으로 합의한 목적항에 대한 통상적 운송서류를 매수인에게 지체 없이 제공하여야 한다.

매도인이 제공하는 운송서류는 합의한 선적기일 이내에 발행되어야 하고, 매수인이 운송 중 전매를 하지 않는 한 목적항에서 매수인에게 물품에 대한 청구권이 인정되는 것이어야 한다. 매도인이 제공하는 운송서류가 유통가능한 형태의 복수의 원본으로 발행되었다면 매도인은 원본 전통을 매수인에게 제공하여야 한다.

매수인은 매도인에게 제시한 운송서류가 계약에 일치하는 경우에는 운송서류를 수리하여야 한다.

9. 검사 · 포장 · 화인과 물품의 검사

Incoterms® 2010의 A9은 매도인의 물품검사, 포장 및 화인에 관한 의무, B9은 물품검사에 대한 매수인의 의무를 규정하고 있다.

매도인은 A4에 따라 물품을 인도하기 위해서 필요한 검사업무(예컨대, 품질, 용적, 중량, 수량의 점검)에 수반되는 비용 및 수출국가의 당국이 규정하는 선적전검사(PSI: Pre-Shipment Inspection) 비용을 지불하여야 한다.[7)]

매도인은 자신의 비용으로 물품운송에 필요한 포장을 하여야 한다. 다만 관습적으로 포장을 하지 않는 물품인 경우에는 매도인에게 포장의 의무가 없다. 그리고 포장에는 적절한 화인을 하여야 한다.

10. 정보에 관한 협조 및 관련비용

Incoterms® 2010의 A10과 B10은 매도인과 매수인은 상대방의 요청에 따라 통관 등에 필요한 정보 등의 협조 의무 및 그 비용의 부담을 규정하고 있다.

---

7) EXW에서는 예외적으로 수출국 당국에 의한 선적전검사 비용을 매수인이 부담한다. 왜냐하면 EWX에서 수출허가 및 수출통관 등 모든 수출업무는 매수인의 책임이기 때문이다.

제6장 국제운송

I. 무역계약과 국제운송

무역계약이 체결되면 매도인은 계약조건에 따라 물품을 인도하여야 한다. 하지만 무역거래는 격지 간의 거래이기 때문에 매도인이 직접 물품을 매수인에게 인도하는 것은 시간적 · 비용적 측면에서 현실적으로 어려움이 많다. 이에 전문 운송인에 의한 국제운송(international transportation)이 필요하다. 국제운송은 이국 간에 운송수단을 이용하여 화물을 운송하고 그 대가인 운임을 획득하는 상행위를 말한다.

무역거래의 당사자들은 무역계약의 조건에 따라 운송인과 운송계약을 체결하게 된다. 먼저 무역계약의 명시적 조건인 선적조건에 따라 선적시기 및 장소, 양륙지, 운송방법, 분할선적, 환적 등의 여부를 결정하고 묵시적 조건인 정형거래조건에 의하여 운송계약의 체결당사자,[1] 인도방법, 운송방법, 운임, 수출입통관비용 등이 자동적으로 결정된다.

운송계약 체결방식에는 정기선(liner) 운송에 의한 개품운송계약(contract of affreight in a general ship)과 부정기선운송(tramper)에 의한 용선운송계약(contract of charter party)이 있다. 개품운송은 하나의 운송수단에 의한 단일운송과 두 개 이상의 운송수단이 결합된 복합운송으로 나눌 수 있다.

무역운송은 저렴한 비용으로 많은 수량을 보다 신속하고 안전하게 운송하는 것이 관건이므로 최적의 운송수단을 선택하는 것이 중요하다. 최적의 운송수단을 선

1) 정형거래조건에 따라 운송계약체결의 당사자가 결정되는데, 매도인이 운송계약을 체결하는 규칙은 CFR, CIF, CPT, CIP, DAP, DAT, DDP가 있으며, 매수인이 운송계약을 체결하는 규칙은 EXW, FAS, FOB, FCA가 있다.

택하는 기준으로는 운송비, 운송거리, 운송경로, 운송시간, 화물의 종류, 용적 및 중량 등을 고려하여야 한다. 운송수단에 따라서는 해상운송(marine transportation), 항공운송(air transportation), 복합운송(multimodal(combined) transportation), 육상운송(overland transportation)으로 구분할 수 있다. 운송수단별 각종 운송서류[2)]와 국제규칙을 정리하면 표 6-1과 같다.

표 6-1 운송수단별 운송서류 및 국제규칙

<table>
<tr><th colspan="2">운송수단</th><th>운송서류</th><th>국제규칙</th></tr>
<tr><td colspan="2" rowspan="2">해상운송</td><td>선하증권
(Bill of Lading)</td><td>Hague Rules(1924)
Hague-Visby Rules(1968)
Hamburg Rules(1978)
Rotterdam Rules(2009)</td></tr>
<tr><td>해상화물운송장
(Sea Waybill)</td><td>해상화물운송장에 관한
CMI 통일규칙(1990)</td></tr>
<tr><td colspan="2">항공운송</td><td>항공화물운송장
(Air Waybill)</td><td>Warsaw Conventions(1929)
Montreal Conventions(1966)</td></tr>
<tr><td colspan="2">복합운송</td><td>복합운송증권
(Mutimodal Transport Document)</td><td>국제물품복합운송에 관한 UN 협약
UNCTAD/ICC 복합운송증권규칙</td></tr>
<tr><td rowspan="2">육상운송</td><td>철도운송</td><td>철도화물탁송장(Railroad Consignment Note)</td><td>CIM(국제철도물품운송조약)</td></tr>
<tr><td>도로운송</td><td>도로화물탁송장(Road Consignment Note)</td><td>CMR(국제도로물품운송조약)</td></tr>
</table>

2) 운송수단별 운송서류를 살펴보면, 해상운송에는 선하증권(B/L), 해상화물운송장(SWB), 용선계약서(C/P)가 있으며, 항공운송에는 항공화물운송장(AWB), 항공화물탁송장(CAN)이 있으며, 육상운송에는 도로화물탁송장(RCN), 철도화물탁송장(RCN)이 있으며, 복합운송에는 복합운송서류(MTD)가 있다.

II. 해상운송

1. 해상운송의 의의

해상운송은 해상에서 선박에 의하여 물품 또는 사람을 운송함으로써 그 대가인 운임을 획득하는 상행위를 말한다. 해상운송을 상행위의 하나라고 전제할 때 선박이라는 운반수단은 상선[3]으로 제한될 것이고, 강이나 호수 등을 통로로 하는 내수로운송과 구별되어야 할 것이다. 오늘날 해상운송은 다른 운송수단과 연결되어 복합운송, 종합물류 체계로 확장되고 있다.

해상운송은 대량운송, 대양을 횡단하는 원거리운송, 여타 운송수단에 비하여 운송비가 저렴하고, 운송로가 자유로운 장점을 가지고 있는 반면에 운송시간이 장기이고, 기후에도 민감하며, 더 높은 위험이 존재하고, 항만시설이 필요한 점 등의 단점을 가지고 있다.

2. 해상운송계약

해상운송계약은 항해용 선박에 의하여 화물을 수송하는 계약을 선주 및 운송인과 화주 간에 체결하고 화주는 일정한 보수, 곧 운임을 지불하는 것을 약정하는 청부계약에 의한 낙성계약이다

해상운송계약은 화물에 따라 개품운송계약(contract of affreight in a general ship)과 용선계약(contract of charter party)으로 나눌 수 있다.

개품운송계약은 다수의 화주로부터 위탁받은 개개의 화물운송을 받아들이는 계약을 의미하며, 때로는 특정 화주에 대해 장기운송계약을 체결할 때 COA 계약이라는 용어를 사용하기도 한다. 선주 또는 운송인이 선복 수요자로부터 집화된 화물의 운송이 수납되면 이로써 개품운송계약이 체결되며, 동시에 그 운송운임이 결정되면 송화인의 청구에 의하여 그 계약을 표시한 선하증권(bill of lading: B/L)이 발행된다. 본 계약은 주로 정기선(liner) 화물운송에 이용되고 있다.

용선운송계약은 해상운송인이나 선박소유자가 선박의 일부 또는 전부를 제공하여 화물을 운송하기로 약정하고 이에 대하여 화주(용선자)는 그 보수로서 운임(용선료)을 지급할 것을 약속하는 계약을 의미한다. 용선운송계약은 부정기선(tramper)

3) 상선은 무역선과 비무역선으로 구분할 수 있다. 일반적으로 무역선은 건화물선, 액체화물선, 여객선으로 구분할 수 있고 비무역선은 어선, 보조선, 조사선으로 구분할 수 있다.

에 의하여 행하여진다. 용선계약의 종류는 항해용선계약(voyage charter), 정기용선계약(time charter), 선박임대차계약 또는 나용선계약(demise or bare-boat charter)으로 나눌 수 있다. 항해용선계약은 일정 항해를 계약의 내용으로 하는 것이고 정기선과 나용선은 기간을 약속하는 용선이다. 개품운송계약과 용선계약을 비교하면 표 6-2와 같다.

표 6-2 개품운송계약과 용선계약의 비교

구분	개품운송계약	용선계약
계약의 목적	개개의 운송물품	선박의 일부 또는 전부
운송방법	정기선(liner)	부정기선(tramper)
적용법규	성문법(statute law)	보통법(common law)
책임관계	운송인 면책확대 불인정	운송인 책임 수정가능
당사자	선주와 송화인	선주와 용선자
화주	불특정 다수 화주	특정 화주
화물	잡화와 같은 비교적 적은 화물	대량살화물(원유, 철강, 석탄, 곡물 등)
계약	선하증권(B/L)	용선계약서(C/P)
운임률	공표운임률(Tariff Rate)	수급에 의한 시세(open rate)
운임조건	Berth(Liner) Term	FI, FO, FIO

3. 정기선 운송

1) 정기선의 개념 및 특징

정기선(liner)은 특정항로를 화물의 수량에 관계없이 규칙적으로 반복·운항하는 운송형태이다. 주로 공산품 등의 일반화물 또는 포장화물을 운송한다. 정기선의 특징은 첫째, 반복 운항하는 전문운송인이다. 둘째, 선박이 부정기선보다 고가이며, 화물도 부정기선 화물에 비해 고가이기 때문에 고가의 서비스를 한다. 셋째, 표준계약서(standard contract)와 운임표(freight tariff)에 따라 운송서비스를 제공한다. 우리나라가 주로 이용하는 정기선 항로로는 북미항로, 구주항로, 한-일항로, 동남아항로, 한-중항로, 한-러항로 등이 있다.

2) 해운동맹

(1) 해운동맹의 의의 및 종류

해운동맹은 특정항로에 취항하고 있는 둘 이상의 정기선사가 상호 독립성을 유지하면서 대내적으로는 과당경쟁을 배제하고, 대외적으로는 독점력을 강화하여 회원사 상호간의 경제적 지위를 향상 · 유지시킬 것을 목적으로 운임, 적취량, 배선, 기타 운송조건에 관해 협정 또는 계약을 체결한 국제카르텔(cartel)이다.

이 카르텔에 가맹을 희망하는 선박회사는 무조건 가맹시키는 개방식 동맹(open conference: 미국식)과 일정한 조건을 갖추지 않거나 회원의 이익을 해한다고 생각되는 경우에 가입을 인정하지 않는 폐쇄식 동맹(closed conference)이 있다.

(2) 해운동맹의 기능 및 화주구속수단

해운동맹의 기능은 첫째, 운임협정(rate agreement)이 있다. 운임협정은 해운동맹 결성의 주된 이유이며, 운임수준을 정하는 방법(fixed rate agreement)과 운임의 최저수준만 정하는 방법(minimum rate agreement)이 있다. 운임을 정하지 않은 자유품목(open rate)도 있다. 운임률을 정해 공표된 공표운임률(tariff rate)이 있으며, 이를 위반하면 위약금을 지급하여야 한다. 둘째, 적하 및 항해제한(sailing agreement)이 있다. 이는 동맹가입의 각 선사별로 물량을 할당하고 초과분에 대해 벌금을 부과하는 방법이다. 또한 기항지를 제한하거나(지역협정), 항차수(배선협정), 각 선의 최고 적취량을 협정하기도 한다. 셋째, 운임공동계산(pooling agreement)이 있다. 이것은 순운임수입에 대하여 공동계산하는 방법이다. 즉, 운임에서 비용을 공제하고 미리 정해진 배분율(pool point)에 따라 분배한다. 이 배분율은 보통 6개월 내지 1년을 기준으로 정산한다. 넷째, 공동경영(joint service)이 있다. 이는 경쟁배제, 경비절감, 합리적 배선을 목적으로 각 동맹선사가 공동경영을 하는 것이다. 동맹선사 중 한 선사에 경영을 위탁하는 방법과 경영의 각 부분을 각 선사가 분담하는 방법도 있다. 수익은 매 결산기마다 정해진 비율에 따라 배분한다. 다섯째, 대항선(fighting ship)이 있다. 동맹에 가입하지 않은 맹외선에 대항하기 위하여 해운동맹은 대항선을 활용하여 정기항로에서의 맹외선의 취항을 저지한다. 이때 발생한 손실은 동맹선사가 부담한다.

해운동맹의 화주구속수단은 첫째, 화주가 동맹선에만 선적하겠다고 계약을 할 경우에 공표운임률보다 낮은 계약운임률을 적용하는 이중운임제도(dual rate system)인 계약운임제도(contract rate system)가 있다. 둘째, 화주가 일정기간 동안(통상 4개월) 동맹선에 화물을 선적한 경우 징수한 운임의 일정률(9.5%)을 반려하는 성실할려제도(fidelity rate system)가 있다. 셋째, 운임연할려제도(deferred rate system)가 있다. 이것은 성실할려제도와 같지만, 징수한 운임의 일정률을 일정 기간이 경과된 후에 반려한다는 점에서 차이가 있다. 예컨대, 성실할려제도는 4개월 동안 동맹선을 이용한 경우 운임의 일정률을 반려해 주나, 운임연할려제도는 4개월 동안(계산기간)의 선적에 대하여 운임을 반려받으려면 그 후 4개월(유보기간)을 더 동맹선에 화물을 선적하여야 반려받을 수 있다.

(3) 해운동맹의 장단점

장점으로는 안정적인 운송서비스 제공으로 무역거래의 편리성, 운임의 안정으로 생산 및 판매계약의 수립용이, 합리적인 배선으로 운임절감 등을 들 수 있다. 단점으로는 독점적 성격으로 과대이윤의 추구와 운임의 일방적인 변경, 운임률이 원가보다 동맹의 정책에 의해 좌우되어 불합리하게 책정되거나, 계약운임제 및 운임연할려제도 등 갖가지 방법의 남용으로 화주를 필요 이상으로 구속하는 것과 기항수를 가급적 줄이려는 경향이 강해 화주들이 불편할 수 있다는 점이 있다.

3) 정기선의 해상운임

(1) 정기선 운임의 산정기준 및 기본운임

- 중량기준(Weight Basis): 중량톤을 기준으로 운임을 계산하는 방법으로 영국식의 Long Ton 또는 Gross Ton(2,240Lbs = 1,016.05kg), 미국식의 Short Ton 또는 Net Ton(2,000Lbs=907.18kg), 프랑스의 Metric Ton 또는 Kilo Ton(2,205Lbs=1,000kg)이 있다. 시멘트, 철강과 같은 부피에 비해 무거운 화물, 즉 중량화물(weight cargo)에 적용된다. 이를 중량운임이라고 한다.
- 용적기준(Measurement Basis): 일반화물은 1입방미터(Cubic Meter=CBM=m^3)를 1톤으로 하는 용적톤을 기준으로 운임률이 정해진다. 이 용적에 의하여 계산되는 운임을 용적운임이라고 하고, 그러한 화물을 용적화물(measurement cargo)이라 한다. 용적기준으로 운임이 정해지는 것을 용적운임이라고 한다.
- 가격기준(Ad Valorem Basis): 화물의 가격을 기초로 부과하는 운임으로, 귀금속이나 견직물 같은 고가품은 보관방법, 적재장소 등에 특별한 주의를 필요로 하며 손해에 대한 보상액도 고액이기 때문에 그 가격에 대하여 일정률, 즉 종가율(ad valorem rate)의 운임이 적용된다. 이를 종가운임이라고 하며, 이 경우 기준이 되는 가격은 통상 송장상의 FOB 가격이다.
- 컨테이너 단위기준: 컨테이너 단위당 운임이 결정된다. 컨테이너의 단위는 보

통 20feet를 기준으로 한 TEU(twenty feet equivalent unit)와 40feet를 기준으로 한 FEU(forty feet equivalent unit)가 있다.

- 최저운임(minimum rate): 화물의 중량이나 용적이 기준 이하일 경우, 정해진 최저운임을 부과한다.
- 차별운임(discrimination rate) 및 무차별운임(FAK: freight all kinds rate): 차별운임이란 하주나 화물 등을 기준으로 운임을 차별적으로 부과하는 것이며, 무차별운임은 운송거리를 기준으로 정해진 운임을 부과하는 것이다.
- 운임톤(R/T: revenue ton): 용적이나 중량 중 운임이 높은 쪽으로 부과한다.
- Box Rate: 화물의 중량이나 종류에 관계없이 컨테이너당 받는 운임을 말한다.

(2) 운임의 지급시기

- 선지급운임(Freight Prepaid, Advance Freight): 화물이 선적과 동시에 매수인에게 운임을 지급하는 경우이다. 통상적인 선하증권의 약관에는 "운임은 선적시에 지급되어야 하며 운송 중 선박 또는 화물이 멸실되어도 전액을 받을 수 있다(Freight to be considered as earned whether the ship or the goods be lost or not lost)"라고 규정되어 운임의 선지급을 원칙으로 하고 있다.
- 후지급운임(Freight Collect, Freight Payable at Destination): 수화인이 양륙지에서 화물을 수령할 때 운임을 지급하는 경우이다. 운임은 도급계약(청부계약)의 일종인 운송계약에 따라 화물이 안전하게 도착하여 인도되었을 때 수화인이 지급하는 보수이기 때문에 운임은 목적지에서 지급되어야 하는 것이 원칙이다. 따라서 화물이 운송 중 멸실된 경우 수화인은 운임을 지급할 필요가 없다.

(3) 선내 하역비부담에 따른 운임조건

- Berth Term(liner term) 운임: 선적 및 양하 작업시 소요되는 비용을 선주가 부담하는 운임이다.
- FIO(Free In & Out) 운임: 선적 및 양하 비용을 하주가 별도로 부담하는 운임으로, 항해용선계약에서 주로 이용된다.
- FI(Free In) 운임: 하주가 선적비용을 부담하는 운임으로, 하역비용은 선사가 부담한다.
- FO(Free Out) 운임: 하주가 하역비용을 부담하는 운임으로, 선적비용은 선사가 부담한다.

(4) 부대비용

- 터미널화물처리비(THC: Terminal Handling Charge): 화물이 CY에 입고된 순간부터 선측까지, 화물이 본선의 선측에서 CY의 게이트를 통과하기까지 화물의 이동에 따르는 처리비용을 말한다. 우리나라와 유럽에서는 THC라는 명칭으로 부과하고 있으나, 미국은 DDC(destination delivery charge)라는 명칭을 사용하여, THC에 내륙운송비를 추가하여 부과하고 있다.
- CFS 작업료(CFS Charge): 소량화물(LCL cargo) 운송시 선적지 및 도착지의 CFS에서 LCL 화물의 혼재 또는 분류작업을 하게 되는데, 이때 발생하는 비용을 CFS 작업료라고 하며, 하주에게 선사가 징수하여 CFS 운영자에게 전달한다. FCL 화물은 CFS 작업료를 청구하지 않는다.
- 서류발급비(Documentation Fee): 선사에서 수출시 발급하는 선하증권과 수입시 발급하는 화물인도지시서의 소요되는 발급비용을 말한다.
- 지체료(Detention Charge): 하주가 컨테이너나 트레일러를 대여하였으나, 규정된 시간(free time) 내에 운송업체에 반환하지 못할 경우 벌금으로 운송업체에 지급해야 하는 비용이다.
- 체선료(Demurrage): CY에서 일정한 기간을 정해두고 그 기간 내에 컨테이너를 목적지로 반출해 가지 않으면 부과하는 요금이다.
- 체화할증료(Port Congestion Surcharge): 도착항이 혼잡하여 신속히 하역할 수 없을 경우, 선박의 가동률이 저하되어 선박회사에 손해가 발생한 만큼 하주에 전가하는 요금이다.
- 유류할증료(BAF: Bunker Adjustment Factor): 기본운임에 대하여 일정비율이나 일정액을 부과하는 요금으로, 선박 연료의 가격변동에 따른 손실을 보전하기 위해 부과하는 할증료이다.
- 통화할증료(CAF: Currency Adjustment Factor): 기본운임의 일정비율을 부과하는 비용으로, 운임에 표시된 통화가치의 하락에 따른 손실을 보전하기 위한 할증료이다.
- 성수기할증료(Peak Season Charge): 화물이 특정기간 동안 집중되어 성수기 상승분을 보전받기 위하여 원양항로에 적용되고 있는 비용이다.

4) 정기선 화물의 선적절차

선적절차는 재래선에 의한 선적과 컨테이너 선적으로 구분된다. 여기서는 재래선의 선적절차를 설명하고, 컨테이너 선적은 컨테이너 운송부분에서 설명하고자 한다.

① 수출자가 신용장상의 선적기일(shipping date)에 맞추어 배선표(sailing schedule)를 참고하여 선박회사에 선복신청서(S/R)를 제출하면 선박회사가 인수확약서(Booking Note)를 교부한다. 이것으로 운송계약이 성립된다.

② 선박회사는 계약된 화물을 선박에 적재하여 목적지까지 운송할 것을 선장에게 지시하는데 이것이 선적지시서(S/O)이다. 이 선적지시서에 따라 송화인은 선박회사의 지정장소에서 선박회사와 화주측의 입회하에 화물의 수량과 상태를 점검한 검수표(Tally Sheet)를 교부받는다.

③ 일등항해사는 검수표와 선적지시서를 대조한 후 화물을 선창에 적부시키고 화물수령의 증거로 본선수령증(M/R)을 송화인 앞으로 발행한다. 이때 검수표에 기재된 사항과 실제 수령된 화물을 대조하여 유보사항이 있으면 이 사실을 M/R의 Remark란에 그 내용을 기재하는데, 이러한 M/R을 Foul Receipt 또는 Dirty Receipt라고 한다.

④ 송화인은 M/R과 상환으로 B/L을 발급받는다. 이때 운임이 선지급으로 표기되어 있으면 운임과 함께 M/R을 선박회사에 제시한다. 한편 M/R의 Remark란이 기재된 경우 이를 삭제하기 위하여 송화인은 파손화물보상장(Letter of Indemnity: L/I)을 선박회사에 제시하고 Clean B/L을 발급받는다.

5) 정기선 화물의 양륙절차

① 선박회사는 본선이 입항하면 Notify Party(통지처)란에 기재된 통지인에게 통지하면 통지인은 선하증권에 배서한 후 인도지시서(Delivery Order)를 발급받아 물품을 수령하게 된다. 운임이 후지급인 경우 이때 운임이 지급되고, 지급되지 않는 경우에는 운송인은 해당 화물에 대하여 유치권을 행사할 수도 있다. 화물이 먼저 도착하였으나 선하증권이 도착하지 않은 경우 수화인은 수입지 거래은행으로부터 화물선취보증장(Letter of Guarantee: L/G)을 교부받아 선박회사에 제시하여 화물을 인도받을 수 있다.

② 선박회사는 양륙업자가 창고, 부선, 인부 등을 수배하여 검수를 행한 후(검수표가 작성된다) 지정창고회사의 창고에서 화주에게 화물을 인도하지만 수화인은 화물수령전 수입신고서(Import Declaration)를 세관에 제출하여 수입면허를 받아 수입통관수속을 끝낸다.

③ 화물의 인도시 본선측과 수화인은 화물의 수량과 상태에 이상이 있을 경우에 검수표에 의거하여 화물수도증(B/N)에 적요를 기록하게 된다. B/N은 화물의 손상, 사고의 종류 · 정도, 응급수선, 기타 선내 하역인부의 작업 중 사고 등에 대하여

책임자측의 인정을 받는 것으로, 본선의 책임유무를 밝히는 증거서류이다.

6) 선적 및 양륙에 관한 주요서류

① Shipping Request(S/R: 선복신청서)
화주가 선사에 제출하는 운송의뢰서로 화물의 명세가 기재된다. 이것을 기초로 선적지시서(Shipping Order: S/O)가 작성된다.

② Booking List(인수확약서)
화주가 제출한 S/R에 기초해 선사가 선적관련 사항을 화주별로 작성한 것이다. 화물의 명세, 필요 컨테이너 수, pick-up 요청일시, 위험물 여부 등이 기재된다.

③ Shipping Order(S/O: 선적지시서)
선사가 교부하는 선적승낙서이며, 동시에 적재지시서이다. 선적지시서대로 화물의 수량과 상태를 조사하여 그 결과에 따라 검수표(Tally Sheet)를 작성한다.

④ Tally Sheet(검수표)
검수인(tally man)이 선적화물의 개수, 화인, 포장상태, 화물사고 등을 기재하여 작성한다. 이 내용을 기초로 하여 본선수령증(Mate' s Receipt)을 발급한다.

⑤ Mate' s Receipt(M/R: 본선수령증)
일등항해사(chief mate)가 화물을 수령하였음을 인정하는 영수증으로서 송화인에게 교부한다. M/R을 기초로 하여 선하증권(B/L)이 발급된다.

⑥ Delivery Order(D/O: 인도지시서)
양륙지에서 선사 또는 대리점이 수화인으로부터 선하증권 또는 화물선취보증장(Letter of Guarantee: L/G)을 받고 본선에서 수화인에게 화물의 인도를 지시하는 서류이다.

⑦ Cargo Boat Note(B/N: 화물수도증(貨物受渡證))
화물양륙시 화물을 인도받는 수화인, 그 대리인 또는 하역업자가 양륙화물과 적하목록(Cargo Manifest: 선박 또는 항공기에 적재되어 있는 화물의 목록)을 대조하여 본선에 교부하는 화물인수증이다. B/N은 본선과 수화인 간 양륙화물의 수도를 증명하는 것이며, 그 화물에 대하여 본선의 책임이 종료됨을 나타낸다. 이는 M/R과 마찬가지로 검수표에 의거하여 작성된다. 화물이 선적시와 동일한 상태로 인도된 경우 B/N에 "외관상 양호한 상태로 수령됨(Received in apparent good order and

condition)" 으로 기재한다.

⑧ Equipment Interchange Receipt(EIR: 기기수도증(機器受渡證))
컨테이너 등 기기류의 CY 또는 CFS 반출입시 인계인수를 증명하는 서류로 터미널 또는 내륙 ICD(Inland Container Depot: 내륙 컨테이너 통관기지) operator에 의해 작성된다.

⑨ Container Load Plan(CLP: 컨테이너 내적표)
컨테이너에 적입된 화물의 명세로서 화주, 검수인, CFS operator가 작성한다.

⑩ Dock Receipt(D/R: 부두수령증)
FCL 화물의 경우 CY operator가, LCL 화물인 경우 CFS operator가 화주의 제출서류와 컨테이너에 적입된 화물을 대조한 후 송화인 앞으로 발행된다. 이와의 상환으로 컨테이너 선하증권이 발급된다.

4. 부정기선 운송

1) 부정기선의 개념 및 특성

부정기선(tramper)은 화물이 있을 때마다 또는 화주의 요구가 있을 때만 화주와 용선계약을 체결하고 화물이나 항로에 따라 배선하는 운송형태를 말한다. 부정기선은 통상 화물의 성질 또는 형태에 따라 특수한 시설과 구조를 갖춘 특수전용선이 이용된다. 즉, 부정기선은 원유, 철강석, 석탄, 곡물, 시멘트 등 저가의 대량화물 등의 운송에 이용되며, 특수전용선으로는 유조선(oil tanker), 냉동선(refrigerated ship), 목재전용선(lumber carrier), 자동차전용선(car carrier) 및 곡물전용선 등이 있다.

부정기선의 특징은 다음과 같다. 첫째, 화물의 운송은 지역별 · 시기별로 불규칙적이고, 수요에 따라 항로가 결정되므로 범세계적 시장을 형성한다. 둘째, 단일기업은 시장점유율이 크지 못하므로 독점기업으로 성립되기 어렵다. 셋째, 부정기선 시장은 자유경쟁이 적용되며, 가격(운임, 용선료)은 타율적으로 결정되며, 운임수준도 화물의 수요에 따라 변동된다.

용선계약의 체결은 화주가 선박을 수배하기 위하여 용선중개인(charter broker)을 이용하여 선복 확보를 위한 조회(inquiry for ship's space)를 한다. 선박회사는 조회를 받고 화주가 요구하는 제 조건을 검토하여 화주에게 확정청약(firm offer)을 신청한다. 화주는 선박회사가 제시한 청약에 대하여 승낙을 하게 되면 용선계약이 성립되어 선박회사는 그 증빙서류로 선복확정서(fixture note)를 작성한다. 선복확정서에 화주, 선주 및 중개인이 각각 서명하여 한 통씩 갖는다. 그 후 정식 용선계약서(Charter Party)를 작성한다.

2) 용선계약의 종류

(1) 항해용선계약(Voyage Charter, Trip Charter)

특정 항구에서 특정 항구까지의 일항차 또는 수개항차에 걸쳐 용선자인 화주와 선박회사 사이에 체결되는 운송계약을 항해용선계약이라 한다. 여기서는 일정한 항해를 기초로 한다는 점에서 기간용선계약이나 나용선계약과 차이가 있다. 화주가 선주에게 지급하는 용선료는 화물의 톤당 금액을 기준으로 한다.

(2) 기간용선계약(Time Charter)

용선기간에 따라 용선료를 지급하는 운송계약형태이다. 선주는 선박에 설비 및 선구를 갖추고 선원을 승선시킨 상태에서 일정기간을 용선자에게 빌려준다. 계약기간 중 선주는 선원비 및 보험료와 같은 통상적 선비를 부담하고, 용선자는 연료비, 항세 및 용선료를 부담한다. 용선기간 중 선박 자체의 하자로 운송책임을 다하지 못한 경우 그 기간의 용선료는 지급되지 않으며, 좌초나 천재지변 등의 불가항력 등의 사유로 운항하지 못한 경우에는 용선자는 용선료를 지급한다.

(3) 나(임대차)용선계약(Bareboat Charter, Demise Charter)

용선자가 선박 이외의 선장, 선원, 장비 및 소모품에 대하여 모든 책임을 부담한다. 항해용선계약과 기간용선계약은 용선자에게 물품의 운송권만 부여하지만, 나용선계약에 있어서는 용선자에게 선박의 점유와 통제권을 부여하므로 선장은 법적으로 용선자의 대리인이 된다.

(4) 총괄운임용선계약(Lump Sum Charter)

운임을 화물의 선적량에 따라 산출하는 것이 아니고 일항차의 운임총액을 결정하여 실제 적재량과 관계없이 운임을 정하는 방식을 말한다. 이때의 선복운임을 lump sum freight라 한다. 이는 화주가 일반화물 등 각종 화물을 혼적하므로 적재량을 계산하기 곤란한 경우에 이용된다.

(5) 일대용선계약(Daily Charter)

용선계약상 지정된 선적항에서 화물을 적재한 날로부터 기산하여 계약상 양륙항까지 운송하여 화물을 인도완료한 때까지의 기간을 산정하여 1일당 용선료율을 정하여 선복을 임대하는 운송계약이다.

표 6-3 항해, 기간 및 나용선계약의 비교

항해용선계약	기간용선계약	나용선계약
선주가 선장을 임명하고 지휘·감독한다.	좌동	임대인이 선장을 임명하고 지휘·감독한다.
용선자는 선복을 이용, 선주는 운송행위	좌동	임차인이 선박을 일정기간 사용, 운송행위
운임을 화물의 수량 또는 선복으로 결정	용선료는 용선기간에 의해 결정	임차료는 일정기간을 기초하여 결정
용선자는 화주에 대한 내항성 담보책임이 없음	좌동	임차인은 화주에 대한 내항성 담보책임이 있음
선주비용부담항목: 선원급료, 식료, 음료수, 윤활유, 유지비 및 수선비, 보험료, 상각, 원료, 항비, 하역비, 제수수료, 예선료, 도선료	선주비용부담항목: 선원급료, 식료, 음료수, 윤활유, 유지비 및 수선비, 보험료, 상각	선주비용부담항목: 상각, 보험료
용선자 비용부담항목: 없음	용선자 비용부담항목: 연료, 항비, 하역비, 제수수료, 예선료, 도선료	임차인 비용부담항목: 항해용선 중 상각 이외의 모든 비용

3) 부정기선 운임의 유형 및 종류

(1) 운임의 유형

부정기선의 운임은 일반시장의 부정기선 운임에 따른 일반시장운임, 정기항로운임을 기초로 한 정기선의 공표운임률 및 장기간의 운임률을 계약시에 체결하는 장기계약운임률 형태로 나눌 수 있다. 이상의 세 가지의 유형 중에 가장 기본적인 것은 역시 일반시장의 부정기선운임이다. 이 부정기선운임은 무역량의 증감, 기상이변, 농업국의 풍작 또는 흉작, 전쟁 또는 내란에 따른 물자수송의 불가결성 등에 따라 변동한다.

(2) 운임의 종류

- 선지급운임(Advance Freight, Prepaid Freight): 운임은 운송행위에 대한 보수이므로 행위가 끝난 뒤에 지급되어야 하나 관습상 또는 계약상 선지급되기도 한다. 운임이 선지급인 경우 선박의 항해 중 파손 또는 침몰로 화물이 멸실되어 목적항까지 이를 수송하지 못한 경우 화주가 운임을 반환받을 수 있는가 하는 것이다. 영미법에서는 반환의무를 면제하고 있으나, 대륙법계는 반환청

구를 할 수 있도록 하고 있다. 우리나라 상법(제134조)에서는 "운송인이 운임의 전부 또는 일부를 받은 때에는 이를 반환하여야 한다"고 규정하고 있다.

- 총괄운임(Lump Sum Freight): 화물의 개수나 중량 또는 용적에 관계없이 항해단위나 선복의 크기를 단위로 하여 운임을 계산하는 방법이다.
- 비율(비례)운임(Pro-rate Freight): 선박이 항해 중 불가항력 등의 이유로 항해를 계속할 수 없을 때 중도에서 화물을 화주에게 인도하고 선주는 자신이 운송한 거리의 비율에 따라 운임을 받을 때 이를 비율운임이라고 하고, 항해상당운임(distance freight)이라고도 한다.
- 공적운임(Dead Freight): 공적운임은 용선자가 실적재량을 계약물량만큼 채우지 못한 경우 그 부족분에 대하여 지급하는 운임으로 부적운임이라고도 한다.

5. 해상운송 관련 국제규칙

1) 헤이그-비스비 규칙(Hague-Visby Rules)

헤이그-비스비 규칙(1968)은 해상운송인의 권리 및 책임, 그리고 면책을 정한 최초의 국제법규인 헤이그 규칙(Hague Rules)을 수정한 것으로 본 협약의 체약국에서 발행되는 모든 선하증권에 적용된다. 책임주체는 운송인 책임주의 원칙에 따르며, 여기서 말하는 운송인은 송화인과 운송계약을 체결하는 선주 또는 용선자를 포함한다. 또한 헤이그-비스비 규칙은 과실책임주의 원칙에 의하여 화물의 선적에서 하역까지 운송물에 대한 주의의무를 부담하고 주의의무 위반으로 인한 화물의 멸실 또는 손상에 대해 책임을 부담한다. 운송인의 면책사유로는 천재지변, 해상 고유의 위험, 전쟁, 항해과실, 화재, 이로, 동맹파업 등 14가지가 있다.

선하증권에 관한 국제조약인 헤이그-비스비 규칙은 국제해상운송에 있어서 선주와 화주의 이익을 조정하고, 선하증권에 관한 각국의 법제를 통일하기 위한 목적으로 제정하였다. 헤이그-비스비 규칙은 해상운송계약에 관한 기본적인 구조를 제공할 것을 의도한 것이어서 이 규칙의 범위 밖에 해당되는 사항에 대해서는 당사자간에 자유롭게 조건을 협의하여 결정하도록 하였다. 헤이그-비스비 규칙에서 목적으로 하는 운송계약은 해상에서 물품운송에 관한 서류에 의해서 증명되는 계약만을 특정하고 있으며, 또한 이 기준에 해당하는 계약 중에서도 물품을 선박에 선적한 때부터 양륙한 때까지의 기간으로 제한적으로 적용하고 있다.[4)]

4) 김선옥, "운송물 인도행위에 대한 헤이그-비스비 규칙 제3조 6항의 적용에 관한 해석", 「무역연구」 제8권 제3호, (한국무역연구원, 2012), pp.162-163.

2) 함부르크 규칙(Hamburg Rules)

함부르크 규칙(1978)은 선진 해운국 중심의 헤이그 규칙 또는 헤이그-비스비 규칙을 폐지하고, 개발도상국의 이익을 반영하려는 의도에서 유엔무역개발회의(UNC-TAD)를 중심으로 1978년 3월에 제정되어 1992년 11월 1일에 발효하였다. UN 총회가 결의한 UN 해상운송조약으로서 26개 조의 실질규정과 8개의 절차규정으로 구성되어 있으며, 운송인과 화주 간의 위험의 분배에 관한 헤이그-비스비 규칙을 일부 변경한 규칙이다. 항해과실에 대한 운송인의 면책이 폐지됨으로써 해상운송인의 책임을 엄격히 강화하였다.[5)]

3) 로테르담 규칙(Rotterdam Rules)

로테르담 규칙(2008)은 국제복합운송계약을 규율하는 국제적으로 통일된 법규로서, 2008년 12월 12일 비엔나에서 개최된 UN 총회에서 「전부 또는 일부 국제해상물품운송계약에 관한 UN협약」(UN Convention on Contracts for the International Carriage of Wholly or Partly by Sea)이 제정되었다. 로테르담 규칙은 총 18장 96개의 조항으로 구성되어 있다.

국제해상운송을 규율하는 로테르담 규칙은 헤이그-비스비 규칙과 함부르크 규칙과 같은 전통적인 해상운송 규칙과는 달리 적용범위가 확대되어 정보통신의 발달, 국제해운환경의 변화와 운송실무를 적극적으로 반영하고 있다. 특히 적용범위가 확대되어 선하증권의 발행을 요건으로 하지 않고, 해상운송을 포함한 복합운송에도 적용되며, 수량계약과 FIOS 조건사용의 확대 등도 규정하고 있다.[6)]

그동안 해상운송인의 책임을 규율하는 국제규칙은 헤이그 규칙과 함부르크 규칙으로 이분화되어 통일되지 못하고, 제정된 지 오랜 세월이 흘러 새로운 운송기술의 발달과 물류환경의 변화에 적절하게 대응하지 못한다는 비판이 제기되어 왔다. 이러한 배경하에서 로테르담 규칙은 헤이그 규칙과 함부르크 규칙으로 양분화되어 있던 기존의 국제해상물품운송법을 대체하는 단일의 통일규범을 제공하였다. 로테르담 규칙은 기존의 국제운송협약에서 다루고 있는 내용들을 보완하는 한편, 기존의 협약에서 다루지 않았던 내용들을 신설함으로써 주로 운송인의 책임이나 선하증권의 법률관계를 중심으로 하던 헤이그-비스비 규칙이나 함부르크 규칙과 달리 운

5) 조현숙, "로테르담 규칙에서 해상운송인의 책임에 대한 비교 연구", 「무역학회지」 제35권 제1호, (한국무역학회, 2010), p.343.

6) 최병권, "로테르담 규칙상 운송인의 책임에 관한 연구", 「해양비즈니스」 제20권, (한국해양비즈니스학회, 2011), p.172.

송계약법 전반에 대하여 규율하고 있다.[7)]

표 6-4 국제운송규칙(협약)상 운송인의 책임기준

운송방식	국제운송규칙(협약)	책임기준	책임한도액
해상운송	로테르담 규칙	(제17조) 과실추정주의	3 SDR/Kg 또는 857 SDR/Kg /unit 중 높은 쪽 (제59조)
항공운송	몬트리올 협약	(제18조) 엄격	17 SDR/Kg (제22조)
도로운송	CMR	(제17조) 엄격	833 SDR/Kg (제23조)
철도운송	CIM	(제36조) 엄격	17 SDR/Kg (제40조)

III. 국제항공운송

1. 국제항공운송의 의의

항공운송은 고운임을 특징으로 한다. 그래서 상대적으로 물품의 용적은 작지만 고부가가치인 물품에 사용되는 것이 바람직하다. 현재 항공화물운송이 물량면에서 대륙 간 운송화물의 약 2% 정도를 차지하지만, 금액 기준으로 전 세계의 약 1/3을 차지하고 있다는 것은 항공운송의 특징을 반증하는 것이라 할 수 있다. 또한 항공화물은 적시성(time sensitivity)과 신속성을 요하는 제품들에 사용되는 경우가 많다.

항공운송은 고속성, 안정성 등이 타 운송형태에 비해 높고 지리적 제약이 상대적으로 낮다.

최근 항공운송은 국제기업환경의 변화로 인해 항공운송시장의 성장세가 매우 두드러지게 나타나고 있다. 특히 아시아, 태평양지역의 경우에는 매년 10% 이상의 성장세를 보이고 있어 북미지역에 이어 세계 두 번째의 항공시장으로 부상하고 있다.

항공운송의 급성장은 화물운송 자체의 성장도 있지만 실제적으로는 글로벌 기업환경이 변화하여 화주와 무역업자 및 주요 화물전용선사들의 항공운송서비스에

---

7) 양정호, "로테르담 규칙에 대한 평가와 전망", 「무역상무연구」 제51권, (한국무역상무학회지, 2011), pp.361-362.

대한 수요증대에 기인하는 바가 크다.[8)]

2. 항공화물 이용에 따른 경제적 효과

첫째, 장거리의 광범위한 지역에 단시간에 운송되므로 재고량의 감소가 가능해져 재고투자, 보관비, 창고비를 삭감할 수 있다. 둘째, 유행품, 계절품 등 판매기간이 짧은 물품에서도 항공기 운송을 통하여 납기를 단축함으로써 경쟁력을 확보하고 시장을 확대할 수 있다. 셋째, 항공화물은 운송 중의 안전도가 매우 높기 때문에 최소한의 포장으로 포장경비를 절감할 수 있다. 넷째, 운송 중의 손상이나 분실사고의 위험이 적다.

3. 항공화물의 탑재방식

1) 벌크 탑재방식(Bulk Loading)

벌크 탑재방식은 전통적인 적재방법으로 여객기의 경우, 개별화물을 인력에 의하여 직접 하부 밑바닥인 화물실에 적재하는 방법이다. 그러나 요즘은 대부분 컨테이너나 팔레트에 의하여 적재되고 있다.

2) 컨테이너 탑재방식(Container Loading)

컨테이너 탑재방식은 화물실 입구에 있는 Control Box를 조작하여 화물실 바닥에 있는 전동식 롤러를 통해 자동으로 적재하게 된다.

3) 팔레트 탑재방식(Pallet Loading)

팔레트 위에 화물을 그물 등으로 고정시킨 뒤에 Lift Loader와 항공기 화물실 바닥에 장치되어 있는 굴림대 위를 굴려서 비행기 내에 고정시키는 적재방법이다.

4. 항공화물의 운송절차

1) 수출화물에 대한 운송절차

① 수입자와 매매계약이 체결되어 수출을 위한 준비단계가 완료되면 화물의 출고시간에 맞추어 항공사를 선정하고 해당 항공사에 예약(booking)을 한다. 이러한 절차는 항공운송주선업자(freight forwarder)가 중간매체로 업무를 대

8) 박명섭, 「국제물류의 이해」, 법문사, 2010. pp.139-141.

행한다.

② 화물운송 예약 시에는 항공운송장(air waybill) 번호, 출발지/도착지, 포장개수, 각 포장상자의 중량, 부피, 상품명 등과 함께 지정 항공편에 예약을 의뢰한다.

③ 화주는 수출서류를 준비하고 상품을 포장하여 필요한 통관절차를 밟는다.

④ 화주는 포장이 완료된 화물을 보세지역(bonded area)에 반입하고 상업송장(invoice), 포장명세서(packing list) 등의 서류와 함께 수출신고서(export declaration)를 관할세관에 제출한 후 수출면장(export permit)을 교부받는다.

⑤ 항공사 또는 그 대리점에서는 화물을 인수함과 동시에 항공운송장을 발급받고 화물의 내용에 따라 적절한 라벨(label)을 붙인다.

⑥ 탑재가 결정된 화물[9]은 적하목록(air cargo manifest)에 기재하고 작성된 적하목록의 세관제출용을 세관에 제출하여 화물의 반출허가를 받는다.

⑦ 적하목록의 화물반출 체크용을 가지고 화물장치장에서 탑재할 화물을 픽업하여 행선지별로 컨테이너, 팔레트 등에 적재한다(운송인의 업무).

⑧ 탑재책임자는 항공기의 운항에 필요한 자료와 수화물, 기타 화물량에 따라 탑재계획을 작성하여 탑재하여 출발한다(운송인의 업무).

2) 수입화물에 대한 운송절차

① 항공기가 도착하면 기내검역이 행해지고 출발지에서 보내온 하기(荷機)지시서(unloading instruction)에 따라 하기작업이 행해진다.

② 하기된 화물은 분류장에 운반되어 서류와 함께 점검하고 분류한다.

③ 도착화물은 항공사가 보관하지 않고 단지 탑재명세서에 의거, 화물의 대조확인 및 파손유무를 점검한 후 보세창고에 보관되며 관련서류는 항공사가 보관한다.

④ 자가보세장치장을 가진 수화인은 김포공항 도착 즉시 현장에서 인수할 수 있도록 되어 있으며, 항공운송장의 분류, 정리가 끝나면 수화인에게 전화나 우편으로 도착통지를 한다.

⑤ 수입통관업무는 수화인 또는 지정 통관업자가 행하며, 항공사로부터 항공운송장을 인수받은 수화인 또는 통관업자는 수입신고서를 세관에 제출하고 수입허가를 받아 통관, 인수하면 모든 절차가 완료된다.

9) 항공화물의 탑재방법에는 단위 탑재방법과 벌크 탑재방법이 있다.

5. 항공운임

항공운임은 전 세계적으로 IATA(International Air Transport Association) 요율이 적용되며, 우리나라에도 동 요율체계가 정부의 인가를 받아 사용되고 있다.

항공화물 운송요금은 일반적으로 요율(rate) 및 부대요금, 기타 수수료에 의해 결정된다.

요율이란 항공운송기업이 항공운송의 대가로서 징수하는 운임을 중량단위당 또는 단위용기당 금액으로 나타내는데 대개 노선별로 요율표(tariff)가 정해져 있다.

1) 일반화물요율(GCR: General Cargo Rate)

모든 화물운송에 적용되는 기본요율로 특정품목할인요율 및 품목분류요율의 적용을 받는 화물은 제외한다. 중량에 따른 중량단계별 요율로서, 중량이 많으면 많을수록 더 낮은 요율이 적용된다. 품목별 무차별운임(FAK: Freight All Kinds Rate)으로서, 품목에 관계없이 적용된다.

2) 특정품목할인요율(SCR: Special Cargo Rate)

일반품목보다 낮은 요율로서, 특정구간을 지속적으로 반복 운송하는 특정품목에 적용된다. 해상운송을 이용하는 품목 중에서도 항공운송을 이용할 여지가 많은 품목에 대해 할인요율을 제공한다.

3) 품목분류요율(CCR: Commodity Classification Rate)

특정지역 간 일부 특정품목에만 적용된다. 이 요율은 일반화물요율의 백분율에 의한 할증이나 할인으로 부과된다. 품목분류요율이 적용되는 품목은 6종류가 있다.

4) 종가운임(Valuation Charge)

종가운임은 손해배상과 직접적인 관련을 가진 요금으로, 항공운송장에 화물의 실제가격을 신고하면 화물운송시 사고가 발생하였을 경우 손해배상을 받을 수 있다.

5) 단위탑재용기운임(BUC: Bulk Unitization Charge)

화물의 종류에 관계없이 일정구간에 한하여 팔레트 또는 컨테이너 개수와 크기로 운임이 부과된다.

6. 부대비용

부대비용(charge)은 운송에 관련한 부수적인 업무에 관한 대가와 설비의 사용에 대한 대가를 의미하는데, 수출항공화물 취급수수료(handling charge), 수입화물 AWB Fee, Pick up Service Charge, 위험품 취급수수료, 결제수수료 등이다.

1) 화물취급수수료(Handling Charge)

항공화물대리점이 하주를 위하여 스케줄을 넣어주고 운송장 사본을 전송해 주면서 하주에게 부과하는 비용이다.

2) AWB Fee(Documentation Fee)

한 건당 12,000원에서 15,000원 정도를 부과하고 있다.

3) 입체지불수수료(Disbursement Fee)

항공사나 송화인 또는 그 대리인이 선불한 비용을 송화인의 요구에 따라서 수하인으로부터 징수하는 비용을 말한다.

4) 위험물 취급수수료(Dangerous Handling Fee)

위험물 규정집상에 위험물류로 분류된 품목에 대하여 취급하며 부과하는 비용이다.

5) 착지불 수수료(Charges Collect Fee)

착지불 화물[10)]에 대하여 운임과 종가요금을 합한 금액에 일정률에 해당하는 금액을 부과하는 것이다. 착지불 수수료로 징수하고 있다.

7. 항공운송계약과 준거법

IATA의 회원인 항공사는 IATA가 제정한 'IATA 표준약관'(the General Conditions and Terms)에 따라야 하고, 이 약관은 항공화물운송장의 이면에 나타나 있어 항공운송인과 송화인의 권리의무를 규정하고 있다. 이 약관은 1929년의 바르샤바 협약(Warsaw Convention)과 1955년의 헤이그 의정서(Hague Protocol)에 반하지 않는 범위 내에서 적용되며, 오늘날 대부분의 항공사가 IATA 표준약관을 수용하거나 약간의 수정을 가하여 사용하고 있다.

우리나라는 바르샤바 협약에는 가입하지 않았으나 1955년의 헤이그 의정서에는

10) 착지불 화물은 운송장상에 운임과 종가요금을 수하인이 납부하도록 기재된 화물을 말한다.

1963년에 가입 · 비준하고, 1967년에 공포되었다. 헤이그 의정서 제19조는 "본 의정서의 당사국 간에 있어서는 1929년의 바르샤바 협약과 1955년의 헤이그 의정서를 합쳐 단일협약으로 간주하고, 이를 합하여 바르샤바 협약이라 부른다"고 규정하고 있으므로 운송계약의 준거법인 바르샤바 협약은 1929년의 바르샤바 협약과 1955년의 헤이그 의정서를 합쳐서 이해해야 한다.[11] 국제협약에 의하여 운송 중에 발생한 모든 사고는 운송인의 과실이 있는 것으로 추정하는 과실추정주의를 따르므로 운송인의 책임이 있다.

1) 바르샤바 협약(Warsaw Convention)

1929년 국제항공운송법상 국제적 통일을 기하기 위하여 32개국이 바르샤바에 모여 협약을 체결하였다. 바르샤바 협약은 항공운송인의 책임을 제한하는 데 주요한 목적이 있었다. 1929년 협약 당사국들은 피해를 입은 승객들에 대한 완전한 보상보다는 신생산업인 항공산업을 장려하고, 항공운송인을 보호하는 데 더 많은 관심을 가졌다. 바르샤바 협약 제17조는 항공운송인의 배상책임(엄격제한책임)에 관한 핵심적인 조항인바, 운송인의 책임요건에 관하여 운송인은 승객의 사망 또는 부상, 기타의 신체 상해의 경우에 있어서의 손해에 대하여서는 그 손해의 원인이 된 사고가 항공기상에서 발생하였거나 또는 승강을 위한 작업 중에 발생하였을 때에는 책임을 진다고 규정하고 있다.[12]

---

11) 항공운송에 관한 규칙의 통일을 위한 최초의 국제협약으로서 바르샤바 협약이 1929년 12월 12일에 채택되었으며, 이 협약은 여객, 수하물 및 화물의 손해에 대한 항공운송인의 책임원칙을 정하고 있다. 그후 바르샤바 협약을 개정하는 헤이그 의정서가 1955년 9월 28일 채택되었다. 바르샤바 협약이 채택된 이후 그동안 바르샤바 협약을 현대화하고 최신화하기 위한 진척의 부진으로 항공운송인들과 정부들에게 커다란 불만을 야기시켜 왔으며, 마침내 1999년 5월에 바르샤바 협약을 최신화하기 위한 회의가 캐나다 몬트리올에서 국제민간항공기구(ICAO)에 의해 소집되어 동년 5월 28일 신 바르샤바 협약 즉 몬트리올 협약(Montreal Convention)이 채택, 서명되었고, 2003년 11월 4일 발효되었다. 새로이 채택된 몬트리올 협약은 본질적으로 1929년 바르샤바 협약, 1955년 헤이그 의정서, 1966년 과달라하라 협약 (Guadalajara Convention), 1966년 몬트리올 협정(Montreal Agreement), 1971년 과테말라 의정서(Guatemala City Protocol), 1975년 몬트리올 추가의정서 제1, 2, 3, 4(Montreal Additional Protocols No. 1, 2, 3, 4) 및 1996년 국제항공운송협회 항공사 간 협정(IATA Intercarrier Agreement) 등을 통합한 것이다. 국제항공운송에 관한 1929년 바르샤바 협약(1933. 2. 13 발효)을 비롯하여 이를 개정 보완하고 있는 1955년 헤이그 의정서(1963. 8. 1 발효), 1961년 과달라하라 협약(1964. 5. 1 발효), 1966년 몬트리올 협정(1966. 5. 16 발효), 1971년 과테말라 의정서(미발효), 1975년 몬트리올 추가의정서(추가의정서 제1: 1966. 2. 15 발효, 추가의정서 제2: 1996. 2. 15 발효, 추가의정서 제3: 미발효, 추가의정서 제4: 1998. 6. 14 발효), 1996년 국제항공운송협회 항공사 간 협정(1996. 5 발효) 및 1999년 몬트리올 협약(2003. 11. 4 발효)을 총칭하여 바르샤바 체제(Warsaw System)라고 한다(이강빈, "몬트리올 협약상 국제항공화물운송에 관한 연구", 「무역상무연구」 제49권, (한국무역상무학회, 2011), pp.286-287).

12) 조홍제 · 안진영, "국제항공법상 정신적 손해에 관한 연구", 「항공우주법학회지」 제25권 제1호, (한국항공우주법학회, 2010), pp.58-59.

바르샤바 협약은 1929년 제정되어 1955년 헤이그 의정서에 의해 개정이 이루어졌다. 운송증권과 운송인의 책임을 정하고, 사고 때의 운송인의 책임에 대해서는 과실책임주의를 취하고 있는데, 무과실의 거증책임(擧證責任)은 운송인에게 있음을 규정하고 있다.

2) 몬트리올 협약(Montreal Convention)

몬트리올 협약은 1999년 5월 28일 캐나다 몬트리올에서 채택되고, 2003년 11월 4일 국제적으로 발효한 '국제항공운송에 있어서의 일부 규칙 통일에 관한 협약(Convention for the Unification of Certain Rules for International Carriage by Air)'이다. 우리나라는 동 협약의 82번째 당사국이 되어 본 협약을 2007년 12월 29일 발효하였다. 몬트리올 협약은 항공기의 출발지 및 도착지가 다른 체약국의 영토 내에 있는 경우뿐만 아니라, 출발지 및 도착지가 동일한 체약국의 영토 내에 있는 경우에도 예정기항지가 타국에 있다면 그 기항지가 체약국인지 여부를 불문하고 적용된다.

몬트리올 협약은 국제항공운송에 있어서 통일된 운송인의 책임제도를 규정하는 단일 협약문서를 새로 만들어 내기 위한 시도로서 바르샤바 체제의 각 협약문서들의 규정들을 수용하고 있다. 또한 몬트리올 협약은 바르샤바 협약의 기본구조를 유지하고 있으면서 국제항공사법의 통일을 재정립하는 데 성공하였다. 몬트리올 협약은 여객, 수하물 및 화물의 국제운송에 적용되고 있다.[13]

8. 항공운송인과 항공화물운송대리점

바르샤바 협약 제5조 1항에 "송화인은 화물운송인에 대해 항공운송장을 작성하여 교부할 것을 청구할 권리가 있다"고 규정되어 있다. 한편, 동 제6조 5항에 "항공운송인은 송화인의 청구에 따라 항공운송장을 작성한 때에는 반증이 없는 한 송화인을 대신하여 작성한 것으로 인정된다"고 규정하고 있어 운송인에 의한 항공운송장의 대리작성이 인정되고 있다. 실제로는 항공화물운송대리점이 대행하거나 또는 항공운송주선업자가 독자적으로 항공운송장을 발행하고 있다.

1) 항공화물운송대리점업(Air Cargo Agent)

항공법 제2조에는 항공화물운송대리점업을 "항공운송사업자 또는 항공운송총대리

---

13) 이강빈, 전게논문, pp.284-287.

점업자를 위하여 유상으로 항공기에 의한 화물의 운송계약체결을 대리하는 사업" 이라고 정의하고 있다. 화물대리점(agent)은 송화인과의 계약주체인 항공회사를 대신해서, 그 회사의 대리판매를 하면서 항공운송장을 발행하고, 화물판매수수료를 수취하며, 통상적으로 수출 및 수입화물 모두에 대해 트럭 등에 의한 육상운송과 수출입면허, 창고반출입 업무를 대행하는 등 항공화물의 흐름을 원활히 하는 보완기능을 수행하고 있다.

항공화물운송대리점은 항공운송주선업자와 달리 자기의 명의로 운송하는 사업이 아니므로 독자적인 항공운송장을 발행하지 못한다.

2) 항공운송주선업자(Air Freight Forwarder, Consolidator)

항공운송주선업자는 스스로가 송화인과의 계약주체로서 독자적인 항공운송장, 운송약관, 요율을 가지고 있다. 이와 같이 항공운송주선업자는 항공사와 유사한 입장에 있으나 현실적으로 항공기를 갖고 있지 않으므로 집화한 화물을 운송하기 위해서는 항공사가 발행하는 항공운송장에 의해 주선업자를 송화인으로 하여 항공사의 운송약관에 의한 운송계약을 체결하여야 한다.

주선업자는 운송화물의 중량이 커짐에 따라 kg당 적용요율이 낮은 것을 적용 받음으로써 이를 근거로 영업을 한다.

한편 전문혼재업자(consolidator)는 직접 화주를 상대로 영업을 하지 않고 주선업자의 화물만을 취급한다. 이러한 항공화물주선업자는 송화인과 운송계약을 체결하고 House Air Waybill을 발행한다. House Air Waybill은 화물을 항공회사에 인도하면 항공회사는 주선업자에게 Master Air Waybill을 발행하고 이 Master Air Waybill을 근거로 주선업자가 송화인에게 발행하는 것이다.

표 6-5 항공화물운송대리점과 항공운송주선업자의 비교

구분	항공화물운송대리점	항공운송주선업자
운송약관	항공사 약관에 따름	자체 약관에 따름
수하인	매 건당 Consignee가 됨	Break Bulk Agent
항공화물운송장	항공사 Master AWB	자체 House AWB
운임률	항공사 운임률에 따름	자체 운임률에 따름
화주에 대한 책임	항공사	항공운송주선업자
수익	판매운임 / 항공사운임	운임중량 체감에 의한 차액

9. 항공화물운송장

1) 항공화물운송장의 의의와 성격

해상운송의 선하증권에 해당하는 기본서류가 항공화물운송장(Air Waybill: AWB) 또는 항공화물탁송장(Air Consignment Note)이다. 기본적인 성격은 선하증권이 화물의 수령을 증명하는 동시에 유가증권적인 성격을 가지고 유통가능한 반면, 항공운송장은 화물의 수령을 증명하는 영수증에 불과하며 유통이 불가능하다는 점에서 다르다.

운송계약은 항공화물운송장을 수령한 시점, 즉 화주 또는 그의 대리인이 AWB에 서명하거나 항공사 또는 해당 항공사가 인정한 항공화물취급대리점이 AWB에 서명한 순간부터 유효하며, AWB상에 명시된 수화인(consignee)에게 화물이 인도되는 순간 소멸된다.

표 6-6 항공화물운송장과 선하증권의 비교

항공화물운송장	선하증권
유가증권이 아닌 단순한 화물수령장	유가증권
비유통성(non-negotiable)	유통성(negotiable)
기명식	지시식
수령식(창고에서 수령하고 발행)	선적식(본선 선적 후 발행)
송화인이 작성	선사가 작성

2) 항공화물운송장의 기능

항공화물운송장은 운송 위탁된 화물을 접수했다는 영수증, 운송계약체결에 대한 문서상의 증명, 요금계산서, 송화인이 화주보험(air waybill 보험: AWB에 보험금액과 보험료가 기재됨)에 가입한 경우 보험가입증명서, 세관신고서, 화물운송의 지침서(취급, 중계, 배달 등) 등의 기능을 한다.

3) 항공화물운송장의 구성

바르샤바 협약에 의거하면 항공화물운송장은 송화인이 원본 3통을 작성하여 화물과 함께 교부하여야 한다. 제1의 원본에는 "운송인용"(녹색)이라 기재하고 송화인이 서명한다. 제2의 원본에는 "수화인용"(적색)이라 기재하고 송화인 및 운송인이 서명하고, 이 원본을 화물과 함께 송부한다. 제3의 원본(청색)은 운송인이 서명하고 이 원본은 운송인이 화물을 인수한 후에 송화인에게 교부하도록 되어 있다.

한 벌의 항공운송장은 원본 3통에 사본 6통 이상으로 구성되어 있다. 사본 6통 중 1통은 항공회사의 화물인도증명서 및 운송계약이행의 증거서류로서 물품인도시 수화인이 서명하고 인도항공회사에 반환하는 것(황색)이며, 나머지 5통은 모두 백색으로 도착지공항의 세관통관업무용, 도착지공항의 항공회사 간 운임청산용, 발행대리점 보관용으로 이용된다.

IV. 국제복합운송

1. 국제복합운송의 의의

국제복합운송은 1920년 미국 센트럴 철도회사가 특수한 무지개차에 트레일러를 적재하여 운송하는 방식에서 시작하였으며, 1970년 이후 국제해상운송에 있어 컨테이너화에 따라 국제복합운송도 함께 발전하였다.[14] 즉, 컨테이너를 매개로 하는 Unit Load System[15]을 기반으로 하고, 최초의 복합운송인이 복합운송증권을 발행하여 전 구간의 운송을 인수하고, 그 일부 또는 전부를 다른 운송인에게 하청 운송시키는 운송방법이다.

국제복합운송은 국제 간의 잡화류의 운송에서 선적지에서 도착지까지 일관된 책임과 운임으로 복수의 운송수단을 이용하는 Door to Door의 종합적 물류합리화 시스템이다. UN국제물품복합운송조약 제1조 1항에 따르면, 국제복합운송(international multimodal(combined) transportation)이란 복합운송인에 의하여 물품이 어느 한 국가의 지점에서 다른 국가의 인도지점까지 적어도 두 가지 이상의 운송방식에 의하여 이루어지는 물품운송을 말한다.[16]

---

14) 복합운송은 컨테이너 운송의 목적인 Door to Door Service를 제공하기 위한 필수적인 운송체제로서, 컨테이너 운송과 복합운송은 그 맥을 같이한다고 볼 수 있다.

15) 국제운송에서 Unit Load System의 목적은 ① 취급단위를 어느 정도 크게 해서 작업 능률 향상, ② 운반의 간편성 제고, ③ 취급단위를 균일하게 하여 작업표준화 도모, ④ 개별화물에 손이 닿지 않도록 하여 물품의 보호효과를 향상하고자 한다.

16) 복합운송은 통운송(through transport)과 유사하지만 복수 운송인이 참여한다는 점이 다르며, 복합운송은 운송인의 책임이 전 구간 단일책임인 반면, 통운송은 각 운송인의 분할책임이다.

국제복합운송의 장점은 첫째, 환적작업 등 수송기관 간의 접점에서 발생하는 작업비용을 절감하고 작업흐름을 원활화할 수 있다. 둘째, 컨테이너화에 의한 수송수속의 간소화로 서류체크를 단순화할 수 있다. 셋째, 복합운송인에 의한 일괄운송업무 수행으로 운송책임을 일원화할 수 있다. 넷째, 단일 운송인에 의해 취급되므로 화물의 추적이 용이하다.

2. 국제복합운송인

국제복합운송인(MTO: Multimodal Transportation Operation)은 이종 혹은 동종의 운송수단을 결합하여 일관된 운송시스템을 운영하며, 송화인에 대하여 운송계약의 당사자로 행동하는 사람을 말한다. TCM 조약에 따르면, 복합운송인이란 "복합운송서류를 발행, 본인의 이름으로 화물의 수령시부터 인도시까지 전 구간 운송을 이행, 조약상 규정된 운송의 책임을 다하며, 복합운송서류에 명시된 자에게 화물의 인도를 위하여 필요한 모든 조치를 다하는 자"라고 하고 있다. 현재 복합운송인으로는 운송인(해운회사, 항공회사) 및 복합운송주선인(freight forwarder)이 주로 활동하고 있다.

복합운송인은 복합운송서류[17)]를 발급하고, 하주에 대하여 전 구간 단일책임을 지며, 전 구간에 대하여 일관운임을 부담하여야 한다. 복합운송인은 실제운송인과 계약운송인으로 나누어 볼 수 있다.

1) 실제운송인형 복합운송인

자신이 직접 실제 운송수단을 보유한 복합운송인을 말한다. 선박회사, 항공회사, 철도회사 등이 있다.

2) 계약운송인형 복합운송인

실제 운송수단을 직접 보유하지 않고, 계약에 의하여 복합운송을 행하는 운송인으로, 해상운송주선업자, 항공운송주선업자 등을 말한다. 미국의 경우, NVOCC(Non Vessel Operating Common Carrier)가 계약운송인이다.

3. 복합운송인의 책임체계

복합운송인이 부담하는 책임체계에는 동일책임체계와 이종책임체계가 있다. 동일책임체계는 각 구간에서 발생하는 손해에 대하여 복합운송인이 동일한 책임을 지는

---

17) 복합운송서류(Multimodal Transport Document: MTD)는 복합운송계약의 내용 및 운송조건과 복합운송인에 의한 운송물의 수령을 증명하는 서류이다.

것이며, 이종책임체계는 운송수단별로 운송인의 책임이 달라지는 것이다. 즉, 동일책임체계는 손해발생구간 및 운송방식에 관계없이 동일책임제도를 적용하며, 이종책임체계는 손해발생구간에 따라 서로 다른 책임제도를 적용하는 것이다.

4. 국제복합운송의 주요 형태

1) Sea and Air 운송

해상운송과 항공운송을 결합한 국제복합운송으로 운임과 운송일수가 해상운송과 항공운송의 중간이라는 것이 특색이다. 즉, 항공운송만으로는 운임이 아주 높고 해상운송만으로는 운송일수가 아주 긴 경우에 Sea and Air 운송은 경제적으로 유효한 운송방식이다.

- 북미 서안 경유 Sea and Air: Sea and Air 운송경로 중 가장 오래된 것으로 운송량도 많다. 최근에는 많은 포워드가 진입하여 서비스를 제공하고 있어 그 운송경로도 다양하다. 일반적으로는 한국이나 일본에서부터 북미 서안의 시애틀, 뱅쿠버, 로스앤젤레스까지 해상운송을 하고 이들 지점에서 북미 동안, 유럽, 기타 지역으로 항공운송을 한다.
- 러시아 경유 Sea and Air: 한국이나 일본에서 러시아의 나호드카까지 해상운송을 하고 그곳에서 블라디보스톡까지 육상운송을 한 후, 그 이후에 러시아나 유럽, 기타 지역으로 항공운송하는 것이다. 운송서비스는 러시아 항공이 복합운송인으로서 현지국의 화물대리점을 통해 이루어지고 있다.
- 홍콩 경유 Sea and Air: 한국이나 일본에서 홍콩 또는 싱가포르, 방콕까지 해상운송하고 그 이후에 유럽으로 항공운송하는 것이다. 이것은 홍콩이나 싱가포르, 방콕으로부터 유럽과 중근동 아시아의 부정기 항공회사의 저운임 스페이스를 총판매 대리점 또는 브로커를 통해 현지국의 포워더나 혼재업자에게 판매하는 등의 방법으로 발전해 가고 있다. 현재 다양한 서비스를 제고하고 있고 특징은 운송일수가 비교적 짧다는 점이다.

2) Land Bridge 운송

해상-육상-해상을 연결하는 복합운송 형태로 운송비용의 절감과 운송소요시간의 감소를 위해서 사용하는 운송방식이다.

---

17) 복합운송서류(Multimodal Transport Document: MTD)는 복합운송계약의 내용 및 운송조건과 복합운송인에 의한 운송물의 수령을 증명하는 서류이다.

- Mini Land Bridge(MLB): 해운회사가 개발한 것으로 한국 또는 일본에서 미국 서안을 해상운송하고, 서안항에서 미국 동안까지 철도운송하면서 컨테이너를 운송하는 방식이다.
- Micro Land Bridge(MLB): 한국 또는 일본에서 북미 서안항까지 해상운송하고 미국 서안에서부터 미국 내륙부 도시로 철도와 트럭으로 운송하는 방식이다. Interior Point Intermodal(IPI)이라고도 한다.
- Reversed Interior Point Intermodal(RIPI): 한국 또는 일본에서 파나마를 경유하여 북미 동안항까지 해상운송하고, 철도와 트럭으로 내륙지역까지 운송하는 방식이다.
- Siberia Land Bridge(SLB): 컨테이너선을 이용하여 러시아의 보스토치니항까지 해상운송하고 그곳에서 시베리아 철도로 구소련의 국내를 통과하여 동유럽의 국경까지 운송하거나, 나아가 더 멀리 철도, 트럭, 선박 또는 항공기에 의해 서유럽, 중동까지 결합 운송하는 포워더 주관의 국제복합운송이다.
- Trans China Railroad(TCR): 한국에서 중국 주요항까지 해상운송하고 철도와 트럭으로 중국 내륙지역까지 일관운송하는 포워더 주관의 복합운송이다.

3) 국제복합운송 규칙

국제상공회의소(ICC)가 1975년 제정한 '복합운송증권에 관한 국제적인 통일규칙'(UNCTAD/ICC Rules for multimodal transport documents)은 복합운송인(multimodal transport operator)의 책임을 주요 내용으로 하는 규칙이다. 1975년 국제상공회의소(ICC)가 도쿄규칙(Tokyo rules)과 TCM 협약안을 기초로 제정하였다. 그 후 국제운송주선인협회(FIATA) 선하증권의 이면약관으로 채택되었으며, FIATA 복합운송선하증권(multimodal transport B/L)으로 수정되어 1994년 3월부터 시행되고 있다. 한국은 1979년에 가입하였다. 복합운송인은 원칙적으로 물품의 수령에서부터 인도할 때까지 책임을 지지만, 수하인의 작위나 부작위로 인한 손해, 동맹파업 등에 의한 손해, 포장이나 기호의 오류 또는 불충분 또는 운송물의 고유의 하자 등에 의한 손해는 책임을 지지 않는다고 규정하고 있다.

UNCTAD/ICC 복합운송증권 규칙은 국제복합운송에서 사용할 수 있는 지침이기 때문에 국제복합운송에 적용할 수 있는 국제협약이 존재하거나 각국에서 국내법으로 국제복합운송에 관한 사항을 규제하는 경우에는 본 규칙보다 우선하여 적용한다. UNCTAD/ICC 복합운송증권 규칙에 따라 복합운송인은 물품의 멸실이나 손상뿐만 아니라 인도지연에 대하여 책임을 진다. 여기서 말하는 인도지연은 물품이 명시적으로 합의된 시일 내에 인도되지 않거나, 또는 그러한 합의가 없는 경우에는 관련사항을 고려하여 성실한 복합운송인에 대하여 기대할 수 있는 합리적인 시일 내에 인도되지 않는 경우이다. UNCTAD/ICC 복합운송증권 규칙에 규정된 물품의 멸실이나 손상에 대한 배상액은 물품이 수하인에게 인도되는 장소와 시간 또는 물품을 복합운송계약에 따라 인도하여야 할 장소와 시간의 물품의 가액에 의하여 산정하는 것을 기준으로 하고 있다.[18]

V. 컨테이너 운송

1. 컨테이너 운송의 의의

정기항로의 일반화물이 컨테이너(container)[19]라고 하는 표준화된 대형 운송용기에 단위화(unit)됨으로써 본선적재, 양륙의 능률이 현저히 높아졌고 항만 정박시간은 단축되었다. 최근 컨테이너 전용선이 대형 · 고속화되고 있다.

컨테이너는 1920년대 미국의 철도운송에서 처음 도입되었으며, 화물을 보다 능률적이고 경제적으로 수송하기 위해 규격화한 용기로서 경제적이며, 신속하고 안정적이라는 장점을 가지고 있다. 컨테이너는 국경을 넘나들기 때문에 구조의 국제적인 표준화가 필요하다. 국제표준화기구인 ISO(International Standardization Organization)가 정한 컨테이너의 요건에 따르면, 운송도중에 운송경로나 운송수단이 바뀌는 경우에도 화물의 손상 또는 멸실 없이 일관운송을 할 수 있어야 하며, 일정기간 재사용이 가능한 충분한 내구력을 가지고 있어야 한다. 또한 1m^3 이상의 내부용적을 가지고 있어야 하며, 화물의 적재가 편리하고 운송경로를 변경할 때 조작이 용이하여야 한다.

컨테이너 운송의 장점은 첫째, 운송 및 하역비의 절감, 보관비의 절감, 포장비의 절감, 자금의 신속한 회전, 보험료, 인건비, 사무비를 절감할 수 있어 경제적이다. 둘째,

18) 권오, "국제운송관련 규칙의 멸실 · 손상 및 지연 손해 조항에 관한 연구", 「관세학회지」 제13권 제3호, (한국관세학회, 2012), pp.298-299.

19) 관세청이 고시한 컨테이너의 정의에 따르면, 항구적인 성질을 가지고 반복사용에 적합할 정도로 견고하며, 운송 중 환적하지 않고 1개 또는 그 이상의 수송방식에 의한 화물의 수송을 위해 특별히 설계되어 있고, 화물의 적입 및 적출이 용이하게 설계되어 있으며, 1m^3 이상의 내부용적을 가지고 있어야 한다.

하역시간의 단축으로 운송기간의 단축, 화물의 손상을 감소함으로써 고객에 대한 서비스를 향상시킬 수 있다. 셋째, 육 · 해 · 공의 단위화물운송방식(unit load system)과 협동일관운송(intermodal transportation)으로 Door to Door 운송을 가능하게 하였다.

한편 컨테이너 운송의 단점으로는 첫째, 컨테이너 규격으로 인하여 이용화물이 제한된다. 둘째, 컨테이너 운송을 하기 위해서는 시설확보에 따른 경비부담과 컨테이너 및 제 설비의 관리문제에 따른 비용을 부담하여야 한다. 셋째, 갑판적하약관으로 인한 추가보험료 지급 등이 있다.

컨테이너 운송에서 화물은 컨테이너를 일부만 채울 수 있는 소량화물(LCL cargo: Less Container Load cargo)과 컨테이너를 가득 채울 수 있는 만재화물(FCL cargo: Full Container Load cargo)로 나누어 볼 수 있다. LCL cargo는 CFS에 반입되어 목적지 등을 고려하여 다른 화물과 혼재하여 FCL cargo로 만든 후 CY에 반입되며, FCL cargo는 화주의 공장 또는 창고에서 바로 컨테이너에 적재되어 CY에 반입된다.

2. 컨테이너 규격

컨테이너는 규격에 따라 20피트(TEU: twenty-foot equivalent unit)와 40피트(FEU: forty-foot equivalent unit)로 나눌 수 있다. 우리나라에서 사용되는 컨테이너의 약 40%는 20피트이며, 55%는 40피트이다.

표 6-7 컨테이너 규격

컨테이너명		Dry Container (20', 40', 40HC, 45')			
		20ft	40ft	40ft HC	45ft
내부치수(mm)	길이	5,899	12,034	12,034	13,555
	폭	2,348	2,348	2,348	2,348
	높이	2,390	2,390	2,695	2,695
개구부치수 (mm)	폭	2,336	2,336	2,336	2,336
	높이	2,278	2,278	2,583	2,583
내부용적(CBM)		33.100	67.500	76.100	85.700
중량(kg)	자체중량	2,290	3,890	4,150	4,880
	최대적재량	21,710	26,590	26,330	25,600
	총중량	24,000	30,480	30,480	30,480

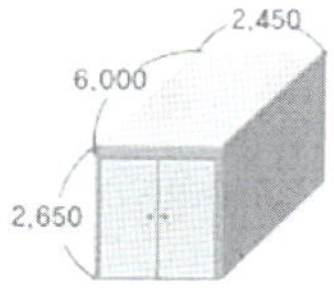

20ft = 약 5평(5t물량)

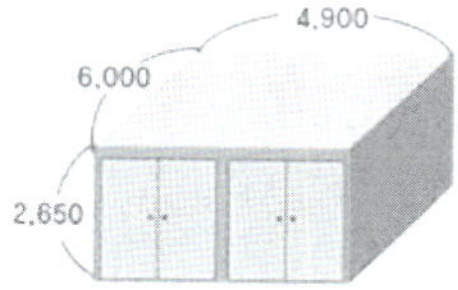

40ft = 약 10평(11t물량)

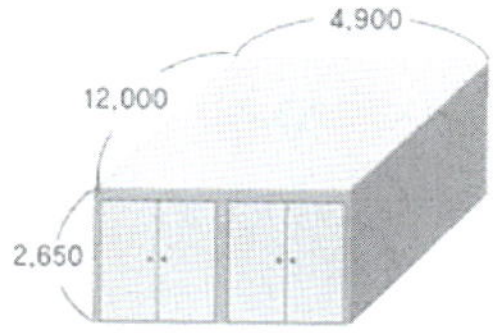

80ft = 약 20평(22t물량)

- 10피트(2.5톤 탑차기준) = 1대분
- 20피트(5.0톤 탑차기준) = 1대분
- 40피트(5.0톤 탑차기준) = 2대분
- 60피트(5.0톤 탑차기준) = 3대분
- 80피트(5.0톤 탑차기준) = 4대분

20피트

40피트

80피트

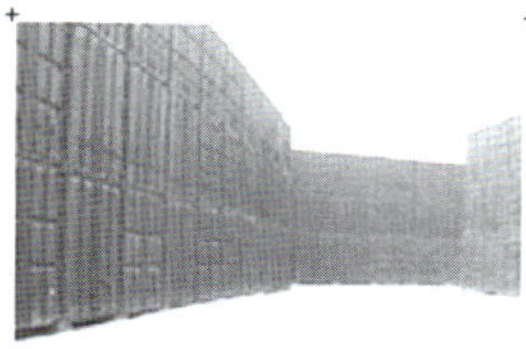

3. 컨테이너 종류

1) 드라이 컨테이너(Dry Container)

일반물품의 수송에 사용하는 전용적인 일반 컨테이너로, 온도조절이 필요 없는 Steel Panel 재질로 되어 있다.

2) 냉동 컨테이너(Reefer Container)

특수 제작된 컨테이너로 냉동, 냉장 장치가 설치되어 농수산물, 축산물, 가공식품, 화훼, 화공의약품 등의 수송에 사용된다.

3) 오픈 탑 컨테이너(Open top Container)

지붕이 개방(open)된 컨테이너로, 일반 컨테이너보다 높은 화물이나 일반 컨테이너에 적입이 곤란한 화물에 사용된다.

4) 플랫트 랙 컨테이너(Flat Rack Container)

기계류, 목재 등 중량화물과 높이와 폭이 일반 컨테이너보다 큰 화물의 적재시 사용되는 컨테이너로 바닥만 있다.

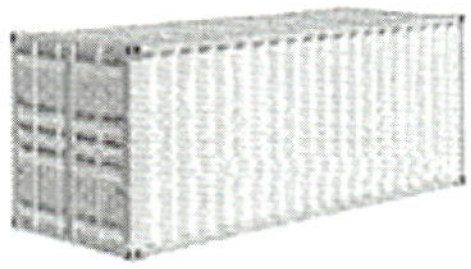

Dry Container

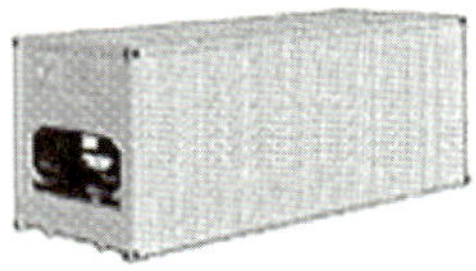

Reefer Container

Open top Container

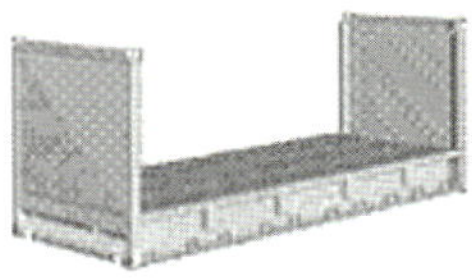

Flat Rack Container

4. 컨테이너 터미널 및 ICD

1) 컨테이너 터미널의 기능

컨테이너 터미널은 해상운송과 육상운송의 이종 운송기관을 결합하는 접점이다. 즉, 컨테이너 터미널은 컨테이너 화물의 본선하역, 보관, 육상운송 기관에의 인수 및 인도를 행하는 장소이다. 이 접점에서 컨테이너 화물을 안전하고 신속하게 환적하는 터미널의 기능이 재래 정기선 항만의 기능과 다르지는 않지만 국제복합운송 시대를 맞아 더욱 중요해지고 있다.

〈컨테이너 터미널 전경〉

2) 컨테이너 터미널의 구성

컨테이너 터미널은 다음과 같이 구성되어 있다. 아래에 컨테이너 터미널의 모습을 도시하였다.

- 안벽(Berth, Pier): 컨테이너선을 계반시키는 시설을 갖춘 접안 장소
- 고가이동기중기(Gantry Crane): 에이프런 위에 설치된 고가하역용 기중기
- 에이프런(apron): 본선에 컨테이너의 적양을 행하는 장소
- 조화장(Marshalling Yard): 선적예정 컨테이너를 정연하게 쌓아올려 놓는 동시에 양하된 컨테이너를 화주의 인도에 응할 수 있도록 마련해 둔 장소
- 저화장(Storage Yard): 공(空)컨테이너의 장치장
- CY(Container Yard): 컨테이너를 인수, 인도하고 보관하는 장소인데, 일반적으로 저화장과 조화장을 합한 의미로도 사용
- CFS(Container Freight Station): LCL(less than container load) 화물을 컨테이너에 채워 넣거나 컨테이너에서 화물을 꺼내기 위한 작업장

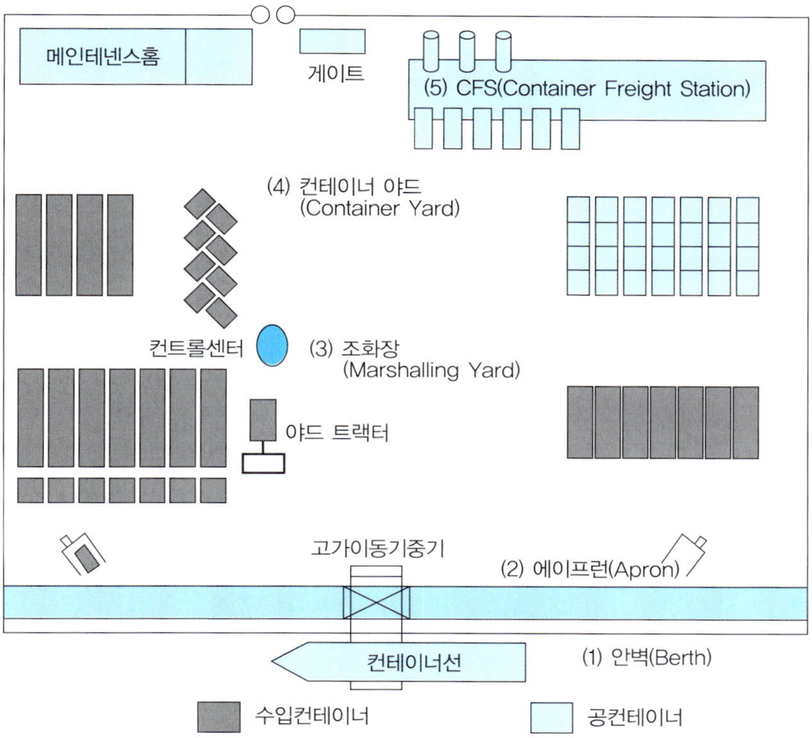

3) ICD

내륙 컨테이너 화물 통관기지(ICD: Inland Container Depot)는 항만 혹은 공항이 아닌 내륙에 위치하여 항만과 똑같이 컨테이너 화물처리를 위한 시설을 갖추고 수출입 통관업무 등 종합 물류터미널의 기능을 하는 지역으로, 우리나라에는 경기도 의왕의 경인 ICD와 경남의 양산 ICD가 있다. 경인 ICD는 수도권 컨테이너 화물의 45% 이상을 처리하고 있으며, 양산 ICD는 수출입 화물에 대하여 원스톱(one stop) 통관서비스를 제공하고 있다. ICD의 주요기능으로는 수출입화물의 통관과 화물의 집하 및 보관, 분류 및 간이 보세운송, 관세환급 등이 있다. 수입시 ICD를 이용할 경우, 물류비를 절감하고 상당한 유통기일을 축소할 수 있다.

5. 컨테이너 운송의 형태

1) CY/CY(FCL/FCL; Door to Door)

화물이 송화인의 생산공장 또는 창고에서 컨네이너에 적재되어 최종목적지의 수화인의 창고까지 동일한 컨테이너에 의하여 일관운송되는 운송방식이다.

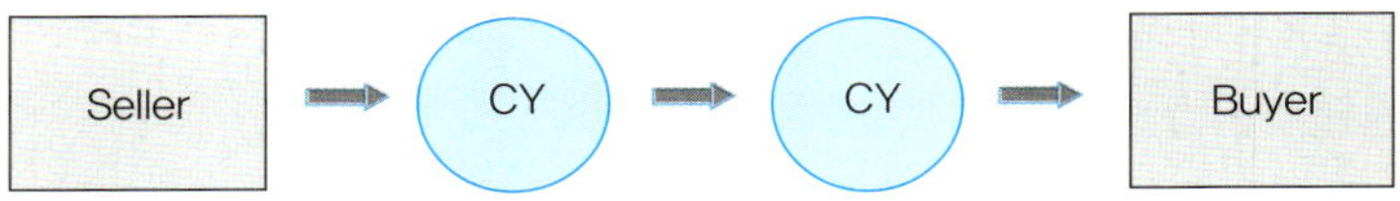

2) CY/CFS(FCL/LCL; Door to Pier)

FCL 화물이 송화인의 생산공장 또는 창고에서 컨테이너에 적재되어 목적항의 지정 CFS까지 운송된다. 즉, 한 사람의 송화인과 다수의 수화인으로 구성된다.

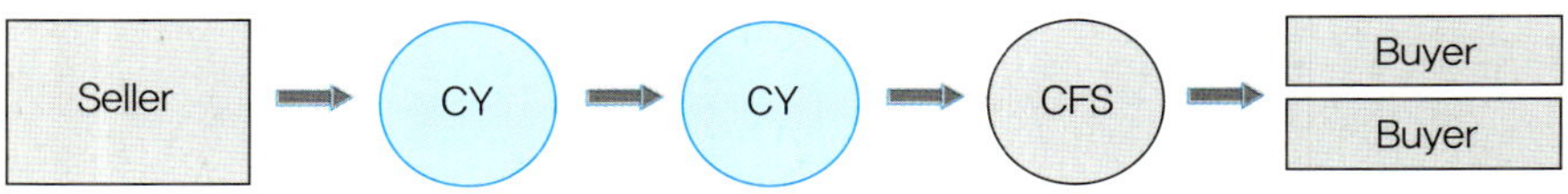

3) CFS/CY(LCL/FCL; Pier to Door)

화물이 선적지에 있는 선박회사의 지정 CFS에서 컨테이너에 적입되어 최종목적지에 있는 수화인의 창고까지 동일한 컨테이너에 의하여 운송되는 형태이다. 이는 다수의 송화인과 한 사람의 수화인으로 구성된다.

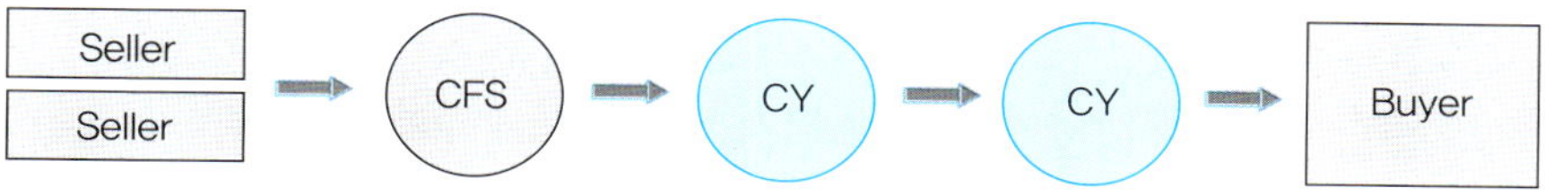

4) CFS/CFS(LCL/LCL; Pier to Pier)

화물이 선적항에 있는 선박회사의 지정 CFS에서 컨테이너에 혼재되어 도착항에 있는 선박회사의 지정 CFS에서 컨테이너로부터 반출되어 여러 수화인에게 인도되는 운송형태이다.

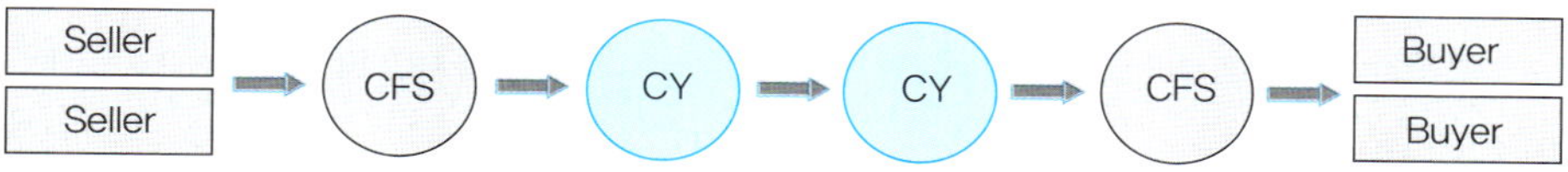

6. 컨테이너화물의 수출절차

① 화주는 선사의 대리점에 Booking(선적예약)을 하면 대리점은 이를 근거로 Booking Note(화물인수확인서)를 작성하고, 선사의 컴퓨터에 입력하여 Booking list(화물수령지시서)를 CY 또는 CFS operator에게 보낸다.

② CY operator는 Booking list에 따라 화주 또는 CFS operator에게 공컨테이너를 대출한다.

③ FCL 화물인 경우, 화주는 자신의 화물을 적입한 컨테이너를 CY에 반입하고 컨테이너 내적표(Conrainer Load Plan), 부두수령증(Dock Receipt), 수출면장(Export Permit) 등을 CY operator에게 제시하며 기기수도증(Equipment Interchange Receipt: EIR)을 작성한다. LCL 화물인 경우, 화주는 화물을 CFS에 반입하며, CFS operator는 부두수령증, CLP, 수출면장 등을 작성하여 CY operator에게 인도한다.

④ CY 또는 CFS operator는 컨테이너 적입화물 또는 소량화물을 수령한 시점에 D/R에 서명하고 화주에게 반환한다.

⑤ 본선이 입항하면 CY operator는 화물을 본선에 적재한다.

⑥ 화주는 수령한 D/R을 선사에 제출하고 B/L을 발급받는다.

⑦ 화물이 목적항에 도착되면 조화장에 장치하여 보세상태로 세관원의 입회하에 봉인을 제거한 후 화주에게 화물을 인도한다.

7. 기타 육상운송

육상운동은 도로운송과 철도운송이 있다. 육상운송은 대륙 간의 물품운송이나 주운송을 보조하기 위한 수단으로 이용되기도 한다. 즉, 해상운송이나 항공운송 시 매도인이나 매수인의 공장이나 창고까지의 운송에 보조적인 운송수단으로 이용된다. 이러한 경우 운송인은 도로화물탁송장(Road Consignment Note) 또는 철도화물탁송장(Rail Consignment Note)을 발급하게 된다.

1) 도로운송

대부분의 화물운송은 Door to Door를 위하여 트럭에 의한 도로운송에 의하여 이루어진다. 국제도로운송에는 유럽국가 간에 체결한 국제도로물품운송계약에 관한 협약(CMR: Convention on the Contract for the International Carriage of Goods by Road)이 적용된다. 국제간 육로로 화물을 운송할 때 적용되는 운송조약이다. 국제도로물품운송조약은 주로 운송인의 책임에 관하여 규정한 조약으로, 1956년 5월 제네바에서 유럽 국가들이 서명하여 채택하였으며 1961년에 발효되었고 1978년에 개정되었다. 국제운송에 있어서 해상운송의 헤이그 규칙(Hague rule), 철도운송의 국제철도물품운송조약(CIM), 항공운송의 바르샤바 조약(Warsaw convention)과 함께 중요한 역할을 하는 조약으로, 적용범위와 운송인의 손해배상책임을 주된 내용으로 하고 있다. 적용범위는 국제육로운송으로, 화물을 운송할 때 해당되는 국가 중 어느 한쪽이라도 가입되어 있으면 적용된다. 운송인의 배상책임은 엄격책임주의(strict liability)를 원칙으로 한다. 즉, 면책사유 이외의 사유로 인한 화물 전체나 일부의 멸실 · 훼손 · 인도지연에 대해 책임을 진다.

CMR 협약은 제2조 1항에서는 화물이 도로운송수단에 적재된 채로 선박 혹은 철도화차에 실려 운송되는 경우 전체 운송구간에 대해서 CMR 협약이 적용된다고 규정하고 있다. 다만, 손해가 도로운송인의 작위 또는 부작위에 의해 발생한 것이 아니고 다른 운송수단에 의한 운송과정에서 발생한 것임을 입증하는 경우에는 그렇지 않다. 따라서 발생구간이 확인되지 않았거나 도로운송이 아닌 다른 운송과정에서 손해가 발생하였지만 그 손해가 도로운송인의 과실에 기인하는 경우에는 전체 운송구간에 대해서 CMR 협약이 적용되게 된다.[20]

---

20) 양정호, "국제복합운송계약에서 로테르담 규칙의 적용상 문제점에 관한 연구", 「무역상무연구」 제46권, (한국무역상무학회지, 2010), p.192.

2) 철도운송

철도운송은 대량화물 운송과 장거리 운송에 유리하며, 해상운송이나 항공운송에 비하여 비용이 저렴하다는 장점을 가지고 있어 유럽 대륙 간 물품운송에 많이 이용된다. 국제철도운송에는 국제철도운송조약(CIM: Convention Concerning International Carriage by Rail)이 적용된다. 국제철도운송조약은 1980년 스위스의 베룬에서 채택된 조약으로 국제도로운송조약과 더불어 국제복합운송에 있어서 운송인의 배상책임에 대하여 일정한 제한을 설정하는 것을 규정하고 있다.

국제철도운송조약에 의하면, 송화인은 운송 중인 화물의 운송을 중지하도록 운송인에게 요구하여 그 화물을 처분하거나, 인도장소를 변경하여 철도화물운송장에 지정된 수하인이 아닌 다른 수하인에게 화물을 인도할 권리를 갖는다. 그러나 이러한 권리는 일단 수하인이 운송인으로부터 철도화물운송장을 받아서 화물을 수령하면 종료된다. 송화인은 이러한 권리를 행사함으로써 발생되는 비용이나 손해에 대하여 책임을 부담하여야 하며, 처분권의 행사가 운송인의 작업에 영향을 주어서도 안 된다. 그런데 철도운송인은 멸실이나 훼손 또는 인도지연이 화주의 고의로 인해 혹은 적하고유의 성질이나 하자에 의해 또는 불가항력에 의해 운송인이 회피할 수 없었거나 그 결과를 방지하거나 감소시킬 수 없었던 사정 때문에 발생하였다는 것을 입증하면 면책이 된다.[21)]

21) 권오, 전게논문, p.290.

해상보험 제7장

I. 해상보험의 의의

1. 해상보험의 의의

1) 해상보험의 개념

국제무역거래를 체결한 매도인과 매수인에게는 계약에 따라 권리와 의무가 주어진다. 매도인은 계약에 따라 물품 및 서류를 인도하여야 하고, 매수인은 계약에 따라 대금을 지급하고 물품 및 서류를 인수하여야 한다.

이러한 무역거래가 이행되기 위해서는 국제운송이 필요하며, 이러한 운송과정 중에는 위험(risk)이 발생할 수 있다. 특히 해상사업에 수반되어 발생하는 손해를 보상할 것을 약정하는 것을 해상보험(marine insurance)[1]이라고 한다. 단, 유의하여야 할 것은 해상보험은 해상에서 발생하는 손해를 보상하는 것이지만, 특약에 의해 항해사업에 부수하여 발생하는 육상 · 항공 또는 내수로운송에서 발생하는 손해까지 보상되는 보험이다.

2) 해상보험의 체결

보험계약자가 청약하고 보험자가 담보조건과 보험료율을 결정한 후 보험계약청약서(The Order, Application)를 승낙하면 해상보험계약이 성립한다.

---

1) 영국해상보험법(MIA: Marine Insurance Act 1906) 제1조에는 "해상보험계약은 보험자가 피보험자에 대하여 그 계약에 합의된 방법과 범위 내에서 해상손해, 즉, 항해사업에 수반되는 손해를 보상할 것을 약정하는 계약이다"라고 규정하고 있다. 또한 우리나라 상법 제693조에는 "해상보험계약의 보험자는 해상사업에 관한 사고로 인해 생길 손해를 보상할 책임이 있다"라고 규정하고 있다.

보험계약이 성립되면 당사자는 약관에 따라 권리와 의무를 진다. 즉 보험자는 손해발생 시 손해를 보상하고, 피보험자는 위험의 변경사실을 통지하거나 손해발생사실을 통보할 의무가 있다.

2. 해상보험의 법률적 특징

해상보험이 갖는 법률적 특징은 다음과 같다. 첫째, 보험자의 청약과 피보험자의 승낙에 의해 의사표시의 일치로 계약이 성립되는 낙성계약이다. 둘째, 보험증권의 발행과 관계없이 보험료를 지급하고 수령증서를 받은 때부터 보험자의 책임이 개시되며 요식이 정해져 있지 않는 불요식계약이다. 셋째, 보험계약 당사자 쌍방이 대가를 부담하는 유상계약이다. 넷째, 보험계약 당사자 쌍방이 계약상의 의무를 가지는 쌍무계약이다. 다섯째, 보험계약의 대량성, 신속성, 불공평제거를 위해 보험자가 제시하는 약관을 보험계약자가 거절 또는 승인하는 선택권을 갖는 부합계약이다. 여섯째, 보험계약은 불확실한 사고의 발생으로 이익과 손해가 결정되는 사행(射倖)계약의 성격이 있다. 일곱째, 보험금액의 한도 내에서 보험금이 지급되는 유한책임계약이다. 여덟째, 보험계약은 사행성을 지닌 계약이므로 계약당사자의 최대선의를 기초로 하는 최대선의(utmost good faith) 계약이다.

3. 해상보험의 분류

1) 보험가입대상을 기준으로 한 분류

(1) 적하보험

화물을 가입대상으로 하는 보험으로 수출자나 수입자가 이용하게 된다.

(2) 선박보험

선박을 보유한 자가 선체를 보험가입대상으로 하는 보험을 말한다.

(3) 선임(운임)보험

선주, 용선자, 운송자, 운송주선자 등이 화물 또는 여객을 운송하고 얻게 되는 운임을 가입대상으로 하는 보험을 말한다.

(4) 희망이익보험

화물이 목적지에 무사히 도착하여 화주가 얻게 될 기대예상이익을 가입대상으로 하는 보험을 말한다.

2) 기간을 기준으로 한 분류

(1) 항해보험(Voyage Insurance)

보험기간이 특정 항해구간으로 되는 보험을 의미하며, 주로 적하보험에 많이 이용된다.

(2) 기간보험(Time Policy)

특정한 기간 동안을 보험기간으로 정하여 부보하는 것으로 주로 선박보험에 활용된다.

(3) 혼합보험(Mixed Policy)

특정 항해구간과 특정한 기간이라는 두 가지 기준을 동시에 적용하는 보험으로 선박보험에서 활용되었으나 현재는 이용하지 않는다.

4. 해상보험의 용어

1) 위험(Risk)과 손해(Loss)

위험은 손해의 발생가능성(chance of loss) 또는 불확실성(uncertainty concerning loss)을 의미한다. 반면에 손해는 위험으로 인해 보험목적물이 소실되거나 또는 손상을 입게 되는 것이다.

2) 손인(Peril)과 위태(Hazard)

손인은 손해의 원인(손인)이 되는 것으로, 예컨대, 화재, 충돌, 좌초 등을 들 수 있다. 손인에는 근인과 원인이 있다. 반면에 위태는 손실발생의 가능성을 증대시키거나 감소시키는 요인을 말한다.

3) 담보(to cover)와 보상(to pay)

담보(cover)는 손해가능성을 부담하는 것으로, 보험자가 인수한 위험을 담보한다는 것이다. 반면에 보상은 보험자가 인수한 위험이 원인으로 작용하여 발생한 손해에 대해 보상한다는 의미이다.

4) 보험계약의 당사자

(1) 보험계약자(Insurance Policy)

보험계약자는 보험계약의 당사자로 보험자와 보험계약을 체결하는 자이다. 보험계약자는 고지의무[2)], 보험료 지불, 보험사고 발생 시 고지의 의무 그리고 위험변경 시

통지의무위험유지의 의무를 부담한다. 국제무역거래의 보험계약 당사자는 당사자들의 명시적 합의에 따른다. 합의가 없을 경우에는 묵시적 조건인 Incoterms에 의하여 결정되는데 CIF, CIP 조건의 경우에는 매도인이 매수인을 위하여 보험계약을 체결하여야 하기 때문에 매도인이 보험계약자가 된다.

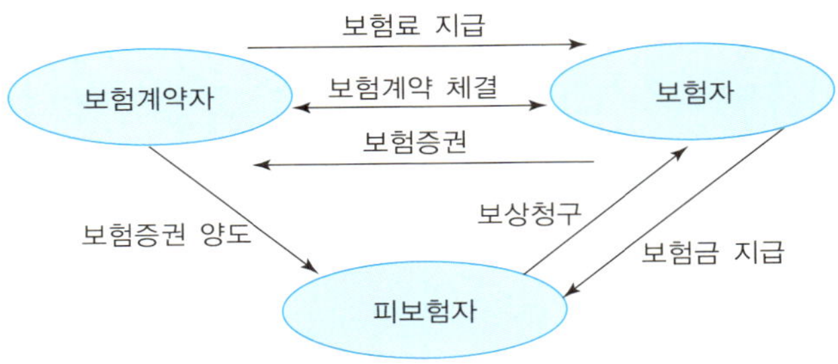

〈보험계약의 당사자〉

(2) 피보험자(Insured, Assured)

피보험자는 피보험이익 주체로 보험사고 발생시 보험금을 지급받을 권리를 가진 자이다. 예컨대, CIF 계약의 경우에는 보험사고 발생시 보험금을 수령하는 자는 매수인이고, 통상 매수인을 피보험자라고 한다.

(3) 보험자(Insurer, Assurer)

보험계약의 당사자로 보험계약자와 보험계약을 체결하는 자로 보험회사(insurance company)와 개인보험업자(underwriter)가 있다.

5) 보험목적물(Subject-matter Insured)

보험계약에서 보험자가 위험을 인수하는 거래대상 물품으로 적하보험에서는 화물이 보험목적물에 해당하고, 선박보험에서는 선박이 보험목적물이 된다.

6) 피보험이익(Insurable Interest)

피보험이익은 보험목적물에 대한 특정인의 이해관계를 의미하며, 이를 보험계약의 목적이라고도 한다. 피보험이익은 보험계약에 따라 보험자로부터 손실을 보상받기 위한 전제조건이다. 이러한 피보험이익은 적법성, 경제성 및 확정성이 있어야 함을 요건으로 한다.

---

2) 고지의무란 보험계약을 체결할 때에 중요사실을 보험자에게 정직하게 고지해야 하는 의무이다.

7) 담보(Warranty)

담보는 보험계약과 관련하여 피보험자가 반드시 지켜야 할 약속을 의미한다. 영국해상보험법(MIA) 제33조에서는 "담보는 어떤 일이 행하여지거나 또는 행하여지지 아니할 것을 피보험자가 약속하거나, 또는 어떤 조건이 충족될 것 또는 피보험자가 특정 사실상태의 존재를 긍정하거나 또는 부정하는 것을 확약하는 것" 이라고 명시하고 있다.

담보는 정확하게 충족되어야 하므로, 그렇지 않을 경우 보험자는 담보위반일로부터 책임이 면제(discharge)되며 피보험자에게 보험료를 반환할 필요는 없게 된다.

8) 보험증권(Insurance Policy)

보험증권은 보험계약이 성립된 후 보험계약의 내용을 증명하기 위하여 보험자가 계약의 내용을 기재하여 발행한 서류를 말한다.

9) 보험약관(Clauses)

보험약관은 보험자가 위험을 인수할 것을 담보하는 계약의 주요조항으로, 보험계약의 내용이 된다.

10) 보험료, 보험금, 보험가액과 보험금액

(1) 보험료(Premium)

보험료는 보험계약을 체결할 때, 보험계약자가 위험인수의 대가로 지불하는 금액을 말한다. 물품이 사고의 발생 없이 목적지에 도착하면 보험료는 반환되지 않는다.

(2) 보험금(Claim Amount)

보험금은 보험계약을 체결한 후, 손해가 발생하였다면 보험자가 피보험자에게 보험계약조건에 따라 보상하는 금액을 말한다.

(3) 보험금액(Insurable Amount)

보험금액은 손해가 발생했을 경우 보험자가 피보험자에게 보상해야 하는 최고한도액을 의미한다.

(4) 보험가액(Insurable Value)

보험가입대상인 보험목적물을 경제적으로 평가한 금액이다. 보험목적물은 보험계약을 체결할 때, 보험가액을 산정하고 보험계약을 체결하게 된다. 또한 보험목적물을 경제적 가치로 평가할 수 없을 경우에는 보험계약이 성립되지 않는다.

11) 일부보험(Under Insurance)과 전부보험(Full Insurance), 초과보험(Over Insurance)

일부보험은 약정한 보험금액이 보험가액에 미달하는 보험을 말하며, 전부보험은 약정한 보험금액이 보험가액과 동일하여 일치하는 보험을 말한다. 또한 초과보험은 약정한 보험금액이 보험가액을 초과하는 보험을 의미한다. 그러나 실손보상의 원칙에 따라 초과보험인 경우, 초과분의 보험계약은 무효가 되어 초과된 금액은 지급하지 않는다.

12) 공동보험(Co-insurance)과 중복보험(Double Insurance)

공동보험은 동일한 하나의 보험목적물에 대해 다수의 보험자에게 보험계약을 체결한 경우, 그 보험금액의 합계가 보험가액을 초과하지 않으면 공동보험이라 한다. 반면 중복보험은 동일한 하나의 보험목적물에 대해 다수의 보험자에게 보험계약을 체결하였는데, 다수의 보험금액의 합계가 보험가액을 초과한 경우를 말한다. 그러나 중복보험은 피보험자의 선택에 의해 보험자에게 보험금을 청구할 수 있지만, 각 보험자는 비례적으로 손해를 보상하게 된다. 어떠한 경우에도 손해액 이상을 보상받을 수는 없다.

13) 보험기간(Duration of Risk)과 보험계약기간(Duration of the Policy)

보험기간은 보험자의 책임이 존속되는 위험부담의 시간적 한계를 의미한다. 반면에 보험계약기간은 보험계약이 유효하게 지속되는 시간적 한계를 말한다. 따라서 예정보험(floating policy)이나 소급보험(lost or not lost clause)을 제외하면 보험기간과 보험계약기간이 일치하는 것이 일반적이다.

II. 해상위험과 해상손해

1. 해상위험

1) 해상위험의 의의

해상위험은 해상항해에 기인하거나 또는 부수하여 발생하는 사고나 재해를 의미하며, 실제로 해상보험에서 보험자가 담보하는 해상위험의 범위는 보험약관에서 정하고 있다.

2) 해상위험의 담보방식

(1) 포괄담보방식

포괄담보방식은 담보위험을 일일이 열거하지 않고 포괄적으로 규정하는 것을 말한다. 면책위험을 제외한 모든 위험을 담보하는데, 포괄담보방식에는 구증권의 ICC(A/R)와 신증권의 ICC(A)가 해당한다.

(2) 열거담보방식

열거담보방식은 담보하는 위험을 구체적으로 열거해 두고, 그 위험만을 담보하는 것을 말한다. 여기에는 구증권의 ICC FPA와 W/A, 신증권의 ICC(B), (C)가 해당한다.

(3) 담보위험과 면책위험, 부담보위험

① 담보위험(perils covered)

담보위험은 보험증권상 보험자가 피보험자에게 보상하기로 한 특정한 위험을 의미하고, 담보위험으로 인하여 발생하는 손해에 대해서는 보험자가 보상한다.

② 면책위험(excepted perils)

면책위험은 법이나 약관에서 보험자의 보상책임에서 제외시키고 있는 위험을 의미하며, 면책위험으로 인하여 발생한 손해에 대해 보험자는 보상책임을 지지 않는다. 면책위험은 법률로 규정된 면책규정에 따른 절대적 면책위험과 면책약관에 따라 면책되는 관습적 면책위험으로 구분된다. 우리나라에서도 해상보험약관이나 법률에서 특정한 면책위험에 대해서는 보험자의 담보책임을 면제하고 있다.

③ 부담보위험(perils not covered)

담보위험과 면책위험 이외의 다른 일체의 위험을 의미한다. 부담보위험은 면책위험처럼 담보위험을 제한하지는 않지만, 보험자가 보상하지 않는다는 점에서 효과는 동일하다.

3) 위험의 변동

보험자는 해상보험계약의 체결 시 보험계약자가 고지한 위험사정에 입각하여 위험인수 여부를 결정한다. 그러나 해상보험계약 체결 이후 상황이 변하게 되면 그 보험계약의 기초가 무너지게 된다. 따라서 이 경우 보험자에게 보험계약의 해지권을 부여하거나 또는 상황이 변하게 된 때로부터 보험자의 책임을 면제시키게 되는데, 이를 위험변동의 원리라고 한다.

(1) 위험의 변경(Variation of Risk)

단순하게 위험률이 변동하는 경우를 의미하며, 대표적인 위험의 변경상황으로는 이로(deviation)가 해당한다. 영국해상보험법(MIA) 제46조에서는 "선박이 적법한 이유 없이 보험증권에 정해진 항해로부터 이로하였다면, 보험자는 그 이로 시부터 책임이 면제되며, 이로 후에 원래 항로로 복귀해도 보험자의 책임은 여전히 면제된다"고 규정하고 있다. 단, 이로 이전에 발생한 손해에 대해서는 보험자가 보상해 주어야 한다.

(2) 위험의 변동(Alteration of Risk)

해상보험계약 체결 시의 위험사정과 내용적으로 완전히 다른 새로운 위험으로 변하는 경우를 의미하며, 대표적인 위험의 변동상황으로는 항해의 변경이 해당한다. 항해의 변경은 선박이 위험이 개시된 후 보험증권상 정해진 도착항이 아닌 다른 항을 향해 출발하거나 도착항이 변경된 경우 등이며, 이러한 경우 보험자의 책임은 면제된다. 적하보험에서는 피보험자를 보호하기 위하여 항해변경약관을 두고 있다.

2. 해상손해

1) 해상손해의 의의

해상손해는 항해사업과 관련된 해상위험의 발생으로 인하여 보험목적물의 전부 또는 일부가 소실되거나 손상되어 피보험자에게 경제적으로 불이익이 초래되는 것을 말한다. 해상손해라고 하여 반드시 해상에서 발생하는 손해만을 의미하는 것은 아니고, 해상항해에 부수되는 육상 및 내수로의 손해도 포함된다.

해상손해는 성격에 따라 직접손해와 간접손해로 구분할 수 있는데, 직접손해는 보험사고로 인해서 보험의 목적 그 자체에 발생하는 손해를 말하며, 간접손해는 보험사고로 인해서 피보험자가 입은 직접손해 이외의 손해(희망이익의 상실손해, 지연으로 인한 화물의 성질손해 등)를 말한다. 그러나 통상적으로 해상손해의 정도에 따라 전손과 분손, 피보험이익의 종류에 따라 물적손해, 비용손해, 책임손해로 구분한다.

2) 해상손해의 분류

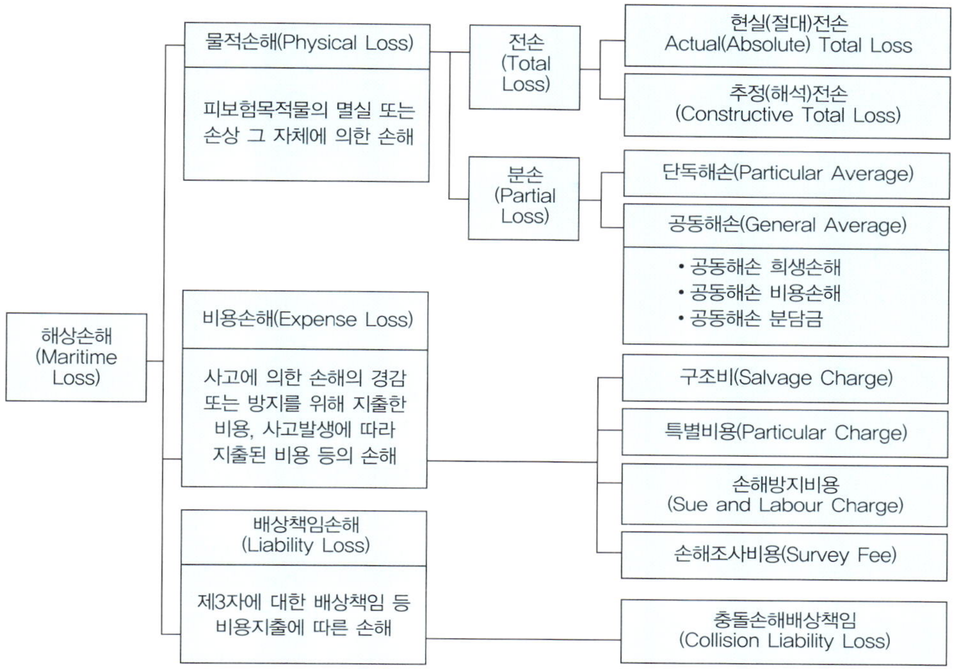

(1) 현실전손(Actual Total Loss: ATL)

피보험목적물의 파괴, 부보된 화물의 성질 상실, 목적물에 대한 소유권 박탈, 선박의 행방불명 후 상당한 기간 동안 불명인 경우 등이다.

(2) 추정전손(Constructive Total Loss)

보험의 목적이 현실적으로 전손이 불가피한 경우, 보험목적의 점유를 상실하고 회복할 가능성이 없는 경우와 수리하여 목적지까지 계선비용이 도착시 화물의 가액을 초과하는 경우이다.

추정전손은 보험목적을 보험자에게 정당하게 위부함으로써 성립하며, 위부하지 않은 경우 분손으로 처리된다. 위부(abandonment)는 일정한 사고가 발생하였을 경우 현실전손이 발생한 것은 아니지만, 피보험자는 보험의 목적에 관하여 그가 갖는 일체의 권리를 보험자에게 이전시키고 보험금액의 전부를 청구하는 제도이다. 위부의 통지방법에는 제한이 없으며 서면, 구두 또는 기타의 방법으로 정당하고 조건 없이 행하여야 한다.

(3) 단독해손(Particular Average: P/A)

피보험이익의 일부가 소멸되는 경우의 손해를 말한다.[3)]

(4) 공동해손(General Average: G/A)

공동해손이란 "선박과 적하 등이 공동의 위험에 처하여 이로부터 벗어나기 위하여 취하여진 공동해손행위로 인하여 발생한 손해 또는 공동해손행위의 직접적인 결과로 발생하는 비용 등을 이해관계자가 공동으로 부담하는 손해"를 말한다. 공동해손 손해는 공동해손비용과 공동해손희생을 포함하며 요크앤트워프 규칙(York Antwerp Rules, 1990)에 따라 정산하게 된다.

(5) 구조비(Salvage Charge)

해난구조는 해난을 만난 선박 또는 적하의 손해를 방지하기 위하여 행하는 행위를 말한다. 해난구조는 피보험자의 의뢰에 따라 구조계약을 체결하여 행하는 계약구조와 구조의 의무가 없는 제3자가 자발적으로 행하는 임의구조로 구분할 수 있다. 계약구조의 경우 불성공 무보수계약이 원칙이지만 성공의 경우 보수를 받는데 이것을 구조료(salvage award)라 하며, 이는 특별비용이 되거나 공동해손비용이 된다. 임의구조에 의하여 발생한 비용을 구조비라 한다. 즉, 계약에 의하지 않고 해상법에 의거하여 구조자가 회수할 수 있는 비용이다. 구조비의 보상금액은 보험금액의 한도 내이다. 구조비가 선박 또는 화물의 구조목적인 경우에는 구조비라 하고 선박, 화물, 운임 전체의 구조목적인 경우에는 공동해손비용이라 한다.

(6) 구조료(Salvage Award)

해난을 조우한 재산에 발생할 가능성이 있는 손해를 방지하기 위하여 계약에 의하여 구조한 자에게 계약에 따라 지급하는 보수를 구조료(救助料)라 한다. 이 구조료는 그 발생상황에 따라 특별비용이나 공동해손비용으로 보상받을 수 있다.

(7) 손해방지비용(Sue and Labour Charge)

손해방지비용은 피보험위험이 발생하였을 경우 이로 인한 보험목적물의 손해를 방지 또는 경감하기 위하여 피보험자 또는 그의 사용인 및 대리인이 지출한 비용이다. 손해방지비용은 당해 보험목적물의 이익만을 위하여 소요된 비용이어야 한다. 따라서 공동의 이익을 위해 소요된 비용은 공동해손비용이 된다. 손해방지비용의 보상

3) 영국해상보험법 제64조 제1항에 "단독해손이라 함은 담보위험으로 인한 피보험목적물의 분손으로 공동해손손해가 아닌 것을 말한다"라고 규정하고 있다.

은 물적손해에 대한 보상액과 손해방지비용의 합이 보험금액을 초과하는 경우에도 보상된다.

(8) 특별비용(Particular Charge)

특별비용은 피보험목적물의 안전, 보존을 위하여 피보험자에 의하여 또는 피보험자를 위하여 지출된 비용으로 공동해손비용과 구조비 이외의 비용이다. 이러한 특별비용은 단독해손에 포함되지 않는다. 특별비용은 손해액과 합하여 보험금액의 한도 내에서 보상된다. 손해방지비용은 피보험자 또는 그의 사용인 및 대리인에 의하여 지출된 비용인 반면, 특별비용은 그 행위자를 특정하지 않고 피보험자에 의하여 또는 피보험자를 위하여 지출된 비용이다.

(9) 손해조사비용(Survey Fee)

손해가 발생한 경우 손해액사정인에 의해서 손해의 원인 및 정도를 조사하는 데 소요되는 비용을 말한다. 이 비용은 당해 손해가 보험자에 의하여 담보된 성질의 손해인 경우에 한하여 보험자가 보상한다.

3) 손해보상의 원칙

(1) 실손보상의 원칙

피보험자를 사고 발생 전의 금전상의 상태로 회복시키는 것을 말한다.

(2) 직접손해보상의 원칙

물적손해만을 보상하고 비용손해에 대해서는 원칙적으로 보상하지 않는다. 다만, 보험약관과 법률에 규정된 구조료, 구조비, 특별비용, 손해방지비용, 손해조사비용, 공동해손비용에 대해서만 보상책임을 진다. 보험자의 보상책임은 보험금액의 한도 내이므로 물적손해와 비용손해의 합이 보험금액을 초과할 수 없지만, 손해방지비용이 발생한 경우는 보험금액을 초과한 경우도 예외적으로 보상한다.

(3) 거증책임의 원칙

거증책임은 증거에 의하여 사실을 증명할 책임을 말한다. 거증의 원칙은 "어떠한 사실을 입증할 책임은 그것을 주장하는 자에게 있다"는 것으로, 즉, 이익을 향유하는 자에게 거증의 책임이 있게 된다.

4) 위부와 대위

위부(abandonment)는 피보험목적물을 전손으로 추정하도록 하기 위하여 잔존물의 소유권과 제3자에 대한 배상청구권을 보험자에게 양도하는 것을 말한다. 예컨대 선박이 행방불명되어 전손의 가능성이 높거나 또는 그 증빙이 어려울 경우에 피보험자는 보험목적물인 선박 또는 적하물에 관한 일체의 권리를 보험자에게 이전하고, 보험금 전액의 청구권을 취득할 수 있다. 이와 같이 추정전손의 실질적 요건이 존재할 경우, 피보험자가 이것을 추정전손으로 처리하기 위해서는 피보험자가 가지고 있는 피보험이익을 보험자에게 위부하여야 한다. 결국 위부는 추정전손의 형식요건으로 위부에 의하여 추정전손이 성립하고 보험금액의 청구권이 발생한다.[4]

대위(subrogation)는 보험자가 보험금을 지급한 경우 피보험목적물에 대한 권리와 제3자에 대한 배상권을 승계하는 것을 말한다. 보험자는 대위권을 자신이 지급한 보험금의 한도 내에서 행사할 수 있다. 대위는 보험금 지급 시 당연히 성립한다.

III. 해상보험증권과 적하보험약관

1. 해상보험증권

1) 해상보험증권의 의의

해상보험증권은 해상보험계약이 체결되면 보험계약의 성립을 증명하고자 계약의 내용을 기재하고 보험자가 기명 · 날인하여 보험계약자에게 교부하는 증권이다. 주로 적하보험의 경우에는 지시식으로 발행되며, 선박보험일 경우에는 기명식으로 발행된다. 기명식은 증거증권일 뿐이지만, 지시식 또는 무기명식은 증거증권이자 유가증권이 된다. 또한 해상보험증권은명시적으로 양도를 금지하고 있지 않는 한, 양도가 가능하다.

2) 해상보험증권의 해석원칙

(1) 수기문언 우선원칙

해상보험증권에는 본문약관, 난외약관, 이탤릭서체약관, 협회특별약관, 스탬프 약

4) 송채헌 · 이정호 · 박종은 · 오가영, 「무역보험론」(삼영사, 2008), p.212.

관과 수기문언 등의 여러 약관이 있다. 이러한 약관의 내용이 상충된다면 우선순위는 난외약관이 본문약관에 우선하고, 증권에 첨부된 특별약관이 본문약관이나 난외약관보다 우선하고, 타자된 문언이나 스탬프 문언은 수기문언 이외의 모든 약관보다 우선하게 되는데, 이를 수기문언 우선원칙이라 한다.

(2) POP의 원칙

POP 원칙은 보험증권의 약관이나 문언은 평이하고(plain), 통상적이며(ordinary), 통속적인(popular) 의미로 해석해야 한다는 것이다.

(3) 동종제한의 원칙(Principle of Ejusdem Generis)

Lloyd' s S.G. Policy 위험약관(perils clause)에는 본 증권으로 담보하는 위험을 열거한 뒤 "... all other perils(기타 일체의 위험)"과 같은 문언이 연결되어 있다. 이는 "all other perils"가 앞에서 열거한 위험과 다른 기타 모든 위험을 말하는 것이 아니며, 앞에서 열거한 위험과 모든 동종의 위험 중에 문언으로 표시하기 곤란하거나 또는 열거에서 누락된 모든 위험을 가리키는 것으로 해석되어야 한다.

(4) 작성자 불이익의 원칙(Contra Proferentem Rule)

보험계약은 보험자가 일방적으로 보험증권을 작성하여 서명 및 교부하여 성립되는 부합계약이다. 따라서 보험증권상의 약관이나 문언이 애매하다면 그 문언의 작성자에게 불리하게 해석되어야 한다는 원칙을 말한다.

2. 적하보험약관

현재 적하보험약관은 1777년 영국 로이즈(Lloyd' s) 총회에서 채택된 보험증권을 일부 수정하여 사용하는 구협회적하약관인 Lloyd' s S.G. Policy와 1982년 개정된 신협회적하약관인 New I.L.U. Marine Policy를 병행하여 사용하고 있다.

구협회적하약관은 담보체계가 단독해손부담보약관(Free Particular Average: FPA), 분손담보약관(With Average: WA), 전위험담보보약관(All Risk)으로 구성되어 있고, 신협회적하약관은 ICC(A), ICC(B), ICC(C)로 구성되어 있다.

1) 구협회적하약관(Lloyd' s S.G. Policy)

구협회적하약관은 본문약관, 난외약관, 이탤릭서체약관, 협회특별약관, 스탬프약관, 수기문언 등으로 구성된다.

(1) 본문약관

- 모두조항(be it known that): that 이하에는 보험계약자명이 명시되며, 이하를 인증한다는 취지이다.
- 양도조항(assignment clause): 보험증권의 양도가 필요한 경우 그 양도를 인정한다는 취지를 규정하고, 또한 다른 자가 본인의 대리인으로서 본인을 위하여 선의로 보험계약을 체결한 것을 인정하고, 이 경우 본인으로서 손해발생의 사실을 안 후에 그 보험계약을 추인 또는 채택할 수 있도록 한 규정이다.
- 소급조항(lost or not lost clause): 보험계약의 효력을 보험계약체결시보다 이전으로 소급시키는 문언이다. 신협회적하약관에서는 피보험이익조항으로 대체되었다.
- 위험의 개시문언("at and from"): 항해보험의 경우 출항지명이 기재되며, 위험은 특정 장소에 선박이 안전하게 있을 때 즉시 개시된다.
- 피보험목적물 표시문언("upon goods and merchandise"): 보험의 목적인 위험발생의 객체가 화물, 상품 또는 귀중품인 것을 표시한다.
- 적재선박 표시문언("of and in the good ship on vessel called the -"): 재선박명이 표시되지만, 실제로는 여기에 기입되지 않고 보험증권 상부의 "ship or vessel called the..."의 공백란에 기입된다.
- 선장명 표시조항(master' s name clause): 선장명을 기입하는 것이지만, 별 의미가 없다.
- 보험기간조항(duration of risk clause): 항해보험에서의 보험자의 위험부담책임의 개시, 계속 및 종료, 즉 보험기간을 규정한 조항이다. 화물의 항해보험은 보험증권에 기재된 선박에 화물이 실제로 적재된 때 개시하여 보험증권상의 도착항에 안전하게 양륙된 때 종료된다.
- 기항 · 정박조항("touch and stay" clause): 선박이 항해 중 중간항구에 기항하거나 정박하는 것을 허용한 조항이다. 그러나 이것은 기항과 정박을 자유로이 허용한 것이 아니라 기항항은 피보험항해의 통상의 항로상에 있는 항이어야 하며, 또한 기항의 목적과 정박기간은 선박이 종사하고 있는 항해사업상 필요한 것이어야 한다는 점을 명확히 한 것이다.
- 보험가액평가조항(valuation clause): 보험평가액(policy valuation) 또는 협정가액(agree value)을 정하고, 이것을 기재하는 조항이다.
- 위험조항(perils clause): 보험자가 부담하는 위험을 정한 조항이다. 해상고유의 위험은 좌초(stranding), 침몰(sinking), 충돌(collision) 및 풍파의 이상작용

(extraordinary actions of winds and waves) 등이라고 볼 수 있다.

- 손해방지조항(sue and labour clause): 담보위험에 의한 손해는 보험자가 보상해야 하기 때문에 피보험자, 그 대리인, 사용인 또는 양수인이 손해방지를 위해 지출한 비용을 보험자가 부담한다고 규정함으로써 손해의 방지 및 경감을 도모한 규정이다. 이는 신협회적하약관에서는 피보험자의무조항으로 흡수되었다.
- 위부포기약관(waiver clause): 피보험자는 추정전손으로 보험금을 보상받기 위해서는 보험자에게 위부통지를 하여야 한다. 여기에서 보험자가 위부의 수락여부를 결정하기 전에 피보험자가 피보험목적물의 회복, 구조 또는 보존을 위하여 필요한 조치를 취했다고 해서 이를 위부철회의 의사표시로 보지 않으며, 반대로 보험자가 필요한 조치를 취했다고 해서 위부의 수락으로 보지 않는다는 취지의 조항이다.
- 보험증권의 효력조항(force and effect clause): 다수의 해상보험회사의 업적이나 신용도를 알지 못하는 외국의 피보험자에 대하여 이 보험증권은 Lloyd's, 기타 런던의 해상보험업자가 발행한 보험증권과 동일하다는 것이 확실하다는 것을 약속하는 조항이다.
- 구속조항(binding clause): 보험자가 보험증권상 규정하고 있는 각종 약속내용을 책임지고 이행하겠다는 의사표시를 한 조항이다.
- 약인약관(consideration clause): 보험자에 대하여 보험료를 지급하는 것을 의미하고, 보험자는 이 대가로서 위험을 부담하는 것, 즉 피보험위험에 의하여 손해가 발생되면 그 손해를 보상할 책임을 부담하는 약속이다. 즉, 피보험자는 보험료를 지급함으로써 보험자의 위험담보라는 반대급부가 약속된다.
- 선서조항(attestation clause): 보험자가 보험계약체결의 증빙으로 보험증권에 기명하여 발행하므로 자신이 인수하기로 서명한 금액에 대하여는 자신이 책임질 것을 선서한 조항이다.
- 면책률조항(memorandum clause): 본 조항의 취지는 보험자가 보험금정산비용에도 미치지 못하는 일정비율 미만의 소손해를 담보하지 않도록 하여 보험경영의 측면에서 담보범위를 소멸 또는 감소시키려는 것이다. 그리하여 피보험위험에 발생한 직접손해는 보험자가 전부 보상하는 것이 원칙이지만, 예외로서 화물의 종류에 따른 소손해면책(franchise) 조항을 두어 단독해손이 일정손해에 미달하는 경우에는 보상하지 않고 초과하는 경우에는 전부 보상하게 된다. 한편 "excess or deductible franchise(2%)"는 손해가 발생한 경우 항

상 일정률(2%)을 공제하고 초과액만 보상하는 것이다.

- 준거법조항(governing clause): 모든 클레임은 영국의 법과 관습에 따라 해결할 것을 약정한 조항이다.

(2) 이탤릭서체약관

- 포획 · 나포 부담보약관(free from capture and seizure clause: F.C. & S): 포획, 나포와 이러한 행위의 결과 또는 이러한 행위를 하려고 하는 기도의 결과를 담보하지 아니한다는 조항이다.
- 동맹파업 · 폭동 · 소요 부담보약관(free from strikes, riots and civil commotions clause: F.S.R. & C.C.)
- 항해좌절부담보약관(frustration clause): 본 조항은 F.C. & S 조항을 삭제시킬 경우나 포획 · 나포 부담보조항의 위험, 기뢰, 어뢰, 폭탄, 기타 병기로 인하여 발생한 멸실 또는 손상이 본 증권에서 담보되는 경우에 한하여 조항으로서 효력을 갖게 된다.

(3) 난외약관

- 타보험조항(Other Insurance Clause): 보험계약이 타 보험계약과 중복보험관계에 있는 경우 이 보험증권의 보험자가 제1순위의 보상책임을 부담하는 것을 면하기 위하여 규정한 것이다. 보험손해가 발생하였을 경우 해상보험계약이 없었다면 화재보험이나 다른 보험에 부보되었을 것이라고 보는 손해는 담보하지 않는다는 규정이다. 만약 다른 타보험증권에 의하여 보상된 금액 외의 잔액이 있을 경우에는 이 보험증권에서 보상한다는 취지이다.
- 손해통지조항(Claim Notice Clause): 손해가 발생한 경우 피보험자가 지켜야 할 처리절차를 규정한 것이다. 손해가 발생하면 피보험자는 보험회사의 대리점에 통지하고 대리점의 서명이 있는 검정보고서를 받아야 보상받을 수 있다는 것이다.

2) 구협회적하약관(ICC 1963)

(1) 공통약관

- 운송조항(transit clause): 창고간조항(warehouse to warehouse clause)을 삽입함으로써 본문약관에서 정한 보험기간을 연장하거나 이로 등으로 위험의 변경이 있는 경우에 계속적인 담보를 약정한 조항이다.

- 항해종료조항(termination of adventure clause): 피보험자가 통제할 수 없는 사정으로 화물이 목적지에 도달하기 전에 항해가 종료되는 경우 보험자에게 이 보험계속의사를 통보하고 할증보험료를 지급함으로써 보험기간이 일정기간 존속한다는 것을 정한 조항이다.
- 부선조항(craft, etc. clause): 선적항 또는 양륙항에서 부선 또는 이와 유사한 운송용구로 운송하는 기간도 보험기간에 포함시킨다는 것을 정한 조항이다.
- 항해변경조항(change of voyage clause): 항해가 변경된 경우 추가보험료를 지급하면 보험이 계속된다는 것을 정한 조항이다.
- 담보위험조항
  - ㉠ 단독해손 부담보(FPA: Free from Particular Average): 단독해손 부담보는 선박이 좌초, 침몰, 대화재(SSB)의 경우에 특정 단독해손은 담보하지만, 그 외의 불특정 단독해손은 담보하지 않는 조건이다. 그럼에도 불구하고 SSB로 인한 사고가 발생한다면 분손담보(WA)조건에서 보상하는 위험으로 인해 단독해손이 발생한 경우라 하더라도 당시 선적되어 있던 화물은 본 조건에서 보상한다.
  - ㉡ 분손담보(W/A: With Average): 분손담보는 전손과 특정비율 이상의 분손을 담보하는 조건이다. 즉, 본문약관상 규정된 담보위험으로 특정비율 이상의 손해가 발생했을 경우에만 전액 보상하고 그 미만의 손해가 발생한 경우에는 보상하지 않는다. 그러나 분손 중에서 공동해손과 좌초, 침몰, 대화재(SSB)의 경우에는 비율에 상관없이 보상한다. 실무적으로 보험자는 WA(With Average) 3%, WAIOP(With Average Irrespective of Percentage) 등의 조건으로 보험을 인수한다.
  - ㉢ 전위험 담보(A/R: All Risks): 전위험 담보는 모든 위험을 담보하는 것은 아니고 면책위험을 제외하고 손해를 보상하여 주는 조건이다. 비율에 상관없이 손해를 보상하며, MIA 제55조 2항의 면책위험[5]과 전쟁위험과 동맹파업은 담보하지 않는 조건이다.
- 추정전손조항(constructive loss clause): 추정전손의 성립요건에 대하여 규정하고 있다.
- 공동해손조항(general average clause): 공동해손을 처리하기 위한 준거법을

---

5) 피보험자의 고의적 악행, 지연, 통상적인 자연소모, 통상적인 누손 · 파손, 피보험목적물 고유의 하자 또는 성질, 쥐 또는 충, 기관의 손상

표 7-1 구협회적하약관의 담보위험

보상하는 손해 \ 구분	FPA	WA	A/R
① 전손(현실, 추정전손)	○	○	○
② 공동해손	○	○	○
③ 구조비, 손해방지비용, 특별비용	○	○	○
④ 좌초 · 침몰 · 대화재가 발생된 경우의 단독해손	○	○	○
⑤ 선적 · 환적 · 양하 중의 매 포장 단위당의 전손	○	○	○
⑥ 화재 · 폭발 · 충돌 · 접촉 및 피난항에서의 양하로 인한 단독손해	○	○	○
⑦ 상기 ④~⑥ 이외의 단독손해	×	○	○
⑧ 악천후에 의한 해수손	×	×	○
⑨ 아래 면책사항 이외의 모든 외부적 · 우발적인 위험에 의한 손해	×	×	○

정한 조항이다. 대부분의 보험증권과 선하증권에는 York-Antwerp Rules에 따라 이를 처리한다고 규정되어 있다.

- 내항성 승인조항(seaworthiness admitted clause): 피보험자가 통제할 수 없는 내항성 묵시담보를 완화하여 화주의 내항성 보장책임을 면제하는 조항이다.
- 수탁자조항(bailee clause): 운송인, 수탁자 또는 제3자의 책임사유로 손해가 발생한 경우 보험자가 피보험자에게 보상을 한 때 피보험자가 자기의 명의로 보험자를 위하여 운송인 및 기타 수탁자에 대하여 손해배상청구권을 행사, 보존하도록 하는 조항이다.
- 보험이익불공여조항(not to inure clause): 운송인이 선하증권에 보험이익조항(benefit of insurance clause)을 삽입하여 화주가 운송인의 귀책에 의한 화물의 손해를 보험자로부터 보상을 받으면 운송인이 배상책임을 지지 않는다고 규정함으로써 보험자가 대위권에 의한 구상권을 행사하지 못하게 되므로 이를 방지하기 위해 제정된 조항이다.
- 쌍방과실충돌조항(both to blame collision clause): 선하증권의 쌍방과실충돌조항에 의거한 피보험자의 부담액 중 보험증권에 의하여 보상받을 수 있는 손해에 관한 부분을 피보험자에게 보상한다는 조항이다.

- 포획 · 나포부담보조항(free from capture and seizure clause): 이탤릭서체조항과 동일하다.
- 동맹파업 · 폭동 · 소요부담보조항(free from strikes, riots and civil commotions clause): 이탤릭서체조항과 동일하다.
- 신속처리조항(reasonable despatch clause): 이로, 항해의 변경, 도착항의 변경, 항해의 중지 등의 위험변동이 발생하여도 피보험자가 신속하게 그것에 대응하여 화물을 보호하도록 규정한 조항이다.

(2) 기타 특별약관

- 협회전쟁조항(Institute war clause)
- 협회 동맹파업 · 폭동 · 소요 조항(Institute strikes, riots and civil commotions clause)
- 협회 도난 · 발화 및 불착조항(Institute Theft, Pilferage and Non-delivery clause)

(3) 기타 부가위험담보

- TLO(Total Loss Only by Total Loss of Vessel): 화물적재선박의 전손으로 인한 부보화물의 전손
- RFWD(Rain and/or Fresh Water Damage): 부적당한 적부, 불완전한 선창폐쇄로 생긴 우수 · 담수유손해
- COOC(Contact with Oil and/or Other Cargo): 부보화물이 유류에 침투되거나 다른 화물과 접촉하여 오염되었을 때의 손해
- Breakage: 부보화물의 파손으로 인한 손해. 기계류에 있어서는 파손 외에 요손 및 곡손(bending and/or denting) 위험을 담보하는 특약을 체결하는 경우가 있다.
- Leakage and/or Shortage: 부보화물의 누손 및 수량 또는 중량부족으로 인한 손해
- Sweat and/or Heating: 선창의 천정, 내벽에 응결한 수분에 접촉함으로써 생기는 한손 및 열손
- JWOB(Jettison & Washing Over Board): 해난사고시 갑판상에 적재된 부보화물을 투하하거나 풍랑으로 유실하였을 때의 손해
- Hook & Hole: 하역작업용 갈고리에 의한 손해

3) 신적하보험증권의 본문약관 해설

신적하보험약관은 모두 19개 조항으로 구성되어 있고, ICC(A)는 포괄담보주의, ICC(B)와 ICC(C)는 열거담보주의를 채택하고 있다.

(1) 준거법조항

피보험자의 보상청구에 대한 보험자의 책임유무 및 클레임의 해결에 관해서는 영국의 법과 관습에 따를 것을 규정한 것이다.

(2) 타보험조항

보험손해가 발생한 경우 화재보험이나 타보험증권과 중복되었다면 타보험에서 먼저 보상하고 잔액이 있다면 본 증권으로 보상한다는 취지이다.

(3) 약인조항

보험자가 피보험자로부터 보험료를 받은 대가로 피보험목적물의 경제적 손해를 보상할 것을 약속하는 조항이다.

(4) 선서조항

보험계약 체결의 증빙으로 보험회사를 대표하여 그 책임자가 서명함을 선언한 조항이다.

(5) 중요조항(Important Clause)

손해발생시 피보험자와 그 대리인의 의무와 피보험자 등이 취해야 할 조치나 절차 및 클레임의 구비서류 등을 규정하고 있다.

(6) 담보위험

- ICC(A): 본 조건은 포괄담보주의를 채택하여 제4~7조의 면책위험을 제외하고는 모든 위험을 담보한다. ICC A/R 조건에 비해 면책위험이 추가되어 담보의 범위가 축소되었으며, 제6조 전쟁위험면책약관에서 해적을 제외하고 있다.
- ICC(B): 본 조건은 열거담보방식을 채택하여 약관 제1조에 담보위험을 열거하고 증권상 열거된 위험만을 담보한다. 역시 제4~7조의 면책위험을 두고 있으며, 약관상에 열거된 담보위험이라도 면책위험에 의해 발생하였다면 담보하지 않는다. ICC WA와 비교해 보면 특정비율 이상을 담보하는 면책률이 없어졌으며, ICC WA 약관에 존재했던 'all other perils' 라는 문구도 사라져 담보범위가 축소되었다.
- ICC(C): 본 조건은 담보범위가 가장 작은 최소담보조건이며, 열거담보방식을

표 7-2 신협회적하약관의 담보위험

보상하는 손해 \ 구분	ICC(C)	ICC(B)	ICC(A)
① 화재 또는 폭발	○	○	○
② 본선 또는 부선의 좌초 · 교사 · 침몰 · 전복	○	○	○
③ 육상운송용구의 전복 · 탈선	○	○	○
④ 본선 · 부선 · 운송용구의 타물과의 충돌 · 접촉	○	○	○
⑤ 피난항에서의 화물의 하역	○	○	○
⑥ 지진 · 화산의 분화 · 낙뢰	×	○	○
⑦ 공동해손희생	○	○	○
⑧ 투하(Jettison)	○	○	○
⑨ 갑판유실(Washing Overboard)	×	○	○
⑩ 본선 · 부선 · 선창 · 운송용구 · 컨테이너 · 지게차(Lift-van) 또는 보관장소에의 해수 · 호수 · 강물의 유입	×	○	○
⑪ 본선 · 부선에의 선적 또는 양륙작업 중 바다에 떨어지거나 갑판에 추락하여 발생한 포장 · 단위당의 전손	○	○	○
⑫ 상기 이외의 멸실 · 손상의 일체의 위험	×	×	○
⑬ 공동해손 · 구조비	○	○	○
⑭ 쌍방과실충돌(Both to Blame Collision)	○	○	○

채택하고 있다. CIF · CIP 계약에서 보험가입의무를 지는 당사자가 별도의 약정이 없을 경우에 이 조건으로 부보하면 된다.

4) 신협회적하약관의 공통조항

(1) 담보위험(Risks covered)

- 제2조 공동해손조항(General Average Clause): 보험자는 공동해손과 구조비를 보상할 것을 명시한 것이다. 공동해손행위는 공동은 해상사업에서 위험에 처한 재산을 보존할 목적으로 의도적으로 또는 합리적으로 이례적인 희생이나 비용이 지출되는 경우를 말한다. 공동해손은 York-Antwerp Rules에 따라 정산된다.

- 제3조 쌍방과실충돌조항(both to blame collision clause): 구약관의 쌍방과실충돌조항과 동일하다.

(2) 면책위험(Exclusions)

신적하보험약관에는 제4~7조에 면책위험을 규정하고 있다. ICC(A)의 경우에는 제4조 일반면책조항이 7개가 적용되어, 피보험목적 또는 그 일부에 대한 제3자의 불법행위에 의한 고의적인 손상 또는 파괴를 담보한다. ICC(B)와 ICC(C)의 경우에는 8개의 조항이 적용된다.

표 7-3 제4조 일반면책조항

면책위험	(A)	(B)	(C)
• 피보험자의 고의적인 불법행위	×	×	×
• 통상의 누손, 중량손, 용적손, 자연소모	×	×	×
• 포장의 불완전이나 부적합(이 경우 포장이란 컨테이너 혹은 지게자동차에 적부하는 것을 포함하며 위험이 개시 전에 행해지거나 또는 피보험자 혹은 그 사용인에 의해 행해진 것에 한함)	×	×	×
• 피보험목적의 고유의 하자 또는 성질	×	×	×
• 지연이 담보위험에 의하여 생긴 경우라도 해당 지연을 원인으로 하여 생긴 멸실 · 손상 · 비용	×	×	×
• 핵무기	×	×	×
• 선주, 관리자, 용선자, 운항자의 파산 또는 재정상의 채무 불이행	×	×	×
• 피보험목적 또는 그 일부에 대한 제3자에 의한 고의적인 손상, 파괴	○	×	×

- 제5조 불내항, 부적합면책조항(Unseaworthiness and Unfitness Exclusion Clause): 구조항의 내항성 승인조항으로 보험자와 피보험자 간 내항성 담보를 승인하고 있다. 그러나 신약관은 내항성 담보에 관하여 직접 언급할 뿐만 아니라 선박의 적합성 담보를 명시한 것으로 보아 구조항보다 구체적이고 포괄적이다.

- 제6조 전쟁위험면책조항(War Exclusion Clause): 구약관 F.C. & S. 조항을 개정한 것으로 매우 간결하고 명료하게 명시하였고, 구약관에 없었던 유기된 기뢰와 어뢰를 포함시켰다. 또한 ICC(A)에서는 해적(piracy)을 전쟁위험에서 제외하여 이에 의한 손해를 보험자가 담보한다.
- 제7조 동맹파업위험면책조항(Strikes Exclusion Clause): 구약관 F.S.R. & C.C. 조항에 폭력주의자(terrorist)나 정치적 동기를 갖고 행동하는 자에 의한 손해를 포함하였으며, 또한 동맹파업에 의한 비용손해까지 면책으로 규정하였다.

(3) 보험기간(Duration)

- 제8조 운송조항(Transit clause): 구약관상 운송조항과 동일하다.
- 제9조 운송계약종료조항(Termination of Contract of Carriage Clause): 피보험자가 통제할 수 없는 사정으로 운송계약상 목적지에 도착하기 전에 항해가 종료되므로 보험의 효력도 종료하게 되는데, 이 경우 다른 목적지까지 계속담보를 위해 이를 즉시 보험자에게 통지하고 추가보험료를 내고 계속담보를 받을 수 있도록 규정하고 있다.
- 제10조 항해변경조항(Change of Voyage Clause): 위험의 개시 후 선탁의 도착항이 의도적으로 변경되었을 때 항해의 변경이 있으므로 그때로부터 보험자의 책임은 해지된다. 따라서 본 조항은 피보험자의 통지 및 추가보험료를 조건으로 계속담보를 할 수 있도록 규정한 것이다.

(4) 보험금청구(Claims)

- 제11조 피보험이익조항(Insurable Interest Clause): 본 조항은 구약관의 소급조항을 피보험이익조항으로 신설한 것인데, 보험계약체결 전에 운송이 개시된 경우 손해발생시에 피보험이익이 존재하고 손해발생사실을 피보험자가 몰랐다면 보험자는 이 손해를 보상한다는 규정이다.
- 제12조 계반비용조항(Forwarding Charge Clause): 본 조항은 중간항에서 운송이 종료되어 타선박으로 계속 운송되는 경우 중간항에서 화물이 양륙될 경우 이에 따른 하역비용, 창고보관료, 재포장비, 재선적비 및 처음 약정된 목적지까지의 운반비용 등을 계반비용으로 하여 보험자가 이를 보상한다는 규정이다. 계반비용은 공동해손이나 구조비와는 달리 특별비용(particular charge)으로 표기한다.
- 제13조 추정전손조항(Constructive Total Loss Clause): 본 조항은 추정전손의 요건을 규정한 것으로, 전손이 불가피하거나 회복비용이 도착시 보험가액을

초과하여 피보험자가 이를 보험자에게 위부한 경우에만 추정전손으로 본다는 것이다.

- 제14조 증액조항(Increased Value Clause): 보험가액 불변의 원칙에 따라 보험계약자가 보험금액을 증액하려면 별도계약을 체결해야 하지만, 이에 따른 불편을 제거하기 위하여 계약기간 중 보험금액의 증액을 인정하고 손해발생 시 보험금을 지급할 때는 원보험금과 증액된 보험금의 비율관계를 근거로 총 보험금액 중에 각각의 비율에 따라 부담한다고 규정한 조항이다.

(5) **보험의 이익**(Benefit of Insurance)

- 제15조 보험이익불공여조항(Not to Inure Clause): 구약관의 보험이익불공여조항과 동일하다.

(6) **손해의 경감**(Minimising losses)

- 제16조 피보험자의무조항(Duty of Assured Clause): 본 조항은 피보험자에게 피보험목적물의 손해방지 및 경감을 위한 조치를 취할 것과 운송인, 수탁자 또는 제3자에 대하여 손해배상청구권을 확보할 것을 피보험자의 의무로 규정한 조항이다.
- 제17조 위부포기조항(Waiver Clause): 구약관의 위부포기조항과 동일하다.

(7) **지연의 회피**(Avoidance of Delay)

- 제18조 신속조치조항(Reasonable Despatch Clause): 구약관의 신속조치조항과 동일하다.

(8) **법률 및 관습**(Law and Practice)

- 제19조 영국의 법률과 관습조항(English Law and Practice Clause): 본 보험은 영국의 법과 관습에 준거한다는 문언이다. 본 조항은 앞의 준거법조항에 우선하지 못하므로 계약에 관한 사항은 우리나라의 법률과 관습에 따르고 보험보상에 관해서는 영국의 법과 관습에 따라야 한다.

무역대금결제 제8장

I. 무역대금결제의 개요

1. 무역대금결제의 의의

국제거래는 기본적으로 상거래라는 관점에서는 국내거래와 차이가 없으나, 무역계약의 체결에서부터 물품의 인도와 대금결제까지 국내거래에 비하여 거리가 멀고 거래당사자들 간에 잘 알지 못하기 때문에 더 많은 위험성을 내포하고 있다.[1] 따라서 국제상거래 당사자들은 국제물품매매계약서에 명시적 조건(express terms)으로 품질, 수량, 가격, 선적 및 인도, 결제, 보험에 관한 내용을 계약에 삽입할 뿐만 아니라 상관습에 따른 묵시적 조건(implied terms)을 두어 거래의 신속성과 안정성을 도모하고 있다.

대금결제에 관한 조항은 지급시기, 방식, 장소 및 통화로 구성[2]되어 있으며, 이러한 조항들을 어떠한 조건으로 하여 매매계약을 체결하였는지의 여부에 따라 당사자들의 위험부담 정도가 달라진다.

이러한 이유로 매매계약의 당사자들은 국제거래의 안정성이 확보되지 못한다면, 일반적으로 수출상은 수입상으로부터 물품대금을 지급받는 것을 걱정하여 결제대금을 먼저 받기를 원할 것이고, 반면에 수입상은 계약에 일치하는 물품의 인도를 대금지급 전에 받기를 원할 것이다.[3] 이러한 당사자들 간의 불안감을 제거하기 위하여 대금결제방식은 다양하게 발전되어 왔다.

1) A. G. Guest, et al., *Benjiamin's Sale of Goods*, 4th ed., Sweet & Maxwell (1992), p.917.
2) Leo D'arcy, et al., *Schmitthoff's Export Trade - The Law and Practice of International Trade*, 10th ed., Sweet & Maxwell (2000), p.145.
3) H. van Houtte, *The Law of International Trade*, Sweet & Maxwell (2002), p.338.

2. 무역대금결제방법 결정시 고려사항

무역대금결제방식의 결정은 서로간의 이해관계를 절충하여 조화를 이루는 것이 중요하다. 실무적으로 무역대금결제방식은 무역계약의 기본조건으로 매매계약 당사자 간에 미리 약정하여야 한다. 매매계약에서 당사자들은 대금결제방식을 선택할 때 현실적으로 대금결제시기와 방식, 장소, 통화 등을 종합적으로 고려하여야 할 것이다.

1) 대금결제시기

국제상거래에서 대금결제시기는 실무적으로 물품 또는 선적서류의 인도시점에 따라 선지급(advance payment), 동시지급(concurrent payment), 후지급(deferred payment), 분할지급(progressive) 등으로 나눌 수 있다.

선지급은 수출자가 물품을 선적 또는 인도하기 전에 수입자가 대금결제를 행하는 것으로 선지급에는 주문급(cash with order: CWO), 사전송금(advance remittance), 전대신용장(red clause L/C)방식[4]이 있다.

동시지급은 수출상이 물품을 선적 또는 인도와 동시에 수입자가 대금결제를 행하는 것을 말한다. 동시지급에는 물품인도와 동시에 현금을 지급하는 현물상환도(Cash On Delivery: COD), 선적 후 선적서류와 교환으로 현금을 지급하는 서류상환도(Cash Against Documents: CAD), 일람불신용장(at sight), 지급도(Documents against Payment: D/P) 등이 있다.

후지급은 수출상이 물품 또는 선적서류를 인도한 후 계약상의 대금지급 약정일에 대금지급을 하는 방식이다. 후지급방식에는 사후송금방식(later remittance), 기한부신용장(usance credit), 인수도(Documents against Acceptance: D/A), Open Account(O/A) 등이 있다.

분할지급은 대금지급을 여러 단계로 나누어 분할하여 지급하는 방식이다.[5]

---

4) 전대신용장은 물품의 생산 및 가공 등에 필요한 자금을 선적서류 발행 전에 선급하여 줄 것을 수권하는 신용장으로 선적 전 물품대금을 지급하라는 지급문구가 붉은 색으로 되어 있기에 red Clause Credit라고도 하고 선급금으로 물품을 집하 · 포장한다는 의미에서 Packing Credit라고도 한다.

5) 예컨대, 계약금을 선지급하고 잔금을 선적시 또는 선적 후 일정기간 이후에 2회 이상 분할하여 지급하는 방식이다.

2) 대금결제방식

대금결제방식은 신용장의 발행유무에 따라 신용장방식(L/C basis)과 무신용장방식(non-L/C)으로 나눌 수 있고, 무신용장방식은 송금(remittance), 추심방식(collection), 기타방식 등으로 나눌 수 있다.

신용장방식은 은행이 중간에 개입하여 수출자의 대금지급을 조건부로 확약함으로써 무역거래 이행의 확정, 금융수혜, 신용위험의 배제 등 여러 가지 국제무역상의 이점을 발생시킨다. 그러나 신용장방식은 다른 수출결제방식에 비하여 상대적으로 비용이 높고 거래절차가 복잡하며 사기거래가 발생할 가능성이 높은 단점을 내포하고 있다.[6] 반면에 무신용장방식은 절차나 비용측면에서 신용장방식보다 간편하고 저렴하나, 수입자의 신용만으로 거래를 하기 때문에 신용장방식에 비하여 신용위험, 비상위험(emergency risk)[7] 등이 발생할 가능성이 높다.

대금결제방식은 수입자가 수출자에게 직접 지급하는 방식과 은행 등의 제3자를 매개로 간접 지급하는 방식으로 나눌 수 있다.[8] 전자는 주로 전신환(telegraphic transfer) 또는 우편환(mail transfer) 등을 이용하여 거래당사자 간에 직접 결제가 이루어지며, 후자는 화환어음(documentary bill)의 추심 또는 신용장의 발행에 의하여 결제가 이루어진다.

국제상거래에서 수출자가 보다 합리적인 수출대금결제방식을 선택하기 위해서는 수입상의 신용도와 업종, 수입국의 재정상태, 결제금액 및 환위험, 물품의 종류, 결제비용 등을 고려하여야 할 것이다.[9]

3) 대금결제장소

지급장소는 계약상에 약정된 장소가 있으면 그 곳에서 매수인의 대금결제의무가 이행된다.[10] 하지만 계약상에 명시가 없으면 일반적으로 대금결제 장소는 채권발생 시점에서 그 물품이 존재하는 장소나 매도인의 영업소 소재지라고 해석한다.[11]

---

6) 배정한, 「국제무역대금결제」(삼영사, 2006), p.98.

7) 비상위험이란 계약당사자들이 통제할 수 없는 관련 국가의 정세에 따라 발생하는 위험이다.

8) A. G. Guest et al., op. cit., p.415.

9) Alan E. Branch, *Elements of Export Marketing and Management*, 2nd ed., Chapman & Hall (1990), p.183.

10) A. G. Guest et al., op. cit., p.1053.

11) 매수인의 채무 이행방법에는 지참채무, 추심채무 및 송부채무가 있다. ① 지참채무란 급부의 목적물을 채무자가 채권자의 주소에 지참하여 이행하여야 하는 채무를 말하고, ② 추심채무란 채권자가 채무자의 주소에 와서 목적물을 추심하여 이행을 받는 채무를 말하며, ③ 송부채무란 채권자 및 채무자의 주소 이외의 제3지에 목적물을 송달하여 이행하는 채무를 말한다.

CISG에서도 지급장소에 대하여 규정[12]하고 있는데, 매수인이 다른 어떤 특정한 장소에서 대금을 지급하여야 할 의무가 없는 경우에는 매수인은 매도인의 영업소, 대금이 물품 또는 서류의 인도와의 상환으로 지급되어야 하는 경우에는 그 인도가 행하여지는 장소에서 지급하여야 한다.[13][14]

4) 대금결제통화

국제상거래는 이국간에 이루어지기 때문에 거래당사자들은 매매계약체결시 물품의 가격을 자국통화로 표시할 것인지, 아니면 제3국의 통화로 표시할 것인지 정하여야 한다. 일반적으로 매매계약의 체결시점과 대금결제가 완료되는 시점 간에는 상당한 차이가 있어서 이에 따른 환율변화가 발생하여 거래당사자들은 환위험(exchange risks)에 노출될 수 있기 때문에 환율변동으로 인한 지급통화의 가치변동을 심각히 고려하여야 한다.[15]

실무적으로 매매계약서상에 지급통화를 수출국의 통화로 표시하면 환율변동에 따른 환위험을 수입상이 부담하며, 수입국의 통화로 표시하면 이를 수출상이 부담한다. 제3국의 통화로 표시하면 환위험을 양 당사자가 모두 부담하게 된다.

---

12) CISG Article 57(1).

13) 매도인은 계약성립 후 그의 영업소의 변경으로 인하여 발생하는 대금지급에 부가하는 비용의 모든 증가액을 부담하여야 한다(CISG Article 57(2)).

14) UCC §2-310(a)에서는 매수인이 물품을 인수한 장소에서 대금을 결제하여야 한다고 규정하고 있고, 우리나라에서는 매수인이 특약이나 관습이 없는 때에는 변제장소의 일반원칙(지참채무의 원칙)에 의하여 매도인의 현 영업소에서 대금을 지급하여야 한다(민법 제467조 2항). 그러나 매매목적물의 인도와 동시에 대금을 지급하여야 할 경우에는 특별한 약정이 없으면, 목적물의 인도장소가 대금지급장소가 된다(민법 제586조).

15) 무역계약 체결에 있어서 지급통화를 결정할 때 실무적으로 고려하여야 할 점에는 다음의 두 가지가 있다. 첫째, 지급통화가 국제통화로서의 자산적 또는 사용적 가치가 있느냐의 문제이다. 따라서 무역거래에 있어서 국제지급통화로 사용되고 있는 대부분의 통화는 국제통화로서 자산적 또는 사용적 가치가 높은 선진국의 통화들이다. 왜냐하면 선진국의 통화는 안정성(stability), 유동성(liquidity), 교환성(convertibility) 등이 여타 국가들의 통화보다 뛰어나고 또한 국제대금 결제수단으로 사용할 수 있으므로 국제적으로 자산적 또는 사용적 가치가 높다고 할 수 있기 때문이다. 둘째, 지급통화는 가치변동의 문제로서 안정성이 있어야 한다. 현재 대부분의 국가들이 변동환율제도를 채택하고 있기 때문에 각 통화 간의 상대적 가치를 표시한 환율은 매일 변동한다. 그런데 국제무역에서 일반적으로 계약체결시점과 대금결제시점 간에는 상당한 차이가 있다. 계약체결시점에 고려한 결제통화의 가치가 대금결제시점에서 그 동안의 환율변화로 변동할 수가 있다. 따라서 수출상이나 수입상은 지급통화를 결정할 때 결제통화의 가치변동, 즉 환율변동을 고려하여야 한다(배정한, 「국제무역대금결제」(삼영사, 2006), p.92).

예컨대, 지급통화로 선택한 수입국통화 또는 제3국 통화가 강세를 보일 경우에는 환위험을 회피할 수 있으나, 약세를 보일 경우에는 환위험을 부담하게 되는데, 수출결제통화로 강세통화를 선택하거나 또는 결제통화를 여러 국가 통화로 다양화하여 수출에 따른 환위험을 회피할 수 있다.[16)]

II. 송금방식

1. 송금방식의 개요

송금방식은 무역계약을 체결한 수입자가 수출자에 대하여 대금지급을 직접 현금으로 송부하지 않고 은행의 환거래를 통하여 송금하는 방식으로, 수출자가 물품을 선적하기 전에 수입자가 그 결제대금의 전액을 송금하거나, 수출자가 물품 또는 선적서류를 인도한 후 수입자가 스스로 대금을 송금하는 방식으로 대금결제가 이루어지는 것을 말한다.

송금방식은 대금지급시기에 따라서 수출자가 물품을 선적하기 전에 수입자에게 미리 대금을 지급하는 사전송금(advance remittance), 수출자가 물품 또는 서류를 인도 후 수출자에게 대금을 지급하는 사후송금(later remittance)으로 나눌 수 있다.

2. 송금방식의 특징

송금방식의 특징을 살펴보면 다음과 같다. 첫째, 송금방식은 추심방식 또는 화환신용장방식에 비하여 신속하게 무역거래를 이행할 수 있다. 왜냐하면 송금방식에서는 추심방식 또는 화환신용장방식에서와 같이 은행이 중간에 선적서류 인도 및 대금의 추심에 개입하지 않기 때문이다. 둘째, 송금시기에 따라 당사자 간의 위험부담이 달라진다. ① 사전송금의 경우에는 수출자가 대금을 선지급받기 때문에 유리하지만, 수입자는 물품대금을 먼저 지급하여야 하므로 위험이 큰 지급방식이라고 할 수 있다. 수출자가 수입자에게 소액의 견본품을 보내거나 본지사 간 또는 신용이 높은 당사자들 사이의 거래에 적합한 거래이다. ② 사후송금의 경우에는 수출자가 물품 또는 선적서류의 인도 후 수출대금이 지급되는 방식으로, 수출대금결제방식 중 수출

16) 신승관, "수출결제통화 선택 결정요인 분석", (무역협회 무역연구소, 2005. 4), p.1.

자에게 위험이 발생할 가능성이 가장 높은 방식이다. 셋째, 신용장은 신용장통일규칙(Uniform Customs and Practice for Documentary Credit: UCP), 추심은 추심에 관한 통일규칙(Uniform Rules for Collections: URC)이라는 국제규범으로 구속될 수가 있다. 하지만 송금방식을 규제하는 국제규범이 존재하지 않는다.

3. 송금방식의 종류

1) 사전송금방식(advance remittance)[17)]

수출자가 물품을 선적하기 전에 수입자에게 미리 대금의 전액을 지급하는 방식이다. 사전송금방식은 수출자의 입장에서 보면 물품대금을 미리 받기 때문에 유리하다. 하지만, 수입자의 입장에서는 미리 대금을 지급하여야 하기 때문에 상업위험(mercantile risk)이 발생할 위험이 있다. 사전송금방식은 실무적으로 소액결제, 견본품, 본지사 간 거래 또는 물품이 매도인 중심의 시장(buyer' s market)일 경우에 사용된다.

사전송금 기재방법에는, 예컨대 T/T in advance within before shipment in favor of seller, T/T in advance within 30 days after the date of sales contract 또는 T/T after receiving firm offer 등이 있다.

2) 사후송금방식

수출자가 물품과 선적서류를 송부하고 수입자는 물품을 인수한 후에 결제대금을 수출자에게 송부하는 방식이다. 사후송금방식은 수출자의 입장에서는 물품을 인도한 이후에 대금을 지급받기 때문에 신용위험(credit risk)이 발생할 위험이 있다. 하지만 수입자의 입장에서는 물품 인수 후에 결제대금을 송부하기 때문에 유리하다. 사후송금 기재방법에는 T/T within 30days after bill of loading date, Buyer shall remit by T/T within 30days after the shipment 또는 buyer shall remit by T/T within 30days after the date of arrival at buyer' s works 등이 있다.

17) 사전송금방식은 단순송금방식이라고도 한다.

Ⅲ. 추심방식[18)]

1. 추심방식의 의의

국제상거래에서 추심방식은 수출자가 수출대금을 회수하기 위하여 물품을 선적한 후 자신의 위험과 비용부담으로 수입자를 지급인(drawee)으로 하는 화환어음(documentary bill)을 발행하고, 자국에 있는 거래은행에게 수입자 소재지의 환거래은행(correspondent bank)을 통하여 대금을 회수하라는 지시와 함께 관련 서류(documents)[19)]를 인도한다. 이때 거래은행은 추심의뢰은행(remitting bank)이 되어 추심은행(collecting bank)에게 선적서류를 송부하여 추심을 의뢰하고, 추심은행이 환어음의 지급인(drawee)인 수입자에게 선적서류와 환어음(bill of exchange)을 제시하여 대금을 징수한 후 추심의뢰은행에 송금하면, 추심의뢰은행이 이를 추심의뢰인인 수출자에게 지급함으로써 대금결제가 이루어지는 역환방식을 말한다.[20)] 이와 같이 추심방식은 수입자 거래은행의 지급확약 없이 단지 수입자와 수출자 간의 매매계약에 따라 수입자의 신용을 바탕으로 은행을 통하여 선적서류와 상환으로 대금의 결제가 이루어지는 방식이다.[21)]

추심거래에서 "추심에 관한 통일규칙"(Uniform Rules for Collections(1995 Revision) ICC Publication No 522: URC 522)이 적용되기 위해서는 추심의뢰서(collection instruction or order)[22)]에 추심에 관한 통일규칙 준거문언이 표시되어 있어야 한다.[23)] 관계당사자 간에 별도의 합의가 있거나 국가, 주 또는 지방의 법률 및/또

---

18) 추심(collection)에 관한 통일규칙(Uniform Rules for Collections(1995 Revision) ICC Publication No 522: URC 522)에서 추심은 "은행이 접수된 지시에 따라 지급(payment) 및/또는 인수(acceptance)를 받기 위하여, 또는 지급 및/또는 인수에 대하여 서류를 인도하기 위하여, 또는 기타의 조건으로 서류를 인도하기 위하여, 금융서류(financial documents)와 상업서류(commercial documents)를 취급하는 것을 의미한다."라고 정의하고 있다(URC 522, Article 2(a)).

19) URC 522, Article 2(b)에서 서류란 금융서류와 상업서류를 의미하는데, 금융서류라 함은 환어음(bill of exchange), 약속어음(promissory notes), 수표(cheques) 또는 금전의 지급을 받기 위하여 사용되는 이들과 유사한 기타의 증서를 의미하고, 상업서류는 상업송장(commercial invoice), 권리증권(documents of title), 운송서류(transport documents), 그 밖의 금융서류가 아닌 일체의 서류를 의미한다.

20) 배정한, 전게서, p.367 참조.

21) 추심방식에서 은행은 결제대금 지급에 대한 책임이 없이 단순히 서류송부나 대금회수의 심부름꾼 역할만 하게 된다(박대위, 「신용장론」 (법문사, 2000), p.5).

22) 추심의뢰은행이 추심의뢰인(principle)으로부터 추심의뢰를 받아 추심은행에게 추심을 의뢰할 때 추심에 관한 여러 가지 의뢰사항을 기록한 첨부서류를 말한다.

23) 준거문언은 다음과 같다. 'This collection is subject to Uniform rules for collection, 1995 Revision, ICC Publication No. 522.'

는 규칙에 반하는 경우에는 추심에 관한 통일규칙이 적용되지 않는다.[24)]

추심방식은 환어음을 지급인이 어음지급을 하여야 선적서류를 인도해주는 지급도(D/P: Documents against Payment)와 지급인이 어음인수를 하면 선적서류를 인도해 주는 인수도(D/A: Documents against Acceptance)로 구분된다.

2. 추심방식의 특징

1) 장점

① 수출자의 신용공여로 거래가 이루어지므로 수입자에게 아무런 부담이 없다.

② 화환신용장보다 수입자가 선호하는 대금결제방식으로, 같은 품질 및 가격의 물품이라면 수입자는 화환신용장보다는 추심의 대금결제조건을 제시하는 수출자와 계약을 체결할 가능성이 높아서 수출자는 수출경쟁 수단으로 활용할 수 있다.[25)]

③ 어음지급인인 수입자로부터 어음대금을 결제받은 후 추심관련은행을 통하여 결제대금을 회수하는 절차를 거치는 것이 일반적이지만, 실무상 일정한 자격요건을 갖춘 수출자는 화환신용장거래와 같이 선적 후 즉시 수출대금을 회수할 수도 있다.

④ 수출신용보험제도를 통하여 추심거래에 따른 대금지급 거절로 인한 대금회수불능의 위험을 회피할 수도 있다.

2) 단점

① 신용장방식에서와 같이 은행이 대금지급을 보장하는 것이 아니기 때문에 수입자의 신용상태가 불량하거나 지급불능인 경우에는 수출자는 대금회수불능의 신용위험을 면할 수 없다.

② 추심방식에서 추심의뢰은행이나 추심은행은 화환신용장거래에서와 같이 선적서류의 일치성을 심사하여야 할 책임이나 스스로 대금지급의 의무를 부담하지 아니하며, 오직 선의의 당사자로서 수출상의 추심대리인에 불과하다.

③ 신용장방식은 대부분의 국가에서 그 거래규칙을 신용장통일규칙에 의존하고

---

24) URC 522, Article 1. "...... and are binding on all parties thereto unless otherwise expressly agree or contrary to the provisions of a national, state or local law and/or regulation which cannot be departed from."

25) 강홍준, 신민호,「무역실무」(지원미디어, 2001), pp.476-477.

있지만, 추심방식은 모든 어음행위는 준거법으로서 URC보다는 상업어음 거래약정, 행위지의 국내법에 구속받기 때문에 추심당사자 간에 분쟁이 야기되면 해결에 어려움이 따를 수 있다.[26)]

④ 수출자의 신용공여로 물품의 선적이 이루어지기 때문에 대금회수의 위험을 부담하게 된다. 신용장의 경우에는 독립 · 추상성의 원칙에 따라 수입자는 개설은행이 신용장조건과 일치하는 서류의 인수를 거절할 수 없지만, 추심의 경우에는 일치된 서류를 제시하여도 수입상이 제시한 환어음과 관련서류의 인수를 거절할 수 있다.[27)]

3. 추심거래절차

추심거래절차는 다음과 같다.

① 수출자와 수입자는 매매계약에서 대금결제를 추심결제방식으로 합의한다.

② 수출자는 계약조건에 따라 물품을 선적한다. 이때 운송회사로부터 운송서류를 발급받거나 작성한다. 또한 수출자는 계약에 따라 요구하는 선적서류를 작성하고 준비한다.

③ 수출자는 수입자를 지급인으로 환어음을 발행하고 추심의뢰은행(remitting bank)에 추심지시서(collection instruction) 및 선적서류를 제시하여 추심을 의뢰한다.

④ 추심의뢰은행은 수입지의 추심은행(collecting bank)에 추심지시서와 서류를 송부하여 추심을 의뢰한다.[28)]

⑤ 추심은행은 수입자에게 서류도착을 통지한다.

⑥ 수입자는 지급도인 경우에는 어음대금을 추심은행에 지급하고 서류를 인수한다. 하지만 인수도인 경우에는 수입상은 어음을 인수한 후, 어음의 만기에 대금을 지급하면 된다. 또한 어음인수 선적서류를 받으면 된다. 대금을 지급받은 추심은행은 대금을 추심의뢰은행으로 송부하고 추심의뢰은행은 수출자에게 수출대금을 지급한다.

⑦ 수입자는 서류를 인수한 후 화물도착 통보를 운송회사로부터 받으면 운송서류를 제시하여 물품을 인수받으면 된다.

---

26) 양영환 · 오원석 · 서정두 공저, 「신용장론」(삼영사, 2005), p.42.

27) Justin Malbon · Bernard Bisshop, *Australian Export, A Guide to Law and Practice*, Cambridge University (2006) p.99.

28) 추심은행은 서류에 대한 내용 심사 없이 추심지시서에 명시된 서류와 실제 송부된 서류가 일치하는지 여부만을 확인한다.

〈추심방식 거래절차〉

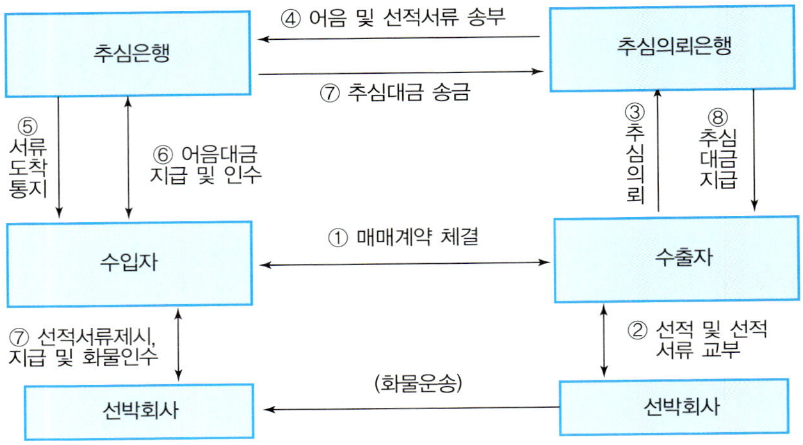

IV. 화환신용장방식[29)]

1. 신용장방식의 의의

국제상업회의소(International Chamber of Commerce: ICC)는 화환신용장 통일규칙 및 관례(Uniform Customs and Practice for Documentary Credit, 2007년 제6차 개정 공표 제600호, 이하 'UCP 600 또는 신용장통일규칙' 이라고 한다)를 공표하였다. 신용장이란 "그 명칭과 상관없이 일반적으로 개설은행(issuing bank)은 수출상이 신용장의 조건에 일치하는 선적서류의 제시(complying presentation)[30)]에 대하여 결제(honour)[31)]하겠다는 조건부 지급 확약으로서 취소가 불가능한 모든 약정을

29) John F. Dolan 교수는 신용장을 상업신용장(Commercial Credits)과 보증신용장(Standby Credits)으로 구분하였는데, 국제상거래에서 상업신용장의 대표적인 유형은 화환신용장이다. 이하 본 책에서 언급되는 신용장이라는 표현은 화환신용장을 지칭하는 것이고, 보증신용장은 이와 구분되는 개념으로 사용한다(John F Dolan, *The Law of Letters of Credit, Commercial and Standby Credit*, AS. Pratt &. Sons (2005)).

30) 참고로 영문은 다음과 같다.
complying presentation means a presentation that is in accordance with the terms and conditions of the credit, the applicable provisions of these rules and international standard banking practice(UCP 600 Article 2).

31) 참고로 영문은 다음과 같다.
honour means:
a. to pay at sight if the credit is available by sight payment.

의미한다"라고 규정[32]한다.

신용장의 정의에서 알 수 있듯이 수출자가 신용장의 개설은행에 대하여 권리를 행사함에 있어서는 제시한 서류가 신용장의 제 조건과 일치하는지 여부가 관건이 되는데, 이를 "엄격일치의 원칙(doctrine of strict compliance)"이라 하며, 이는 독립성 · 추상성의 원칙(the principle of independent or abstraction)[33]과 함께 신용장거래의 가장 본질적인 특징이다. 이러한 신용장방식의 특징으로 인하여 은행은 신용장에 명시된 모든 서류를 상당한 주의를 기울여 심사하여 서류가 문면상 신용장 조건과 일치하는지를 확인하여야 하고, 만일 제시된 서류가 신용장 조건과 일치하지 않는 경우에는 서류의 수리를 거절할 수 있다.

2. 신용장의 기원과 신용장통일규칙의 제정

국제무역이 시작된 이래 신용장은 상당히 오래전부터 이용되어 왔다. 신용장의 기원에 대해서 이미 로마시대에 이와 유사한 결제수단이 사용되었다고 하며, 중세기의 지중해와 소아시아 및 이집트의 상인들에 의해 사용되었다고 하지만 이를 입증할 만한 확실한 기록은 없다.

기록에 나타난 최초의 신용장은 1654년의 것으로 영국 런던의 공증인이었던 마리우스(Marius)의 저서에서 볼 수 있다. 즉 영국의 토마스(Thomas)가 파리에 출장가는 존(John)을 위해서 파리의 상인 윌리암(William) 앞으로 발행한 신용장으로, 존에게 1회 또는 수회로 분할하여 2,000 Crown 한도로 그의 요구 및 상황에 따라서 영수증 또는 환어음을 인수하여 지급하고 이를 발행인인 토마스의 계정으로 산입하

---

b. to incur a deferred payment undertaking and pay at maturity if the credit is available by deferred payment.

c. to accept a bill of exchange ("draft") drawn by the beneficiary and pay at maturity if the credit is available by acceptance(UCP 600 Article 2).

32) UCP 600 Article 2.

33) 화환신용장거래는 본질적으로 일단 은행에 의하여 개설되면 그 화환신용장은 그 근거가 되는 매매계약(underlying contract)으로부터 완전히 독립되어 그 자체로서 별도의 법률관계를 형성하게 되는, 이른바 '독립성'을 갖게 된다. 이러한 독립성에 의하여 신용장이 그러한 계약에 관한 참조사항을 언급하고 있다 하더라도 은행들은 매매계약 등에 관계되는 이유 또는 항변으로 권리를 침해당하거나 의무나 책임을 추궁당하지 않게 된다. 신용장거래에 관계하는 모든 당사자들은 서류상의 거래를 하는 것이지 그러한 서류들과 관련된 물품, 용역 또는 기타 계약이행상의 거래를 하는 것은 아니다. 이러한 원리가 '추상성'이다. 그리고 이러한 화환신용장의 특성은 각국의 법과 우리나라를 비롯한 각국의 판례에 의해서도 확립되어 인정되고 있는 절대적인 원칙으로 되어 있다(Leo D' arcy, et al., op. cit. pp.171-172). 그러나 독립 · 추상성도 매입을 위한 제시된 서류가 고의적으로 매도인의 사기에 의하여 제시된 경우에는 사기성 예외의 원칙(fraud exception rules)에 의하여 지급거절될 수 있다(UCC§5 Article 114(2)).

여 둘 것과 신용장은 윌리암의 그러한 행위에 대하여 보증한다는 내용이다.

이 신용장은 오늘날의 여행자 신용장(traveller' s letter of credit)과 동일한 기능을 가지고 있었다는 것이 많은 학자들의 통설로 되어 있는데, 여기에서 신용장의 개설의뢰인은 그 신용장의 편익을 이용하는 수익자이고 또한 매수인 자신이기도 하며, 그는 이 신용장을 지참하여 구매지 또는 행선지의 상인에게 제공함으로써 물품구입 및 자금조달 등의 목적에 사용할 수 있었던 것이다. 또한 이들 중세의 신용장은 현재 국제상거래에서 사용되고 있는 신용장과 여러 가지 면에서 다른 점이 많았다. 예컨대 이들 신용장에는 일정한 형식이 없고 거의 모두 매수인이 작성하는 Buyer' s Letter of Credit의 형식을 취하고 있기 때문에 오늘날의 은행이 신용장을 발행하는 Banker' s Letter of Credit와는 그 성격이 전혀 다르다. 즉, 중세의 신용장 하에서는 매도인은 단지 매수인의 신용만을 신뢰하여 물품을 인도하는 것이다.

은행이 신용장의 발행인으로 등장한 것은 19세기에 들어서면서 런던의 수입자를 대리하여 어음을 인수한 대륙계 상인을 근원으로 어음인수나 또는 증권발행을 주업무로 취급한 'Merchant Bank' 에 의해서 시작되었다. 일반 시중은행이 어음인수를 시작한 것은 19세기 후반에야 비로소 가능하였지만, 이때의 신용장도 여행자 신용장 수준을 탈피하지 못하였다. 오늘날의 신용장이 사용된 것은 1920년대 이후의 일이며, 신용장은 발달과정에서 무역금융의 한 수단으로 환어음을 첨부하여 사용하게 되었다. 이에 따라 상업신용장이 발달하게 되었으며 화환거래의 관습상 운송서류를 요구하게 됨으로써 화환신용장(documentary credit)이 출현하게 되었다.

국제상업회의소(International Chamber of Commerce: ICC)에서는 1926년 이래로 그 용어의 해석 및 취급규정의 국제적 통일을 위하여 노력한 결과 드디어 1933년 비인회의에서 화환신용장에 관한 통일규칙 및 관례(Uniform Customs and Practice for Commercial Documentary Credit: 약칭 UCP)가 채택되었다.

제1차 개정은 1951년 6월 리스본에서 개최된 국제상업회의소 제13차 회의에서 개정되었다. 본 개정은 세계 약 90개국 은행이 채택하였으나 유독 영국만은 본 규칙이 수취선하증권 · 보험증권 및 분할선적 용인문제 등에 있어서 영국의 관행에 어긋난다는 이유로 이를 채택하지 않았다.

제2차 개정은 영국이 EEC 가입문제와 관련하여 본 규칙의 개정작업에 전면적으로 협력하게 되어 그 결과 1963년 4월의 제19회 멕시코총회에 개정안이 상정되어 통과됨으로써 동년 7월 1일부터 영국을 포함한 각국이 이를 채택 · 시행하게 되었다. 이에 따라서 우리나라도 대한금융단의 결의에 따라서 동년 7월 1일 이를 채택 · 시행하였다.

제3차 개정은 새로운 국제무역형태의 출현, 특히 복합운송과 컨테이너 운송의 비약적인 발전, 컴퓨터의 발달, 과거의 신용장 거래관습의 변화 등에 대응하기 위해서, 새로이 1974년 12월 이사회에서 개정이 가결되어 1975년 10월 1일부터 실시되었다.

제4차 개정은 Incoterms 1980, New Institute Cargo Clauses 1982(신보험 약관), United Nations Convention on International Multimodal Transport of Goods 1981(유엔 국제 복합운송조약) 등과 같은 국제규칙들이 개정 또는 제정되었으므로 1983년 6월 21일 제4차 개정안(1983 Revision, ICC Publication No. 400)이 14차 파리이사회를 통과하여 1983년 10월 1일부터 정식으로 시행되었다.

제5차 개정은 복합운송방식이 일반화됨은 물론 컴퓨터와 통신기술의 발달로 무역업체, 금융기관, 운송 · 보험업체 및 무역관계 부서에도 대부분 전산망이 구축되는 등 무역환경이 급속하게 변화되고 신용장거래도 SWIFT 방식이 확대됨에 따라 ICC는 1993년 제5차 개정을 1994년 1월 1일부터 제5차 개정(UCP 500)안을 시행하고 있다.

정보기술의 발달과 전자상거래의 확산에 따라 2000년 5월 24일 파리에서 개최된 국제상업회의소 은행기술실무위원회에서는 UCP 500과 종이신용장에 상응하는 전자적 자료처리에 있어 가교역할이 필요함을 확인하고 기술적 변화들을 수용한 UCP를 보완하여야 할 필요성이 제기되었다. 국제상업회의소는 관련분야의 전문가로 구성된 작업반을 구성하고 그간 각국 국내위원회의 의견들을 참조하여 18개월에 걸친 작업반의 집중적인 노력의 결과 전자적 제시를 위한 화환신용장통일규칙 및 관례의 새로운 추록, 즉 'eUCP'를 제정하게 되었으며, 2002년 4월부터 범세계적으로 적용하고 있다. eUCP는 UCP의 개정이 아니고 UCP의 추록으로 UCP와 함께 사용되면서 신용장거래에서 종이문서에 상응하는 전자적 제시를 위하여 필요한 규칙들을 제공하게 되었다.

최근의 제6차 개정은 2000년 이후 은행, 운송, 통신 및 보험산업의 변화에 따른 신용장거래관행의 변화에 대응하고 불일치한 적용 및 해석을 야기할 수 있는 문언을 제거하기 위하여 기존의 49개 조항을 39개 조항으로 통합하여 정리하였다.

UCP 600은 2006년 10월 25일 파리의 ICC 은행위원회의 승인에 따라 2007년 7월 1일부터 시행되었다.

3. 신용장방식의 특징

신용장방식의 장점을 살펴보면, ① 은행의 조건부 지급확약이기 때문에 개설은행이 수입자를 대신하여 물품을 대표하는 선적서류 및/또는 환어음과 상환으로 대금을 결제하여 주는 것이다. 즉, 신용장은 개설은행이 수입자를 위하여 자신의 신용을 공여하는 행위로 이는 불확실한 수입자의 신용을 확실한 은행의 신용으로 대체한 증서(instrument)이다. 따라서 수출자는 판매 및 대금회수가 은행으로부터 보장을 받기 때문에 수입자의 지급불능이나 지급거절을 염려할 필요가 없다. ② 은행의 지급확약이기 때문에 이를 담보로 수출자나 수입자가 관계은행으로부터 금융상의 혜택을 받을 수 있는 금융기능을 하게 된다. ③ 외국정부가 비상사태나 외화부족 등의 이유로 외국환의 대외지급이나 결제를 제한할 경우에도 기발행된 신용장에 대하여는 지급규제를 하지 않기 때문에 비상위험을 회피할 수 있다. ④ 취소불능신용장은 신용장이 어느 당사자 일방에 의하여 취소되거나 변경될 위험이 없으므로 수출자는 안심하고 수출물품의 집하 또는 생산에 임할 수 있다.[34)]

반면에 신용장방식의 단점을 살펴보면, ① 신용장 거래의 특성인 독립성 · 추상성의 원칙은 신용장 사기가 발생하면 본질적인 한계성을 나타낸다. 신용장은 물품의 거래가 아니라 서류거래이며, 매매계약으로부터 독립되어 있는 독립성 · 추상성의 원칙에 따라 신용장의 관계당사자들은 단지 서류만을 근거로 모든 것을 판단한다. 그러므로 수출자는 신용장에서 요구하는 서류를 위조나 변조하여 은행에 제시하여 대금을 편취하여도 은행이 그 사실을 알지 못하고 행한 대금지급은 독립성 · 추상성의 원칙에 의해 면책으로 인정되기 때문에 은행이나 수입자는 피해를 입게 된다.[35)] ② 수출자는 계약적격물품을 선적하였음에도 불구하고 신용장에서 요구하고 있는 서류를 제대로 구비하여 제시하지 못하면, 서류상의 불일치를 이유로 대금이 지급되지 못하는 경우가 발생하게 된다. ③ 은행은 엄격일치에 따라 수익자로부터 제출된 복잡한 서류를 신용장조건과 일치하는지 심사하여야 하는데, 이 서류심사는 인간의 눈으로 행하는 이외에는 다른 방법이 없으므로 일정한 시간이 소요된다. 이 때문에 본선이 도착하여도 선적서류가 도착하지 않으므로 화물수령에 지장이 생기는 선하증권의 위기가 종종 일어나고 있다. 이것은 본선의 고속화를 은행의 화환서류처리능력이 따라 잡지 못하기 때문에 일어나는 현상으로 화환신용장의 위기라고도 말할 수 있다.[36)]

---

34) 양영환 외 1 인, 전게서, p.181-182.

35) 남풍우 · 한상현, "신용장방식의 국제물품거래에서 사기 예방책", 「물품학연구」 제19호 (한국물품학회, 1998), p.258.

36) 박석재, "국제물품매매에 있어서 보증신용장의 이용가능성에 대한 고찰", 「국제상학」 제11권 1호 (한국국제상학회, 1996), p.334.

4. 신용장거래의 당사자

신용장거래의 당사자는 신용장거래에 따라 직접적 권리와 의무를 부담하는 기본당사자와 신용장거래의 원활화를 위하여 간접적으로 참여하는 기타당사자로 나눌 수 있다.

기본당사자는 개설의뢰인(applicant), 개설은행(issuing bank), 수익자(beneficiary)이다. 만약 확인은행이 있는 경우에는 확인은행도 신용장거래의 기본당사자로 포함된다.

기타당사자에는 통지은행(advising bank), 매입은행(negotiating bank), 지급은행(paying bank), 인수은행(accepting bank), 상환은행(reimbursing bank) 등이 있다.

1) 주요 당사자

(1) 개설의뢰인(Applicant)

무역거래에서 매매계약을 체결한 수입상이 수출자와 대금결제방식을 신용장방식으로 약정한 경우에는 수입자는 수출자를 수익자로 하는 신용장을 약정기일까지 수출자에게 개설할 의무를 부담한다. UCP 600 제2조에서는 개설의뢰인은 신용장개설을 신청하는 당사자라고 정의하고 있다.[37)]

개설의뢰인의 명칭에 대해서는 기능과 관점에 따라, 수입자(importer), 매수인(buyer), 화물의 수화인(consignee), 신용장을 개설하는 자로서 개설인(opener, issuer), 대금지급의 의무자로 채무자(accountee) 등과 같이 사용될 수 있다.

(2) 수익자(Beneficiary)

신용장에 의하여 권리와 이익을 획득하는 자를 수익자라 한다.[38)] 수익자는 개설은행 또는 확인은행에게 매입, 지급 또는 인수를 요구할 권리가 있다. 따라서 개설은행 또는 확인은행은 신용장조건에 일치한 서류의 제시가 있다면 매입, 지급 또는 인수를 거절할 수 없다.

수익자의 명칭에 대해서는 기능과 관점에 따라, 수출자(exporter), 매도인(seller), 송화인(shipper, consignor), 신용장의 사용인(user), 환어음의 발행인(drawer), 채권자(accounter), 신용수령인(accreditee) 등으로 사용된다.

---

37) UCP 600 Article 2. "**Applicant means** the party on whose request the credit is issued."
38) UCP 600 Articel 2. "**Beneficiary** means the party in whose favour a credit is issued."

(3) 개설은행(Issuing Bank)

개설은행은 개설의뢰인의 요청과 지시에 따라 수익자 앞으로 신용장을 개설하는 은행이다.[39)]

개설은행은 개설의뢰인으로부터 신용장의 개설 및 이에 따른 일련의 업무를 위임받고, 그것을 이행한 경우에는 신용장거래에 수반되는 수수료와 비용, 그리고 손해가 발생한 경우에는 이에 상당하는 금전을 개설의뢰인에게 청구할 권리를 가진다.

개설은행은 수익자에 대해서는 신용장조건에 일치한 서류가 제시될 것을 조건으로 지급, 인수 또는 매입이라는 방법에 의해 신용장에 의한 결제(honour)를 행할 의무를 부담한다. 개설은행은 Opening Bank 또는 Establishing Bank라고도 한다.

(4) 확인은행(Confirming Bank)

확인은행은 개설은행의 수권 또는 요청에 의하여 신용장에 확인을 한 은행을 의미한다.[40)] 수입상 측면에서 확인은행은 신용장 개설은행의 신용도가 낮거나 수입국의 대외지불금지 등에 대비하여 수출자의 요청에 따라 신용장에 개설은행과 별도로 지급확약을 하는 은행이다.

신용장의 확인은 개설은행으로부터 신용장을 확인할 것을 위임받은 은행, 통상의 경우에는 통지은행에 의해서 행해진다. 확인은행이 신용장통지서 등에 'We confirmed this credit' 라는 문언을 기재해서 신용장을 확인한 것을 수익자에게 통지하면 동 은행은 이에 따른 의무를 부담하게 된다.

확인은행은 개설은행과 동일한 의무를 수익자에 대해서 부담하게 되고, 그 의무는 개설은행의 파산 또는 개설은행에 있어서의 불가항력에 의해서 개설은행이 신용장상의 채무를 이행할 수 없게 되었을 경우에도 이행하여야 한다. 때문에 동 은행은 위험부담료에 해당하는 확인수수료를 개설은행이나 경우에 따라서는 수익자로부터 받는다.

2) 기타 당사자

(1) 통지은행(Advising Bank)

통지은행은 개설은행의 요청에 따라 신용장을 통지하는 은행을 의미한다.[41)] 여기서

---

39) UCP 600 Article 2. "**Issuing bank** means the bank that issues a credit at the request of an applicant or on its own behalf."

40) UCP 600 Article 2. "**Confirming bank** means the bank that adds its confirmation to a credit upon the issuing bank' s authorization or request."

41) UCP 600 Article 2. "**Advising bank** means the bank that advises the credit at the request of the issuing bank."

통지란 수입지의 개설은행이 신용장의 개설이나 이미 발행된 신용장의 취소 및 조건변경을 직접 또는 수출지의 은행을 통하여 수익자에게 통지하는 것을 말한다.

통지은행은 신용장 통지를 하고 그 대가로서 통지수수료를 개설은행 또는 경우에 따라서는 수익자로부터 받는다. 또한 통지은행은 개설은행으로부터 신용장의 통지를 위임받음과 동시에 매입, 지급 또는 인수를 행하는 지정은행이 되는 것이 보통이다. 그러나 동 은행이 단지 신용장을 수익자에게 통지한 것만으로는 나중에 수익자로부터 지급, 인수 또는 매입을 의뢰받는다 하더라도 이에 응할 의무를 부담하지 않는다. 그러나 통지은행이 개설은행으로부터 신용장확인을 부가하여 통지할 것을 의뢰받고 이에 응한 경우에는 확인은행으로서의 의무를 부담하게 된다. 통지은행을 Notifying Bank 또는 Transmitting Bank라고도 한다.

(2) 매입은행(Negotiating Bank)

매입신용장(negotiation credit)에 의거하여 수익자가 발행한 환어음 및 서류를 매입하는 은행을 매입은행이라 한다. 여기서 매입(negotiation)은 일치하는 제시에 대하여 지정은행이, 지정은행에 상환하여야 하는 은행영업일 또는 그 전에 대금을 지급함으로써 또는 대금지급에 동의함으로써 환어음(지정은행이 아닌 은행 앞으로 발행된) 및/또는 서류를 매수(purchase)하는 것을 의미한다.[42]

매입은행은 개설은행에 의하여 지정될 경우에는 지정은행이 매입은행이 되고, 지정은행이 없을 경우에는 모든 은행이 매입은행이 될 수 있다.[43]

(3) 지급은행(Paying Bank)

지급신용장(payment credit)에 의거하여 신용장조건에 부합되게 발행된 서류가 제시되면 지급할 것을 확약한 은행을 지급은행이라 한다.

지급은행은 개설은행 자신이거나 개설은행으로 지정받은 예치환거래은행(depository correspondent bank) 또는 개설은행이 결제대금의 전액을 미리 위탁해 둔 은행이 될 수 있다.

지급신용장은 지급시기에 따라 일람출급지급(sight payment)과 연지급(deferred

---

42) UCP 600 Article 2. "**Negotiation** means the purchase by the nominated bank of drafts (drawn on a bank other than the nominated bank) and/or documents under a complying presentation, by advancing or agreeing to advance funds to the beneficiary on or before the banking day on which reimbursement is due to the nominated bank."

43) 매입은행이 지정될 경우를 자유이용/일반/개방신용장(freely negotiable/general/open L/C)이라고 하고, 지정되지 않을 경우를 제한매입신용장(restricted L/C)이라고 한다.

payment)이 있다.

(4) 인수은행(Accepting Bank)

인수신용장(accepting credit)의 의하여 수익자가 선적서류에 추가하여 지정된 인수은행 앞으로 기한부환어음(usance draft)을 발행하여 제시할 때 이를 인수하는 은행이다.

기한부환어음을 인수한 인수은행은 인수 후 당해 어음의 만기에 어음대금을 지급할 의무를 가진다.

(5) 상환은행(Reimbursing Bank)

상환은행은 개설은행으로부터 위임을 받아서 매입, 지급 또는 인수를 행한 은행으로부터의 상환청구에 응해서 개설은행을 대신하여 대금상환을 행한 은행이다. 또한 상환청구은행에 대금을 결제한다는 의미에서 결제은행(settling bank)이라고도 한다.

5. 신용장의 종류

1) 상업신용장(Commercial Credit)과 여행자신용장(Traveller's Credit)

상업신용장은 국제물품매매에 따른 무역대금의 직접적인 결제를 목적으로 이용되는 신용장을 모두 말하는 것이다. 무역거래는 물품과 용역(service)을 대상으로 이루어지고 있으며, 이와 관련하여 후술하는 화환신용장(documentary credit)이나 무담보신용장(clean credit)도 모두 상업신용장에 포함된다.

여행자 신용장은 해외여행자의 현금휴대의 위험과 불편을 제거하여 주고 여행자가 여행지에서 필요한 금액을 쓸 수 있도록 하기 위하여 여행자의 의뢰에 의하여, 개설은행이 국외의 자기 은행의 본·지점 또는 환거래은행에 대하여 그 여행자가 발행하는 일람지급어음의 매입을 의뢰하는 신용장을 말한다.

신용장거래상 상업신용장은 수입자가 개설의뢰인이 되고, 수출자가 수익자가 되지만, 여행자신용장의 경우에는 여행자 자신이 개설의뢰인과 수익자가 된다는 점에서 상이하다.

2) 화환신용장(Documentary Credit)과 무담보신용장(Clean Credit)

화환신용장이란 신용장 개설은행이 수익자가 발행한 환어음(draft)에 신용장조건과 일치하는 운송서류(transport document), 보험서류(insurance document), 상업송장(commercial invoice), 포장명세서(packing list) 등을 첨부할 것을 조건으로 하여 지급, 인수, 매입할 것을 확약하는 신용장을 말하며, 국제물품매매와 관련한 대부분의 신용장이 여기에 속한다. 은행은 이러한 서류를 소지하게 됨으로써 물품에 대한 담보권을 가지게 되므로 안심하고 어음에 대하여 매입, 지급 또는 인수를 할 수 있다. 이 때 권리증권(document of title)으로서의 선하증권은 유통증권(negotiable instrument) 형식으로 발행되어야만 담보물(collateral)로서 효력을 가지게 된다.

무담보신용장은 선적서류의 제시 없이도 대금지급을 확약하는 신용장으로 여행자신용장(traveller' s credit), 입찰보증(bid bond), 계약이행보증(performance bond), 은행의 지급보증서(letter of guarantee), 보증신용장(standby credit) 등이 여기에 속한다. 또한 운임(commission), 보험료(insurance premium), 수수료(commission) 등 무역외거래에 대한 지급확약시에도 사용된다.

3) 취소가능신용장(Revocable Credit)과 취소불능신용장(Irrevocable Credit)

취소가능신용장은 취소불능신용장과는 달리 개설은행과 수익자 사이에 법률적 구속력이 있는 약정은 아니다. 따라서 개설은행이 원칙적으로 사전에 언제든지 일방적으로 취소 또는 변경할 수 있는 신용장이다. 그러나 선의의 통지은행이 신용장의 취소 또는 조건변경에 대한 통지를 개설은행으로부터 받기 전에 신용장의 조건대로 어음을 지급, 인수 또는 매입을 행한 경우에는 개설은행은 이에 대한 상환책임을 부담하여야 한다. UCP 600에서는 취소가능신용장을 인정하지 않으므로 사용해서는 안 된다.

취소불능신용장은 신용장 개설은행이 일단 신용장을 발행하여 수익자에게 통지하게 되면, 신용장 유효기간 내에는 개설은행이나 확인은행이 개입할 경우 확인은행 및 수익자 전원이 합의 없이는 취소하거나 조건 변경을 할 수 없는 신용장을 말한다.

취소불능신용장과 취소가능신용장을 비교하여 볼 때, 신용장의 기본적인 기능과 본질적인 면에서, 개설은행의 지급보증이 명시되어 있지 않고 언제든지 일방적으로 취소 또는 조건변경할 수 있는 취소가능신용장은 신용장의 본래의 기능을 충분히 기대할 수 없다. UCP 600에서는 취소가능신용장을 인정하지 않으므로 사용하여서는 안 된다.

4) 확인신용장(Confirmed Credit)과 무확인신용장(Unconfirmed Credit)

확인신용장과 무확인신용장의 차이는 신용장에 추가적인 지급확약이 있는지 여부이다. 추가적인 지급확약이 있는 신용장을 확인신용장이라고 하고, 추가적인 지급

확약이 없는 신용장을 무확인신용장이라고 한다.

상술하자면 확인신용장은 개설은행 이외의 제3의 은행이 수익자가 발행하는 어음의 지급, 인수, 매입을 확약하고 있는 신용장을 말한다. 확인은행의 확인(confirmation)은 개설은행과는 별개의 독립된 것으로 수익자의 입장에서는 개설은행과 확인은행으로부터 이중으로 결제에 대한 확약을 받는 셈이 되지만 확인은행이 연대보증인이라고는 할 수 없다.

확인은행으로는 보통 수익자가 소재하고 있는 지역의 개설은행의 예치환거래은행(depositary correspondent bank)이 되는데, 실무적으로는 주로 통지은행이 확인은행이 된다.

5) 양도가능신용장(Transferable Credit)과 양도불능신용장(Non-Transferable Credit)

양도가능신용장은 신용장상에 'transferable' 이란 표시가 있어 최초의 수익자(first beneficiary)가 신용장금액의 전부 또는 일부를 제3자에게 양도할 수 있도록 허용하는 신용장을 말한다.

신용장 양도의 필요성으로는 최초의 신용장 수익자가 ① 무역업을 직접적으로 수행할 수 없거나, ② 거래은행에 무역금융수혜를 위한 거래한도가 부족하거나, ③ 쿼타(quota)보유상사 앞으로 부득이 신용장을 넘겨줄 필요가 있거나, ④ 기타 업무수행상의 번거로움을 덜기 위한 이유 등을 들 수 있다.

양도가능신용장은 1회에 한하여 양도가 허용되며, 분할선적이 금지되어 있지 않는 한 최초의 수익자는 다수의 제2수익자에게 분할양도(partial transfer)할 수 있다. 단, 제2수익자(양수인)가 제3자에게 재양도하는 것은 금지된다. 따라서 양도권은 최초의 수익자만이 갖게 된다. 또한 신용장의 양도는 원신용장에 명시된 조건에 의해서만 가능하지만, 예외적으로 ① 신용장금액과 ② 단가의 감액, ③ 유효기일 및 서류제시기간이 정해 있을 경우에는 서류제시 최종일의 단축, ④ 선적기일의 단축, ⑤ 보험금액은 원신용장에서 요구되는 금액을 한도로 증액을 허용하고 있다. 또한 최초의 수익자는 신용장에 표시된 금액을 초과하지 않는 한 자기의 송장으로 제2수익자의 송장을 대체(substitution of invoices)할 권리를 가지며, 송장금액의 차액을 향유할 수 있다.

양도불능신용장은 신용장상에 'transferable' 이란 표시가 없는 신용장을 말하며, transferable 외에 예컨대 divisible, transmissable, assigrable 등 용어는 인정하지 않는다. 이와 같은 신용장은 양도사유가 발생하여도 신용장양도는 할 수 없는 것이다.

6) 매입, 일람지급, 연지급, 인수신용장

신용장의 이용방법에 따라 매입, 일람지급, 연지급, 인수신용장으로 구분할 수 있다.

(1) 매입신용장(Negotiation Credit)

매입신용장은 신용장을 가지고 발행된 환어음이 買入(negotiation)되는 것을 예상하여 매입을 허용하고, 어음의 발행인(drawer)뿐만 아니라 어음의 배서인(endorser), 어음의 선의의 소지인(bona-fide holder)에 대해서도 지급을 확약하고 있는 신용장을 말한다.

매입신용장의 확약문언은 다음과 같다. "we hereby engage with drawer, endorser and/or bona fide holder that drawn under and negotiated in complied with the term and conditions of credit will duly honoured on presentation."

매입신용장의 특징은 수출지의 매입은행이 발행은행의 무예치환거래은행인 경우에 사용되며, 서류매입의뢰시 환어음을 제시하여야 하고, 일람출급 또는 기한부 신용장으로 사용된다. 개설은행이 서류가 부도반환을 하더라도 환어음 발행인에게 소구권을 행사할 수 있다.

매입신용장은 원칙적으로 매입을 제한하는 경우를 제외하고는 어느 은행에서나 매입이 가능하다. 전자를 매입제한신용장(restricted, special credit)[44]이라고 하고 후자를 자유매입신용장(freely negotiable, open, general credit)[45]이라고 한다.

매입신용장은 환어음 지급인이 중간에 개입되는 은행이 아니라 개설은행이라는 점에서 지급신용장 및 인수신용장과 다르다.

(2) 지급신용장(Payment Credit)

신용장이 일람지급 및 연지급을 규정하고 있는 경우 이는 지급신용장을 의미한다. 지급신용장이란 신용장에 의한 환어음의 매입여부에 대해서는 아무런 명시가 없고, 신용장조건에 일치되게 발행된 서류가 개설은행 또는 동 은행이 지정하는 은행에 제시되면 지급할 것을 확약한 신용장을 말한다.

지급신용장의 지급 확약문언은 다음과 같다. "We hereby engage that payment will be duly made against documents presented in conformity with the terms of this credit. Documents must be presented to the paying bank not later than May

---

44) 예컨대, 신용장상에 다음과 같은 문언이 있으면 매입제한신용장이다. "This credit is available with xxx bank 또는 "Negotiation under this L/C is restricted to xxx Bank"

45) 예컨대, 신용장상에 다음과 같은 문언이 있으면 자유매입신용장이다. "Draft are a vailable by negotiation at any banks"

10, 2011."

지급신용장의 특징은 대부분의 경우 수출지의 지급은행이 개설은행의 예치환거래은행인 경우에 사용되며, 영국과 같이 신용장발행시 어음을 반드시 필요로 하는 국가 이외에는 어음발행을 요구하지 않으며[46], 일람출급(sight payment) 또는 연지급신용장(deferred payment credit)으로 사용되는데, 이 신용장하에서는 지급은행은 서류가 개설은행에 의해 부도 반환되더라도 수익자에게 매입대금의 반환을 요구할 수 없다.

(3) 인수신용장(Acceptance Credit)

인수신용장[47]은 신용장 이용방법이 인수(acceptance)로 지정되어 있는 것으로 선적서류 기한부어음을 발행하여 지정된 인수은행 앞으로 제시하는 것을 요구하고 제시시 인수(acceptance)하여 만기에 지급(payment)할 것을 확약하고 있는 신용장을 말한다.[48]

인수신용장의 지급확약문언은 다음과 같다. "We hereby engage that draft drawn in confirmity with the terms of this credit will be duly accepted on presentation and duly honoured at maturity.

인수신용장은 개설은행이 예치환거래은행에서 인수편의를 사용할 때 발행되며, 어음이 발행되어 기한부신용장으로만 사용된다. 또한 이 신용장하에서는 인수은행으로 지정된 은행만이 인수업무를 담당할 수 있으며, 인수은행은 서류가 개설은행에 의하여 부도 반환될 경우에도 수익자에게 소구권을 행사할 수 없다.[49]

---

46) 일부 국가에서 어음발행에 대하여 인지세를 부과하기 때문이다.

47) 기한부어음의 인수형태에는 shipper' s usance(seller usance)와 banker' s usance(buyer usance)가 있다. 이것은 usance 기간 동안의 여신을 누가 부담하는가에 따라서 결정된다. shipper' s는 수출자가 신용공여를 하고 이자부담도 수출자가 부담하는 반면에 banker' s는 수입자가 신용공여를 하고 이자부담도 하는 방법이다. 즉, 이때 shipper' s는 수출자가 직접 할인을 하게 되고 banker' s는 수입자은행이 할인한다.

48) 인수신용장은 개설의뢰인에게 금융상의 편의를 제공하기 위하여 발행되는데, 만약 인수된 어음이 할인(discount)된다면 수익자에게도 즉각적인 금융혜택이 주어진다.

49) 매입지급인수신용장의 차이점은 다음과 같다.

신용장 종류	어음제시여부	지급기일	서류 매입은행	어음배서여부
지급신용장	불필요	일람/연지급	지정은행	배서 불필요
인수신용장	어음제시	기한부	상동	상동
매입신용장	어음제시	일람불/기한부	원칙적으로 자유	배서 필요

7) 일람불신용장(Sight Credit)과 기한부신용장(Usance Credit)

일람불신용장은 신용장에 의하여 발행되는 어음이 지급인(drawee)에게 제시되면 즉시 지급되어야 하는 일람불어음(sight draft)을 발행할 수 있는 신용장을 말한다.

기한부신용장은 신용장에 의해 발행되는 어음이 지급인에게 제시된 후 일정기간이 경과한 후에 지급받을 수 있도록 어음지급기일이 특정기일로 된 기한부어음(usance draft)을 발행할 수 있는 신용장을 말한다.[50)]

기한부신용장에서는 어음의 지급기일에 따라 일람후정기출급(at xx days after sight), 일부후정기출급(at xx days after date of draft), 확정일후정기출급(at xx days after date of B/L) 등으로 발행할 수 있도록 하고 있다.

기한부신용장에 의한 거래는 위의 특정기간 동안의 대금결제에 따른 유예는 결과적으로 수입상인 신용장 개설의뢰인이 받을 수 있으므로 보통 수입자가 요청하게 된다.

8) 내국신용장(Local L/C)

내국신용장은 외국으로부터 수출신용장(master L/C)을 받은 수출자가 국내생산업자나 원자재공급업자로부터 물품을 공급받고자 할 때 국내공급업자 앞으로 발행해 주는 신용장이다. 물품대금을 현금이나 어음 등으로 지불하는 대신 신용장을 발행함으로써 쌍방이 안전과 금융상의 편리를 도모하고 권리 · 의무를 부담하자는 것이다.

내국신용장은 수출자(master L/C의 수령자)가 개설의뢰인이 되고, 국내의 은행이 개설은행이며, 물품의 공급업자가 수익자가 된다. 신용장의 형식이나 문언의 해석은 일반 신용장에 준한다.

9) 구상무역에 사용되는 신용장

구상무역에 사용되는 신용장은 기탁신용장(Escrow Credit), 동시개설신용장(Back to Back Credit), 토마스신용장(Tomas Credit) 등이다.

(1) 기탁신용장(Escrow Credit)

원래 'Escrow'는 은행이나 신탁회사에 어떤 것을 신탁하고 일정한 조건이 충족되면 이를 타인에게 양도할 것을 의뢰하는 신탁행위를 말한다. 따라서 기탁신용장은 수입자가 수입신용장 발행시 신용장조건상으로 그 신용장에 의하여 발행된 어음의

50) 기한부환어음 어음의 기간에 대한 신용공여가 수출상이 하는지, 신용장 개설은행이 하는지에 따라 전자를 shipper's usance라고 하고 후자를 banker's usance라고 한다.

매입대금을 수익자에게 지급하지 않고 수익자 명의의 Escrow 계정에 입금해 두었다가 그 수익자가 원신용장 개설국으로부터 물품수입에만 사용하도록 규정한 신용장을 말한다.

(2) 동시개설신용장(Back to Back Credit)

양국의 무역균형을 유지하기 위하여 사용되는 신용장으로 한 나라의 수입자가 정액의 수입신용장을 발행할 경우 그 신용장은 상대방에게서 같은 금액의 수입신용장을 발행하는 경우에만 유효하다는 조건이 붙은 신용장을 말한다.[51)]

(3) 토마스신용장(TOMAS Credit)

수출자와 수입자가 서로 같은 금액의 신용장을 개설하는데 일방이 신용장을 먼저 개설하고 일정기간 이후에 동액의 신용장을 개설하겠다는 요지의 보증서를 발급하는 조건으로 개설된 신용장을 말한다.[52)]

10) 선대신용장(Red Clause or Packing L/C)

신용장상에 개설은행이 지정은행에게 일정한 조건하에 수출자에게 수출대금을 선불해 주도록 허용하는 문구가 있는 신용장이다. 선대신용장의 유래는 신용장상에 수출대금의 일부를 선적 전에 미리 결제할 수 있다는 적색문언으로 표시되었다고 하여 'red clause' 라고도 한다. 또한 선대대금으로 수출물품을 구매하여 포장한다는 의미에서 'packing credit' 이라고도 한다. 선대신용장은 본지사 간의 거래나 플랜트 수출 등에 사용된다.

11) 회전신용장(Revolving Credit)

회전신용장은 수출자와 수입자가 동종물품을 일정기간을 정하고 일정금액의 신용장을 발행하여 어떠한 조건변경 없이도 일정한 조건에 따라서 수회에 걸쳐 자동적으로 갱신될 수 있도록 한 신용장이다.

회전신용장의 회전방법은 첫째, 개설은행에 의하여 환어음이 지급 완료될 경우, 둘째, 개설은행으로 서류 송부 후 일정기간 이내에 지급거절 통지가 없는 경우, 셋째, 신용장상에 일정기간을 두고 그 기간이 지나면 자동적으로 갱신되는 경우이다.

---

51) 미국에서 Back to Back Credit는 내국신용장의 뜻으로 사용된다.
52) 일 · 중 거래에서 처음 사용되었는데 TOMAS는 일본상사의 전신약호이다.

12) 보증신용장(Standby Credit)

보증신용장은 미국에서 기원한 것으로 은행보증을 대체하는 수단으로 출현[53]하였다. 미국의 연방은행법(National Bank Act)에서는 은행은 타인의 채무에 대하여 보증할 권한이 법규에 의하여 수권되지 아니하였다는 이유로 은행의 보증행위는 월권행위(ultra vires acts)라고 판결[54]함으로써 사실상 은행의 보증서 발행은 금지되었다. 즉, 보증은 보험회사 및 보증회사의 독점적 영역에 속하는 것으로 보는 것이다.[55] 이렇듯 은행의 보증행위가 금지되고 상대적으로 보증을 할 권한이 없는 미국의 은행들이 보증행위를 수행하고 있는 외국은행과의 경쟁에서 불리한 입장에 놓이게 되자, 미국 은행업계는 은행의 영업능력 범위 내에서 신용장에 보증의 성격을 부가한 보증신용장을 고안하였다. 즉, 보증신용장은 화환신용장 형식을 취한 은행보증이라 할 수 있다.

미국 내에서 보증신용장의 발행금액은 증가되고 있고, 그 기능도 다양해지고 있다. 원래 보증신용장은 원채무자의 금융적 채무 외에도 비금융적 채무를 보증하는데 사용되었고, 나아가 원래의 금융채무의 사용을 제고하는 데도 사용되었다. 특히 미국에서는 현재 화환신용장이 사용되는 분야에도 보증신용장을 사용하는 경향이 있다.

보증신용장은 은행보증(bank guarantee), 요구불보증(demand guarantee), 보증(guarantees)과 같은 용어로 다양하게 알려져 있는데, 법률 관점에서 보면 이것들은 동의어다.

보증신용장은 주채무와는 독립적인 지급약속이라고 할 수 있다. 즉, 그 형태는 일차적인 지급약속[56]을 취하되, 기초계약상의 원채무자의 채무불이행[57] 또는 지급요청이 있는 경우에 이용된다. 보증신용장에서 수익자는 신용장의 개설의뢰인이 채무불이행 진술서(non-performance statement) 또는 채무불이행 확인서(certificate

53) Roy Goode, *Guide to the ICC Uniform Rules for Demand Guarantees*, International Chamber of Commerce (1992) p.16.

54) Bowen v. Needles National Bank, 94 F 925 (9th Cir 1889).

55) Bertrams, *Bank Guarantees in International Trade*, 2nd revised ed., Kluwer Law International (1996) p.4.

56) James S. Hamada v. Far East National Bank 사건에서 Thomas 판사는 "The key distinction between letter of credit and guarantee is that the issuer's obligation under a letter of credit is primary whereas a guarantee's obligation is secondary"라고 하여 보증신용장거래에서 개설은행의 지급의무는 일차적임을 판결하였다.

57) 직접지급스탠바이(Direct Pay Standby)의 경우에는 채무불이행이 일어나지 않는다(James E. Byrne, ibid, p.3.).

of default)와 보증신용장만으로 대금을 받을 수 있다. 반면에 은행보증은 인과관계에 있는 주채무에 대한 부종보증(surety guarantee)[58]이다. 부종보증은 수익자가 원채무자의 채무불이행 입증 없이 보증인에게 지급청구를 할 수 없다.

보증신용장의 다양한 기능 중 수출거래와 관련된 종류를 상술하면 다음과 같다.

첫째, 상업보증용(commercial standby)은 물품매매와 관련하여 수출자가 기초계약에 근거하여 대금지급을 이행하지 않을 경우에 수출자에게 매매대금을 지급할 것을 약정하는 신용장이다. 일반적으로 수출자의 신용위험을 대처할 수 있는 방안으로 사용된다.

둘째, 직접지급보증용(direct pay standby)은 의무불이행 없이 정기적으로 기한이 되었을 때 원금이나 이자 또는 양자 모두를 지급할 것을 규정하고 자본시장에서 자금제공을 지원하는 데 사용된다.

셋째, 이행보증용(performance standby)은 개설의뢰인이 금전채무 이외의 계약의무를 불이행하는 경우에는 약정된 금액을 수익자에게 지급하기로 약정한 보증장이다. 개설의뢰인이 기초계약에 따른 의무를 불이행함으로써 수익자에게 야기될 수 있는 손실을 회복하기 위한 목적으로 주로 사용되고 있다.

넷째, 금융보증용(financial standby)은 채권 · 채무와 관련하여 흔히 사용되는 일반적인 보증에 가장 근접한 형태라 할 수 있다. 채무자에 의한 채무불이행이 있을 경우에 개설은행이 채권자에게 금전을 지급할 것을 약정한 보증신용장이다.

우리나라에서는 물품구입 또는 현지에서 필요한 자금을 융자받고자 하는 기업들이 현지금융을 위한 담보수단으로 많이 활용하고 있다. 실제로 금융보증신용장에 의한 불이행에 의한 지급이 이루어지는 비율이 높지 않기 때문에 그 이용이 증대되었다.[59]

다섯째, 구상보증용(counter standby)은 수익자에 의한 보증신용장의 발행 또는 다른 약정, 즉 화환신용장에 따른 개설은행의 지급약정을 보증하기 위한 용도로 사용되는 보증신용장을 말한다. 이런 유형의 보증신용장 거래에서는 두 개의 신용장이 연계되어 사용되는 경우가 많고, 동일한 은행이 수익자가 된다.

---

58) 부종보증은 그 의도와 형태 모든 점에서 이차적이다. 보증인은 오직 원채무자의 채무불이행이 있을 때에 그리고 오직 원채무자의 책임의 존재를 한도로 나아가 원채무자가 갖는 모든 항변을 가지고서, 보증지급채무를 부담한다는 (혹은 기초계약상의 원채무자의 채무를 이행한다는) 것이 양 당사자의 의도이다. 이러한 의사는 보증의 형태에 반영되고, 그리하여 부종보증은 원채무자의 불이행이 있는 때에 비로소 지급된다고 명시된다.

59) 강원진 · 이상훈, "국제거래에서 화환신용장 대체적 결제수단으로서의 보증신용장의 활용", 「국제상학」, 제19권 제4호 (한국국제상학회, 2004), 98면 참조.

보증신용장은 신용장조건에 일치하는 서류의 제시에 따라 대금이 지급된다는 점에서는 일반적으로 화환신용장과 유사하지만, 다음과 같은 점에서 화환신용장과 차이가 있다.

첫째, 구비서류의 용이성이다. 화환신용장에서는 수출자는 대금회수를 위하여 화환신용장상에 요구하는 서류인 환어음, 선하증권, 상업송장, 보험증권, 원산지증명서 또는 검사증명서 등[60]을 준비하여 매입은행 등을 경유하여 개설은행에 제시하면, 개설은행은 서류를 심사하여 신용장조건과 불일치할 경우에 수입장의 이러한 불일치를 용인하지 않는 한 대금지급을 거절한다. 이때 수출자는 신용장의 유효기일이 경과되지 않는 한 서류를 보완하여 다시 은행에 서류를 제시하게 된다. 이러한 화환신용장의 문제점은 실무적으로 서류불일치[61] 비율이 너무 높다는 것이다. 프랑스에서는 미국, 영국, 북구행의 경우 50%~60%, 라틴제국행의 경우 80%, 홍콩행에서는 무려 90%에 달하는 것을 볼 때, 화환신용장에서 요구하는 일치된 서류를 구비하는 것은 상당히 복잡한 일이라고 할 수 있다.[62]

불일치한 서류를 보완하기 위하여 수출자는 서류보완작업에 보다 많은 시간과 비용을 들여야 한다. 이런 서류작업의 비효율성 증대는 수출자의 입장에서 화환신용장의 효용을 감소시켰고, 또한 서류작업에 소요되는 비용의 증가라는 측면에서 화환신용장 이용을 기피하게 만드는 원인이 되고 있다. 반면에 보증신용장은 개설의뢰인이 기본계약을 불이행하였다는 수익자의 불이행진술서와 환어음만 있으면 대금을 지급받을 수 있으므로 화환신용장방식보다 서류가 간편하고, 또한 채무 불이행시에만 서류를 제시하면 되기 때문에 개설은행의 개입가능성이 적다.

둘째, 지급구조의 차이점이다. 화환신용장은 수출자가 기초계약의 의무를 이행하는 과정에서 수출대금회수를 위해서는 반드시 신용장에 의한 대금청구를 하게 되지만, 보증신용장은 수입자의 지급 불이행시에만 대금청구를 하게 되는 지급구조의 차이가 있다. 화환신용장의 당사자들은 수익자가 발행하는 어음의 지급을 미리 기대하고 있으며, 지급이행은 수출자가 개설된 신용장 조건에 일치하는 서류를 제시함으로써 이루어진다. 하지만 보증신용장은 당사자들이 일반적으로 일람환어음, 불

---

60) UNCITRAL, Report of the Secretary-General : Stand-by Letter of Credit(A/CN.9/301), para.17.

61) 서류불일치의 주요한 유형은 서류상의 오자, 탈자와 같은 서류 자체의 하자가 전체 불일치의 약 85%로 가장 많은 비중을 차지하고 있으며, 그 이외의 불일치로는 서류의 누락, 지연선적, 지연제시, 유효기일의 경과, 환어음 금액의 초과발행, 분할선적 등이 있다(J. M. Ronald, *The Role of Letters of Credit in Payment Transaction*, Michigan Law Review, Vol 98 (2000) p.2506.).

62) 박석재, 전게논문, p.334.

이행진술서, 보증신용장의 제시에 의한 지급을 기대하지 않는다.

셋째, 수입자는 보증신용장을 사용할 경우에 화환신용장에 비하여 신속하게 선적서류를 인수받을 수 있다. 화환신용장은 엄격일치성의 원칙에 따라 수출자로부터 제시된 서류를 신용장조건과 일치하는지를 심사한다. 이러한 심사는 인간의 눈으로 행하는 것 이외에는 다른 방법이 없으므로 상당한 시간이 소요된다. 이 기간 동안 물품이 선적서류보다 먼저 도착하게 되면서 화물의 수령에 지장이 생기는 선하증권의 위기(B/L Crisis)가 종종 발생한다.[63] 반면에 보증신용장은 수출자가 선적 후 즉시 선적서류를 수입자에게 직접 송부하므로 일반적으로 선적서류가 물품보다 먼저 목적지에 도착하게 되어서 선하증권의 위기도 발생하지 않는다.

넷째, 보증신용장은 화환신용장에 비하여 수출대금 회수시 비용이 더 저렴하다. 화환신용장방식은 수출자의 입장에서 수출대금회수를 위해서는 복잡하고 다양한 서류가 요구되며, 거래절차 또한 복잡하다. 반면에 보증신용장은 수입자가 스스로 대금결제를 할 때에는 보증신용장이 필요하지 않아서 거래절차가 단순하다. 만약 수입자가 결제일에 대금지급을 하지 않더라도, 수출자는 자신이 작성한 불이행진술서와 보증신용장을 제시하거나 또는 매매계약의 이행을 판단하기 위한 최소한의 서류만 제시하면 되므로 서류심사에 의한 불필요한 지연이 발생되지 않아서 서류심사 비용과 은행수수료를 절약할 수 있다.

6. 신용장의 개설

1) 화환신용장 거래절차

화환신용장의 거래절차를 신용장 당사자를 중심으로 그림을 참조하여 설명하면 다음과 같다.

① 거래당사자인 수출자와 수입자 간에 매매계약을 체결한다. 이때 매매계약의 대금결제방식을 화환신용장방식으로 한다.
② 수입자(개설의뢰인)는 자신의 거래은행에 신용장개설을 의뢰한다.
③ 개설은행은 개설의뢰인의 요청과 지시에 따라 신용장을 개설하고 통지은행 앞으로 신용장 개설을 통지한다.
④ 통지은행은 수익자에게 신용장을 통지한다.
⑤ 수익자는 계약물품을 제조 · 가공하거나 완제품을 공급받아 수출통관수속을

63) 박석재, 전게논문, p.334.

〈화환신용장 거래절차〉

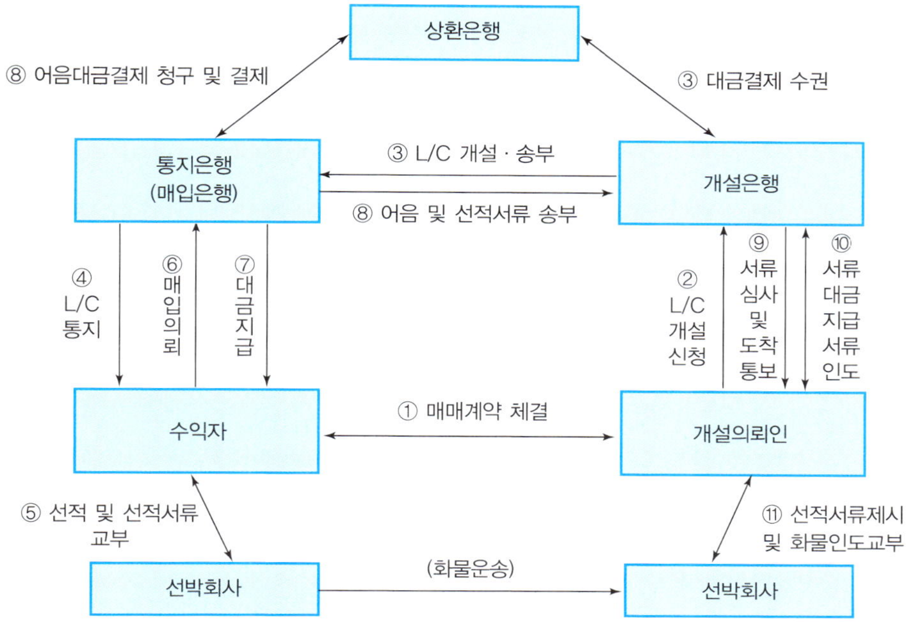

마치고 운송인에게 물품을 인도하거나 선적을 완료하고 운송서류를 발급받는다.

⑥ 수익자는 신용장에서 요구하는 서류를 준비하고 환어음을 발행하여 매입은행에 매입을 의뢰한다.

⑦ 매입은행은 신용장조건과 수익자가 제시한 서류를 심사하고 수익자에게 대금을 지급한다.[64]

⑧ 매입은행은 매입한 환어음과 서류를 개설은행 앞으로 송부하여 대금결제를 요청하지만, 경우에 따라 상환은행 앞으로 상환청구하기도 한다. 개설은행은 매입은행에 직접 신용장 대금결제하거나, 상환은행에 수권하였을 경우에는 상환은행에서 대금결제를 한다. 이 경우 개설은행은 상환은행의 상환대금을 자기의 계정에서 차감정산하거나 결제하게 된다.

⑨ 개설은행은 서류심사 후 신용장조건과 일치할 경우에 개설의뢰인에게 신용장관련 서류를 인도한다.

⑩ 개설의뢰인은 수입대금을 지급하고 개설은행은 선적서류를 인도한다.

---

64) 매입은행이 송부한 신용장관련 서류가 신용장 조건과 불일치하여 개설은행이 대금지급을 거절할 경우에는 매입은행은 기지급한 매입대금에 대하여 상환청구권을 가질 수 있다.

⑪ 개설의뢰인은 개설은행로부터 인도받은 선적서류를 가지고 수입지 세관에서 수입통관절차를 완료하고 운송회사에게 운송서류를 제시하고 화물을 인수하게 된다.

2) 신용장 개설

신용장을 개설하기 위해서는 수입자격을 가진 수입자가 수입절차에 따라 수입승인(또는 허가)을 얻은 후 일정한 기간 내에 ① 외국환거래약정서 ② 취소불능화환신용장개설신청서 ③ 수입승인서(Import License: I/L) ④ 계약관련서류(offer sheet) 등을 구비하여 외국환은행에 신용장 개설신청을 하면 된다.

이와 같이 개설의뢰인이 신용장개설신청서와 외국환거래약정서(신청서의 이면에 기재)를 은행에 제출하고 소정의 수수료와 신용이 부족한 경우 개설에 대한 현금담보로서의 수입보증금을 은행에 납부하면, 은행은 신용장을 발행하여 수출국의 통지은행을 통하여 신용장의 수익자(수출자)에게 전달하게 된다.

신용장의 개설방법으로서는 전신(cable: full cable, short cable)[65]과 우편(mail)의 2가지가 있다. 전신방식에는 cable, FAX 및 EDI 방식이 있다. 오늘날에는 SWIFT[66] 시스템을 이용한 EDI 방식의 L/C가 많이 사용되는 추세이다.

신용장 개설시 유의사항은 다음과 같다.

① 신용장금액은 어떠한 경우에도 수입허가(승인)금액(I/L amount)을 초과할 수 없다.
② 물품명세 및 가격조건은 수입허가서(I/L)상의 명세와 완전히 일치하여야 한다. 그러나 I/L 내용보다 더욱 자세한 물품명세의 표시는 가능하다.
③ 필요한 선적서류는 구체적으로 명시하여야 한다.
④ 선적항과 도착항의 표시는 수입허가서(I/L)상의 명세와 일치하여야 한다.
⑤ 물품명세서에 Details as per Beneficiary's Offer No. 11로 기재될 경우에는 당해 오퍼를 신용장발행신청서에 첨부 · 제출한다.
⑥ 분할선적과 환적의 허용여부를 분명히 밝혀야 한다. 아무런 언급이 없으면 허용되는 것으로 간주된다.

---

65) Short Cable은 Mail L/C의 사전통지서의 역할을 한다.

66) 이는 'Society for Worldwide Interbank Financial Telecommunication'의 약어로 세계 각국에 있는 외국환은행 상호간에 온라인망으로 연결하여 국제간의 자금결제 및 메시지 교환을 보다 신속하고 안전하게 처리하기 위한 국제은행업무의 자동화를 의미하며, 1973년에 벨기에에 본부를 두고 처음 설립된 비영리 협동조합이다.

⑦ 신용장 유효기일(expiry date)은 I/L의 유효기일에서 상대국으로부터의 항해일수를 차감한 범위 내로 정해야 한다. 왜냐하면 I/L의 유효기일 내에 수입대금 결제가 완료되어야 하기 때문이다.

⑧ 선적마감날짜(선적기일) 역시 항해일수와 수입통관일수 등을 고려하여 수입물품을 실제로 입수하게 되는 예정날짜를 계산하여 국내시장 공급이나 자가수요에 차질이 없도록 해야 한다.

⑨ 선적서류 등의 제시기간은 신용장 유효기일에서 선적기일(the latest shipping date)을 차감한 일수를 그 기간으로 한다. 즉 선적기일이 1월 10일이면 선적 후 선적서류 제시기간을 20일로 하여 신용장 마감(유효기일) 날짜를 1월 30일 정도로 하면 된다.

⑩ 신용장은 Cable로 개설할 수도 있고, Mail로 할 수도 있으므로 해당되는 곳에 표시한다.

3) 신용장의 조건변경 및 취소

신용장의 조건변경(amendment)은 이미 개설된 신용장에 의거, 상거래를 진행하는 도중에 그 신용장의 조건을 다른 조건으로 변경하고자 할 때 그 원신용장의 내용을 수정, 변경하는 것을 말하며 신용장의 취소는 이미 개설된 신용장을 무효화시키는 것을 말한다. 신용장의 조건변경이나 취소는 취소불능신용장의 경우 신용장 관계당사자 전원(개설의뢰인, 개설은행, 수익자)의 동의가 없이는 불가능하다.[67)]

취소불능신용장의 취소는 다음 순서에 의한다.

취소신청(개설의뢰인) → 개설은행 → 통지은행 경유 → 수익자의 취소동의 → 원신용장의 회수 → 통지은행(개설은행의 요청시 반환) → 개설은행

신용장의 조건을 변경할 때도 Revised Offer를 첨부하여 수입허가사항변경허가를 받고(수입허가사항의 변경이 있을 때) 신용장조건변경의뢰서(application for amendment to letter of credit)를 제출한다.

개설은행이 이를 승낙, 통지은행을 통하여 신용장의 수익자에게 하고 수익자가 그 조건변경을 통지해온 은행에게 조건변경을 승낙한다는 통지를 할 때 신용장 변경은 유효해진다. 그 이전까지는 원신용장이 계속 효력을 유지하게 되는 것이다.[68)]

신용장 조건변경은 주로 기한연장, 금액의 증감, 환적 또는 분할선적허용, 선적

---

67) Confirming L/C가 있는 경우에는 확인은행도 포함된다.
68) UCP 600 제10조.

항 또는 도착항의 변경 등이다.

한편 1회의 조건행위 중에 신용장 조건변경 항목이 여러 가지 있을 수 있는데, 이와 같은 경우 조건내용의 일부는 승낙하고 일부는 거절하는 것은 불가능하며 그 내용 전부를 승낙하든지 거절하든지 하여야 한다.[69)]

4) 신용장의 확인 · 양도

신용장의 확인은 개설은행이 지급을 확약하고 있는 취소불능신용장에 대하여 제3의 은행이 지급 · 인수를 확약하고 환어음의 발행인에 대하여 어음매입대금의 상환청구권 없이(without recourse to the drawer) 매입을 확약하는 것이다.

개설의뢰인이 확인을 요청할 때는 special instruction 안에 'please advise the beneficiary, adding you confirmation' 이라고 써 넣으면 된다.

신용장의 양도는 신용장상에 'Transferable' 이 기재되어 있는 경우에 가능하며 이 경우 특히 다른 명시가 없는 한, 외국에 있는 자에게 양도하는 것도 가능하다. 이러한 양도허용의 문언은 개설의뢰인의 요구가 있는 경우에 한하여 기재된다.

신용장의 양도는 원칙적으로 원신용장과 동일조건이어야 하는데, 원수익자(first beneficiary)로부터 의뢰가 있는 때에는 단가, 유효기간 및 선적기한을 감액 및 단축하여 양도할 수 있다.[70)]

신용장 양도시 유의하여야 하는 것은 양도의 회수로서 Transferable L/C[71)]라 하더라도 계속해서 양도하는 것은 상대방을 신뢰하고 작성된 매매계약의 본 취지에 어긋나므로 신용장 통일규칙에서는 1회에 한하여 양도를 인정해 주고 있다. 즉 피양도인(second beneficiary; 제2수익자)이 다시 타인에 양도하는 것은 불가능하다. 단, 일회에 한한다고 하는 것은 분할양도와는 별개의 문제로서, 특히 금지되어 있지 않는 한 전부를 1인(full transfer)에게 혹은 여러 사람에게 분할하여 양도도 가능하다. 또한 일부만 양도하고(partial transfer; 일부양도) 나머지를 자신이 사용할 수도 있다. 분할양도는 분할선적이 인정되는 경우에 한하여 허용된다. 따라서 만약 L/C에 분할선적금지(partial shipments are prohibited)라는 뜻이 기재되어 있을 때에는

69) 신용장 변경내용에 대한 일부승낙은 허용되지 않으며 효력도 없다(UCP 600 제10조 e항).

70) 신용장 양도시 원신용장보다 감액 또는 단축될 수 있는 조건은 ① 신용장 금액 ② 물품의 단가 ③ 신용장 유효기일 ④ 서류제시 최종기일 ⑤ 선적기일이고 원신용장만큼 증액될 수 있는 조건은 보험부보금액 백분율이다(UCP 600 제38조 g항).

71) 양도가능한 의미로 transferable 외에 divisible, fractionable, assignable, transmissible 등 다른 용어는 사용할 수 없다(UCP 600 제38조 b항).

분할양도가 인정되지 않는다.[72)]

7. 신용장의 구성

신용장은 일반적으로 다음과 같이 구성된다. 첫째, 신용장 자체에 관한 사항은 신용장거래의 당사자, 개설일자 및 장소, 유효기일 및 장소, 금액 등이 있다. 물품 및 선적에 관한 사항으로 가격조건, 선적지 양륙지, 선적기일, 분할과 환적 등이 있다. 셋째, 환어음에 관한 사항은 어음의 종류 및 지급기간, 환어음 지급인 등이다. 넷째, 선적서류에 관한 사항으로는 기본서류로 상업송장(commercial invoice), 포장명세서(packing list), 선하증권(bill of loading), 보험증권(insurance policy) 등이 있으며, 그 외 부속서류에는 원산지증명서(certificate of origin), 검사증명서(inspection certificate) 등이 있다. 다섯째, 기타사항으로 은행의 수수료 부담, 서류제시기일, 선박지정 등으로 나눌 수 있다. 이를 구체적으로 살펴보면 다음과 같다.

1) 신용장 자체에 관한 기재사항

(1) 신용장거래의 당사자

신용장거래의 당사자로 수익자(beneficiary) 및 개설의뢰인(applicant)의 성명 및 주소를 표시하여야 한다. 회사명을 기입할 때 약호를 사용하지 않는 것이 좋다.

(2) 신용장 금액

신용장 금액은 숫자와 문자를 병기해서 기재한다. 신용장상의 금액을 초과한 환어음을 발행할 수 없다. 신용장 금액은 예컨대 'USD 100,000.20(USD One Hundred Thousand and Twenty Cent Only)' 라고 병기하여 표시하면 된다.

(3) 신용장 유효기간(Expiry Date) 및 장소

개설은행은 신용장 개설일로부터 명시된 유효기일까지를 포함하는 기일까지 수익자에 대하여 지급확약을 하고 있는 것이다. 신용장의 유효기간 및 장소는 예컨대 'May 20, 20XX in Seoul Korea' 라고 표시하면 된다.

2) 물품 및 선적에 관한 사항

(1) 가격조건

신용장상의 물품의 명세와 가격조건은 매매계약과 일치하여야 하며 이것은 다시 송

72) UCP 600 제38조 d항.

장의 기재내용과도 일치하여야 한다.

신용장 개설시 물품의 명세를 지나치게 자세하게 명시하지 말고 완전하고 간결하게 표시하여야 한다. 상업송장을 제외한 기타 모든 서류에는 신용장상의 물품명세와 모순되지 않는 일반적인 용어로 기재할 수 있다.[73)]

가격조건에는 FOB, CFR 또는 CIF와 같은 매매계약에서 약정된 정형거래조건을 표시한다. 이러한 정형거래조건은 가격조건인 동시에 인도조건인 것에 유의하여야 한다.

(2) 선적지와 양륙지

선적(shipment)이라는 개념은 복합운송의 도입으로 적재(loading on board)뿐만 아니라 발송(dispatch)이나 수탁(taking in charge), 운송을 위한 인수(accepted for carriage) 등까지 포괄하는 개념이다. 도착지에는 복합운송의 경우에 최종목적지가 기재되고 해상운송의 경우에는 도착항이 기재된다. 실무적으로 유의하여야 할 것은 선적지와 도착지는 매매계약서에 표시된 것과 신용장에 표시된 것이 일치하여야 한다.

(3) 선적기일(Shipping Date)

선적일의 기준은 선적서류의 발행일자 또는 선적이나 발송을 증명하는 접수인의 일자로 하며, 최종선적일이 공휴일이라도 선적기한은 연장되지 않으며, 또한 선적기한이 신용장에 표시되어 있지 않으면 신용장 유효기일까지 선적하여야 한다.

선적기한을 특정 월 · 일로 표시하지 않고 'immediately', 'prompt' 또는 'as soon as possible' 및 이와 유사한 표현을 사용했을 경우 은행은 이를 무시하도록 규정하고 있고, 특정일자 앞에 'on or about' 나 이와 유사한 표현이 사용되었으면 특정일 전후 5일(11일간) 사이에 선적되는 것으로 해석하여야 한다.

선적과 관련하여 Shipment from 다음에는 선적지를, to 다음에는 화물의 도착지를 표시하며 Latest 다음에는 선적기한, 즉 물품의 최종 선적일을 기재한다. 예컨대 'Shipment from New York U.S.A to Busan Korea Latest on May. 10. 2010' 라고 표시하면 늦어도 2010년 5월 10일까지 미국 뉴욕에서 대한민국 부산으로 화물을 선적하여야 한다는 것이다.

(4) 분할선적과 환적

분할선적을 금지할 경우에는 'partial shipments are prohibited' 나 'partial shipments are not allowed' 로 표시하고, 이러한 금지표시가 없거나 'allowed' 나

---

73) UCP 600 제14조 e항.

'permitted' 등의 표시가 있으면 분할선적은 허용된다.

분할선적을 금지하고 있는 경우에도 동일항해의 동일선박에 선적되었다면 비록 몇 차례 나누어 선적하여 선하증권상의 일부가 다르고 선적항이 달라도 분할선적으로 간주되지 않으며, 선적서류가 동일운송업자 또는 수탁지 그리고 동일목적지를 표시하고 있는 경우에는 분할선적으로 간주되지 않는다.

환적을 금지시킬 필요가 있는 경우에는 반드시 신용장에 'transhipment probibitited' 또는 'transhipment not allowed' 라고 명시하여야 한다.

환적은 선적한 화물을 다른 선박 또는 다른 운송수단에 옮겨 싣는 것을 의미한다. 이러한 화물에 대한 처리는 복합운송의 경우 반드시 발생한다. 즉, 화물의 수탁지에서 선적지, 양륙지 및 최종목적지까지 이르는 구간에서 선박에서 선박, 철도화차에서 선박, 자동차에서 철도화차 등의 동일운송방식 또는 다른 운송방식 간에 환적이 필연적으로 이루어지게 된다. 복합운송에서는 당연히 환적을 전제하므로 허용된다.

3) 환어음에 관한 사항

(1) 어음의 지급기일(Tenor of Draft)

어음의 종류는 일람불어음(sight draft)과 기한부어음(usance draft)으로 나눌 수 있다. 일람불어음은 'at sight' 라고 표시하면 되고, 기한부어음의 경우에는 '30days after sight' 또는 '30days after B/L date' 등으로 표시하면 된다.

(2) 어음의 발행금액

환어음의 발행금액은 보통 Invoice 금액과 일치하여 'for 100% of Invoice value' 로 표기하는 것이 원칙이다. 하지만 bulk cargo인 경우에는 100% 미만으로 어음을 발행할 수도 있다. 예컨대 'for 95% of Invoice value' 라고 표시할 수 있다.

(3) 환어음의 지급인

신용장상의 환어음의 지급인은 개설은행이 되며 개설은행에 의하여 수권된 은행이 될 수도 있다. 하지만 신용장거래에서 개설의뢰인은 환어음의 지급인(drawee)이 될 수 없다.

4) 선적서류에 관한 사항

신용장상에 요구하는 기본서류로는 상업송장(commerical invoice), 선하증권(bill of L), 포장명세서(packing list), 보험증권와 같은 서류가 있고, 그 외 부속서류에는 원산지증명서(certificate of origin), 검사증명서(inspection certificate) 등이 있다.

(1) 상업송장(Commercial Invoice)

상업송장은 매도인이 매수인 앞으로 보내는 선적화물의 명세서인 동시에 대금청구서이다. 상업송장의 금액은 신용장 금액을 초과할 수 없으며 또한 상업송장상의 물품의 명세는 신용장상의 명세와 일치하여야 한다.[74]

신용장 조건에서 상업송장 이외의 영사송장(consular invoice), 세관송장(customs invoice) 등을 요구하는 경우도 있다.[75]

(2) 선하증권(Bill of Lading: B/L)

선하증권은 운송인이 화주로부터 화물을 수령 또는 선적하였음을 나타내며 도착항까지 운송하여 선하증권상의 정당한 소지인에게 화물의 인도를 약속하는 권리증권(documents of title)이자 유가증권(valueable instrument)이다.

신용장은 일반적으로 선하증권 전통을 요구하고, 무사고선하증권을 요구한다.

선하증권상 수화인(consignee)은 실무적으로 개설은행의 채권확보를 위하여 개설은행으로 지정되는 경우가 많다.

운임지급 여부 표시는 운임선불의 경우에는 'Freight Prepaid' 라고 기재하여야 하고 운임후불의 경우에는 'Freight Collect' 라고 기재하면 된다.

실무적으로 운임선불과 후불의 구분은 매매계약상의 정형거래조건에 따라 결정되는데 F조건은 운임후불조건이고 C조건은 운임선불조건이 된다.

(3) 보험서류(Insurance Document)

보험서류에는 보험증권(insurance policy), 보험증명서(certificate of insurance) 또는 보험승낙서(cover note) 등이 있다.

신용장거래에서 보험증권(insurance policy), 보험증명서(insurance certificate)는 수리된다. 하지만 보험승낙서(cover note)는 보험서류로 수리되지 않는다.[76]

CIP 또는 CIF 조건의 경우에는 매도인은 신용장 매입시 보험서류를 제시하여야 한다. 보험금액은 별도의 명시가 없는 한 송장금액의 110%를 부보하여야 한다. 또한 보험부보범위는 별도의 명시가 없는 한 최소담보조건으로 보험에 부보하면 된다.

---

74) UCP 600 제18조.

75) ISBP Para. 57.

76) 보험승낙서는 특정화물에 대해 보험부보를 하고 보험료를 수취하였음을 보험중개업자(broker)가 증명하는 일종의 각서이기 때문에 은행은 수리하지 않는다.

(4) 포장명세서(Packing List)

포장명세서란 선적화물의 포장 및 포장단위별 명세와 중량 등을 기재한 서류이다. 포장명세서는 필수적으로 제공되어야 하는 서류는 아니지만 일반적으로 무역거래에서 제공되는 서류이다. 포장명세서란에는 필요한 통수를 표시하고 포장이 필요할 경우에는 그 포장방법에 대한 지시사항을 표시하여야 한다.

(5) 원산지증명서(Certificate of Origin)

원산지증명서는 수출물품의 원산지를 증명하는 서류이다. 개별 및 기관 발행시 가능하다.

(6) 검사증명서(Inspection Certificate)

수출품의 품질 등에 대하여 매매계약에서 약정된 품질조건 등을 이행하였는지의 여부를 증명하기 위하여 제공하는 서류이다.

검사증명서는 수입자의 요청이 있을 경우에는 수출자가 제공하는 서류로 검사기관을 지정하여 그 기관의 공인검사증명서를 첨부하는 경우와 수출자의 자체 검사기준에 의하여 수익자의 검사증명서를 첨부하는 경우가 있다.

5) 기타사항

(1) 은행수수료(Banking Charge)

신용장 개설지 이외에서 발생되는 모든 은행수수료에 대하여 사전에 합의하지 않으면 신용장거래 당사자 간에 분쟁이 발생할 수 있기 때문에 은행수수료 부담자를 명확히 표시할 필요가 있다. 신용장상에 수익자 부담으로 되어 있을 경우에는 'for account of beneficiary' 라고 기재하면 되고 개설의뢰인 부담일 경우에는 'for account of accountee(Applicant)' 라고 기재하면 된다.

(2) 서류제시기일

모든 신용장에는 신용장 유효기일 이외에 선적일 이후부터 일정기간을 정하여 매입 · 지급 또는 인수를 위하여 서류를 제시하여야 할 특정기일을 명시하여야 한다.

신용장에 특히 서류의 제시기간이 명시되어 있지 않을 경우에는 운송서류의 발행일 후 21일이 경과한 서류에 대하여서는 은행이 거절하여야 한다. 어떠한 경우에도 서류는 신용장의 유효기간 종료일 이전에 제시되어야 한다.

(3) 운송수단의 지정

수입자에게 특별한 선박을 지정할 필요가 있을 때는 선박회사명 또는 선박명을 지정하여 기재할 수도 있다. 예컨대 'Shipment by **Han Jin Line**' 또는 'Shipment by **Korean Airline**' 과 같이 표시할 수 있다. 선박의 지정이 없을 때는 수출자가 선적기일에 맞추어 임의로 선적할 수 있다.

V. 기타 결제방식

1. 상호계산방식

1) 의의

상호계산(offsetting, netting)방식[77]은 본지사 간 또는 고정거래선과 수출입 · 자본 · 용역거래 등으로 채권 · 채무가 빈번히 발생할 경우[78]에 지정거래외국환은행에 공동의 계정을 두고 서로 상쇄하고 남은 차액만을 결제하는 방식을 말한다. 상호계산은 외환거래 때 부대비용 절감효과가 커서 선진국에서는 보편화된 결제방식이다. 하지만 우리나라에서는 제한적으로 허용되고 있다.[79]

상호계산은 1년 이내의 월단위로 정기적[80]으로 대기 또는 차기를 행하는 외국환거래의 방식으로 거래형태나 출자액에 상관없이 지정거래 외국환은행장에게 신고하면 된다.[81] 반면에 상계[82]는 일반기업체 및 외국인 투자기업의 출자액이 1천만 불 미만인 경우에는 일반수출입 형태의 무역에서는 한국은행총재에게 신고하여야 하

---

77) 실무적으로 상계와 상호계산의 차이점에 대한 혼동이 많이 발생한다. 상계는 기발생한 채 권 · 채무를 금전수수 없이 장부상으로만 대기 또는 차기하는 방식으로 결제하는 것으로서 건당 한국은행에 신고하여야 한다. 반면에 상호계산은 외환거래가 빈번한 기업들 간 채권 · 채무를 거래건별로 결제하지 않고 일정기간 동안 발생하는 채권 · 채무를 합산하여 그 차액을 지급 또는 영수하는 것이다. 상계의 경우 다자간 상계가 허용되나, 상호계산의 경우 허용되지 않는다.

78) Kenneth D. Weiss, *Building an Import/Export Business*, N. Y. John Wiely & Sons, Inc. (1991) p.95.

79) 우리나라의 경우 외국환거래법에서 세금포탈의 가능성 때문에 상호계산 사용을 제한하고 본사-현지법인, 외국지사-외국본사 경우에만 허용하고 있다.

80) 당사자 간에 별도의 합의가 없을 경우 상법 제74조에서는 그 기간을 6월로 한다.

81) 무역대금결제시 상호계산을 위한 절차를 구체적으로 살펴보면 다음과 같다. ① 상호계산신고서 제출, ② 본지사 간 또는 고정거래선과의 상호계산 결제계약서 제출, ③ 상호계산계정 결산대기잔액처분신고서 제출, ④ 상호계산거래 장부 및 관련 증빙서류 보관

82) 일반상계의 범위는 아래의 거래에서만 사용할 수 있다.

나, 연계 및 위탁가공 무역에서는 신고하지 않아도 된다. 외국인투자기업으로 출자액이 1천만 불 이상인 경우에는 외국환은행에 신고하여야 한다.

상호계산은 크게 양자 간 상호계산(bilateral-netting)과 다자간 상호계산(multi-netting)으로 구분할 수 있다.

양자 간 상호계산은 두 회사 간의 빈번한 대외거래로 발생하는 채권 · 채무를 월 단위의 결산기간을 두고 서로 상계 처리하는 결제방식이고, 다자간 상호계산은 세 개 이상의 회사 간 빈번한 대외거래로 발생하는 채권 · 채무를 월단위의 결산기간을 두고 다자간으로 서로 상계하는 결제방식이다.

다자간 상호계산은 주로 전 세계에 걸쳐 구매 · 생산 · 유통 · 판매 활동이 일어나고 있는 다국적 기업들이 이용하고 있다. 우리나라에서는 다자간 상호계산[83]은 국내에 본사를 둔 기업에만 허용하고 있지만, 현실적으로 이에 부합하는 외국기업과 국내기업이 없어서 사실상 다자간 상호계산은 허용되지 않는 상황이다. 반면에 상계에서는 다자간상계를 인증한다.[84]

상계와 상호계산의 차이점을 구체적으로 살펴보면 다음 표와 같다.

표 8-1 상계와 상호계산의 차이점

구분	상계	상호계산
의의	이미 거래가 이루어진 채권 · 채무 금액의 차액 결제	향후 발생할 채권 · 채무의 차액
신고기관	한국은행 총재	지정거래 외국환은행의 장
다자간거래	가능	불가능

① 신용카드업자의 외국 신용카드업자와의 상계 및 보험업자의 외국재보험업자와의 상계
② 파생금융거래 상대방과의 반대거래를 통한 상계
③ 연계무역 · 위탁가공무역과 관련한 상계, 물품의 수출입대금과 직접 수반되는 중개 또는 대리점 수수료의 상계 등
④ 외국항로에 취항하는 국내의 항공 또는 선박회사의 외국에서 취득하는 외국항로 항공운임 · 선박운임과 경상운행경비 상계

83) 국내에서는 다자간 상호계산방식의 거래는 인증하지 않지만 이와 유사하게 사용할 수 있는 다자간 상계는 사용이 가능하다. 다자간 상계란 만약 2개 이상의 지사가 해외에 있는 회사라면 본 · 지사 간의 각종 거래를 개별 주체별로(2자 간에) 상계하는 것이 아니라 본 · 지사 전체의 채 권 · 채무를 고려한 상계를 하고 싶을 것이다. 이때 다자간 상계는 위와 같이 3개 이상의 본 · 지사 간에 발생하는 상계 금액을 총괄 관리하는 방식으로 운영된다. 이러한 다자간 상계는 다국적 기업의 본 · 지사 간의 거래빈도 및 거래금액이 감소하여 비용절감, 환리스크 축소 등의 이점이 있으므로 본 · 지사 간에 외국환 거래가 빈번한 다국적 기업에게는 매력적인 지급 방법이다.

84) 이상준, "상호계산 이용에 대한 수요조사" (무역협회 무역연구소, 2002. 5), pp.1-3 참조.

2) 특징

상호계산의 장점을 살펴보면, ① 채권 · 채무에 대하여 일일이 결제하지 않고 상호계산으로 차액만 결제할 경우에는 거래 회수에 관계없이 결산일에 한 번의 결제로 거래를 종료할 수 있어 부대비용을 절약할 수 있다.[85] 신용장에 비하여 개설수수료, 통지수수료 등의 부대비용이 절감된다. ② 당사자들은 지정된 기일에 대금을 결제하기 때문에 현금 유동성 확보측면에서 유리하고, 수입자는 물품의 하자나 사기를 당할 위험 가능성이 낮고, 수출자는 외상거래를 하는 것이기 때문에 수입자에게 계약체결시 물품의 단가를 높일 수도 있다. ③ 결산시점에 한 번의 결제로 거래당사자 간의 채권 · 채무가 정산되기 때문에 결제관련 행정업무가 경감된다. 반면에 상호계산의 단점을 살펴보면, ① 신용이 불안한 당사자들 간의 거래에서는 신용위험이 발생할 가능성이 상당히 높은 거래이다. ② 실무적으로 과다한 증빙자료 요구 및 외환관리 통제로 인하여 현실적으로 이용하기 힘들다.[86]

---

85) 송금방식과 비교한 경우의 부대비용 절감효과

(단위: 천원)

절감비용	송금방식 ①	상호계산방식 ②
2,400원	2,760원	360원
(①−②)	수입채무(6건×12개월×30원 +수출채권(5건×12개월×10원)	수입채무(1건×12개월×30원)

〈산출근거〉 수출상(A)과 수입상(B)의 본지사 간 관계
① 월평균 A → B 수출 5건 (건당 10만 불)
② 월평균 B → A 수출 5건 (건당 10만 불)
③ 송금수수료: 30,000원(가정)
④ 수취수수료: 10,000원(가정)
연간 수출 600만 불, 수입720만 불인 A사를 기준으로 연간 2,400,000원의 절감효과가 있다. 이외에도 환전수수료(매매기준율 대비 ±0.4%, 업체별로 차이)가 절감된다(이상준, 전게자료, p.4).

86) 주요국의 상호계산 허용현황

구분	한국	일본	중국	홍콩	대만	싱가포르	말레이시아
양자 간 상호계산	O	O	O	O	O	O	O
다자간 상호계산	×	O	O	O	O	O	O

주: 허용(O), 불허(×)
출처: 이상준, 전게자료, p.10.

2. Open Account[87]

1) 의의

Open Account(O/A) 방식의 현대적 의미는 수출자가 물품을 선적한 후 선하증권 · 상업송장 등의 선적서류를 직접 수입자에게 발송하되 수출채권을 은행에 매각[88]하여 현금화하는 방식이다.[89]

외화자유화 및 신용거래가 보편화된 선진국에서는 오래전부터 O/A방식의 거래를 광범위하게 이용되어 왔으나, 국내에서는 1996년에 처음 도입되었다.

O/A 방식은 선적서류 등이 은행을 경유하지 않는다는 점에서 추심이나 신용장과 다르며, 수출채권을 미리 은행에 네고(Nego)할 수 있다는 점에서는 사후송금방식과도 다르다.[90]

2) 특징

O/A의 장점을 살펴보면, ① 신용장 및 추심은 은행수수료 등의 금융비용과 복잡한 절차가 요구되나, O/A는 이를 크게 절감할 수 있다. ② T/T 등 여타 송금은 수입자가 송금하기 전에도 외상매출채권을 매각하여 수출대금을 회수할 수 있다. 반면에 O/A의 단점을 살펴보면, ① 송금 또는 추심과 마찬가지로 수출대금 회수면에서 신용위험 발생가능성이 높다. 따라서 수입자의 재무상태나 신용도에 대한 철저한 조사가 필요하다. ② 실무적으로 신용상태가 우수한 대기업이 주로 사용하고 있으며, 신용도가 낮거나 담보 제공 등이 어려운 중소기업이 이용하기에는 현실적으로 애로점이 많다. 다른 수출결제방식과 비교하면 표 8-2와 같다.[91]

---

87) O/A 방식은 선적통지부 사후송금방식, 외상수출채권방식, 무서류매입방식이라고도 한다.

88) O/A 방식에서 수출채권의 성립은 실무적으로 수출상이 B/L 사본을 제출하거나 EDI(Electronic Data Interchange) 방식을 통하여 B/L 번호를 통보함으로써 이루어진다.

89) 전통적 의미의 open account는 두 나라 사이의 무역대차 결제를 장부상으로 청산키로 한 결제 협정을 체결하여 당사국 중앙은행에 상호 설정한 계정으로 청산계정이라고도 한다. 하지만 오늘날에는 이러한 방식의 의미로는 거의 사용되지 않고 있다(배정한, 전게서(삼영사, 2008) p.100 참조.)

90) 송금방식에서는 수입자가 물품대금을 송금하여야만 수출자는 자금을 이용할 수 있지만, O/A 방식에서는 수입자가 수출대금을 송금하기 전에 거래은행을 통하여 전도금융을 제공받는다.

91) 신승관, "Open Account 거래 이용현황과 활성화 방안", (무역연구실, 2001.4), p.1 참조.

표 8-2 O/A 결제방식의 특징

구분	수출채권 성립시기	선적서류 송부방법	환어음발행	대금결제방법
O/A	선적통지시점	은행 미경유	X	수출자 앞 송금
COD, CAD	선적서류 또는 물품인도시점	은행 미경유	X	수출자 앞 송금
Collection	선적서류인도	은행 경유	O	추심은행 앞 송금

3. 국제팩토링

국제팩토링(international factoring)은 외상수출거래에서 발생된 외상매출채권을 팩터(factor)가 수출자로부터 무소구조건(without recourse)방식으로 매입하는 무역금융상품이다.

국제팩토링은 수입자가 물품의 품질보장을 이유로 신용장거래를 기피하지만 외상거래를 원하고 수출자가 대금회수의 안전과 일람출금거래를 원할 경우에 양자의 요구사항을 모두 수용할 수 있도록 고안된 거래방식이라고 할 수 있다.

국제팩토링은 지원방식에 따라 수출팩터가 직접 수입자의 신용위험을 인수하는 직접방식(direct factor system; one way systeem; one-and a half factor system)과 외국의 팩터와 연계하여 지원하는 간접방식(indirect factor system; two factor system)으로 나눌 수 있다.

국제팩토링의 장점은 수출자에게 수출대금 조기회수로 환위험 제거 및 운전자금을 확보할 수 있다.[92)]

4. 포페이팅

포페이팅(forfaiting)은 국제상거래와 관련하여 발행된 약속어음(promissory note), 환어음(bill of exchange) 및 기타 양도가능증서(negotiables instruments)를 포페이터(forfaiter)가 수출자 또는 전소지인에게 무소구(without recourse)조건하에 고정금리로 매입 할인하는 무역금융의 일종이다.

포페이팅을 이용하면 수출자는 약속어음 또는 환어음의 만기일 전에 포페이터로부터 대금을 지급받게 되고, 포페이터는 약속어음 및 환어음의 만기일에 대금을

---

92) 무역실무연구회, 「무역실무」, 두남, 2013, pp.116-117

수입자로부터 회수한다. 따라서 수출자는 포페이팅을 이용함으로써 신용위험뿐만 아니라 환위험, 비상위험도 회피할 수 있다.

포페이팅 거래의 지원대상은 주로 수입자가 수출자 앞으로 발행한 약속어음이거나 수출자가 발행한 환어음으로 수입자 거래은행의 어음보증(per aval) 및 은행보증(bank guarantee)을 대상으로 거래가 이루어진다. 실무적으로 거래대상 어음이 포페이터가 인정하는 세계 유수기업이 발행한 어음이 아니면 어음발행인의 신용상태를 정확히 파악하기가 어려울 뿐만 아니라 어음매각인에 대한 소구권이 제한되므로, 일반적으로 포페이터는 어음매입시 은행 및 보증기관의 보증을 담보로 받는다.[93)]

5. 청구보증

청구보증(demand guarantee)은 명시된 일정액 또는 최대금액의 지급약속으로서 지급청구서 및 기타 보증장에 명시된 서류가 보증기간 내에 여타 보증조건에 일치하게 보증인에게 제시되는 것을 조건으로 하는 약속이다. 청구보증은 전형적으로 건설계약과 국제물품매매계약에서 주로 사용된다. 화환신용장은 매도인이 대금지급을 보장하는 데 사용되지만, 청구보증은 매도인이나 수주자(contractor, 또는 시공자)의 불이행, 이행지체 또는 불완전이행에 대하여 그 상대방(발주자 또는 매수인)을 보호하고자 한다.[94)]

93) 상게서, pp.118-119.
94) 상게서, pp.122.

수출입통관과 관세환급 제9장

I. 관세법 및 통관의 개요

1. 관세법의 개요

1) 관세법의 의의

관세법(customs law)은 수출입물품의 통관절차와 수입물품에 대하여 과세를 규정하고 있는 법률이다. 수입통관시 외국물품의 국내 수입통관시 과세가 부과되는데, 이러한 조세를 관세(customs, tariff)라고 한다. 관세법상에서의 관세란 국가 재정수입을 목적으로 관세선을 통과하는 물품에 대하여 법률 또는 조약에 따라 부과되는 조세를 말한다.

2) 관세법의 목적

관세법의 목적은 관세의 부과 · 징수 및 수출입물품의 통관을 적정하게 하고 관세수입을 확보함으로써 국민경제의 발전에 이바지하고자 한다. 관세법은 대외무역법, 외국환관리법과 같이 우리나라 3대 무역법규에 해당한다.

2. 통관

통관(custom clearance)은 관세법 규정에 의한 절차를 이행하여 물품을 수출 · 수입 또는 반송하는 것이다.

1) 수출

수출은 내국물품을 외국으로 반출하는 것이다. 관세법상 내국물품은 ① 우리나라에 있는 물품으로서 외국물품이 아닌 것, ② 우리나라 선박 등에 의하여 공해상에서 채집 또는 포획된 수산물 등, ③ 입항 전 수입신고가 수리된 물품, ④ 수입신고 수리 전 반출 승인을 얻어 반출된 물품, ⑤ 수입신고 전 즉시 반출신고를 하고 반출된 물품 등이다.

2) 수입

수입은 외국물품을 우리나라에 반입하거나 우리나라에서 소비 또는 사용하는 것이다. 관세법상 외국물품은 ① 외국으로부터 우리나라에 도착된 물품으로 수입신고가 수리되기 전의 물품, ② 외국선박 등에 의하여 공해에서 채집 또는 포획된 수산물 등으로 우리나라에 도착된 물품으로 수입신고가 수리되기 전의 것, ③ 수출신고가 수리된 물품 등이다.

3) 반송

반송은 국내에 반입된 외국물품이 수입하지 아니하고 그대로 외국으로 다시 반출하는 것이다. 상술하자면 반송은 국내 반입된 외국물품을 원상태 그대로 또는 보세구역에서 제조가공을 거쳐 외국으로 다시 반출하는 경우에 적용되는 개념이다.

II. 수출입통관절차

1. 수입통관

1) 수입통관의 개요

수입통관(import clearance)은 수입신고를 받은 세관장이 신고사항을 확인하여 일정한 요건을 갖추었을 때 신고인에게 수입을 허용하는 것으로, 수입신고 사항과 현품이 부합하는지 여부와 수입관련 제반 법규정을 충족하였는지 여부를 확인한 후 외국물품을 내국물품화하는 행정행위이다. 즉, 수입통관은 우리나라에 도착된 보세화물을 적법한 절차에 따라 국내로 반입하기 위하여 수입자가 행하는 것이다.

모든 수입물품은 세관에 수입신고를 하여야 하며, 세관에서 수입신고를 수리하여야 물품을 국내로 반출할 수 있다.[1)]

---

1) 박광서, 「무역법규」 (탑북스, 2010), p.130.

2) 수입통관절차

(1) 수입신고

수입신고(import declaration)는 우리나라에 도착한 보세화물을 적법한 절차에 따라 국내로 반입하기 위하여 행하는 행정절차이다.

수입신고시 납세의무자, 과세물건 및 적용법령이 확정되고, 수입신고시 납세신고를 하게 된다.[2)]

수입신고는 보세구역장치 후 30일 이내에 하여야 한다. 하지만 수입신고 시기별로 출항전 신고(declaration prior to departure), 입항전 신고(declaration prior to arrival), 보세구역 도착전 신고(declaration prior to arrival at the bonded area)로 나눌 수 있다.

- 출항전 신고는 선박, 항공기가 물품을 적재한 항구, 공항을 출항하기 전에 수입신고하는 것으로 항공수입 또는 중국, 일본, 대만, 홍콩에서 선박으로 수입하는 화물을 대상으로 한다.[3)]
- 입항전 신고는 수입물품을 선(기)적한 선박 또는 항공기가 물품을 적재한 항구 또는 공항에서 출항한 후 입항하기 전에 수입신고하는 것을 말한다. 신고시기는 선박은 입항 5일 전 항공기는 1일 전이다.
- 보세구역 도착전 신고는 수입하고자 하는 물품이 상하기 쉬운 물품이거나 긴급한 통관이 요구되는 등 신속통관이 필요한 경우 보세구역에 도착하기 전에 수입신고를 하는 것이다.

수입신고시 제출하여야 하는 서류로는 수입신고서, 가격신고서, 송품장, 선하증권 또는 항공화물운송장, 포장명세서, 원산지증명서(해당물품에 한정함) 등이 필요하다.

(2) 신고서심사

수입신고서를 접수한 후 세관은 통관시스템에 조회하여 선별검사(C/S; cargo selectivity) 결과, 통관심사 및 검사에 특별한 주의를 요하는 사항이 있는지 여부를 확인하여 즉시수리, 심사, 물품검사 중 한 가지를 선택하여 수입신고서 처리방법을 결정한다.

---

2) 단, 부과고지대상은 제외된다.
3) 컨테이너 화물은 FCL 화물에 한정한다.

- 즉시수리시는 신고서에 대한 검사 없이 신고인의 신고내용대로 수입신고를 수리하는 것이다.
- 심사는 신고된 물품의 세율과 과세가격이 적정한지, 당해물품이 수입과 관련된 국내 법규의 제한사항을 충족하는지 여부를 검토 · 확인하기 위하여 관련 수입신고서류를 검토하고 필요할 경우에는 물품검사를 병행하기도 한다.
- 물품검사는 수입신고 사항과 현물 일치여부 등의 확인을 위하여 검사를 실시할 수 있다.

검사대상은 선별검사를 이용하여 우범화물을 선별하여 2인 이상의 검사인이 복수검사를 전량 · 정밀조사를 실시한다.

(3) 수입신고수리

수입신고가 관세법의 규정에 따라 정당하게 이루어지고 담보를 제공하거나 관세를 납부한 물품에 대해서는 수입신고를 수리한다.

담보 미제공시에는 관세 등 감면 분할납부 승인신청을 하여야 하고, 담보 제공시 수리 후 15일 이내에 관세를 납부하여야 한다.

수입신고가 수리된 물품은 외국물품에서 내국물품화되어 보세구역으로부터 화물의 반출이 허용된다. 화물의 반출은 신고수리일로부터 10일 이내에 이루어져야 한다.[4)]

3) 수입통관절차 흐름도

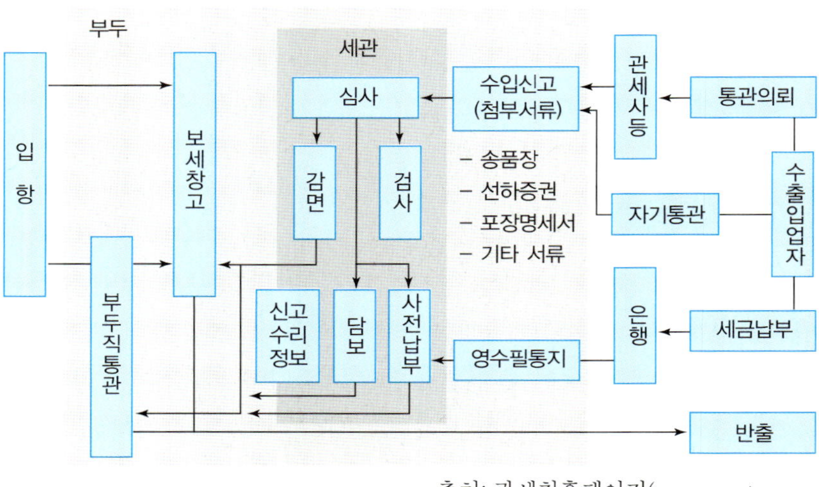

출처: 관세청홈페이지(www.customs.go.kr)

4) 박광서, 전게서, pp.130-143 참조.

2. 수출통관

1) 수출통관의 개요

수출통관(export clearance)은 수출하고자 하는 물품을 세관에 수출신고한 후 신고수리받아 물품을 외국무역선(기)에 적재하기까지의 절차이다. 수출통관은 수출신고수리를 의미하는 것으로 내국물품을 외국으로 반출하는 것을 허용하는 세관장의 처분이다.

2) 수출통관절차

(1) 수출신고

수출신고(export declaration)는 내국물품을 적법한 절차에 따라 외국으로 반출하기 위하여 행하는 행정절차이다. 수출자는 수출물품을 선적 전까지 물품소재지 관할 세관장에게 수출신고를 하고 수리를 받아야 한다. 수출신고는 화주[5], 관세사, 관세사법인, 통관취급법인이 할 수 있다.

수출신고시 필요한 구비서류는 수출신고서, 상업송장, 포장명세서, 수출승인서(필요시), 기타 수출통관에 필요한 서류를 제출하여야 한다. 수출통관에서 EDI(Electronic Data Interchange)방식의 도입 및 수출신고제로 전환[6]은 수출통관에 소요되는 시간을 단축시켰고, 서류 없는 수출신고가 전면 허용되고, 신고물품의 95%가 신고 즉시 수출통관시스템(CEDIE: Customs EDI for Export)에 의하여 자동수리가 되었다.

(2) 수출신고수리

화물검사는 생략하는 것이 원칙이다. 다만 검사대상물품은 선별검사에 의하여 선별된다. 수출신고수리는 서류제출대상이 아닌 물품은 자동수리되고, 자동수리대상이 아닌 물품 중 검사 생략된 물품은 즉시 수리된다. 다만, 우범화물 물품 중 세관장이 판단하여 현품확인 후 수리한다.

(3) 수출물품 선적관리

신고가 수리된 물품은 수출신고 수리일로부터 30일 이내 운송수단에 적재하여야 한

---

5) 다만, 화주가 직접 수출신고를 하고자 할 경우에 관할세관장에게 EDI 방식에 의한 수출입신고 업무처리를 위하여 신고자 ID를 부여받아야 한다.

6) 수출통관에서 EDI 방식의 도입은 1994년 12월부터 이루어졌고, 수출신고제는 1996년 7월부터 이루어졌다.

다. 다만, 선적 연장사유 발생시에는 수출자가 적재기간 내에 세관장에게 적재기간 연장승인신청서를 제출하면 1년 범위 내에서 적재기간 연장신청을 할 수 있다.

3) 수출통관절차 흐름도

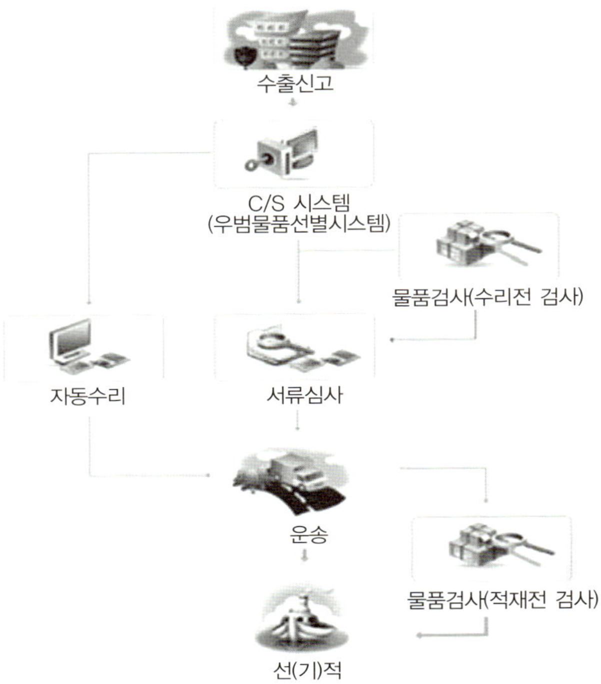

출처: 관세청 홈페이지(www.customs.go.kr)

III. 보세제도

보세는 국내에 있는 외국물품에 대해 과세를 유보하고 있는 상태를 의미한다. 외국물품이 우리나라에 있음에도 불구하고 과세를 유보하는 제도를 운용하는 이유는 수출입물품에 대한 세관의 효율적 통제, 과세채권의 확보, 통관업무의 효율화, 무역의 촉진, 산업시설 건설의 지원 등이다. 보세제도는 보세구역제도와 보세운송제도로 구분할 수 있다.[7)]

7) 박광서, 전게서, p.185.

1. 보세구역

1) 보세구역의 의의

보세구역(bonded area)은 외국물품을 장치, 전시, 판매하거나 이것을 사용 또는 소비하여 물품을 제도 · 가공하거나 산업시설을 건설할 수 있고 반송신고 수리 또는 내국운송 승인을 받고자 하는 내국물품을 장치할 수 있는 장소로서 세관장이 지정하거나 특허한 장소이다.

보세구역은 보세제도상에서 외국으로 간주되어 외국화물의 적재, 보관, 가공 등에 대한 수입관련 제세가 면제된다.

2) 보세구역의 종류

보세구역은 지정보세구역, 특허보세구역 및 종합보세구역으로 구분한다. 지정보세구역은 다시 지정장치장 및 세관검사장으로 구분하며, 특허보세구역은 보세창고, 보세공장, 보세전시장, 보세건설장 및 보세판매장으로 구분한다. 보세구역에 대하여 구체적으로 살펴보면 다음과 같다.

(1) 지정보세구역

① 지정장치장

지정장치장은 통관을 하고자 하는 물품을 일시 장치하기 위한 장소로 세관장이 지정하는 구역이다.

지정장치장은 공항, 부두와 같이 수출입화물이 반드시 통과하고, 보관 및 운송이 편리한 지역을 일반인이 모두 차별 없이 이용할 수 있도록 지정하여 운영하고 있다. 예컨대 지정장치장에는 세관구내창고, 공항, 부두 등이 있다.

지정장치장의 물품의 장치기간은 관세청장이 6개월 이내에 장치할 수 있고, 세관장이 3개월 범위 내에서 그 기간을 연장할 수 있다.

② 세관검사장

세관검사장은 통관을 하고자 하는 물품을 검사하기 위한 장소로서 세관장이 지정하는 지역이다.

세관검사장은 관세청장이 정하는 바에 따라 검사를 받을 물품 전부 또는 일부를 세관검사장에 반입하여 검사할 수 있다.

세관검사장은 물품검사를 하는 구역이기 때문에 세관청사, 국제공항 휴대품 검사장, 통관우체국의 검사장 등이 세관검사장으로 지정된다. 세관장에서 반입되는 물품의 채취, 운반 등에 관한 비용은 화주가 부담한다.

(2) 특허보세구역

① 보세창고

보세창고는 외국물품 또는 통관을 하고자 하는 자가 세관장의 특허를 받아 물품을 장치하는 보세구역이다.

보세창고는 관세를 징수하지 아니한 외국물품을 통관을 유보한 채 장기간 장치하면서 국내로 수입하거나 외국으로 반송함으로써 중계무역을 진흥시키는 것을 목적으로 한다.

② 보세공장

보세공장은 외국물품을 원료 또는 재료로 하거나 외국물품과 내국물품을 원료 또는 재료로 하여 제조, 가공, 기타 이와 비슷한 작업을 할 수 있는 보세구역이다.

단, 보세공장에서 내국물품을 원료로 하거나 재료로 하여 제조, 가공, 기타 이와 비슷한 작업을 하기 위해서는 반드시 세관장의 허가를 받아야 한다.

③ 보세전시장

보세전시장은 박람회, 전람회, 견품시 등의 운영을 위하여 외국물품을 장치, 전시 또는 사용할 수 있는 보세구역이다.

④ 보세건설장

보세건설장은 산업설비 건설에 소요되는 외국물품인 기계류 설비품 또는 공사용 장비를 장치, 사용하여 건설공사를 할 수 있는 보세구역이다.

보세건설장에 외국물품을 반입한 때에는 사용 전에 당해 물품에 대하여 수입신고를 하고 세관공무원에게 검사를 받아야 한다. 단, 세관공무원이 검사가 필요 없다고 인정하는 경우에는 검사를 하지 아니한다.

⑤ 보세판매장

보세판매장은 외국물품을 판매할 수 있는 보세구역이다. 보세판매장은 외국으로 반출하거나 우리나라 외국대사관, 공사관, 기타 이에 준하는 기관의 업무용품 또는 해당 기관의 직원과 그 가족이 사용하는 물품을 판매하는 지역이다.

세관장은 보세판매장에 판매할 수 있는 물품의 종류, 수량, 장치장소 등을 제한할 수 있다.

(3) 종합보세구역

종합보세구역은 관세청장의 직권 또는 관계중앙행정기관의 장이나 지방자치단체의 장 그 밖의 종합보세구역을 운영하고자 하는 자의 요청에 의하여 무역진흥에 기여하는 정도, 외국물품의 반입, 반출 물량 등을 고려하여 일정한 지역을 종합보세구역으로 지정할 수 있다.

종합보세구역은 보세창고, 보세공장, 보세전시장, 보세건설장 또는 보세판매장의 기능 중 둘 이상의 기능을 종합적으로 수행할 수 있다.

특허보세구역은 동일인이 동일한 장소에서 2가지 이상의 특허보세구역 기능을 수행하려면 해당 기능별로 각각 특허를 받아야 하나, 종합보세구역은 한 번의 설영신고로 기존의 특허보세구역의 모든 기능을 수행할 수 있다.

2. 보세운송

1) 보세운송의 의의

외국으로부터 개항[8]에 도착한 물품을 해당 공항 또는 항구에서 통관을 하지 아니하고 내륙의 보세구역까지 운송한 후에 통관을 하고자 한다면, 보세운송에 의하여 운송을 하여야 한다. 즉, 보세운송이란 외국물품을 보세상태로 국내에서 운송하는 것이다.

2) 보세운송의 신고 및 승인

보세운송을 하고자 하는 자는 관세청장이 정하는 바에 따라 세관장에게 보세운송신고를 하여야 한다. 다만, 물품의 감시 등을 위하여 필요하다고 인정하여 대통령령이 정하는 경우에는 세관장의 승인을 얻어야 한다.[9]

3) 보세신고인

보세운송의 신고 또는 승인 신청은 화주, 관세사, 보세운송업자의 명의로 하여야 한다.

---

8) 개항은 외국과의 왕래를 목적으로 선박 또는 항공기가 상시로 입출항할 수 있는 항구 또는 공항이다. 예컨대 부산항, 인천항, 마산항 등과 같은 항구와 인천국제공항, 김해국제공항 등이 이에 해당된다.

9) 예컨대 검역이 필요한 물품, 위험물, 재보세운송물품 등이다.

4) 보세운송기간

보세운송물품은 신고 및 승인일로부터 15일 이내 또는 7일 이내에 목적지에 도착하여야 한다. 보세운송신고 및 승인을 얻어 보세운송하는 외국물품이 지정된 기간 내에 목적지에 도착하지 아니한 때에는 당해 보세운송의 신고를 하거나 승인을 얻은 때의 성질과 수량에 의하여 신고를 하거나 승인을 얻은 자로부터 즉시 그 관세를 징수한다.[10] 다만, 당해 물품이 재해, 기타 부득이한 사유로 인하여 망실되었거나 미리 세관장의 승인을 얻어 폐기한 때에는 그러하지 아니한다.

IV. 관세환급제도

1. 관세환급의 개요

관세환급[11]은 세관에서 징수한 관세, 가산금, 체납처분비 등을 특정한 요건에 부합하는 경우에 그 전부 또는 일부를 되돌려 주는 것을 말한다.

관세환급은 관세법상 관세환급과 환급특례법상 관세환급으로 구분할 수 있다. 관세법상 관세환급은 과오납금, 위약물품, 지정보세구역 장치물품의 멸실 또는 손상, 종합보세구역내 판매물품 등에 대한 환급을 관세법상 관세환급이라 하고, 수출용 원재료를 수입하는 경우에 납부하였거나 납부할 관세 등을 관세법 규정에도 불구하고 수출상 또는 수출물품 생산자에게 되돌려 주는 것을 관세환급법상 관세환급이 있다.

2. 관세환급의 종류

1) 관세법상 관세환급

(1) 과오납금 환급

과오납금(duty overpaid or erroneously paid)의 환급은 이미 납부한 관세 등에 대하여 과다 납부한 세금이 있거나 이중 납부한 경우에 납세의무자가 환급을 청구할 경

10) 박광서, 전게서, p,190 참조.

11) 환급(drawback)이란 국가가 일단 부과하여 징수한 조세를 일정한 요건이 구비되었을 때 되돌려 주는 것이다.

우에 세관장이 대통령령이 정하는 바에 의하여 지체 없이 환급을 하여야 한다. 또한 납세의무자의 청구가 없는 경우에도 세관장이 확인한 과오납금은 이를 환급하여야 한다.

(2) 위약환급

위약환급(Drawback with breach of contract)은 수입신고 수리된 물품이 계약내용과 다른 경우에 수입신고 당시의 물품의 성질이나 형상이 변하지 아니한 상태에서 1년 내에 보세구역에 반입하여 수출한 때에 그 관세를 환급하는 것이다.

(3) 지정보세구역 장치물품의 멸실 · 손상으로 인한 관세환급

수입신고가 수리된 물품이 수리 후 지정보세구역에 장치되어 있는 중에 멸실 · 손상으로 인하여 그 가치가 감소된 경우에는 관세의 일부 또는 전부를 환급하는 것이다.

(4) 종합보세구역내 판매물품에 대한 관세환급

종합보세구역 내에서 외국인 관광객이 구입한 물품을 국외로 반출하는 경우에는 당해 물품 구입시 기납부한 관세 및 내국세를 환급하는 것이다.

2) 환급특례법상 관세환급[12)]

환급특례법상 관세환급의 대상은 환급대상수출[13)]이거나 수출용 원재료[14)]에 한정한다.

환급특례법상 관세환급의 효과로는 첫째, 국산 원재료의 사용 및 개발을 촉진하여 외국 원재료 수입을 억제하는 효과가 있다. 둘째, 관세환급제의 실시로 수입시 모든 물품에 대하여 관세를 부과하기 때문에 양수도승인이나 대응수출에 관한 사후관리가 필요 없게 되어 사후관리 절차가 간편화하는 효과가 있다.

---

12) 환급특례법상 관세환급의 본 명칭은 '수출용원재료에 대한 관세 등 환급에 관한 특례법'이나 통상 '환급특례법'이라고 한다.

13) 환급대상수출은 ① 수출신고가 수리된 유상수출, ② 보세구역 등에 물품공급, ③ 무상수출, ④ 우리나라 내에서 외화를 획득하는 판매 또는 공사이다. 단, ① 중계무역 수출물품, ② 현지인도 수출물품, ③ 중고품의 수출아래의 물품은 비환급대상수출이다.

14) 수출물품을 형성하는 데 소요되는 원재료와 수입한 상태 그대로 수출하는 수출물품이 모두 포함된다. 하지만 수출물품의 생산에 사용되는 시설재 또는 소모성 기자재는 수출용 원재료에 포함되지 않는다.

(1) 간이정액환급

간이정액환급제도는 원재료의 소요량을 계산하거나 원재료를 수입할 때 납부한 세액을 계산할 필요가 없고 수출 사실을 증명하는 서류만 첨부하면 관세환급을 받을 수 있는 제도이다.

환급특례법에서는 대상자를 중소기업기본법에 의한 중소기업자로서 최근 2년간 매년 환급실적이 6억 원 이하인 업체로 한정한다.

간이정액환급제도는 환급액과 실제 납부세액 간에 차이가 있지만, 개별환급제도에 비하여 환급신청 서류작성 및 확인절차가 간편하기 때문에 환급에 소요되는 인력 및 시간 등을 절감할 수 있고 중소기업의 수출을 지원할 수 있다.

(2) 개별환급

개별환급제도는 수출물품 제조시 소요된 원자재의 종류와 수량을 소요량계산서에 의하여 확인하고 그 원자재를 수입할 때 납부한 세액의 합계를 환급하는 제도이다.

소요량 증명서류에 따라 소요 원재료의 품명, 규격, 수량 등이 확인되면 납부세액은 수입신고필증 등에 의해 산출된다.

개별환급제도는 원재료를 수입할 때 납부한 세액에 대하여 정확하게 환급할 수 있는 장점이 있으나, 구비서류[15] 및 환급금 산출이 복잡하다는 단점이 있다.[16]

---

15) 개별환급금 신청시 필요서류로는 수출신고필증(수출내역 확인), 소요량계산서(소요 원재료 확인) 수입신고필증, 기초원재료 납세증명서(수입시 납부세액 확인) 등이 필요하다.

16) 개별환급제도는 구비서류 및 환급절차가 복잡하고 환급금지급에 장시간이 소요되고 환급비용이 많이 드는 단점이 있다. 따라서 이를 보완하기 위하여 평균세액증명제도와 일괄납부정산제도를 운용하고 있다. 평균세액증명제도는 수출용 원재료를 HS 10단위별로 통합하여 평균세액을 환급함으로써, 수출용 원재료의 규격확인절차를 생략한 제도이다. 일괄납부정산제도는 일정기간별로 일괄하여 납부한 후 지급이 보류된 환급금을 정산하는 제도이다.

선적서류 제10장

국제물품매매계약의 당사자인 매도인은 계약에서 요구하는 조건에 따라 물품을 인도하고, 물품과 관련된 서류를 제공하고, 소유권을 이전하여야 할 의무가 있다.[1] 특히 매도인은 서류제공의무와 관련하여 국제물품매매계약이 요구하는 시기와 장소 및 형식에 따라 물품에 관련된 서류를 매수인에게 제공하여야 한다.[2][3] 이때 매도인이 매수인에게 제공하여야 하는 제 서류를 선적서류(Shipping Documents: S/D)라고 한다.

매도인이 제공하여야 하는 선적서류로는 먼저 운송에 관한 것으로 선하증권 · 해상화물운송장 · 항공화물운송장 · 복합운송증권 등이 있고, 매매계약에 관한 서류로 상업송장과 포장명세서 등이 있고, 보험에 관한 서류로 보험증권 · 보험증명서 등이 있다. 그 외 흔히 원산지증명서, 검사증명서 등이 요구되기도 한다.

---

1) CISG Article 30.

2) 국제물품매매계약에서 이러한 서류제공의무는 매수인의 대금지급의무와 직결되는 매우 중요한 의무이다. 왜냐하면 매도인의 대금수령은 대부분의 경우에는 서류의 상환 또는 그에 준하는 형태로 이루어지기 때문이다. 예컨대, 신용장방식의 경우에는 필요서류가 당해 신용장에 명기되고, 추심방식이나 송금방식의 경우에는 매매계약서에 명기되며, 별도의 명기가 없는 경우에는 묵시조건이나 준거법에 따라 판단하게 된다.

3) 일반적으로 매도인이 제공하여야 하는 서류는 국제물품매매계약의 명시조건 또는 묵시조건에 의하여 결정된다.

I. 운송에 관한 서류

국제무역거래에서 주로 사용되는 운송서류에는 해상선하증권(Marine Bill of Lading; B/L), 해상화물운송장(sea waybill), 항공화물운송장(air waybill), 복합운송서류(combined transportation document) 등이 있다.

1. 선하증권

1) 선하증권의 의의

선하증권(B/L: Bill of Lading)은 운송계약의 증거, 화물의 수령 및 화물의 권리를 표시하는 서류이다. 화주와 운송인 간에 체결된 운송계약의 증거인 선하증권은 운송인이 화물을 수령 · 선적하여 이를 해상운송을 거쳐 선하증권의 정당한 소지인에게 인도할 것을 약정하는 유가증권이다.

2) 선하증권의 기능

선하증권은 증권상에 기재된 화물의 권리를 구현하기 때문에 오늘날 무역에서의 상징적 인도에 중요한 역할을 하고 있다. 선하증권은 법적인 관점에서 보면 여러 가지의 기능을 하고 있다.

(1) 운송계약의 증빙

선하증권은 운송계약 자체는 아니지만 운송계약의 추정적 증거(an evidence of contract of carriage)이다. 왜냐하면 보통의 경우 운송계약은 선하증권이 발행되기 이전에 체결되기 때문이다.

(2) 화물의 수령증

선하증권은 선적된 화물의 수령증(a receipt for the goods shipped)으로서 선적되는 시점에 있어서 물품의 수량과 상태를 확인하는 것이다.

(3) 권리증권

선하증권은 권리증권(document of title)이다. 즉, 선하증권을 소유하고 있는 것은 물품을 소유하고 있는 것과 법적으로 동일하다. 따라서 선하증권의 소지인은 양륙항에서 물품을 인도받을 수 있고, 물품이 운송되고 있는 사이에도 선하증권을 양도함으로써 물품을 인도할 수 있다.

3) 선하증권의 성질

(1) 유가증권으로서의 성질

유가증권은 재산적 가치가 있는 사권이 표창되어 있는 것으로서 권리의 발생, 행사 및 이전이 증권에 의하여 이루어지는 것을 말한다. 선하증권은 선적되는 화물을 대표하고 그 인도청구권이나 처분권 등이 법적으로 보장되어 있기 때문에 유가증권으로서 다음의 성질을 갖는다.

- 선하증권은 상법이나 기타 준거법에 명시된 법적 기재사항을 기재하여야 유가증권으로서 효력이 있는 요식증권이다.
- 선하증권은 운송계약에 따라 운송인이 화물을 수령하였다고 하는 원인이 있어야 발행되는 것이기 때문에 요인증권이다.
- 선하증권은 그 권리의 내용이 증권상에 기재된 문언에 의하여 결정되기 때문에 문언증권에 속한다.
- 선하증권은 배서나 인도에 의하여 권리가 이전되는 유통증권이다.
- 선하증권을 정당한 소지인에게 인도하는 것은 이에 기재된 화물을 인도하는 것과 동일한 효력이 있다는 의미에서 인도증권이다.
- 지시식 선하증권과 무기명식 선하증권은 배서에 의하여 자유로이 양도할 수 있는 지시증권이다.
- 선하증권을 작성한 경우에는 화물에 관한 처분은 선하증권으로만 하여야 하기 때문에 처분증권이다.
- 화물의 인도는 선하증권과 상환으로만 청구할 수 있기 때문에 선하증권은 상환증권에 속한다.
- 선하증권의 제시가 있어야 운송인이 화물을 인도하기 때문에 제시증권이라고 한다.

(2) 증거증권으로서의 성질

선하증권은 송화인과 운송인 사이에 해상운송계약이 체결되었으며, 또 증권상에 기재된 대로 화물이 운송인에게 인도되었음을 추정적으로 증명한다는 의미에서 증거증권성이 있다.

(3) 면책증권으로서의 성질

선하증권은 운송인이 정당한 선하증권을 제시하는 자에 대하여 운송화물을 인도함으로써 그 책임을 면한다는 의미에서 면책증권으로서의 성질을 갖는다.

4) 선하증권에 관한 제 국제규칙

(1) 선하증권법(The Bills of Lading Act, 1855)

선하증권법은 배서에 의한 선하증권의 양도로 소유권이 이전됨을 규정하고, 선하증권상에 명시된 권리의무가 선하증권의 양도로 양수인에게 이전됨을 규정하고 있다.

(2) 하터법(Harter Act, 1893)

하터법은 전통적인 책임주의를 벗어나 상업과실과 항해과실을 구별하는 새로운 과실책임주의를 채택하여, 전자인 화물의 적당한 선적, 적부, 보관, 주의 및 인도에 관한 과실을 운송인의 책임으로 하고, 후자인 항해와 선박의 취급에 관한 과실에 관해서는 선주의 면책으로 규정하였으며(동법 제1조), 선주가 선박의 감항성의 유지를 위하여 상당한 주의를 다할 의무 및 화물을 신중하게 취급 · 적부 · 관리하고, 적당하게 인도해야 할 선장 또는 선원 등의 의무를 경감 또는 면제하는 등의 특약을 무효로 규정하고 있다(동법 제2조).

반면에 항해 또는 선박의 취급에 관한 과실, 즉 항해과실에 대하여 당연히 면책되고, 그 밖의 불가항력, 화물의 성질에 의한 고유한 하자 또는 성질, 포장의 부적합 등으로 인하여 생긴 손해 및 인명과 화물의 구조를 위한 이로로 인하여 생긴 손해에 대하여도 면책된다(동법 제3조). 또 선주는 화물의 식별에 필요한 화인, 포장의 개수, 용적, 중량 및 외관상태 등을 기재한 선하증권 또는 선적서류를 발행할 것을 요하고, 이와 같은 서류는 그것에 기재된 대로 물품이 수령되었다는 추정적 증거가 된다(동법 제4조).

따라서 하터법은 선주의 항해과실에 대한 면책이 면책약관의 효과로서가 아니고 법적인 효과였다는 것, 그리고 선박의 감항성유지에 관한 주관주의의 채용 및 상업과실에 대한 면책약관의 금지를 강행법적으로 확립하였다는 데 그 의의가 있다.

(3) 헤이그 규칙(Hague Rules, 1924)

헤이그 규칙은 운송인의 과실을 항해과실과 상업과실로 분리하는데, 상업과실 및 선박의 감항성 유지의무에 관해서는 운송인의 책임으로 하며, 항해과실에 대해서는 운송인의 면책으로 하고 있다(제3조 1-2항 및 제4조 2항 a호). 또 항해과실을 포함하여 운송인의 면책사유를 열거하고, 그 경우에는 화주가 반증을 하지 않는 한 원칙적으로 면책된다(제4조 2항). 이외의 운송인의 책임을 감면하는 조항을 삽입하여도 운송인은 그 책임을 면치 못하며, 보험의 이익을 운송인에게 양도하는 조항 또는 이와 유사한 모든 조항은 면책약관과 같이 무효로 하지만(제3조 8항), 선하증권의 약관에 운송인의 책임을 증가시킬 수 있도록 하고 있다.

따라서 이 규칙은 운송인의 최소한의 의무, 최대한의 면책 및 책임한도를 명확하게 한 것이라고 할 수 있다. 또 이것은 운송인의 책임의 최저액을 정하고 있다. 송화인이 물품의 포장 및 단위를 선적 전에 통고하여 선하증권에 기재되어 있는 경우를 제외하고 운송인은 물품의 멸실 또는 손상에 대하여 포장 또는 단위당 100 Sterling Pound를 지급해야 한다.

운송인은 ⓐ 물품의 식별을 위하여 필요한 주요화인, ⓑ 포장 또는 개품의 수, 용적, 중량, ⓒ 외부에서 인정될 만한 상태를 기재한 선하증권을 교부해야 한다(제3조 3항). 그와 같은 선하증권은 반증이 없는 한 ⓐ, ⓑ 및 ⓒ의 규정에 따라서 당해증권에 기재되어 있는 대로 물품을 운송인이 수령한 것으로 추정한다(제3조 4항).

(4) 헤이그-비스비 규칙(Hague-Visby Rules, 1968)

헤이그 비스비 규칙은 1924년 규칙의 일부가 수정되고 새로운 내용이 추가되었는데 그 주요조항은 다음과 같다.

- 적용범위 : 헤이그 규칙은 체약국에서 발행된 선하증권에 적용한다고 규정되어 있다. 그러나 개정의정서에는 선하증권이 체약국에서 발행된 경우, 운송이 체약국의 항으로부터 개시된 경우와 선하증권상에 규칙의 규정 또는 규칙의 규정을 국내입법화하고 있는 국가의 법률에 의하여 해당 운송계약관계가 규율된다고 규정되어 적용범위가 현저히 확대되었다(제5조).
- 선하증권 기재의 증거력 : 이 의정서는 선하증권의 유통성을 강화하기 위하여 헤이그 규칙상의 추정적 증거의 원칙에 추가하여 선의의 선하증권 소지인에 대한 관계에서는 선하증권기재의 절대적 증거력을 부여하고 있다(제1조 1항).
- 운송인의 책임제한 : 헤이그 규칙은 운송인의 책임에 관하여 선하증권에 가액의 기재가 없는 경우에 포장 또는 단위에 대해 영화 100파운드 또는 그 밖의 통화인 경우에는 이와 동액을 한도로 하는 유한책임을 인정하고, 그 파운드가 어떠한 내용의 금화인가에 관하여는 규정하지 않고, 또 각국이 100파운드를 자국통화로 환산하는 시기에 관하여도 규정하고 있지 않다. 따라서 이 규칙을 채택한 각국 간에 운송인의 책임한도액이 통일되지 않았다. 이러한 문제를 해결하기 위해 개정의정서는 포장 · 단위당 10,000포앙카레 프랑과 화물의 총중량 킬로그램당 30포앙카레 프랑의 총액 가운데 더 많은 금액을 운송인의 책임한도액으로 하는 새로운 규정을 두었다(제2조). 손해의 총액은 계약에 따라

화물을 선박으로부터 양륙한 장소 및 일시를 기준으로 하고, 화물의 가액은 물품거래소의 가격(Commodity Exchange Price), 그것이 없는 경우에는 일반 시장가격(Current Market Price), 그것도 없는 경우에는 통상가액을 기준으로 한다고 규정되었다. 또한 개정의정서에는 포장 · 단위기준의 적용과 관련하여 컨테이너, 팔레트, 또는 이와 유사한 운송용구에 든 화물에 관하여 컨테이너 조항(Container Clause)을 신설하고 있다.

운송인의 책임에 관한 규칙상의 항변과 책임제한 등의 이익을 불법행위를 이유로 한 소송에서도 주장할 수 있도록 하고, 또 운송인의 대리인 또는 사용인 등 이행보조자도 이를 원용할 수 있도록 규정을 신설하였다(제3조).

제소기간에 관한 규칙 제3조 6항 4호의 개정(의정서 제1조 2항) 및 제3조 6항의 2 (의정서 제1조 3항)의 신설 등이다.

(5) 함부르크 규칙(Hamburg Rules, 1978)

함부르크의 중요한 부분만 간단히 언급하면 다음과 같다.

- 선박의 감항성에 관한 주의의무 : 헤이그 규칙에서는 운송인이 부담하는 기본적 의무의 하나로서 선박의 감항성에 관한 주의의무가 규정되어 있었다. 그러나 함부르크 규칙에서는 아무런 규정이 없지만, 제5조 1항에는 "물품이 제4조에 규정된 운송인의 관리하에 있는 사이에 물품의 멸실, 손상 또는 인도의 지연을 원인으로 된 사고가 발생한 때는 운송인이 그 멸실, 손상 또는 인도의 지연에 의해서 발생한 손해에 관하여 책임을 부담한다. 다만 운송인이 자기 및 그 사용인 또는 대리인이 그러한 사고 및 그 결과를 방지하기 위하여 합리적으로 요구되는 조치를 취한 것을 증명한 때에는 그렇지 아니하다"고 규정되어 과실책임의 원칙을 표명하고, 선박의 감항성에 관한 규정이 없어도 불내항의 원인으로 손해가 발생한 때에는 이 일반원칙에 따르게 된다. 따라서 함부르크 규칙은 항해 전 및 항해의 개시시에 감항성에 대한 상당한 의무를 다하는 것만으로 만족하지 않고, 물품이 운송인의 관리하에 있는 동안에는 운송인이 감항성에 관한 주의의무를 계속하지 않으면 안 된다.
- 항해과실면책의 폐지 : 헤이그 규칙에서는 운송인의 상업과실을 강행법적으로 책임지운 반면에 과실책임주의의 예외로서 항해과실을 운송인의 면책으로 규정하였으나, 함부르크 규칙에서는 운송인의 책임으로 규정하였다.
- 화재면책의 폐지 : 헤이그 규칙하에서 실질적으로 면책되고 있던 선박에서의 화재에 대해 함부르크 규칙에서는 면책의 규정을 두고 있지 않다. 따라서 화

재의 책임에 관해서도 운송인의 책임에 관한 일반원칙에 따른다. 다만, 화재가 운송인측의 과실 또는 부주의로 발생한 경우에 진화 및 화재예방 또는 완화를 위하여 합리적으로 요구되는 모든 조치를 취한 경우, 운송인측에 과실 또는 부주의가 있었다는 것을 배상청구자가 증명해야 한다. 선박에서의 화재가 사실상 면책으로 취급받아 온 이유 중 하나가 그 원인의 규명, 즉 과실의 유무 및 과실 책임자의 판정이 아주 곤란하다는 것이었는데, 헤이그 규칙에서는 그 곤란함을 화주측에 부담시키고 있으므로 사실상 운송인의 면책이나 다름없다.

- 면책리스트폐지 : 헤이그 규칙의 제4조 2항의 (c)호에서 (q)호까지 열거되어 있던 면책리스트가 폐지되고, 함부르크 규칙에서는 제5조의 운송인 책임의 일반원칙에 의해서 규율되고 있다. 제5조 1항은 운송인의 책임이 과실책임이라는 취지를 규정하였지만, 동항 단서의 표현이 너무 엄격하기 때문에 선진국이 그것에 난색을 표시하고 대안으로서 "다만 운송인이 멸실, 손상 또는 지연이 본인 또는 그 사용인 또는 대리인의 과실 또는 태만에서 발생하지 않은 것을 증명한 경우에는 그렇지 아니하다"는 문언을 제안하여 본 항이 과실책임인 것을 한층 명확하게 하였다. 그러나 개도국측이 받아들이지 않자, 결국 "본 협약하에서 운송인의 책임이 추정과실의 원칙(principle of presumed fault or neglect)에 의거할 것을 공통으로 양해한다. 이것은 거증책임(burden of proof)이 원칙으로 운송인에게 있지만, 어떤 경우에는 협약의 규정이 이 원칙을 수정하는 것을 의미한다"라는 '공통의 양해사항'을 부속문서로서 채택하는 것으로 귀착되었다. 선진국이 그러한 제5조 1항 단서를 원하였던 것은 사고를 방지하기 위하여 "합리적으로 요구되는 모든 조치를 취한 것"의 증명이 바르샤바 협약(warsaw convention)과 유사한 것으로 운송인에게 일반의 과실책임보다도 엄격한 책임이 부과되기 때문이다.
- 지연손해에 대한 운송인의 책임 명문화 : 헤이그 규칙에서는 지연손해에 관하여 명문의 규정이 없었기 때문에 지연으로 생긴 화물의 변질과 같은 물리적 손해에 관해서는 이를 화물의 취급에 대한 주의의무를 규정한 헤이그 규칙 제3조 2항에 의하여 배상받을 수 있었으나, 시장가격의 하락과 같은 간접손해에 대해서는 명백하지 못하여 각국은 이를 국내법에서 명시하기도 하였다.

따라서 이러한 불명료한 점을 시정하고, 또 도로, 철도, 항공 등 다른 운송수단에 의한 국제운송에서도 모두 인도지연에 관한 규정을 두고 있는 것을 고려하여 함부르크 규칙에서는 인도지연을 운송인의 책임으로 규정하고, 그 의미에 관해서도 규정을 두고 있다. 즉, 인도지연은 화물이 명시된 기간 내에 또는 그러한 합의가 없는 경우에는 당해 사안의 사정을 고려하여 성실한 운송인에게 요구되는 상당한 기간 내에 양륙항에 인도되지 않을 경우에 생긴다고 규정하고 있고, 상당한 인도기간 경과 후 60일 이내에 인도가 되지 않는 경우에 화주는 그 화물이 멸실된 것으로 취급할 수 있도록 하고 있다.

- 운송인의 책임한도액 인상 : 운송인의 책임한도액은 화폐단위로서 SDR을 채용하고, 화주는 "포장당 또는 선적단위당 835 SDR 또는 kg당 2.5 SDR, 이 중 높은 금액"을 청구하도록 하고 있다. 이 한도액은 헤이그-비스비 의정서보다 25% 증가된 것이다.
- 운송인의 책임기간의 연장 : 함부르크 규칙은 헤이그 규칙의 전통적인 'from tackle to tackle' 의 원칙을 폐기하고, '수령에서 인도까지(from receipt to delivery)' 로서 운송인의 책임기간을 확장하였다. 그러나 장소적인 제한을 가하여 선적항에서의 수령 이후부터 양륙항에서의 인도까지로 하고 있다.
- 파손화물보상장의 효력에 관한 규정의 신설 : 송화인과 선박회사 사이에 어쩔 수 없는 편법으로 관행화되고 있는 파손화물보상장이 송화인 이외의 선의의 선하증권 소지자에게 대항할 수 없다는 것을 당연시하고, 함부르크 규칙 제17조 2항에 그 취지를 명문화하였다(다만 선의의 소지자에게 한정되지 않는다).

5) 선하증권의 종류

(1) 적재에 대한 기재문언에 의한 분류

선적 선하증권(Shipped B/L)은 화물이 실제로 본선에 적재되었음이 기재된 것으로 보통 증권면에 'shipped on board vessel' 로 표기되며, 'on board notation' 으로 표기되기도 한다.

수령 선하증권(Received for shipment B/L)은 화물이 선박회사가 지정한 장소에서 운송인에게 인도되면 화주에게 발행되는 선하증권으로서, 증권면에는 'Received … for shipment' 로 기재된다. 신용장 통일규칙에서는 선적 선하증권을 요구하고 있으므로 수령 선하증권은 물품의 본선적재일의 표시(on board notation)가 있어야 수리한다고 규정하고 있다

(2) Remarks의 유무에 따른 분류

무고장 선하증권(Clean B/L)은 증권상에 포장이나 수량 등에 관한 유보사항이 기재되지 않은 것으로 보통 'Shipped on board in apparent good order and condition'

으로 기재되어 있다.

고장부 선하증권(Foul B/L or Dirty B/L)은 선적된 물품의 포장상태가 불완전하거나 수량이 부족하면 비고(Remarks)란에 기재되는데 이런 사실이 기재된 선하증권을 말한다. 화주는 고장부 선하증권으로 수출대금을 회수할 수 없기 때문에 파손화물보상장(Letter of Indemnity: L/I)을 선박회사에 제공하고 무고장 선하증권을 교부받아 수출대금을 회수하는 수도 있다.

(3) 수령인의 표시방법에 따른 분류

기명식 선하증권(Straight B/L)은 선하증권의 수화인(consignee)란에 특정인이 기입된 것을 말한다. 일반적으로 항공화물운송장(Air Waybill: AWB)이나 해상화물운송장(Sea Waybill: SWB)은 기명식으로 발행된다.

지시식 선하증권(Order B/L)은 선하증권의 수화인란에 특정인을 기입하지 않고 'Order of A', 'Order' 또는 'Order of X Bank' 등으로 기입되어 있으며, 화주는 백지배서만 하면 이 증권의 소지인이 화물에 대한 소유권을 갖도록 할 수 있는 선하증권이다.

(4) 유통성 여부에 따른 분류

유통성 선하증권(Negotiable B/L)은 선하증권에 '(or his or their) assigns' 라는 문구가 기재된 것으로 B/L의 배서 또는 인도에 의하여 제3자에게 유통가능한 선하증권이다. 기명식 B/L이나 해상화물운송장 그리고 항공화물운송장은 유통가능 선하증권이 아니다.

항공화물운송장 또는 해상화물운송장과 같은 비유통성 선하증권(Non-negotiable B/L)은 선하증권의 양도에 의해 소유권이나 물품의 인도청구권이 이전되지 않는 것이다.

(5) 기타

- 통선하증권(Through B/L)은 운송화물을 목적지까지 운송하는 선주가 다른 선박회사의 선박을 이용하거나 해운과 육운을 교대로 이용하여 운송될 경우 최초의 운송업자가 전 구간의 운송에 대하여 책임을 지고 서명하여 발행한 선하증권이다. 미국에서는 해상과 육상운송을 겸한 선하증권을 Overland B/L 이라고 한다.
- 복합운송 선하증권(Multimodal Transport B/L: MTD)은 복합운송인이 전 구간의 운송에 대하여 책임을 지고 발행하는 선하증권이다.

- 약식 선하증권(Short Form B/L)은 Long Form B/L의 이면약관이 생략된 선하증권이다.
- 적색 선하증권(Red B/L)은 선하증권과 보험증권을 결합시킨 것이다.
- 기간경과 선하증권(Stale B/L)은 선하증권의 제시시기가 필요 이상으로 지연된 선하증권을 말한다.
- Groupage B/L은 운송인이 다수 화주의 화물을 집화한 운송주선인에게 1건으로 발행한 선하증권으로 Master B/L이라고도 하며, House B/L은 각기 다른 화주의 화물을 혼재하는 운송주선인이 개별화주 앞으로 발행한 것이다. House B/L은 법리적으로는 선하증권이 아니다.

6) 선하증권의 기재사항

선하증권의 기재사항은 법적 기재사항과 임의 기재사항으로 나눌 수 있다. 선하증권상에는 운송과 관련하여 중요한 사항을 기입하여야 하는데, 예컨대 송화인, 수화인, 선적항, 양륙항, 선박명 등을 반드시 기재하여야 하며 이것을 법적 기재사항이라고 한다. 우리나라 상법 제814조에 규정된 법적 기재사항은 선박의 국적, 명칭과 톤수, 운송품의 종류, 중량과 용적, 포장의 종류, 개수와 기호, 운송물의 외관상태, 송화인 · 수화인의 성명 또는 상호, 선적항과 양륙항, 운임, 선하증권의 발행일자 및 장소, 발행통수 등이다.

당사자 간의 계약자유의 원칙에 따라 특약에 따라 여러 가지 사항을 기재하는 것을 인정하는데, 이것을 임의 기재사항이라고 한다. 임의 기재사항은 본선항해번호(Voyage No.), 통지처(Notify Party), 운임지급지와 지급조건, 선하증권 번호(B/L No.), 컨테이너 번호 및 봉인(Sealing) 번호, 일반약관 등이다.

7) 선하증권의 발행 및 배서형식

(1) 발행형식

선하증권은 기명식, 지시식, 소지인식, 기명소지인식 및 무기명식으로 발행된다.

- 기명식은 수화인란에 특정인의 이름을 기입하는 것이다.
- 지시식에는 'Order of Shipper' 또는 'Order' 와 같은 단순지시식, 'Order of A' 와 같은 기명지시식, 'A or Order' 와 같은 선택지시식이 있다.
- 소지인식은 'Bearer' 로 기입되며, 기명소지인식은 'A or Bearer' 로 표기되고, 무기명식은 일명 백지식이라고도 하며, 수화인란을 Blank로 두는 것인데

이 경우 소지인식과 같이 취급한다.

(2) 배서형식

피배서인의 표시방법에는 기명식, 지시식, 백지식, 선택무기명식이 있다.

- 기명식(full endorsement)은 피배서인(endorsee)의 이름을 명기하고 배서인(endorser)이 서명하는 경우이다. 연속된 배서에 의하여 권리가 이전된다.
- 지시식은 피배서인으로 'Order of A', 'A or Order' 와 같이 기재한다.
- 백지식(blank endorsement)은 배서인만 서명한 것이다. 이 경우 배서연속의 문제는 발생하지 않는다.
- 소지인식(선택무기명식)은 배서를 요하지 않고 단순히 선하증권의 인도만으로 이전효과가 발생한다.

8) 선하증권의 면책약관

각국에서 사용하고 있는 선하증권 이면약관상의 주요 면책조항은 다음과 같다.

(1) 천재 및 해난의 면책

운송인이나 그 사용인이 예견 또는 방지할 수 없는 해상고유의 위험(좌초, 침몰, 충돌 등)에 기인하는 손해, 천재지변 등에 기인한 손해에 대하여 운송인은 무과실을 입증하지 않고 면책된다.

(2) 전쟁위험의 면책

전쟁행위, 나포, 어뢰, 폭발 등에 기인하는 손해에 대하여 운송인은 책임을 지지 않고 면책된다.

(3) 제3자의 행위에 기인하는 위험의 면책

검역, 억류 등의 법규에 기인하는 손해와 파업 등에 기인하는 손해에 대하여 운송인은 책임을 지지 않고 면책된다.

(4) 과실약관

대부분 선하증권에는 항해 또는 선박의 관리에 있어서 도선사, 선장, 항해사, 기관사, 선원, 하역노동자, 기타 선박 또는 그 선박회사의 사용인의 태만 또는 과실 등에 기인하는 손해는 책임을 지지 않는다는 항해과실면책조항이 삽입되어 있다. 그러나 상업과실에 기인한 손해는 면책문언에 상관없이 운송인이 책임을 져야 한다

(5) 잠재하자약관

각국의 법규는 선박의 감항성담보의 주의의무를 운송인에게 부과하고 있다. 선하증권통일조약도 선박의 감항성을 갖추기 위하여 운송인이 상당한 주의를 기울일 것을 요구하고 있다. 그리고 선하증권의 이면약관 중에도 감항성담보를 위해 운송인이 주의의 결여로 발생한 것이 아닌 한 선박의 감항성에 의하여 발생 또는 초래되는 멸실 또는 손상에 대하여 책임을 지지 않는다는 조항이 삽입되어 면책된다.

(6) 이로약관

운송인은 인명 및 재산 혹은 산박구조, 피난 및 필수물자의 적재를 위해서 항로 외로 항해하거나 예정항이 아닌 다른 항구에 기항할 수 있다는 조항을 두고 있다. 선하증권통일조약 제4조 4항은 운송인이 인명과 재산의 구조나 합리적 연유에 기인한 이로를 면책으로 규정하고 있다.

(7) 부지약관

운송인은 선적할 때 포장수 및 화물의 개수를 선적지시서와 대조하여 확인한 후 선하증권을 발행하는 것이 아니라 송화인이 제시한 정보를 믿고 화물의 외관상 양호한 상태로 인도했다는 취지를 기재하여 선하증권을 발행하므로 선하증권이면에 화물의 내용, 중량, 용적, 수량, 품질 및 가격에 대하여는 운송인이 책임을 지지 않는다는 취지의 부지약관(Unknown Clause)이 명기하여 면책된다.

(8) 갑판적화물

운송인은 이면약관에 갑판상에 적재한 화물, 생동물, 과실, 야채, 어류 및 부패성 화물, 유리제품, 도자기류, 주물 등 이러한 화물에 발생한 멸실 또는 손상에 대해서는 운송인은 책임을 지지 않는다는 면책조항을 삽입한다.

(9) 고가품

귀중품이 운송될 때에는 기본 운임 외에 종가(Ad Valorem)에 의한 운임을 별도로 지불해야 운송인이 이를 특별히 보호 · 관리할 의무가 생긴다. 그렇지 않을 경우 운송인은 선하증권통일조약상의 운송인의 책임한도액인 포장당 100파운드 이상의 책임을 지지 않는다. 선하증권의 이면약관 중에 고가품에 대한 운송인의 면책약관이 있다.

2. 해상화물운송장

1) 해상화물운송장의 의의

해상화물운송장(sea waybill)은 해상운송인이 화물의 수령을 증명하고 운송계약조건을 알기 위한 목적으로 송화인에 대하여 발행되는 서류이다. 하지만 선하증권과는 달리 물품의 인도청구권을 상징하는 권리증권이 아니기 때문에 양도성이 없다.

오늘날 운송기술의 발달로 신속한 운송수단이 등장하면서 화물의 운송기간이 단축되었지만, 선적서류의 처리속도가 늦어 목적지에 화물이 먼저 도착하는 경우가 발생하게 되었다. 이러한 상황에서 선하증권이 도착할 때까지 기다리면 창고보관료 등의 도착화물에 대한 위험부담이 높아진다. 관습적으로 화주는 수입화물선취보증장(Letter of Guarantee: L/G)으로 화물을 우선 수령하지만 이 방법은 절차 및 비용 문제와 분실이나 사기로 인한 피해가 클 수 있다. 이러한 이유로 1970년대 후반부터 해상화물운송장 사용량이 증가하기 시작하였다. 해상화물운송장과 선하증권을 비교하면 다음 표와 같다.

표 10-1 해상선하증권과 해상화물운송장의 비교[4)]

번호	항목	해상선하증권	해상화물운송장
1	기능	운송물품에 대한 권리증권	물품 적재사실 통지서
2	운송계약의 증빙	가능	가능
3	물품영수증	가능	가능
4	운송인 제시	물품수령시 제시	제시하지 않아도 됨
5	유가증권성	유가증권이며 권리증권임	유가증권도 권리증권도 아님
6	권리행사자	적법한 소지인	수화인
7	유통성	유통 가능	유통 불가능
8	계약당사자	변경 가능	변경 불가능
9	수화인	변경 가능	변경 불가능
10	결제담보	매입은행 결제의 물적 담보	물적 담보로는 불가 은행은 무담보로 어음 매입
11	사용용도	전통적 거래, 장거리 운송	소량, 견본거래, 본 · 지사 간 거래, 근거리 운송

4) 오원석, Sea waybil의 문제점에 관한 소고, 중재, 제265호 (1994년 3월) 참조 작성.

2) 해상화물운송장의 장점 및 단점

해상화물운송장의 장점으로는 ① 화물인도의 신속성, ② 서류의 분실에 수반한 위험의 해소, ③ 화물처리업무의 합리화 촉진, ④ 경비절감 등을 들 수 있고, 단점으로는 유통성 권리증권이 아니기 때문에 서류에 의한 물품의 전매불가 등을 들 수가 있다.

3) 해상화물운송장에 관한 국제규칙

국제해사위원회(Comite Maritime International: CMI)는 1990년 6월에 해상화물운송장에 관한 CMI 통일규칙(CMI Uniform Rules for Sea Waybill)을 채택하고 이를 공표하였다. CMI 통일규칙상의 중요한 내용을 살펴보면 다음과 같다.

(1) 적용범위

선하증권과 기타 이와 유사한 권리증권에 의하여 표창(表彰)되지 않는 운송계약에 채택될 경우에 문면에 의한 계약의 여부를 불문하고 적용된다(제1조).

(2) 대리권

운송계약을 체결함에 있어서 송화인은 자신의 명의로 또는 수화인의 대리인 또는 그를 대신하여 이를 체결하는 것이며, 또 송화인은 그가 운송계약을 체결한 권한이 있다는 것을 운송인에게 보증하는 것이다. 수화인이 운송계약에 관한 소송을 제기하거나 또는 소송을 받을 수 있도록 운송계약에 적용되는 법률에 의하여 필요한 경우에만 적용된다. 수화인은 선하증권 또는 이와 유사한 권리증권에 의하여 커버된 운송계약에 있어서 부담하는 그 이상의 책임을 부담하지 아니한다(제3조 1항 및 2항).

(3) 권리 및 책임

운송계약은 이에 강행적으로 적용될 수 있는 또는 운송계약이 선하증권이나 이와 유사한 권리증권에 의하여 증빙된 경우에 적용될 수 있는 모든 국제협약 또는 국내법의 적용을 받는다. 그러한 국제협약 또는 국내법은 운송계약에 이와 일치하지 않는 아니한 어떠한 것이 있더라도 이에 적용된다(제4조 1항).

(4) 화물의 명세

송화인은 화물에 관련하여 자신이 제공한 명세사항의 정확성을 보증하고, 또 어떠한 부정확성으로 인하여 발생하는 모든 멸실, 손상 또는 비용에 대하여 운송인에게 배상하여야 한다. 운송인에 의한 유보조항이 없는 경우 화물의 수량 또는 상태에 관하여 해상화물운송장 또는 이와 유사한 서류상에 있는 모든 기재는, 운송인과 송화인 간에서는 기재된 대로의 화물수령의 추정적 증거가 되고, 운송인과 수화인 간에서는 수화인이 선의로 행동하는 경우 기재된 대로의 화물수령의 결정적인 증거가 되며, 이의 반증을 허용하지 않는다(제5조).

(5) 운송물의 지배권

송화인은 운송인에게 운송계약에 관한 지시를 행할 권리가 있는 유일한 당사자이다. 해당 법률에 의하여 금지되지 않는 경우, 송화인은 목적지에 화물이 도착한 후 수화인이 화물의 인도를 청구하기 전까지는 언제라도 그 수화인의 명칭을 변경할 권리가 있다. 다만, 송화인은 이로 인하여 발생하는 모든 추가적인 비용에 대하여 운송인에게 배상한다는 약정으로써 서면이나 기타 운송인이 인수할 수 있는 어떠한 수단에 의하여 운송인에게 합리적인 통지를 하여야 한다(제6조 1항).

송화인은 운송인에 의한 화물의 수령시까지 행사한다는 조건으로 운송물의 지배권을 수화인에게 이전하는 선택권을 갖는다. 이러한 선택권의 행사는 해상화물운송장 또는 해당되는 경우에 서류상에 명기되어 있어야 한다. 이러한 선택권이 행사된 경우 수화인은 지시를 행할 권리를 갖게 되며, 그러한 이상의 권리를 갖지 못한다(제6조 2항).

(6) 인도

운송인은 합당한 동일성을 증명하는 제시가 있는 때에 수화인에게 화물을 인도하여야 한다. 운송인은 수화인임을 주장하는 당사자가 실제로 당사자인지를 확인하기 위하여 상당한 주의를 다하였다는 것을 입증한 경우에는 인도착오에 대한 어떠한 책임도 부담하지 아니한다(제7조).

(7) 효력

CMI 규칙 또는 권리 및 의무의 규정에 의하여 운송계약에 삽입되어 있는 규정의 어떠한 내용도 국제협약 또는 운송계약에 강행적으로 적용되는 국내법의 규정과 불일치하는 경우, 규칙 또는 규정은 그 범위 내에서 무효로 된다(제8조).

3. 항공화물운송장

1) 항공화물운송장의 의의

해상운송의 선하증권에 해당하는 기본서류가 항공화물운송장(Air Waybill: AWB) 또는 항공화물탁송장(Air Consignment Note)이다. 기본적인 성격은 선하증권이 화물의 수령을 증명하는 동시에 유가증권적인 성격을 가지고 유통가능한 반면, 항공운송장은 화물의 수령을 증명하는 영수증에 불과하며 유통이 불가능하다는 점이다.

운송계약은 항공화물운송장을 수령한 시점, 즉 화주 또는 그의 대리인이 AWB에 서명하거나 항공사 또는 해당 항공사가 인정한 항공화물취급대리점이 AWB에 서명한 순간부터 유효하며, AWB상에 명시된 수화인(consignee)에게 화물이 인도되는 순간 소멸된다.

2) 항공화물운송장의 기능

항공화물운송장의 기능으로는 운송위탁된 화물을 접수했다는 영수증, 운송계약체결에 대한 문서상의 증명, 요금계산서, 송화인이 화주보험(Air Waybill 보험: AWB에 보험금액과 보험료가 기재됨)에 가입한 경우 보험가입증명서, 세관신고서, 화물운송의 지침서(취급, 중계, 배달 등) 등의 기능을 한다.

표 10-2 항공화물운송장과 선하증권의 비교

항공화물운송장	선하증권
유가증권이 아닌 단순한 화물수령장	유가증권
비유통성(non-negotiable)	유통성(negotiable)
기명식	지시식
수령식(창고에서 수령하고 발행)	선적식(본선선적 후 발행)
송화인이 작성	선사가 작성

3) 항공화물운송장의 구성

바르샤바 협약에 의거하면 항공화물운송장은 송화인이 원본 3통을 작성하여 화물과 함께 교부하여야 한다고 규정하고, 제1의 원본에는 "운송인용"(녹색)이라 기재하고 송화인이 서명한다. 제2의 원본에는 "수화인용"(적색)이라 기재하고 송화인 및 운송인이 서명하고, 이 원본을 화물과 함께 송부한다. 제3의 원본(청색)은 운송인이 서명하고 이 원본은 운송인이 화물을 인수한 후에 송화인에게 교부하도록 되어 있다.

한벌의 항공운송장은 원본 3통에 사본 6통 이상으로 구성되어 있다. 사본 6통 중

1통은 항공회사의 화물인도증명서 및 운송계약이행의 증거서류로서 물품인도시 수화인이 서명하고 인도항공회사에 반환하는 것(황색)이며, 나머지 5통은 모두 백색으로 도착지공항의 세관통관업무용, 도착지공항의 항공회사간 운임청산용, 발행대리점 보관용으로 이용된다.

4. 복합운송서류

복합운송서류는 복합운송계약에 따라 복합운송인이 화물을 자신의 관리하에 수취하였다는 것 및 그 계약조건에 따라 이를 인도할 의무를 부담함을 증명하는 서류이다.[5)]

복합운송서류는 두 가지 이상의 상이한 운송수단에 의하여 물품이 수탁된 장소에서 인도하기로 약정된 장소까지 운송계약을 증빙하는 서류이다. 복합운송서류는 유통식으로도 비유통식으로도 발행할 수 있다.

5. 전자식 선하증권

1) 전자식 선하증권의 의의

전자식 선하증권(Electronic B/L)은 선하증권을 발행하는 대신에 그 내용을 컴퓨터에 보존하고, 선박회사와 송화인 또는 양수인(수화인)이 상호간 EDI[6)] 메시지를 전송하여 권리의 증명으로서 개인키(private key)를 사용함에 의해 물품에 대한 지배·처분권의 이전과 물품의 인도를 행하는 방법을 말한다. 컴퓨터 통신기술의 발달과 도입에 따른 EDI 방식의 무역시대에 전자식 선하증권의 유통성을 보장하기 위하여 국제해사위원회(CMI)는 1990년 6월에 개최된 제34회 총회에서 '전자식 선하증권에 관한 CMI 규칙' 을 채택하였다.

전자식 선하증권에 관한 CMI 규칙에 규정되어 있는 전자식 선하증권은 중앙등록기관으로서 해상운송인을 이용하여 전송되고, 현행의 선하증권 소지인이 갖는 것과 동일한 권리를 향유할 자격을 가진 당사자가 해상운송인에 대하여 행한 전자지시 시스템에 기초하고 있다. 해상운송물의 인도청구권의 이전은 선하증권을 발행하지 않고, 운송인이 동 증권의 내용을 구성하는 정보를 전자적 방법에 의하여 보존하고, 암호번호를 인식하고 있는 권리자의 지시에 따라 양수인에게 전송하는 방법으

5) UN국제물품복합운송협약 제1조 4항.

6) EDI(electronic data interchange)란 "전자적인 정보교환을 의미하지만, 기업 간에 거래에 관한 정보를 통신회선을 개입시켜 컴퓨터 간에 교환하는 것" 또는 "거래관계가 있는 복수의 기업 간에 컴퓨터를 통신회선에 연결하여 업무의 데이터를 교환하는 것" 을 말한다.

로 행해진다.

이 시스템에서는 서면형식의 선하증권을 발행하지 않고 이것과 동일한 정보를 포함하고 있는 전자서류를 중앙등록기관인 운송인에 의해 송화인의 전자주소에 전송되는 것으로 시작하여 최종적인 양수인에 도달하는 일련의 권리의 전자적 이전이 행해지지만, 이것의 중심은 권리를 표창한 전자식 선하증권의 발행 · 양도를 가능하게 하는 개인키이다. 개인키란 운송인이 송화인으로부터 화물을 수령한 후 UN 표준 메시지에 의해서 구성된 선하증권에 해당하는 정보를 화물수령 메시지로서 전자적 방법으로 송화인에게 전송할 때 함께 송부되는 비밀코드이다.

개인키는 숫자 · 문자를 조합시킨 것으로 운송인에 대한 운송물에 관한 지시메시지의 진정성과 완전성을 보증하기 위하여 사용되며, 권리가 양도될 때마다 변경되며, 그리하여 개인키의 소지인만이 권리양도의 지시를 할 목적으로 운송인과 연락을 취할 수 있는 방법이다. 즉, 개인키가 포함되어 있는 화물의 수령메시지(또는 양도메시지)는 유통성 선하증권의 기능을 하며, 개인키의 유효한 소지인에게만 화물에 접근(예컨대, 화물인수청구권, 처분권의 취득)할 수 있다.

2) CMI 전자식 선하증권의 특징

CMI 규칙에 의한 전자식 선하증권의 특징은 ① EDI에 의해 서면형식의 선하증권의 유통과정을 모방하고 있다는 것, ② 기본적으로는 EDI 메시지에 의한 통지와 그것에 대한 확인시스템이라는 것, ③ 전자식 선하증권의 중앙등록기관으로서 해상운송인이 설정되었다는 것, ④ 개인키 시스템을 도입하여 전자식 선하증권의 유통성을 보증하고 있다는 것, ⑤ CMI 규칙은 조약 또는 강행법규가 아니기 때문에 당사자의 계약자유의 원칙에 기초해서 해당 규칙에 따라 거래를 한다는 합의가 이루어진 경우 적용된다는 것이다. 또 ⑥ CMI 규칙에 의한 전자식 선하증권 메시지의 전송에는 이것에 저촉되지 않는 한 당사자 간의 행동규범으로서 UNCID(Uniforn Rules of Conduct for Interchange of Trade Data by Teletransmission: 전송에 의한 무역자료 교환의 취급에 관한 통일규칙)가 채택되고, 선하증권의 포맷으로서 UN Layout Key(유엔출력부호)가 사용되는 것, UN/EDIFACT(United Nations Rules of Electronic Data Interchange for Administration, Commerce and Transport: 행정, 商役 및 운송을 위한 전자식 자료교환에 관한 유엔규칙) 표준이 적용되는 것 등이다.

3) CMI의 전자식 선하증권의 문제점

서류의 선하증권상의 기재내용에 해당하는 수령메시지에 나타나고 있는 권리의 수락과 서명에 해당하는 개인키의 취득이라고 하는 권리이전의 방식을 갖고, 종래의 선하증권의 유통성을 창출할 수가 있느냐의 문제가 남는다. 이것은 ① 선하증권의 기재내용은 운송인이 관리하기 때문에 정말로 개인키를 포함한 수령메시지가 양수인에 의해서 운송물에 관한 결정적인 증거로 되는가 하는 것, ② 개인키에 의해서 행하여지는 권리이전의 때에 운송인에 의한 현재의 소지인의 개인키의 파기와 권리의 양수인에게로의 새로운 개인키의 발급 사이에 있어서 시간적 차이가 발생하는 경우 종래와 같은 동시적인 권리의 이전이 되지 않는 것, ③ 개인키의 선의의 양수인에게 종래의 선하증권과 같은 운송인에 대한 화물인도청구권을 비롯한 운송계약상 권리가 이전되도록 되어 있는 경우, 중앙등록기관의 승인이 없는 대로 제3자에게 개인키가 사기적으로 이전될 가능성을 배제할 수 없다는 것이다.

CMI 규칙은 강행규칙이 아니기 때문에 수령메시지와 개인키로 구성된 전자식 선하증권이 종래의 서면형식의 선하증권과 동일한 효과를 갖는다는 규정만으로는 서면형식의 선하증권과 동일한 법적효력을 부여한다는 데 문제가 있고, 이것을 위하여 관련법의 제정이 필요하다. 또 CMI 규칙은 운송계약약관 등은 전부 전송하는 것이 아니다. 기존 서면형식의 선하증권에 기재된 약관을 참조하도록 한 형식으로 정보를 전송하도록 되어 있고, 또 당사자 간은 해당계약이 국내법에 의해 요구되는 서면에 의한 것이 아니라는 것을 항변으로 주장할 수 없다고 되어 있다. 이러한 점에서 볼 때 각국의 선하증권에 관한 국내법이 이 규칙의 효력을 인정하지 않을 우려가 있다.

II. 매매계약에 관한 서류

1. 송장

1) 송장의 의의

송장(invoice)은 매매 또는 위탁계약에 의하여 물품의 인도가 이루어질 때, 그 물품의 송화인이 수화인에 대하여 화물의 특성, 내용의 명세, 계산관계 등을 상세히 명확하게 알리기 위하여 작성하는 서류이다.

송장은 수출자의 입장에서는 무역대금결제와 과세자료, 수출수속절차상 세관 등에 제공하게 되는 서류가 되며, 수입자의 입장에서도 수입통관수속에 필수적인 서류이다.

2) 송장의 기능

국내거래에 사용되는 송장은 화물의 단순한 안내서에 지나지 않지만 국제거래에 사용되는 송장은 첫째, 거래물품에 관한 중요사항을 기입한 화물의 명세서이며, 둘째, 물품의 대금 및 제 비용 등 주요 가격구성요소를 표시한 계산서 겸 대금청구서이며, 셋째 수화인의 입장에서 보면 수입화물에 대한 매입서이기도 하다.

따라서 송장은 계약내용의 존재와 계약이행의 사실을 입증하는 유력한 자료가 되며 또한 세관신고의 증명자료도 된다. 송장은 선하증권과는 달리 그 자체는 아무런 청구권이 없는 것이지만 오랜 상거래 관습상 중요서류이다.

3) 송장의 종류

(1) 상업송장(Commercial Invoice)

무역계약을 이행하고 거래조건에 따라 작성된 송장으로 물품명세서, 대금계산서, 대금청구서의 역할을 한다.

(2) 견적송장(Proforma Invoice)

선적 전에 수입자가 수입품의 가격을 견적하거나 수입허가 또는 외화배정을 받기 위해서 요청할 때 수출자가 작성하여 발송하는 송장을 견적송장이라 한다.

(3) 영사송장(Consular Invoice)

수입품 가격을 높게 책정해 외화를 도피하거나 낮게 책정하여 관세를 포탈하는 것을 방지하기 위하여 수출국 주재 수입국 영사의 확인을 받아 제공하는 송장을 영사송장이라 한다.

(4) 세관송장(Customs Invoice)

수입지 세관에서 수입물품에 대한 과세가격의 기준이나 덤핑 유무의 확인 등을 목적으로 제공되는 송장을 세관송장이라 한다.

2. 포장명세서

포장명세서(packing list)는 수입업자가 쉽게 각 화물의 내용을 파악하기 위하여 요구되는 포장된 내장품의 명세서로 상업송장의 부속서류로 작성되는 서류로서 계약서나 신용장상에 요구가 없으면 화환어음 취결시 선적서류로서 은행에 제출할 필요가 없다. 그러나 포장명세서는 상업송장의 보충서류로 관례적으로 선적서류에 포함시키고 있다. 포장명세서에 물품의 외장(outer packing), 내장(inner packing)의 명세, 화인(shipping marks), 상자번호(number of package), 내용명세(description), 총중량(gross weight), 순중량(net weight), 용적(measurement) 등이 기입된다.

3. 보험에 관한 서류

해상적하보험(marine cargo insurance)은 해상이나 항해사업과 관련된 육상 및 항공에서 발행한 손해까지 보상하는 보험을 말한다. 보험서류에는 보험증권(insurance policy), 보험증명서(certificate of insurance) 또는 보험승낙서(cover note) 등이 있다.

(1) 보험증권(Insurance Policy)

보험계약이 성립된 후 보험자가 보험계약의 사항을 기재하여 보험계약자에게 주는 증서로서 보험계약의 증빙이 되고 배서에 의하여 양도되는 증거증권이다. 보험증권은 개별적 거래에 대한 보험내용이 확정된 경우, 예컨대 선적물품, 선적지와 양륙지, 선적일, 선박명 등이 확정된 경우에 발행된다.

(2) 보험증명서(Certificate of Insurance)

보험증명서는 보험회사 또는 그 대리인이 자사발행의 원보험증권에 의거하여 보험계약의 존재사실을 증명하는 서류이다. 보험증명서는 주로 포괄예정보험(open cover)에 사용된다. 포괄예정보험은 미래에 선적될 불특정화물에 대한 보험이다. 포괄예정보험은 보험계약에 미리 화물의 종류, 운송구간, 보험가액, 보험금액, 보험조건 등에 관한 사항을 포괄적으로 정하고 실제 선적시 화물의 명세에 대하여 통지함으로써 보험에 부보되는 보험으로, 보험증명서는 포괄보험의 확정통지에 따라 발행된다.

(3) 보험승낙서(Cover Note)

보험중개인(broker)이 발행하는 보험승낙서는 보험중개인이 보험계약자에게 부보사실과 보험조건을 명시한 일종의 보험승낙서이므로 보험계약을 유효하게 하는 법적 효력이 없는 서류이다.

4. 기타 서류

1) 원산지증명서(Certificate of Origin)

원산지증명서는 수입통관시 관세양허용으로뿐만 아니라 특정국으로부터의 수입제한 또는 금지, 국가별 통계를 위하여 수입국이 요구하는 경우 발행된다. 현재 우리나라에서는 양국의 통상협정에 의한 관세양허를 위한 일반원산지증명서는 상공회의소가 발행하고 선진국의 개도국에 대한 GSP(Generalized System of Preferences; 일반특혜관세)의 적용을 받기 위한 GSP용 C/O는 각 시 · 도청에서 발급받는다.

2) 검사증명서(Certificate of Inspection)

검사증명서는 매매계약서의 품질조건에 공신력 있는 검사기관의 검사에 합격한 물품만을 선적하기 위해 약정한 것이다. 특정 검사기관을 합의해 두지 않았을 경우에는 수입상의 대리인이 발행한 합격증 또는 지정검사기관의 검사합격증을 인정할 수 있다. 품질증명서(Quality Certificate)나 분석증명서(Certificate of Analysis) 등도 검사증명서의 일종이다. 그 외에도 당해 거래의 물품이 중량 또는 용적이 기준이 되는 경우에는 공인검정인(sworn measurer/surveyor)이 발행한 중량/용적증명서(Certificate of Measurement/Weight)를 수입자에게 제공하여 계약과 일치함을 증명하게 된다.

전자무역 제11장

I. 전자무역의 의의

1. 전자무역의 개념

전자무역(electronic trade)은 인터넷 등 컴퓨터 네트워크 등을 통해 이루어지는 새로운 형태의 무역거래방식을 말한다.

종래 전통적 무역거래방식이 종이서류에 의한 거래인 데 비해, 정보통신기술을 기반으로 한 전자무역은 전자적 네트워크와 전자문서교환방식(Electronic Data Interchange: EDI)의 활용을 통하여 서류 없는 무역거래(paperless trade)를 수행함으로써 기업의 비용절감과 경쟁력 확보 및 기타 전자상거래의 다양한 장점을 최대한 활용하는 등 기존의 무역거래방식과 거래관행면에서 많은 변화를 가져오고 있다.

또한 전자무역은 무역거래의 절차뿐만 아니라 무역거래의 대상에 있어서 유형재(tangible goods)뿐만 아니라 디지털 콘텐츠 등 전자적 형태의 무형재(intangible goods)에 이르기까지 적용할 수 있다.

이렇듯 전자무역은 인터넷 등 컴퓨터 네트워크에 의해 수행하는 전자적 방식의 다양한 정보매체를 활용하여 무역거래를 수행하는 가장 폭넓은 의미의 무역이라고 할 수 있으며, 여기에는 전자상거래의 개념까지 포함하고 있다.

우리나라의 대외무역법에서는 전자무역을 “무역의 전부 또는 일부가 컴퓨터 등 정보처리능력을 가진 장치와 정보통신망을 이용하여 이루어지는 거래를 말한다”고 규정하고 있다(대외무역법 제1조의 6).

한편, 전자무역은 인터넷무역 또는 사이버무역으로도 설명되는데, 인터넷무역(internet trade)은 가장 좁은 개념의 용어로 인터넷이라는 개방형 컴퓨터 네트워크를 활용하여 무역거래와 관련된 각종 정보 및 전자문서를 교환하는 것을 말한다. 사이버무역(cyber trade)이란 인터넷 혹은 전자문서교환(EDI) 등 정보제작과 정보처리가 가능한 전자적 수단을 활용하여 가상공간(cyber space)에서 무역거래와 관련된 각종 정보 및 전자문서를 교환하는 것을 말한다. 전자무역의 범위로서는 일반적으로 기업 간 거래(B-to-B)와 기업과 정부 간 거래(B-to-G)를 포함한다.

2. 전자무역과 전자상거래

전자상거래(electronic commerce)는 일반적으로 전자통신과 디지털 정보처리기술을 이용하여 전자적 방식으로 이루어지는 모든 형태의 상거래라고 할 수 있다. 전자상거래는 정보통신인프라, 공공정책, 법제 그리고 네트워크 내의 요소기술을 구성요소로 한다.

전자상거래는 경제주체 간의 관계에 따라 기업과 기업 간, 기업과 개인(소비자) 간, 개인과 정부 간, 기업과 정부 간에 이루어질 수 있다. 전자상거래는 최근 들어 기업과 소비자 간의 거래보다는 기업과 기업 간 거래에 관심이 집중되고 있다. 기업 간의 전자상거래는 전자문서교환(Electronic Data Interchange: EDI)이나 광속상거래(Commerce At Light Speed: CALS)를 통하여 기업활동 전 과정을 정보 네트워크를 통하여 수행함으로써 경영의 효율성을 높일 수 있다. 이와 같은 전자상거래의 확산에 따라 이러한 변화 추세가 국제간 거래인 무역거래에도 적용되어 전자무역이 더욱 변화하고 있으며 국제상업회의소에서도 전자무역거래(electronic trade transactions)라는 용어로 정의하여 일관되게 사용하고 있다.

3. 전자무역의 절차

1) 전자무역거래의 개요

전자무역은 인터넷을 통해 해외시장정보의 탐색과 거래선의 발굴 등 해외마케팅 활동을 효율적으로 수행하고, 거래알선사이트(e-maket place)나 검색엔진(search engine)을 활용하여 해외시장정보를 수집하면서 수출물품의 홍보를 위해서는 자체 웹 사이트를 구축하여 활용하는 등으로 확산되고 있다. 전자무역은 컴퓨터나 정보통신수단을 활용하여 무역거래의 일부나 전부를 수행하기 때문에 그 거래의 일반적

흐름이 전통적 방식의 무역거래와 다를 바가 없다.

따라서 전통적 방식의 무역거래 절차에 따라 전자무역의 진행과정을 개괄적으로 살펴보면 다음과 같다.

우선 인터넷으로 무역관련 사이트를 방문하여 해외시장조사를 하고 해외의 거래선을 물색한다. 해외의 거래선이 물색되면 수입상에게 전자메일(e-mail)을 이용하여 거래제의를 하고 상대방으로부터 긍정적인 회신이 오면 구체적인 거래조건을 제시한다.

거래제의시 전자메일을 보내는 경우에는 거래선을 알게 된 경위와 회사소개, 제품소개에 대하여 자세하게 소개한다. 거래제의를 받은 수입상은 수출상과 서로 오퍼를 주고받는데 그 내용은 가격, 수량, 인도시기, 보험, 품질, 대금결제조건, 운송방법에 대한 것이다. 매도인이 매수인에게 보내는 오퍼를 수출오퍼(selling offer)라 하고 그 반대를 수입오퍼(buying offer)라 한다.

그리고 매매당사자 간에 거래조건이 최종적으로 수락되면 정식으로 전자무역계약을 체결한다. 무역계약에는 물품에 관한 사항과 무역계약의 이해에 절대적으로 필요한 거래조건을 구체적으로 약정한다.

전자무역계약이 체결되면 수출상은 계약물품을 약정한 기일 내에 생산 내지 구매를 통해 확보, 포장하고 통관에서는 EDI 방식의 수출통관을 마친 후 선적하게 된다. 계약물품에 대한 선적이 완료되면 수출자는 전자결제시스템에 의해 관련 은행 등으로부터 수출대금을 회수한다.

수입자는 수출자가 계약물품을 선적해 보내면 수입대금을 결제하고 수입화물을 입수한 후 EDI 수입통관을 이행함으로써 모든 수입절차를 마치게 된다.

이러한 일련의 과정을 거쳐 수출대금의 회수와 수입물품의 입수가 끝나면 무역거래는 일단 종결되지만 만약 상대방이 클레임을 제기하게 되면 이의 해결과정이 남게 된다. 무역거래에서 발생하는 클레임도 온라인으로 진행할 수 있다.

현재는 무역거래의 전 과정이 전자적으로 수행되는 경우는 흔치 않으며 해외시장조사, 거래알선, 수출입통관 등 주로 무역마케팅 분야와 계약체결 등을 중심으로 전자무역이 이루어지고 있다.

표 11-1 전자무역거래의 과정

구분	기존방식	절차	전자무역
계약의 체결	해외시장조사 바이어 신용조회	마케팅	홈페이지 거래알선 사이트
		↓	
	거래조건 조회 · 협상	협상	e-mail 온라인 상담
		↓	
	계약체결 및 주문	계약	전자문서교환(EDI)
계약의 이행		↓	
	운송 · 보험 · 통관	물류	선사 · 보험사 · 세관(EDI)
		↓	
	D/A, D/P, L/C	결제	전자화폐, Trade Card
계약의 종료		↓	
	분쟁해결	사후관리	Data Base 마케팅

2) 전자무역과 전통적 무역거래의 비교

전자무역은 무역거래의 제반 업무활동과 관련하여 기존의 전통적 무역과는 거래를 수행하는 수단이나 방법 등에 있어서 상당한 차이를 보여주고 있으나, 전자무역은 컴퓨터 네트워크를 활용함으로써 각 거래단계에서 업무를 효율적으로 처리하는 것이기 때문에 전통적인 무역과 상거래상의 본질적인 차이는 없다.

그러나 인터넷에 의해 형성된 새로운 단일 세계시장인 사이버마켓에서는 중소기업과 대기업의 차이가 없어 중소기업에 있어서는 글로벌 마케팅을 수행할 수 있게 되고, 또한 창의적이고 유연한 중소기업은 변화하는 국제무역환경에 기동성 있게 대처할 수 있으며, 인터넷상에서 새로운 사업기회를 발견할 수 있다는 점에서 전자무역이 더욱 활성화될 전망이다.

(1) 시장조사 단계

시장조사 단계에서는 전자무역의 경우 시장정보를 주로 인터넷상의 검색엔진(search engine)에 의한 정보검색과 각국의 정부기관 사이트나 기업의 웹 사이트 또는 개인 사이트를 통한 정보검색 등 인터넷을 활용해 국내 및 해외의 신제품이나 거래선에 대한 정보, 경쟁업체에 관한 정보를 신속하게 입수할 수 있다. 또한 인터넷상의 자사의 웹 사이트나 무역거래알선사이트, 유즈넷, 메일링리스트 등을 통해 자사 제품과 서비스에 대한 홍보를 할 수 있기 때문에 시장조사업무를 편리하고 신속하게 수행할 수 있다.

(2) 거래교섭 및 계약체결 단계

거래교섭 및 계약체결 단계에서 전통적 무역거래는 텔렉스(telex)나 팩스(fax) 등의 통신망을 이용하였으나 전자무역에서는 전자우편(e-mail), 인터넷 팩스 및 인터넷 폰 등을 이용하여 훨씬 저렴하고 효율적으로 거래상담과 계약체결을 할 수 있다.

표 11-2 전통적 무역거래와 전자무역의 비교

무역거래절차	전통적 무역거래	전자무역거래
시장조사, 거래선 발굴	거래알선기관 직접방문, 전시회와 박람회 참가	국내외 무역정보 사이트와 검색엔진을 이용한 정보검색
제품 홍보, 마케팅	카탈로그 발송, 매체광고, 전시회와 박람회 참가	웹프로모션(웹사이트, 유즈넷, 메일링리스트), 사이버 무역박람회 참가
조회, 거래의사 교환	국제전화, 팩스, 우편, 출장	전자우편, 인터넷 폰/팩스
신용조사	무역관련기관, 전문신용조사기관, 기존 거래처	신용조사기관 사이트 또는 기업신용 데이터베이스사이트
계약체결	국제전화, 팩스, 우편, 출장	전자우편, 인터넷 폰/팩스
통관 · 보험	종이서류, 관세사, 보험사	전자문서, EDI, BOLERO
선적, 운송	종이서류, 포워더, 선사, 항공	국제특급운송, 온라인 다운로드, EDI, BOLERO
대금결제	신용자, 송금, 추심방식(D/P, D/A) 등 은행 이용	Trade card, 전자화폐, 전자자금이체

출처: 산업자원부, 「전자상거래 활성화 종합대책」, 2000. 2. 15.

(3) 물류운송 단계

물류운송 단계에서는 전자무역을 이용한 국제거래에서 운송은 물품의 특성에 따라 물리적 물품(physical goods)의 경우는 기존의 물류운송과정을 그대로 이용하지만, 디지털 물품(digital goods)의 경우에는 인터넷을 통해서 직접 전송하거나, 책이나 음반 등과 같이 부피가 크지 않고 특별취급이 필요하지 않은 소화물의 경우 보편적으로 우편서비스 또는 국제특급운송이 주로 이용된다.

특히 국제거래에서 전자상거래를 활용하는 경우에는 물품에 대한 화물위치추적(cargo tracking) 서비스 등 정보통신기술을 활용한 첨단화물정보시스템을 활용함으로써 수출입화물의 흐름도 실시간으로 파악할 수 있다.

(4) 대금결제 단계

대금결제에서는 종래 신용장(L/C)이나 추심(collection) 또는 송금방식(remittance) 등의 결제방식이 널리 이용되어 왔으나, 전자상거래를 이용한 인터넷 무역거래가 활성화됨에 따라 소액거래의 경우 trade card,[1] 신용카드(credit card), 전자화폐(cyber cash) 등이 이용되며, 거액의 거래인 경우 전자자금 이체방식이 활용되고 있다.

II. 전자무역의 특징

1. 무역거래관행의 변화

전자상거래의 확산에 따라 기존의 무역거래관행과 전자무역거래관행을 비교하여 볼 때 변화되고 있는 거래관행은 다음과 같다.

첫째, 해외시장 및 거래선 정보의 수집 및 확산방법에 대한 변화이다.

전통적인 상거래에서 해외시장조사 문헌을 통한 간접적인 방법, 무역관련 기관을 통한 위탁조사, 해외출장을 통한 직접조사와 같은 방법을 이용하고 거래선 정보의 수집 및 확산을 위해 상공인명부(directory)의 이용, 국내외 공공기관 이용, 해외출장, 해외광고, 무역전시회 등 각종 행사 등을 이용하였다.

그러나 전자무역에서는 인터넷 홈페이지, 전자우편을 이용하여 시장정보 및 거래선 정보를 온라인 실시간으로 지구촌 전체를 판매시장으로 삼을 수 있게 되었다. 따라서 전자무역 마케팅은 저비용과 고효율을 통하여 거래의 기회를 확대시킬 수 있다.

둘째, 청약(offer) 및 승낙(acceptance)에서 의사표시의 방법에 대한 변화이다.

청약은 청약자(offeror)가 피청약자(offeree)에게 계약을 기대하고 행하는 의사표시로 전통적인 상거래에서는 우편(post), 텔렉스(telex), 전보(telegram), 팩시밀리

1) http://www.tradecard.com

(facsimile)를 주로 이용하였으나 전자무역에서는 전자우편(e-mail)을 주로 이용하게 되었다.

셋째, 계약체결의 형식과 방법에 대한 변화이다.

계약은 그 성질상 요식성을 요구하지 않는 이른바 계약형식의 자유가 있다. 그러나, 국제상거래에서는 후일의 상거래 분쟁에 대비하여 서면에 의하여 거래조건을 구체적으로 약정하는 것이 일반화되어 있다.

그러나 전자무역에서는 기업 간 전자거래의 상업적 요구에 부응하기 위하여 전자거래약정(e-Contract)을 이용할 수 있게 되었다.

넷째, 무형재에 대한 물품인도 및 물류관행의 변화이다.

상거래 당사자 간의 매매계약이행을 위해서는 필연적으로 물적 유통이나 물품운송이 수반된다. 국제상거래에서의 물품운송은 국제간의 재화와 위치변화를 통하여 가치형성에 기여하는 서비스이다. 전통적인 상거래에서는 유형재를 중심으로 해상운송 및 철도나 도로를 이용한 육상운송이 주류를 이루어왔고, 항로를 이용한 항공운송도 종종 이용되어 왔다.

그러나 전자무역에서는 소프트웨어, 전자서적, 데이터베이스, 아이디어와 같은 새로운 재산권 형태도 사이버 공간상에서 온라인으로 물류가 이동하게 되었다.

다섯째, 인도의 증거 등 기타 제공서류가 종이문서에서 전자문서로 대체되는 변화이다.

국제상거래는 전통적으로 물품인도에 대하여 상업송장과 같은 일치증명서류 및 선하증권 같은 인도의 증거서류를 작성하고 교부를 통하여 이루어져 왔다.

그러나 전자무역에서는 종이문서 대신 컴퓨터가 읽을 수 있도록 서로 합의하여 표준화된 자료를 데이터 통신망을 통하여 전송 처리하여 컴퓨터 간에 교환할 수 있는 전자문서 및 전자선하증권을 통하여 서류 없는 무역거래시대를 맞이하게 되었다.

여섯째, 대금결제관행이 전자결제시스템으로 전환되는 변화이다.

국제상거래상의 대금결제는 전통적으로 신용장(letter of credit)방식, 송금(remittance)방식, 추심(collection)방식이 중심을 이루어 왔다. 그러나 최근의 정보통신기술의 발달로 결제시스템도 전자결제 시스템화하고 있다. 이와 같은 전자결제 시스템의 유형으로는 신용카드(credit card), trade card, 전자화폐(Electronic Cash: E-Cash), 전자자금이체(electronic fund transfer)방식, 스위프트 시스템에 의한 전송신용장(SWIFT L/C) 등이 있다.

2. 전자무역의 특징

1) 무역정보기술의 확대

전자무역은 다양한 정보기술을 활용하여 시간적, 공간적으로 시장의 한계를 극복하고 있다. 국경으로 구분되었던 시장은 하나의 단일한 세계시장으로 통합되었으며 시차를 극복하여 더욱 활발한 무역활동을 수행할 수 있게 되었다. 또한 실시간으로 시장에 관한 수많은 정보의 수집과 전달을 통하여 거래당사자들 간에 직접적인 접촉이 가능하게 되었다.

2) 무역거래비용의 절감

전통적인 무역거래에서는 정보를 취득하거나 거래를 성사시키기 위해 상담을 하거나 서류 전달 등에 많은 비용과 시간이 필요했다. 그러나 전자무역에서는 인터넷 등 전자적 네트워크를 통해 정보와 서류를 주고받기 때문에 시간과 비용이 크게 절감된다. 또한 전자무역에 관련된 결제시스템이 개발되어 안전하고 확실한 대금결제가 보장되고 있어 금융수수료를 절감할 수 있다.

또한 전자무역을 하게 되면 원천적으로 제품이나 서비스의 가격이 낮아진다. 전자무역은 인터넷 등을 통해 수출업자와 수입업자가 바로 연결되기 때문에 유통구조가 간단하여 유통비용이 그만큼 절감된다. 그리고 생산과정에 대한 정보가 공개됨에 따라 가격구조가 평준화되어 제품이나 서비스의 가격이 전반적으로 하락하게 된다.

3) 거래대상품목의 확대

전자무역거래에서는 유형재 외에도 소프트웨어, 지적재산권, 데이터베이스, 음악, 게임 등의 전자적 형태의 무형재도 거래대상으로 범위가 확대되고 있다. 특히 미국은 통일상법전(Uniform Commercial Code: UCC) 라이센스 거래의 대상에 대하여 규정하고 소프트웨어의 계약과 정보라이센스에 적용시키고 있는데, 이와 같은 정보에는 자료(data), 텍스트(text), 음성(sound), 컴퓨터프로그램, 데이터베이스, 문학작품, 시청각작품, 영화 내지 정보와 관련된 지적재산권 및 여타 관리들을 포함하여 본격적인 무형재의 거래를 뒷받침하고 있다.

4) 전자계약의 체결

전자정보통신망을 통한 전자무역에서는 무역계약의 체결에 있어서 전자송장이나 이메일 등을 사용하여 전자문서화하고 계약서 등 종이서류의 전달을 간소화하는 경향이 있다. 이는 무역거래를 신속히 이행하려는 점에서 장점이 될 수 있으나 상관습과 법제가 상이한 국가에 소재하고 있는 거래당사자 간에 분쟁이 발생하면 전자상거래에서는 더욱 커다란 문제가 야기될 수 있다.

특히 계약과 관련하여 청약자의 청약을 피청약자가 승낙하면 계약은 성립되지만, 청약자에 대한 승낙의 의사표시가 피청약자로부터 발송되어 청약자에게 도달될 때까지 어느 시점에서 계약이 성립되는지 불분명하여 문제가 될 수 있다.

5) 전자서류의 확대와 권리이전

무역거래에서 거래당사자 간에 주고받는 각종 서류의 표준화와 전자화를 통한 신속한 업무처리 및 비용을 절감하고자 하는 노력은 1968년 미국에서 운송업계를 중심으로 시작되었다. 또한 무역업무자동화는 1970년 스웨덴에서 논의된 이래 1980년대에 들어와 미국을 비롯하여 유럽연합, 일본, 싱가포르 등에서 전 산업에 걸쳐 폭넓게 이용되기에 이르렀다. 유엔은 이를 뒷받침하기 위하여 1987년 3월 EDI 국제표준인 '유엔 행정 · 상업 · 운송에 관한 전자문서교환방식(United Nations Electronic Data Interchange for Administration, Commerce and Transport: UN/EDIFACT)' 을 제정한 바 있다.

그러나 이러한 종래의 EDI와 같은 폐쇄적인 네트워크 시스템과는 달리 개방적 시스템인 인터넷의 보급은 새로운 참여자에게 시장접근방법을 다양화할 수 있는 가능성을 제시하고, 잠재적인 거래당사자에게 기존의 거래관계가 없더라도 정보교환을 통하여 사업을 수행할 수 있는 수단을 제공하고 있다. 이렇듯 상거래에 있어 전자화는 무역계약의 체결과 대금결제의 전자화뿐만 아니라 무역서류의 전자화에 이르기까지 다양한 변화를 가져왔으며, 오늘날 무역거래에서는 전자통신문(electronic message)에 의해 서류를 대체하고자 하는 경향이 증대되고 있다. 특히 종이서류를 전자서류로 전환함에 있어 고려되어야 하는 것은 그 기능과 역할을 전자서류에 얼마나 반영시킬 수 있는가 하는 점이다.

전통적인 서류는 정보전달의 기능(informative function), 문서에 의한 입증의 기능(evidential function), 권리에 대한 상징적 기능(symbolic function)을 가지고 있다. 그러나 전자문서는 신속성 · 정확성 · 편리성 · 경제성 면에서 우월하지만, 입증과 권리에 대한 상징적 기능에 대한 법률적 문제가 야기될 수도 있음을 고려하여야 한다.

6) 전자결제의 확산

전자결제는 물품이나 서비스의 대가를 전자적 수단을 통하여 지급 및 결제하는 것을 말한다. 최근에는 무역거래의 지급수단 및 결제가 전자화됨으로써 전자결제가 확대되고 있다.

전자결제에는 신용카드(credit card), 전자화폐(electronic money), 전자수표(electronic check), 전자자금이체(electronic fund transfers), trade card, 스위프트(SWIFT)에 의한 전자이체 등이 다양하게 사용되고 있다.

III. 전자무역의 수단

1. EDI

1) EDI의 의의

EDI(Electric Data Interchange)는 컴퓨터와 정보통신기술의 결합을 통하여 표준화된 전자문서를 상호 송수신하는 것을 말한다. EDI는 컴퓨터를 이용하여 상거래서식이나 공용서식을 표준화하고 이를 상호 합의된 통신표준에 따라 교환하여 재입력과정 없이 직접 업무에 활용하는 새로운 정보전달방식이다.

기존에는 대부분 종이서류를 작성하여 이를 사람이 직접 전달하거나 우편, 팩스 등을 이용해서 정보를 처리하였다. 사람이 일일이 동일한 정보를 반복해서 입력해야 하고 관련 자료도 수작업으로 처리해야만 한다. 이런 과정에서 오류가 발생하고 자료의 정확성도 떨어지고 또한 종이서류 전달에도 상당한 시간이 소요되어 업무처리의 효율성이 많이 떨어졌다.

EDI를 이용하면 발신인은 보내고자 하는 정보를 표준전자문서로 변환시켜 데이터 통신망을 통해 수신인에게 전송하고 수신인은 표준전자문서를 통해 상대방의 의사를 이해하여 그에 따른 조치를 취하게 된다. 종이서류를 교환하지 않고도 거래 상대방과의 업무를 신속·정확하게 처리할 수 있어 업무처리시간을 단축하고 많은 인건비를 절감할 수 있게 된다.

EDI는 정보전달의 효율성과 편리성으로 인해 많은 공공서식들이 EDI 방식으로 처리되기 시작하였으며, 상거래에서도 주문서, 운송지시서 등 관련 서식들이 이 방식으로 처리되고 있다. 특히 서류를 많이 활용하는 국제무역거래에서는 많은 부문에 걸쳐 EDI를 활용하고 있다. 우리나라의 경우 정부의 정책에 의해 수출입통관은 모두 EDI로만 처리가 가능하다.

한편, EDI를 통해 자료를 송·수신하기 위해서는 EDI 표준, 사용자시스템, 네트워크 및 교환약정이 필요하다.

2) EDI 표준

EDI 표준(EDI standard)은 사용자 간에 교환되는 전자문서의 내용, 구조, 통신방법 등에 관한 양식 및 구문(syntax)을 정한 규칙을 말한다. 이는 언어, 업무처리방식, 컴퓨터 시스템이 서로 다른 거래당사자들이 전자문서를 자유롭게 교환하는 데 필요한 공통 언어라 할 수 있다.

이러한 EDI 표준을 활용함으로써 사용자들은 상호간에 정해진 양식과 절차에 따라 업무 데이터를 교환할 수 있다. 종래의 시스템에서는 업무담당자가 다양한 양식을 직접 검토하여 자료의 내용을 인식하지만 EDI에서는 통일된 양식으로 모든 문서가 작성되어야 한다. 따라서 EDI 표준은 소프트웨어, 정보의 전송과 함께 EDI를 구성하는 3요소로서 서류 없는 무역(paperless trade)을 실현하는 중요한 기능을 수행하고 있다.

EDI 표준은 용도에 따라 전자문서표준과 통신표준으로 구분되는데, 전자문서표준은 전자적으로 전달될 수 있는 문서, 정보, 순서와 형태, 정보 각 부분의 의미 등에 대한 지침을 의미하여 일반적 의미의 EDI 표준은 이 전자문서표준을 말한다. 그리고 통신표준은 컴퓨터를 통한 전자문서의 송수신 규약으로 어떤 정보를 어떤 방식으로 전송할 것인가에 관한 사용자 간의 합의를 뜻한다.

적용범위에 따라서는 전용표준 및 공통표준으로 구분되는데, 전용표준은 특정 개별기업만이 활용할 수 있는 표준으로 사설표준이라고도 하며, 공통표준은 전용표준이 가지는 정보교환의 한계 때문에 기업과 산업, 국가단위가 사용할 수 있게 개발된 것을 말한다. 공통표준은 개발단계에 따라 기업표준, 산업표준, 국가표준 및 국제표준으로 다시 나눌 수 있다.

특히 국가 간의 거래를 위해서는 전 세계의 모든 산업에 통용되고 이용자들이 편리하게 사용할 수 있는 국제표준이 필요한데 이를 위하여 UN 산하의 유럽경제위원회에서 1987년 5월 EDI 국제표준으로 제정한 '유엔 행정·상업·운송에 관한 전자문서교환(United Nations Electronic Data Interchange for Administration, Commerce and Transport: UN/EDIFACT)'은 이후 국제표준화기구(ISO)가 승인하여 현재 각국에서 널리 사용되고 있는 EDI 국제표준이다.

3) EDI 사용자시스템

EDI 사용자시스템은 거래당사자 간에 데이터 통신망을 통해 전자문서를 송수신하는 데 필요한 컴퓨터 하드웨어, 소프트웨어 및 통신장비를 말한다. EDI는 컴퓨터에 의한 정보전달방식으로 기본적으로 개인 컴퓨터가 필수적이며, 이 외에도 다양한 형태의 사용자 서류들을 EDI 표준으로 전환시키기 위한 변환소프트웨어 및 모뎀 등의 통신장비가 있어야 한다. 특히 변환소프트웨어는 거래당사자 간의 데이터베이스의 구조형태나 서식의 작성방식이 조금씩 다르기 때문에 이를 표준화해야 한다. EDI 변환소프트웨어는 기업의 내부문서나 자료를 EDI 표준포맷으로 만들어 상대방에게 전송하기 위해 통신시스템으로 이동시키거나, 상대방으로부터 수신하여 통신시스템에 대기 중인 EDI 표준자료를 기업 고유의 내부자료로 바꾸어 주는 기능을 한다.

4) EDI 네트워크

전자메시지가 하나의 컴퓨터로부터 다른 컴퓨터로 전달되기 위해서는 전용 데이터회선이나 공중 데이터회선을 보유한 네트워크가 필요하다. 이러한 EDI 네트워크는 직접 네트워크, 제3자 네트워크 및 인터넷 네트워크로 구분된다.

직접 네트워크(direct network)는 보통 모뎀을 통해 거래상대방의 컴퓨터와 직접 연결하는 방식으로서, EDI가 도입된 초기단계에 주로 사용되었다. 그러나 거래상대방이 증가함에 따라 통신회선의 유지나 비밀유지 등의 곤란으로 인하여 이후 제3자 네트워크방식을 주로 활용하고 있다.

제3자 네트워크(third party network)는 거래당사자 간의 전자메시지 교환을 VAN 방법에 의하여 제3자를 통해 간접적으로 전달하는 방식이다.

VAN은 EDI 사용당사자 간의 전자메시지의 통신방법 등이 다름으로써 중간에서의 통합관리와 분쟁해결 등에 필요한 제3자로서, 정보를 중계전송한다. 그리고 VAN을 이용하면서 다른 기종, 다른 시스템 간의 접속이 보장되고, 사용자들은 장거리의 수신인과 저렴한 비용으로 단 한 번 접속을 통해 다양한 문서를 전송할 수 있고, 전자문서의 중계, 전송 및 송수신 기록이 보관되어 언제든지 그 내역을 확인할 수 있다.

한편 우리나라의 경우 무역업무자동화시스템 전담회사로 1992년 3월 설립된 한국무역정보통신(KTNET)을 비롯하여 DACOM 등이 VAN 사업자로 지정되어 수출입거래 전반에 걸쳐 무역업체와 관련 기관을 연결해주고 있다.

인터넷 네트워크는 EDI의 네트워크로서 저렴한 비용으로 전자문서를 주고받을 수 있는 인터넷의 활용을 말하는데, 인터넷을 활용하게 되면 VAN을 이용할 경우 소요되는 초기 가입비용과 통신비용의 부담이 필요 없다.

5) 교환약정

EDI 서비스의 이용을 위해서는 우선 관련 당사자 간에 서비스 이용에 관한 약정을 맺는 것이 필요하며, 이 약정에는 거래약정과 네트워크 약정이 있다.

거래약정(Interchange Agreement: I/A)은 전자거래 당사자 간의 EDI 거래조건에 관한 제반 상항을 약정하고 있는 표준거래약정으로서, 소위 전자거래계약이라고도 한다. 이 거래약정에는 전자문서 및 표준에 대한 합의, 해당업무별 사용자의 명시 수신인 발신인 확정, EDI 서비스 제공업자 및 데이터통신망 합의, 계약조건의 해석기준, 중재 및 준거법 등을 규정하고 있다.

네트워크 약정(Network Agreement: N/A)은 전자거래가 통신사업자를 매개하는 경우, 사용자와 VAN 사업자 간의 EDI 서비스 이용에 따른 제반 사항을 약정하는 것을 말한다. 이 네트워크 약정은 사용자 및 요금부담자, 비밀번호, 전자교환메시지의 표준 및 시스템 운용, 전자교환메시지의 보안 및 증거적 가치, 분쟁해결에 관한 준거법 지정 등을 내용으로 하고 있다.

6) EDI의 특징

EDI는 무역업무의 수행과정에 있어 업무관련 정보처리의 생산성을 증대시킨다. 정보처리에 소요되는 비용을 절감하고 처리시간을 단축할 수 있으며, 업무처리과정에서 발생하는 오류의 감소로 신속하고 효율적이다.

또한 정보처리에 필요한 인력을 절감시키고 최소한의 인력배치를 가능하게 하여 관리의 효율성을 증대시킨다. 이 과정에서 EDI는 재고의 감소, 고객서비스의 강화, 효율적 자금관리 등 부수적인 효과를 제공한다.

그리고 EDI의 직·간접효과로 인해 기업은 거래상대방과의 관계를 개선하고 다른 기업과의 경쟁에서 유리한 위치에 설 수 있으며, 또한 정보시스템을 구축하여 새로운 사업을 창출할 수 있는 전략적 효과를 누릴 수 있다.

2. 볼레로 프로젝트

1) 볼레로 프로젝트의 의의

볼레로 프로젝트(Bolero Project)는 전자선하증권에 대한 등록(인증)기구를 설치·

운영하기 위한 프로젝트로서 홍콩, 네덜란드, 스웨덴, 영국, 미국의 해운회사, 은행, 통신회사 등이 모여 컨소시움 형태로 Bolero(Bill of Lading Electronic Registry Organization)라는 기구를 발족하였다. 이 프로젝트의 목적은 선하증권(B/L)을 포함하여 국제간에 이동하는 무역서류 전반의 전자화를 추진하는 것이라고 할 수 있다. 볼레로 프로젝트에서 가장 중점을 두고 있는 것은 역시 B/L의 전자화이며 인터넷을 포함한 어떠한 네트워크하에서도 전자선하증권(일명 Bolero B/L)의 전송이 가능하도록 하고 그 신뢰성을 볼레로 인증기구가 보장하도록 시스템화하는 것이다. 즉, 선하증권은 권리증권이자 유가증권이기 때문에 원본의 개념과 서명(인증)이 중요한데 이를 전자서명으로 대체하고 원본임을 인증하는 장치로서 볼레로 인증기구를 두고자 하는 것이다.

2) 볼레로 프로젝트의 특징

볼레로 프로젝트의 특징으로 주요한 것은 선하증권의 권리에 대한 중앙등록기관을 운영한다는 것이다. 이러한 중앙등록기관을 권리등록소(title registry)라고 하는데 전자선하증권의 소유권이전을 일괄 관리하는 데이터베이스(D/B)이다. 권리등록소는 SWIFT, TTClub이 출자한 독립조직이 운영하고 있으며 이들은 중립적 특성을 지닌 기관들로서 정보흐름의 독점적 폐해를 예방하는 기능을 수행한다.

또한 전송되는 메시지의 안전성을 보장하기 위해 RSA 방식의 디지털 서명을 이용하고 있다. 이 방식은 NCITD 방식의 IAC나 CMI 방식의 PIN Code보다 안전하다고 알려져 있다.

그리고 안전하고 편리한 활용을 위하여 Rule Book(일명 볼레로규약집)을 도입하여 이용하도록 하고 있다.

그러나 그러함에도 불구하고 볼레로 프로젝트는 여전히 확대 사용에는 한계가 있다. 이는 각국간에 전자적 방법에 의한 무역거래가 법적으로 안정성을 확보하지 못하여 거래가 활성화되지 못하고 있기 때문이다. 기존의 종이서류에 의한 선하증권은 관습과 법률적 토대가 명확하여 모든 당사자들이 개별적인 계약관계를 맺지 않고도 안전하게 이용하고 유통시킬 수 있었으나 볼레로 선하증권(Bolero B/L)의 경우는 새로 생성된 수단이기 때문에 이에 대한 법적, 관습적 토대가 부족하여 안정적인 이용에 지장을 초래하여 왔기 때문이라 할 수 있다. 따라서 볼레로 선하증권을 이용하고자 하는 자는 미리 거래약정을 교환하여 자신들이 개별적으로 약정한 내용에 의지해야 어느 정도 안심하고 사용할 수 있을 것이다. 즉, 볼레로 선하증권을 이용하려면 이를 이용하는 기업들 간에 일대일 교환약정(I/A)을 해야 하는데 이는 매우 불편한 일일 것이고 그 내용 또한 잘 알지 못할 것이다. 따라서 이러한 문제를 해결하기 위한 방안으로 Rule Book을 만들어 볼레로 선하증권을 이용하는 수출입업자, 은행, 선박회사 등 당사자들이 여기에 서명하면 모두가 계약관계로 되어 안심하고 사용할 수 있도록 하고 있다.

결국 볼레로 선하증권의 사용은 기술적 문제에 있다기보다는 이를 이용하고자 하는 당사자 간의 신뢰성의 문제이고 이를 다소나마 해결하고자 하는 것이 Rule Book이지만 이것만으로는 불충분하며, 관련 당사자 간의 의식의 확산과 이에 대한 법적 · 제도적 뒷받침이 이루어져야 할 것이다.

3. Trade Card System

1) Trade Card System의 의의

Trade Card는 미국의 세계무역센터협회(WTCA)에 의해 1994년 고안되어 1997년 별도의 회사로 설립되었고 1998년 미국 특허 및 상표국(U. S. Patent and Trademark Office)으로부터 특허를 받았다. Trade Card는 글로벌 전자무역에서 기업 간 무역대금결제를 인터넷상에서 서류의 일치성을 자동으로 점검하고 대금지급을 이행할 수 있는 기반으로 주문서부터 상업송장에 이르기까지 모든 과정에서의 교역 파트너를 연결시키고, 관련 교역 문서를 작성하고 전자방식으로 저장하기 위해 설립된 시스템이다.

Trade Card는 기업 간 전자상거래를 함에 있어서 이행 가능한 온라인 협상이나 새로운 거래처의 발견 등에 대한 업무도 가능하다. 또한 Trade Card는 화환신용장 없이 무역거래를 수행하도록 한다. 따라서 신용장 개설은행의 서류점검에 해당하는 기능을 Trade Card 시스템이 수행하고 관련은행은 단지 자금만 공여하게 된다. 이때 신용한도 내에서 Trade Card사가 대금지급을 보증하고 물품의 인도가 완료된 후 정산하는 방식으로 이행된다.

우리나라에 처음으로 Trade Card를 소개한 당사자는 HRD 그룹 코리아라는 기업으로 당시 국내 시범업체로 LG상사가 선정되었고 자금공여은행으로는 한국산업은행이 참여하였다. 이들은 1998년과 1999년에 시범거래를 추진하는 등의 의욕적 활동을 벌였으나 지속적인 발전으로 이어지지는 못하였다. 이후 Trade Card의 경영주체였던 세계무역센터협회가 경영권을 자본참가자들에게 넘기게 되자 1999년 Trade Card사는 E.M. Warburg Pincus의 지분으로 독립된 회사(Trade Card Inc.)가 되었으며 2000년부터는 웹서비스(web-based service)를 개시하였다. 이러한 과정에서 기존의 국내활동 주체들 역시 변모하게 되었고, 이후 국내외의 몇몇 기업과 Trade Card사가 지분을 공유하는 형태로 Trade Card사의 국내법인이 설립되었으며 자금공여은행으로서 구조흥은행과 제휴하는 등 마케팅 활동을 하기도 하였다.

2) Trade Card의 특징

Trade Card의 특징을 살펴보면 다음과 같다.

첫째, 국제적인 무역거래의 이행과정이 모두 전자적으로 이행된다. 국제적인 상거래를 행하는 수출상의 선적과 관련된 업무와 수입상의 선적이행 여부의 확인과 최종적인 대금지급 승인을 결정하는 데 필요한 모든 자료들이 전자적으로 수집되고 평가되어 최종적인 승낙이 이루어진다.

둘째, 무역거래 단계별 필요한 자료를 알 수 있도록 해준다. Trade Card는 매도인과 매수인이 행하는 거래단계별 모든 내용을 온라인 상태로 보여주기 때문에 매거래에서 필요한 서류들이 무엇인지 상대방에게 인식시킬 수 있고 또한 당해 거래가 언제 종결되는지 정확한 시기를 알 수 있다.

셋째, 무역거래 비용을 절감시킬 수 있다. Trade Card는 모든 거래 절차를 자동화하여 서류를 준비하고 작성하는 데 소요되는 시간과 비용을 절감하여 매우 저렴한 비용으로 서비스를 제공받을 수 있다.

또 다른 특징으로는 전자 해상화물운송장(Electronic Seaway Bill) 사용을 실용화하여 선하증권 없이 거래하도록 한다는 것이다. 따라서 이 서비스는 선하증권의 유통성을 이용할 수 없기 때문에 운송 중 전매하지 않는 소규모 거래에 활용될 수 있다.

4. 인터넷 EDI

1) 인터넷 EDI의 의의

인터넷 EDI는 인터넷상에서 문자를 비롯한 멀티미디어 데이터를 저렴한 비용으로 거래상대방과 실시간으로 주고받을 수 있는 시스템을 말한다. 종래 전통적 EDI의 문제점을 보완하기 위해 개발된 새로운 형태로서 나타난 것이 곧 인터넷방식을 활용한 EDI이다.

이 인터넷 EDI의 등장 배경은 종래 전통적 EDI 방식이 지니는 제반 문제를 해소하기 위한 노력과 정보기술의 발전에 기인하고 있다.

전통적 EDI의 문제점으로는, EDI 방식 도입 초기의 상대방 컴퓨터와 직접 연결되는 모뎀방식의 경우는 특정 기업의 내부업무 정보처리에는 매우 효율적이나 거래 상대방이 증가할수록 통신회선의 유지가 곤란한 것이 문제이다. 이후 개발된 제3자 네트워크인 VAN을 이용한 부가가치방식의 경우는 전용선과 소프트웨어의 설치, 업그레이드, 송신 등에 과다한 비용지출과 전자사서함을 이용한 정보의 일괄처리 및 축적전송방식으로 실시간 업무처리의 곤란, 문자위주의 데이터처리로 인해 멀티미디어 데이터의 교환이 곤란하고 국내위주의 회선으로 해외에서의 접속이 어려운 것 등이 문제이다.

2) 인터넷 EDI의 특징

인터넷 EDI의 특징은 다음과 같다.

첫째, 사용자와 장소에 제한이 없다. 기존의 EDI는 폐쇄형으로 가입자들 간에만 정보처리가 가능했지만 인터넷은 개방형이기 때문에 사용자와 장소에 아무런 제한이 없다.

둘째, 비용이 저렴하다. 인터넷은 비상업적 네트워크이기 때문에 기존의 EDI를 이용할 경우 소요되는 전용선 및 소프트웨어 설치비, 송신료 등이 절감된다.

셋째, 처리업무 간의 연계가 용의하다. 기존의 EDI로 거래되는 문서와 데이터는 직접적으로 타 업무에 재활용하기가 어렵고 별도의 변환 프로그램이 필요하다. 그러나 인터넷 EDI는 사용자가 특정 문서의 구조를 만들어 사용할 수 있기 때문에 타 업무 프로그램과의 연계가 용이하다.

한편 우리나라는 인터넷 EDI의 사용 증가와 더불어 정부의 대외무역관리정책의 일환으로 EDI로 처리되는 수출입통관절차에 2004년부터 인터넷 EDI가 도입되어 기존의 방식과 함께 이용되고 있다.

무역분쟁 제12장

I. 무역클레임

1. 무역클레임의 개념

무역거래에서 클레임(claim)은 매매당사자 간의 어느 일방이 매매계약내용을 불이행함으로써 상대방에게 손해를 입힌 경우 손해를 입은 당사자가 상대방에 대하여 손해배상을 청구하는 것이라고 정의할 수 있을 것이다. 그러나 불평이나 불만도 클레임으로서의 요건을 갖추어 구체성을 가지게 되면 정식의 클레임으로 될 수 있는 소지를 항상 내포하고 있기 때문에 무역거래에서 상대방의 불평이나 불만에도 항상 주의를 기울여야 할 것이다. 무역클레임은 매매당사자 중에 피해자(claimant)가 가해자(claimee)에게 제기하게 된다. 무역클레임은 매매계약 당사자 중 어느 일방이 제기할 수 있지만, 대부분의 무역클레임은 수입상이 수출상에게 계약불이행, 물품의 하자, 선적지연 등의 사유로 무역클레임을 제기하게 된다. 반면에 수출자가 수입자에게 제기하는 클레임은 무역대금결제와 관련된 것이 대부분이다.

2. 무역클레임의 발생원인

무역거래에서 무역클레임의 발생원인은 직접적 원인과 간접적 원인에 의하여 발생할 수 있다. 구체적으로 살펴보면 다음과 같다.

1) 직접적 원인

첫째, 계약체결과정에서 클레임이 발생하는 경우이다. 예컨대, 계약은 청약자의 청약과 피청약자의 승낙으로 계약이 성립한다. 하지만 조건부 청약의 경우에는 계약의 성립이 피청약자의 승낙에 대하여 청약자의 동의가 있어야 계약이 성립되기 때문에 당사자 간에 계약의 성립여부에 대한 이견으로 무역클레임이 발생할 수도 있다. 그 외 협상과정에서 당사자 간의 과실, 부주의 및 문서의 해석상의 차이에 의하여 발생할 수도 있다.

둘째, 계약서의 내용의 불충분으로 인하여 클레임이 발생할 수 있다. 무역계약체결시 계약서에는 일반적으로 품질, 수량, 가격, 선적, 지급, 보험, 포장, 불가항력 및 클레임에 관한 조건들을 명확히 표시하여야 한다. 하지만 이러한 조건에 대한 합의가 불명확할 경우에는 분쟁이 발생할 가능성이 높다.

셋째, 계약의 이행과정에서 클레임이 발생하는 경우이다. 예컨대, 선적지연, 품질하자, 포장하자, 지급지연, 신용장 개설지연 등이 있다.

2) 간접적 원인

첫째, 언어의 상이로 인하여 발생하는 경우이다. 일반적으로 무역거래에 사용되는 언어는 영어지만 매매계약 당사자 간에 용어에 대한 해석의 차이로 인하여 클레임이 발생할 수 있다.

둘째, 법률 및 상관습의 상이로 인하여 발생하는 경우이다. 각국의 법률이 상이하기 때문에 법률의 적용시 분쟁이 발생할 수 있다. 또한 상관습의 경우에도 당사자 간에 사전에 합의하지 않을 경우에는 어느 상관습을 적용할지에 대하여 분쟁이 발생할 수 있다.

셋째, 신용조사의 불비로 인하여 발생하는 경우이다. 상대방에 대한 신용조사를 사전에 충분히 하지 않을 경우에 상대방의 대금결제능력 악화 및 상도덕의 결여로 인하여 발생할 수 있다.

넷째, 국가 간 도량형의 상이로 인하여 발생하는 경우이다.

다섯째, 상대방 국가에 대한 법률에 대한 무지로 인하여 분쟁이 발생할 수 있다. 예컨대, 상대방 국가의 독점금지법, 식품위생법, 제조물책임법, 덤핑방지법 등으로 인하여 분쟁이 발생할 수 있다.

3. 무역클레임의 종류

무역클레임은 그 성격에 따라 다음 세가지로 구분할 수 있다.

1) 일반적 클레임

일반적 클레임은 거래를 수행하는 과정에서 일어나는 클레임으로서 매매당사자 중

일방의 과실 또는 태만에 의하여 발생되거나 당사자 이외의 제3자에 의해서 야기된다. 제3자에 의해서 클레임이 발생할 경우, 예컨대 클레임의 발생원인이 제조업자나 공급자 또는 운송업자 등의 귀책사유일 경우에는 가해자는 해당 클레임에 대한 책임자를 색출하여 그 책임자에게 자기가 제기받은 클레임을 전환할 수 있다.

2) 마켓 클레임

마켓 클레임은 매수인에게 거의 손해를 입히지 않는 정도이거나 또는 그 손상이 경미하여 평소 같으면 클레임이 되지도 않을 정도의 작은 과실을 감가의 구실로 하는 클레임을 말한다. 이러한 종류의 클레임은 상담의 성립 후에 시가가 하락하는 경우 무역도덕심이 낮은 매수인에 의해서 가끔 남용되고 있다. 요컨대 수입대금을 할인하려는 매수인의 요구가 클레임으로 위장된 것이다.

3) 의도적 클레임

의도적 클레임이란 매매당사자의 순전한 악의에 의한 것으로, 예컨대 매수인이 처음부터 교묘한 계획으로 의도적으로 매도인의 계약이행에 지장을 초래하게 한 데 기인한 클레임을 말한다.

4. 무역클레임의 실태

클레임이 발생하는 실태를 살펴보면 보면, 품질불량으로 인해서 클레임이 제기되는 경우가 많으며, 금액면에서는 계약불이행으로 인해서 제기되는 클레임이 품질불량보다 높은 비율을 차지하고 있다. 이러한 클레임은 규모면에서도 대형화되는 추세를 보이고 있다.

무역클레임의 실태를 살펴보면 다음 표와 같다.

표 12-1 무역클레임의 실태

원인	유형
품질	품질불량(inferior quality), 품질상이(different quality), 규격상이(different specification), 등급저하(inferior grade), 손상(damage), 변질(deterioration) 및 변색(discoloration) 등
수량	적하부족(short shipment), 착화부족(short landing), 중량부족(under weight), 감량(diminution) 등

표 12-1 무역클레임의 실태 (계속)

원인	유형
가격	초과지급(over payment), 대금불지급(non-payment), 수선비(repairing charge), 재포장비(repacking charge), 벌과금(penalty)
운송 및 인도	선적지연(delayed shipment), 선적불이행(non-shipment), 하역불량(bad handing), 적부불량(bad stowage), 환적(transshipment), 분실(missing) 및 유실(drifting away), 도난(pilferage) 등
포장	포장불량(inferior packing), 포장불충분(insufficient packing), 불완전포장(incomplete packing) 등
서류	송장과오(error in invoice), 기재사항상이(misdescription), 서류불비(lack of documents) 등
기타	신용장개설지연(delayed issue of L/C), 계약불이행(breach of contract), 계약취소(cancellation of contract) 등

5. 무역클레임의 제기

1) 클레임의 제기와 청구내용

(1) 클레임의 제기

클레임이 발생하면 먼저 규정된 기일 내에 클레임 통지(claim notice)를 상대방에게 발송하고 클레임의 내용이 확정되는 대로 필요서류를 제시하여 클레임의 정당성을 입증하여야 한다. 만약 클레임의 제기 기간이 계약서상에 명시되어 있으면 반드시 그 기간 내에 해야 한다. 만약 명시되어 있지 않으면 즉시(at once) 또는 합리적인 기간 내에(within a reasonable time)[1] 제기해야 한다.

(2) 클레임의 청구내용

클레임의 청구내용을 클레임진술서에 명확하게 밝히고 그 손해를 입증하기 위하여 손해명세서에 손해를 산출하고 객관적인 증거를 위하여 검사보고서를 첨부하여 클레임을 청구하게 되는데 그 클레임의 청구내용은 물품의 대체 또는 추가송부요구, 대금의 감액 또는 반환요구, 손해배상금의 지급(창고료, 통신료, 운송료 등 제 비용

---

1) UN 통일매매법하에서 합리적 기간은 매수인이 물품을 실제로 인도받은 일로부터 2년을 초과하지 못한다고 규정하고 있다(제38조 제1항, 제39조 제2항).

또는 예상이익 포함)요구, 차기 거래분의 가격할인요구 등이며 클레임의 내용(불일치의 정도)이 근본적인 계약위반이라면 계약의 해제를 선언하기도 한다.

2) 클레임의 처리

(1) 클레임 내용의 검토

상대방으로부터 클레임 통지를 받았을 때는 먼저 클레임 제기시기의 정당성, 클레임에 대한 내용과 요구사항의 파악, 요구의 정당성과 강도를 측정한다. 전술한 바와 같이 진정한 클레임도 있겠지만 마켓 클레임, 또는 의도적 악성클레임의 경우 클레임을 전면 거부하고, 클레임의 내용이 막연하고 믿을 만한 것이 못되면 단순한 불평으로 인정하고 사과정도의 회신으로 그칠 수도 있을 것이며, 그 내용이 신빙성이 있는 경우 그 발생원인을 정확하게 규명한다.

(2) 제3자의 원인

만일 클레임의 원인이 운송기관에 있다고 판명되면 그 우송기관에 직접 배상을 청구하거나 그 해당 운송기관이 보험회사와 그 배상액에 대해서 협의, 조정하여 해결한다. 일단 보험회사가 관계된 경우에는 매도자는 FOB 거래이든 CIF 거래이든 관계없이 제반서류를 매입자에게 송부하여 보험회사와 매입자 간에 합의 및 해결을 하도록 하여야 한다.

(3) 매매당사자의 원인

또한 만일 손상의 원인이 매도인 및 매수인에게 공히 있다고 판명되면 그 내용을 모든 자료와 함께 자세히 설명하여 납득시켜 서로 양해가 될 수 있는 선에서 합의하여 해결하도록 하여야 한다. 조사결과 그 원인이 매도인 자신에게 있다면 전면승인하고 그렇게 된 상황을 자세히 설명하고 사과하는 동시에 구체적으로 손해액에 대한 보상방안을 제시하고, 차후 이러한 일이 발생하지 않도록 각별히 주의하겠다는 내용의 회신을 작성하여야 할 것이다.

당사자 간의 해결방법에는 경고(warning), 청구권의 포기(waiver of claim) 또는 화해(amicable settlement, compromise)가 있는바, 경고와 청구권의 포기는 클레임 제기자가 구상액이 작거나 다른 조건에 의하여 만족하여 일단 제기한 클레임을 철회하는 것을 말한다. 화해는 당사자 쌍방이 직접 또는 중개인의 교섭을 통하여 청구액의 범위 및 구상액을 합의하는 것을 말한다.

3) 무역클레임의 예방

(1) 신의성실의 원칙

신의성실의 원칙(Grundsatz von Treu und Glauben)은 사회 공동생활의 일원으로서, 서로 상대방의 신뢰를 배반하지 않도록 성의를 가지고 행동한다는 원칙을 말한다. 상거래라는 것은 상호간의 신뢰를 기초로 하여 성립하는 것으로서, 거래의 상대방에 대하여 서로가 신의를 존중하며 성실하게 처리함에 따라서 신뢰성, 즉 신용을 얻을 수 있는 것이다. 원래 무역에서도 국내의 상거래와 같이 상호간의 신용을 바탕으로 하는 거래이므로 그 이념은 변함이 없도록 성의를 다하여 노력하는 데 있다. 이 의미에 있어서도 신용할 수 있는 상대방을 선택함과 동시에 스스로 상대방에 대하여 그 신용을 실추하지 않도록 세심한 주의를 하여 매매계약의 완전이행에 대한 열의를 가지는 것이 불가결의 요소가 된다.

신의성실의 원칙과 관련하여 권리남용금지의 원칙도 무역거래에서 적용되고 있다. 권리의 남용이라 함은 외형상 권리의 행사와 같이 보이지만, 구체적 사정에 비추어 보면 권리의 사회성에 반하고 이를 시인할 수 없는 경우를 말하며, 권리의 행사로서 인정하지 않는다.

예컨대, 상대방에게 손해를 줄 목적으로 권리를 행사한다든가 또는 부당한 이익을 취득할 목적으로 권리를 행사하는 경우가 이에 속한다. 무역클레임 가운데서 이른바 마켓 클레임이 이에 속한다. 따라서 무역계약의 당사자 일방이 권리를 남용한 경우에는 권리의 행사로서 시인될 수 없을 뿐만 아니라, 도리어 위법한 행위로서 손해배상책임을 발생시킨다는 점을 주의하여야 한다.

(2) 거래처의 선정과 신용조사

무역클레임의 원인 중 신용거래의 본질에 대한 이해부족과 경험미숙이 원인이 되는 경우가 상당수를 차지하고 있다고 분석되고 있다. 국내의 상거래와 달리 대외무역은 상대방이 멀리 떨어져 있는 언어, 법제, 풍속, 관습 등이 각각 다른 나라들에 거주하고 아무리 교통수단의 발달로 세계가 좁아졌다고 하여도 직접 면접하여 확인할 수 있는 기회가 적은 외국에 있는 거래선과 상거래를 하는 것이므로 그만큼 신용위험(credit risk)의 발생이 빈번하다. 따라서 거래처의 선정시 상대방의 신용도가 얼마나 되는지를 철저히 조사하는 것이 필수적이다. 신용조사의 효과적인 이행을 위해서도 신용조사자는 다음과 같은 사항을 준수하여야 할 것이다. 진실성, 공정성, 청렴성, 성실성, 전문성, 협동성 등이다.

(3) 계약서작성시 주의사항

국제매매거래에 있어서는 격지성 때문에 내용이 특수하고 복잡하여 구두의 이해만으로는 충분하지 않은 경우가 많다. 따라서 장래의 거래를 신속하고도 원활하게 행하고 또 오해나 분쟁을 피하기 위해서도 계약교섭이 성립한 뒤에는 곧바로 거래당사자들 사이에 매매계약의 제 조건을 정한 계약서를 교환하는 것이 중요하다.

(4) 생산자의 선정

경우에 따라서는 수출자가 직접 생산하지 않고, 다른 생산업자를 선정하여 물품을 수출할 수도 있다. 이때 생산업자를 잘못 선정하면 질이 낮은 물품이 수출되거나 또는 그로 인한 선적지연이 발생하여 클레임이 제기될 가능성이 있다. 따라서 수출자는 생산업자의 선정에 신중하여야 하고 납품계약을 체결하여 수입자로부터 제기되는 클레임을 생산업자에게 전가시킬 수 있도록 하여야 한다.

4) 무역클레임의 해결

(1) 클레임 해결을 위한 기본적 요소

첫째, 합리성의 추구를 들 수 있다. 클레임의 합리적인 해결은 가장 기본적인 원칙이라 할 수 있다. 클레임을 합리적으로 해결하기 위해서는 상거래상의 형평의 원칙이 존중되어야 한다. 매도인과 매수인은 일단 서로의 이해로 인해 대립하고 있지만, 이러한 대립이 상호간의 신뢰를 바탕으로 지양될 때 비로서 원만히 무역계약이 체결되고 이행될 수 있는 것이다. 따라서 무역클레임의 해결에 있어서도 선의와 신의성실이 요청되는 것은 당연하다 할 수 있다.

둘째, 고도의 지식과 기술이 필요하다. 즉 합리적 무역클레임의 해결을 위해서는 무역물품, 무역관습 및 무역절차에 관한 전문적인 지식과 기술이 총동원되어야 한다.

셋째, 당사자 간의 해결을 위한 적극적인 노력이 요망된다. 모든 클레임은 어떠한 방법보다 당사자 간의 노력으로 원만하게 해결되는 것이 가장 이상적이다.

넷째, 신속성과 경제성의 추구이다. 클레임이 제기된 후, 오랫동안 그대로 방치한다면 양 당사자 모두에게 불리한 결과가 야기될 수 있으므로 클레임의 해결에 있어서는 신속성의 원칙도 필수적이다. 또한 클레임을 해결할 경우 최소의 손실을 위해 노력하여야 하고, 될 수 있는 한 적은 비용으로 해결할 수 있도록 경제성의 원칙도 고려해야 할 것이다.

(2) 해결형태

무역클레임의 해결형태로는 클레임의 철회, 클레임의 거절, 클레임의 수락을 들 수 있다. 클레임의 철회는 클레임을 제기하는 쪽, 즉 피해자가 자신이 제기한 클레임을 스스로 철회 혹은 취소함으로써 클레임 자체를 백지화하는 것이다. 클레임을 거절하는 경우에는 클레임 제기의 부당성을 충분히 입증할 만한 증거와 이유가 확보되어야만 한다. 만약 그렇지 못할 경우는 피해자가 그 거절을 수락하지 않아 소송 등으로 발전할 수 있다. 클레임의 수락은 가해자가 피해자로부터 제기당한 클레임을 수락하는 것으로 전면적 수락과 부분적 수락이 있다.

(3) 해결내용

클레임이 발생한 경우, 언제든지 클레임의 원인을 조사하여 책임의 소재를 밝히는 것이 중요하다. 클레임 가운데는 피해자의 잘못된 생각이나 오해에 근거하는 것을 위시하여 의도적인 마켓 클레임과 실제 이상으로 과대한 클레임도 있으므로 신중하게 취급하지 않으면 안 된다. 그리고 그 책임의 소재에 있어서도 생산업자나 포장업자 또한 운송회사, 선박회사 등에 있는 경우가 있으며, 때로는 보험회사에 의해 커버되어야 하는 경우도 있다. 따라서 클레임의 책임 외에 속하는 것에 대해서는 그 책임전가선과의 교섭도 필요하게 된다.

무역클레임의 청구내용은 금전의 청구, 금전 이외의 방법에 의한 손해배상청구 또는 양자를 합해서 청구하는 것으로 대별할 수 있다.

첫째, 금전의 청구로는 대금지급의 거절, 손해배상금의 청구, 해약변상금의 청구, 대금감액의 청구 등이 있다. 둘째, 금전 이외의 청구로는 잔여계약의 해제, 계약이행의 청구, 물품의 인수거절, 대체품의 청구, 부족분의 추가송부 등이 있다. 셋째, 금전의 청구와 금전 이외의 청구를 합하여 클레임을 청구하는 경우도 있다. 예컨대, 대체품을 송부하되 상기를 놓치거나, 현지의 수요자에 대한 인도의 지연에 따른 과징금으로서 손해배상금을 함께 청구하는 등이다.

무역클레임의 해결은 계약자치의 원칙에 따르는 것이며, 동서양속에 반하지 않는 한, 양 당사자 간에 자유로이 결정할 수 있다고 생각되기 때문에 그 실태는 천차만별이라 할 수 있다. 그러나 실행실태로는 금전적 결제가 되는 송금(또는 송금수령)과 물품의 무환수출되는 예가 대부분이다. 또한 경미한 클레임으로 상호의 신뢰관계가 손상되지 않은 경우에는 그 후의 계속적인 거래에 있어서 가격인하 또는 그 이외의 방법으로 표면화하지 않고 해결되는 예도 많다.

여기서 주의해야 할 점은 손해배상은 본래 계약위반 또는 계약불이행에 따라서 손해를 입는 것을 계약대로 이행된 것과 같은 상태로 배상받는 것을 목적으로 하고 있는 것이지, 결코 피해자가 손해배상에 의해서 이익을 취한다는 의미는 아니다. 따라서 일정범위의 손해에 한해서 배상청구가 인정되는 것이다. 일방의 당사자의 계약위반 또는 불이행에 의하여 타방의 당사자가 손해를 입었다고 하는 것은 반드시 거기에 어떤 인과관계가 존재하고 있다.

(4) 해결방법

클레임의 해결방법에는 당사자 간의 해결방법인 클레임의 화해 및 포기, 제3자 개입에 의한 해결방법인 알선, 조정, 중재 및 소송 등이 있다.

① 화해(Amicable Settlement)

매매당사자 쌍방 간에 합리적인 선에서 타협을 통하여 클레임 청구내용을 합의하는 것을 말한다. 화해는 양보와 타협을 통하여 이루어지는데 실무적으로 분쟁해결을 위한 가장 바람직한 방법이다.

② 클레임 포기(Waiver of Claim)

경미한 클레임에 대해서는 클레임을 포기하고 단순한 경고를 함으로써 다음부터는 그렇게 하지 않도록 주의를 촉구하는 방법이다. 이 경우는 피해자가 일방적으로 가해자에게 클레임 제기를 철회(withdrawal)함으로써 일단락되는 것이다.

③ 알선(Intermediation)

거래당사자 사이에서 해결될 수 없을 때 당사자 중의 어느 일방이 제3자에게 의뢰하여, 다른 당사자에게 원만한 해결을 위해서 권고해 줄 것을 요청하는 방법이다. 상공회의소, 국제상사중재협의회, 대사관, 영사관과 같은 공적 기관에 의뢰하는 경우가 많다. 그러나 알선기관은 단순히 해결방안이나 조언을 제시할 뿐이며 당사자들이 알선에 응하지 않으면 해결되지 않는다.

④ 조정(Mediation)

알선에 의하여 클레임이 해결하지 못하면 양 당사자가 공정한 제3자를 조정인으로 하여 조정인이 제시하는 해결안에 대하여 합의함으로써 클레임을 해결하는 방법이다. 조정은 중재의 전 단계로 중재기관을 이용할 수도 있지만, 기타의 제3자적 기관을 이용할 수도 있다. 조정안에 의해 당사자가 수락을 하면 일단 구속력을 가지게 된다. 조정안의 수락여부는 당사자의 자유의사에 속한다. 만일 조정을 하는데 조정인 선정일로부터 일정기간 이내에 조정이 실패하면 조정절차는 자동적으로 폐기되고 중재의 단계로 넘어가게 된다.

⑤ 중재(Arbitration)
조정과 마찬가지로, 당사자의 합의에 의하여 중재인(arbitrator)을 선정하여, 중재인이 행한 판정 즉 중재판정(award)에 복종함으로써 분쟁을 해결하는 방법이다. 현재, 세계 대부분 국가의 국내법에서 상사중재에 관한 법률을 제정하고 있으며 원칙적으로 중재판정에 양 당사자는 복종하지 않으면 안 된다. 중재판정은 법원의 최종 판결과 마찬가지로 취급되어 상소할 수 없으며 중재에 위탁된 사건은 소송을 할 수 없다. 중재가 조정과 다른 점은 조정은 당사자의 자유의사에 따라서 승낙 여부를 결정할 수 있으나 중재의 경우에는 당사자가 중재판정을 거부하지 못하며 동시에 강제집행력을 갖는다는 점이다.

⑥ 소송(Litigation)
법원의 재판에 의하게 되면 비용과 시간이 가장 많이 소요되므로 극히 예외적인 경우에 사용된다. 비용 당사자의 일방이 상대방에게 강제를 가하기 위하여 국가기관인 법원에 제소함으로써 국가 공권력 발동을 요청하는 것을 말한다. 무역과 같은 국제거래는 상대방과 법역을 달리하기 때문에 자국의 기판력(旣判力)이 상대국에 미치지 않게 되고 따라서 강제력을 보장받기 위해서는 반드시 상대국의 법원에 제소하여야만 실효를 거둘 수 있게 된다.

II. 상사중재

1. 상사중재의 의의

무역거래에서 분쟁이 발생하는 경우 소송보다는 중재에 의하여 해결하는 경우가 많다. 중재란 중재합의에 의하여 사법상의 권리, 기타 법률관계에 관한 분쟁을 법원의 소송절차에 의하지 않고 사인인 제3자를 중재인(arbitrator)으로 선정하여 그 분쟁의 해결을 중재인의 결정에 맡기는 동시에 최종적으로 그 결정에 복종함으로써 분쟁을 해결하는 제도를 말한다.

2. 상사중재제도의 장 · 단점

1) 장점

(1) 중재계약의 자율성

중재는 분쟁의 당사자가 법원의 판결에 의존하지 아니하고, 그들의 자율의사에 의한 중재합의에 따라 자신이 선임하는 중재인에게 분쟁을 해결할 것을 신청하여 그 판정의 결과에 복종하기로 하는 자주적인 분쟁해결방법이다.

(2) 신속성

보통 소송은 3심제이며 패소한 당사자가 상소 수단을 남용하여 절차를 지연시킬 위험이 있으나 중재는 단심제로 분쟁이 신속히 종결된다.

(3) 중재인의 전문성

국제상거래는 상관습에 지배를 받는 경우가 많으므로 일반 법관에게 국제상거래에 관한 분쟁해결을 맡기는 것보다는 상거래와 관습에 정통한 중재인에게 판정을 맡기는 것이 현실적이고 합리적일 수 있다.

(4) 비공개

소송에 있어서는 재판절차나 판결문이 각각 공개되기 때문에 사업의 내막과 경영상의 기밀이 외부에 누설될 위험이 있으나 중재에 있어서의 심문절차 및 판정문은 비공개를 원칙으로 하며 특히 국제상사분쟁의 경우에 있어서 거래의 기밀이 대외적으로 누출되는 폐단을 방지할 수 있으므로 대외신용의 계속유지가 보장된다.

(5) 저렴한 비용

중재는 분쟁을 신속하게 해결하며 중재비용은 소송에 비해 매우 저렴하다.

(6) 중재판정효력의 국제성

재판은 국가 공권력의 발동이므로 원칙적으로 국경을 초월하여 그 효력을 미칠 수 없으나, 중재판정은 자주적인 분쟁해결방법이기 때문에 국가의 주권 문제와는 아무런 관계없이 국제적으로 그 효력을 미칠 수 있다.

2) 단점

(1) 법률문제

중재인은 사실문제(matter of facts)에 대하여는 그 전문가로서의 지식을 충분히 발휘하여 분쟁내용을 신속 · 정확하게 판정할 수 있으나, 중요한 법률문제가 개재되어 있을 경우에는 일반적으로 그 판단능력이 미흡하다는 단점이 있다.

(2) 예측가능성의 결여

중재인의 판정기준이 중재인의 자의나 주관에 따라 좌우될 가능성이 있으므로 그 판정의 공정성을 객관적 존재에 의하여 주장하거나 증빙한다는 것은 어려운 점이 있다. 동종의 사건에도 중재인에 따라 각각 다른 판정이 내려질 가능성이 있다.

(3) 상소제도의 결여

재판의 경우, 3심 제도는 패소한 당사자의 정당한 요구에 응하여 재판의 정당성을 보장하고 사법제도에 관한 신뢰를 확보하기 위한 제도이다. 그러나 중재에 있어서는 판정을 취소할 만한 중대한 결함이 없는 한, 판정에 대한 불복신청이 인정되지 아니한다. 이것은 사건을 신속히 처리하려는 중재제도의 본질적 요구인 동시에 그 장점의 하나이다.

3. 중재계약

1) 중재계약의 개요

중재계약은 당사자 간에 발생하였거나 장래에 발생할 수 있는 민상사분쟁에 대하여 중재에 의하여 해결하도록 당사자 간에 합의한 계약을 말한다. 우리나라 중재법에서는 중재계약은 당사자 간의 합의를 서면에 의하도록 규정하고 있다.[2] 이에 구두합의 경우에는 무효가 된다. 당사자 간 합의에 의한 중재계약이 유효하게 성립하기 위한 전제요건으로는 당사자 간 결격사유가 없고, 분쟁이 현실적으로 존재하며, 분쟁은 서명에 의한 중재합의의 범위에 포함되어야 한다. 중재계약시 실무상 유의사항은 중재를 행할 중재지, 중재기관 및 적용할 준거법 등을 명확하게 계약서에 명시하여 중재절차 진행시 기본적 사항에 대한 다툼의 소지를 없애야 할 것이다.

---

2) 중재법 제8조 제3항에서는 "중재합의는 당사자들이 서명한 문서에 중재합의가 포함되어 있는 경우, 서신 · 전보 · 전신 및 모사전송 기타 통신수단에 의하여 교환된 문서에 중재합의가 포함되어 있는 경우"로 규정하여 중재합의의 서면주의를 명문화하고 있다. 또한 영국중재법, 뉴욕협약, 미국중재법에서도 서면주의를 규정하고 있다.

또한 중재절차는 당사자 간 중재계약에 의하여 사전에 약정할 수도 있는데 중재절차를 원활히 이행하기 위해서는 중재인수, 중재절차 및 진행기간, 중재인 선정방법, 심문방법, 중재비용 부담방법 등에 대하여 사전에 합의하는 것이 좋다. 하지만 기관중재의 경우에는 상술한 방법 등에 대하여 미리 규정하고 있다.

2) 중재계약의 요건

중재로 분쟁을 해결하기 위해서는 반드시 당사자 간 사전 또는 사후합의가 있어야 한다. 사전합의를 중재조항(arbitration clause)이라 하고 후자를 중재부탁계약(submission to arbitration)를 이라 한다. 하지만 대부분의 경우에 분쟁이 발생한 후에는 중재합의가 이루어지기가 어렵기에 매매계약 체결시 계약서에 중재조항을 삽입하여 두는 것이 가장 바람직하다. 대한상사중재원의 중재조항과 중재부탁계약 실례는 다음과 같다.

(1) 대한상사중재원 표준중재조항

All dispute, controversies, or differences which may arise between the parties, out of or in relation to or in connection with this contract, or for the breach thereof, shall be finally settled by arbitration in Seoul, Korea in accordance with the Commercial Arbitration Rules of The Korean Commercial Arbitration Board and under the Law of Korea. The award rendered by the arbitrator(s) shall be final and binding upon both parties concerned.

(2) 대한상사중재원 표준중재부탁계약

SUBMISSION TO ARBITRATION

We, the undersigned parties, hereby agree to submit the below dispute to the Korean Commercial Arbitration Board for arbitration under the Commercial Arbitration Rules of the Korean Commercial Arbitration Board with impeccable understanding that the arbitral award to be rendered on the dispute shall be final and binding upon all the parties concerned.

(1) Point of Dispute:	(2) Further Reference:
Party(A):	Party(B)
Title of Corporation	Address
Name of President(or Agent)	Name of President(or Agent)
Signed by	Signed by
Date of Signature	Date of Signature

Enclosure : 1. A power of attorney, in case where the submission is made by an agent, one copy

3) 중재합의의 효력

첫째, 중재계약은 직소금지효력[3]을 갖는다. 따라서 당사자 간에 중재계약이 있는 경우에는 법원에 소를 제기할 수 없다. 다만 중재계약이 무효, 효력을 상실하거나 이행불능인 경우에는 그러하지 아니한다.[4]

중재법 제9조에서는 "중재합의의 대상인 분쟁에 관하여 소가 제기된 경우에 피고가 중재합의 존재의 항변을 하는 때에는 법원은 그 소를 각하하여야 한다"라고 규정하고 있다. 즉, 중재합의가 있음에도 불구하고 상대방이 법원에 소를 제기하였을 경우, 1차 변론기일 전까지 본안전 항변을 통하여 중재계약이 있음을 주장, 입증하면 법원은 소 각하 판결을 하게 된다.

둘째, 중재 판정의 확정성이다. 중재법 제35조에서는 "중재판정은 당사자 간에 있어서 법원의 확정판결과 동일한 효력을 가진다"라고 규정하여 분쟁을 한 번에 해결함을 확실하게 천명하고 있다. 즉, 중재판정이 일단 내려지면 소송과 같이 불복절차인 항소나 상고제도가 허용되지 않는다는 것을 의미하며 대법원의 판결과 동일한 효력이 있다.

셋째, 중재판정은 국제적으로는 '외국중재판정의 승인 및 집행에 관한 UN 협약' (The United Nations Convention on the Recognition and Enforcement of Foreign Arbitral Awards: 약칭으로 'New York 협약' 이라 한다. 1958년 채택, 1973년 한국 가입, 2009. 2월 현재 144개국 가입)에 의하여 국제적 효력을 인정받고 있다. 이 협약에 따라 우리나라에서 내려진 중재판정이 외국에서도 승인 · 집행되며, 반대로 외국에서 내려진 중재판정 역시 우리나라에서도 승인되고 집행이 보장된다. 그러나 우리나라가 이 협약에 가입할 때 한국법상 상사관련 분쟁에 한하고, 상호 체약국인 경우에 한해서만 이 협약을 적용한다는 유보선언을 하였다.

4) 중재절차

중재절차는 당사자 간의 중재합의로 정할 수 있다. 중재절차란 중재판정이 내려질 때까지의 모든 절차를 의미한다.[5] 구제적인 절차는 대한상사중재원 절차를 중심으

3) 영국중재법, 미국중재법, 뉴욕협약에서는 직소금지의 효력에 관한 규정을 두고 있다.
4) 우리나라 중재법 제9조.
5) 중재법 제12조 2항 및 제20조 1항 참조.

로 설명하면 다음과 같다.

(1) 중재신청

중재신청시 대한상사중재원의 사무국에 중재합의서(원본 또는 사본), 중재신청서, 신청의 원인사실을 입증하는 서류(원본 또는 사본), 신청인 및 피신청인 법인 등기부등본(개인은 주민등록등본), 대리인 신청시 위임장을 작성하여 제출하여야 한다.

중재신청서가 제출되면 제출서류의 적합여부를 확인하고, 서류에 하자가 없을 경우에는 소정의 중재비용[6]을 예납받고 중재신청을 접수한다. 사무국은 쌍방에게 중재신청이 수리되었음을 통지한다. 이때 피신청인은 접수 통지를 받은 일로부터 국내중재의 경우에는 15일, 국제중재의 경우에는 30일 이내에 답변서[7]를 제출하여야 한다.

(2) 중재판정부 구성

중재판정부의 구성은 당사자 간의 합의에 의한 선정 또는 사무국에 의하여 선정된다. 일반적으로 중재인 수는 1인 또는 3인으로 구성된다. 당사자 간 합의에 의하여 일정기간(국내중재는 15일, 국제중재 30일) 중재인을 선정하지 못하는 경우에 중재원 사무국이 중재인을 선정한다.

사무국에 의한 중재인 선정방법은 중재인 명부에서 5인 또는 10인의 후보자를 선정한 후 당사자에게 명단을 보내고 당사자는 동 명단에 자신이 희망하는 순위를 의장중재인과 기타 중재인란에 번호를 기재하여 후보자명단 수령일로부터 15일(국제중재 30일) 이내에 반송하여야 한다. 선정명단 중 선정희망순위가 가장 높은 사람(1~3인)으로부터 취임수락서를 받아 선정하게 되고 중재판정부가 구성되면 중재인과 양 당사자에게 중재인 선정사실과 제1차 심리기일을 서면으로 통지한다.

(3) 심문

① 중재 심리 일시 및 장소 결정과 통지

중재판정부는 심리 일시 및 장소와 방식을 결정하고 사무국은 당사자에게 심리개시 10일 전(국제중재의 경우에는 20일)까지 통지하여야 한다.

---

6) 중재비용은 중재를 신청한 후 판정이 내려질 때까지 소요되는 비용으로 중재비용은 요금, 경비, 수당으로 구분되는데 중재신청서를 접수할 때 신청인으로부터 미리 예납받고 중재판정부의 판정에 의하여 부담비율이 정해진다.

7) 답변서에는 반드시 양 당사자의 성명 및 주소(당사자가 법인인 경우에는 법인의 명칭 및 주소, 대표자의 성명 및 주소를 명기하여야 한다), 대리인이 있는 경우에는 그 성명과 주소, 답변취지와 이유 및 입증방법에 대하여 기재하여야 한다.

② 중재심리절차 준비

중재판정부는 당사자들에게 심리 전 자신들의 주장, 증거방법, 상대방 주장에 대한 의견에 관한 서면을 제출하게 할 수 있다.

③ 절차

심리 절차는 비공개를 원칙으로 사건번호와 당사자의 호명으로 개시된다. 심리시 당사자의 일방이 증거물을 제출할 경우에는 중재판정부는 이를 증거로 접수할 수 있다. 중재판정부는 필요시 중재심리 절차를 변경할 수도 있다.

사무국이나 판정부가 요구시 서면, 증거 또는 기타 문서의 번역문을 제출해야 한다. 심리시에 판정부에 제출치 못하고 심리 당시의 합의나 그 이후의 합의 및 판정부의 요구에 의해 제출하는 모든 서류는 사무국이 접수하여 중재판정부 및 타방당사자에게 송달하여야 한다. 판정부가 판정에 필요하다고 인정하는 증거의 조사를 직접 할 수 없는 것은 직권 또는 당사자의 요구에 의해 관할법원에 이를 신청할 수 있다. 중재판정부는 직접 당사자를 심리하는데 당사자의 일방이 정당하게 통지 또는 고지했음에도 불구하고 출석하지 아니한 경우나 출석하여도 심리에 응하지 아니하는 경우에도 중재는 그대로 진행될 수 있다.

중재판정부는 상당한 이유가 있으면 직권이나 당사자의 요구에 의하여 심리를 연기하거나 재개할 수 있다.

④ 심리종결

중재판정부는 당사자가 주장 및 입증을 하였다고 인정할 때 심리의 종결을 선언한다.

(4) 중재판정

① 중재판정의 기간 및 범위

중재판정의 기간으로 중재판정부는 당사자 간의 별도 약정이 없는 한 중재심리가 종결된 날로부터 30일 이내에 중재인 과반수 찬성으로 판정한다.

중재판정의 범위로는 중재계약 범위 내에서 계약의 현실이행뿐만 아니라 공정하고 정당한 배상이나 기타의 구제를 명할 수 있다. 따라서 중재계약의 범위를 벗어난 판정은 효력이 인정되지 아니한다. 또한 중재판정부는 당사자에게 중재비용의 부담비율을 명한다.

② 중재판정의 형식

중재판정은 서면으로 작성하고 당사자 성명 또는 명칭과 주소(대리인이 있는 경우에는 대리인 성명과 주소), 중재판정주문 및 판정이유, 판정문 작성일자 및 중재지를 기재하여야 한다. 중재판정은 한국어로 작성한다. 다만 당사자의 요구시나 외국국적의 중재인이 있는 경우에는 한국어와 영어로 작성할 수 있으며, 이때 한국어와 영어로 작성되는 판정문은 모두 이를 정본으로 간주한다. 그러나 한국어와 영어의 해석상의 차이가 있을 경우에는 한국어를 기준으로 해석한다.

③ 중재판정문의 송달

사무국은 판정문 정본을 당사자 또는 대리인의 알려진 주소에 등기우편(배달증명)으로 발송 또는 직접 교부한다. 사무국은 판정문 정본이 당사자 또는 대리인에게 송부되었다는 우편물 배달증명서를 첨부하여 판정문원본을 관할법원에 이송하여 보관한다.

④ 판정의 효력

중재판정은 당사자 간에 있어서는 법원의 확정판결과 동일한 효력이 있다. 또한 뉴욕협약(외국중재판정의 승인 및 집행에 관한 UN협약)에 따라 외국에서도 중재판정의 승인 및 집행이 보장된다.

〈중재판정절차〉

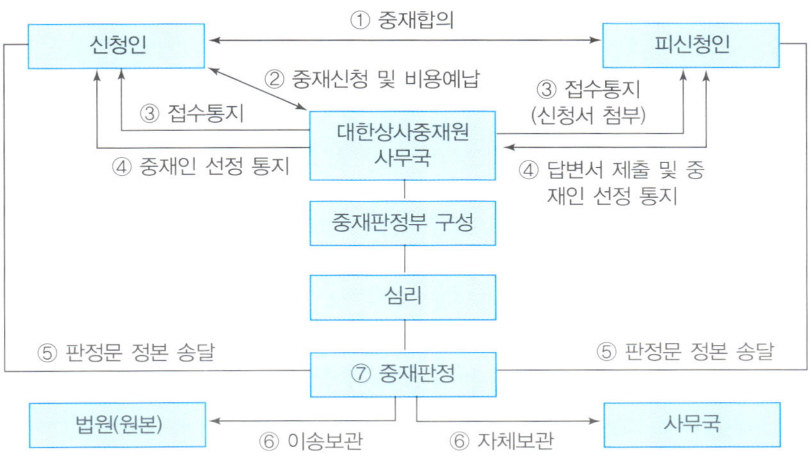

출처: 대한상사중재원 홈페이지(www.kcab.or.kr)

부록

무역서식

1. 보험증권 / 2. 취소불능화환신용장개설신청서 / 3. 외국환거래 약정서 / 4. 취소불능내국신용장개설신청서 / 5. 항공화물운송장 / 6. 선하증권 / 7. 원산지증명서 / 8. 상업송장 / 9. 포장명세서 / 10. 수출승인서 / 11. 수입신고필증 / 12. 환급신청서 / 13. 외화획득용원료 물품등구매(공급)확인(신청)서 / 14. 구매확인서 물품수령확인서 / 15. 무역업고유번호신청서 / 16. 소요량계산서 / 17. 중재신청서 / 18. 환어음 / 19. SWIFT 신용장 / 20. 무역계약서(예시) / 21. offer sheet / 22. 복합운송서류

Incoterms® 2010

UCP 600

CISG

무역서식

1. 보험증권

LIG Insurance Co., Ltd.

CERTIFICATE OF MARINE CARGO INSURANCE

Assured(s), etc		
Certificate No.		Ref. No. Invoice No.
Claim, if any, payable at : Claims are payable in		Amount insured
Survey should be approved by		Conditions
Local Vessel or Conveyance	From(interior port or place of loading)	
Ship or Vessel called the	Sailing on or about	
at and from	transshipped at	
arrived at	thence to	
Goods and Merchandise		Subject to the following Clauses as per back hereof institute Cargo Clauses Institute War Clauses(Cargo) Institute War Cancellation Clauses(Cargo) Institute Strikes Riots and Civil Commotions Clauses Institute Air Cargo Clauses(All Risks) Institute Classification Clauses Special Replacement Clause(applying to machinery) Institute Radioactive Contamination Exclusion Clauses Co-Inssurance Clause Marks and Numbers as

Place and Date signed in No. of Certificates issued.

This Certificate represents and takes the place of the Policy and conveys all rights of the original policyholder (for the purpose of collecting any loss or claim) as fully as if the property was covered by a Open Policy direct to the holder of this Certificate.

This Company agrees lossed, if any, shall be payable to the order of Assured on surrender of this Certificate.

Settlement under one copy shall render all others null and void.

Contrary to the wording of this form, this insurance is governed by the standard from of English Marine Insurance Policy.

In the event of loss or damage arising under this insurance, no claims will be admitted unless a survey has been held with the approval of this Company's office or Agents specified in this Certificate.

SEE IMPORTANT INSTRUCTIONS ON REVERSE

LIG Insurance Co., Ltd.

AUTHORIZED SIGNATORY

This Certificate is not valid unless the Declaration be signed by an authorized representative of the Assued.

2. 취소불능화환신용장개설신청서

취소불능화환신용장개설신청서

(APPLICATION FOR IRREVOCABLE DOCUMENTARY CREDIT)

AT SIGHT L/C 및 내국수입 USANCE
지 급 보 증 용

SWIFT Code :
Mailing Address :
Telex Number :
To :
Dear Sirs :

We request you to establish by ☐ cable ☐ air mail an Irrevocable Credit on the following terms and conditions

Advising Bank

Cable Address Date

Credit Number

②Applicant

①Beneficiary

③Amount

④Expiry Date

⑤Tenor of Draft ×××× At ×××× Sight For 100 % of invoice value

Documents(please indicate by placing x Mark in applicable box)

⑥☐ **full set of clean on board ocean bills of lading,** made out to the order of the ABC Bank of Korea Ltd.. marked "**Freight** _________" and "Notify accountee"

⑦☐ **Marine Insurance policy or certificate in duplicate**, endorsed in blank for % of the invoice value. Insurance polices or certificates must expressly stipulate that claims are payable in the currency of the drafts and policies or certificates must also indicate a claim settling agent in Korea. Insurance must include: Institute Cargo Clauses : _________

⑧☐ **Signed commercial invoice in**

⑨☐ **Packing list in**

⑩☐ **Other document(s) (if any)**

⑪Commodity Description

Name of Commodity	Quantity	Unit Price	Amount
Country of Origin			

⑫Shipment from to Latest AUGUST

Partial shipments are Transhipment is

Documents must be presented within ____days after the date of issuance of B/L or other transportation documents.
⑬Special condition(s) : All banking charges including postage, advising and payment commission outside Korea are for account of ____ ____________Shipment by _________

위와 같이 신용장발행은 신청함에 있어서 위 기재사항이 수입허가(승인)사항과 틀림없음을 확인하고 따로 제출한 수입거래약정서의 각 조항에 따를 것을 확약하며 아울러 위 수입화물에 관한 모든 권리를 귀행에 양도하겠습니다.

인감대조

Except so far as otherwise expressly stated, this credit is subject to the : Uniform Customs and Practice for Documentary Credits : (2007Revision) International Chamber of Commerce, Publication **NO. 600**

신청인 인
주 소

지급보증확인	Checked By	Approved By

계	대 리	차 장	부 점 장

3. 외국환거래 약정서

년　　월　　일

담당	책임자	결재권자

외국환거래 약정서

【수출 · 수입 · 내국신용장발행 · 내국신용장환어음매입(추심)거래】

주식회사 **XYZ 은행 앞**

본　인 ________________ ㊞

주　소 ________________

본인은 신한은행(이하 "은행"이라 한다)과 수출 · 수입 · 내국신용장발행 · 내국신용장환어음매입(추심)거래를 함에 있어 "은행여신거래기본약관(기업용 이하같음)"이 적용됨을 승인하고 다음 각 조항에 따르기로 한다.

【 제 1 장　공통사항 】

제 1 조　적용범위

이 약정은 다음 각항의 현재 및 장래의 모든 거래에 적용하기로 한다.

①수출거래

1. 화환어음(환어음이 첨부되지 않은 선적서류를 포함한다. 이하 이 약정에서 같음)의 매입 및 추심
2. 보증신용장 등에 의한 무화환어음(Clean Bill)의 매입
3. 기타 전 각호에 준하는 거래

②수입거래

1. 신용장 발행
2. 화환어음의 인도 및 결제
3. 보증신용장에 의한 무화환어음의 인도 및 결제
4. 기타 전 각호에 준하는 거래

③내국신용장발행거래

④내국신용장환어음매입(추심)거래

(27 - 2492) (21.0×29.7) (97. 4. 1)

제 2 조 권리의 행사

①수출화환어음 및 내국신용장환어음 매입대금(은행의 매입대금을 말한다 이하 이 약정에서 같음)의 경우에는 은행은 환매채권에 의하여 청구하거나 금전소비대차에 의한 대출금으로 보아 어음채권 또는 여신채권 중 어느 것에 의하여도 청구할 수 있다.

②수입화환어음 및 내국신용장환어음 결제를 위한 대지급금의 경우에는 은행은 어음채권 또는 여신채권 중 어느 것에 의하여도 청구할 수 있다.

제 3 조 담 보

본인은 제 1 조의 거래에 수반하는 물품 및 관련서류를 당해 거래와 관련하여 은행에 부담하는 채무와 이에 부수하는 이자, 할인료, 수수료, 지연배상금, 기타 부대비용 등의 지급을 위한 담보로서 은행에 양도한다.

제 4 조 적용환율

적용환율은 신청서 등을 접수한 날과 관계없이 실제로 지급받거나 지급하는 날의 은행이 정한 해당환율로 한다. 다만, 제 11 조 제 1 항 제 6 호 및 제 16 조 단서의 경우 은행의 미수금 계정 처리일 또는 외화지급보증대지급금계정 처리일의 은행이 정한 해당환율로 할 수 있다.

제 5 조 수수료, 비용 및 손해의 부담

①본인은 은행의 책임있는 사유로 인하여 추가로 발생한 것이 아닌한 제 1 조의 거래에 따른 이자, 할인료, 수수료, 지연배상금, 손해배상금, 기타 부대비용 및 은행의 권리행사, 권리보전, 담보의 취득 및 처분에 따른 비용, 운임, 보험료, 기타 모든 비용 및 손해를 부담하며, 은행이 계산근거를 명시하여 청구하는 바에 따라 곧 지급한다. 다만, 본인이 계산방법등에 관하여 이의를 제기하는 경우에는 은행은 이를 심사하여 그 결과를 통보한다.

②은행은 제①항의 이자, 할인료, 수수료등 제반비용의 요율 및 계산방법을 성질상 고시하기 어려운 것을 제외하고는 고시토록 한다.

③제 1 항의 수수료 등을 본인 이외의 자가 부담하기로 되어있는 경우에 본인의 비용으로 은행이 본인 이외의 부담자에게 청구하였으나 입금되지 아니하여 본인에게 청구한 때는 본인이 이를 곧 지급한다. 다만, 은행이 본인 이외의 부담자로부터 이를 지급받은 경우에는 반환한다.

제 6 조 백지어음 제공의무와 보충권 수여

본인은 은행의 채권보전을 위해 제 1 조 각항의 거래별로 액면과 지급기일이 백지로 된 약속어음을 연대보증인과 공동발행하여 은행에 제공하겠으며 은행은 필요하다고 인정하는 경우 백지어음을 보충하여 행사할 수 있다.

제 7 조 적용기간

이 약정의 적용기간은 정하지 않기로 한다. 다만, 부득이한 사유가 있는 경우 은행이나 본인은 이 약정을 해지할 수 있으며 이 경우 해지전에 이루어진 거래에 대하여는 이 약정을 계속 적용한다.

제 8 조 준용규정

본인과 은행은 약정되지 아니한 사항에 대하여 따로 정함이 없는 한 「신용장통일규칙」, 「추심에 관한 통일규칙」, 「은행간 신용장대금상환에 관한 통일규칙」, 기타 국제 규약, 「무역업무자동화처리약관」 및 은행의 관련규정에 따르기로 한다

【 제 2 장 수출거래에 대한 특약 】

제 9 조 환거래은행 및 송달방법의 선정

신용장 또는 계약서, 매입신청서 등에 명시되어 있지 않은 경우 환거래은행 및 화환어음의 송달방법은 은행이 선정하기로 한다.

제 10 조 결제기간의 연장

지급의무자가 결제기간의 연장을 요청한 경우 은행은 본인의 동의를 얻어 승낙할 수 있다. 다만 은행이 부득이하다고 인정하는 때는 본인의 동의없이 승낙할 수 있다. 이 경우 은행은 승낙한 사실을 곧 본인에게 통지한다.

제 11 조 매입대금상환

①다음 각호에서 정한 사유중 하나라도 발생한 경우 본인은 은행으로부터의 독촉, 통지 등이 없어도 당연히 다음 각호에서 정한 화환어음 매입대금의 상환의무를 지고 곧 변제하기로 한다.

1. 본인에 대하여 은행여신거래기본약관 제 7 조 제 1 항(당연 기한전 채무변제의무) 각호에서 정한 사유중 하나라도 발생한 경우에는 모든 화환어음
2. 화환어음의 지급의무자에 대하여 은행여신거래기본약관 제 7 조 제 1 항(당연 기한전 채무변제의무) 각호에서 정한 사유 중 하나라도 발생한 경우에는 그 자가 지급의무자로 되어있는 모든 화환어음
3. 은행의 관련규정이 정하는 기간까지 은행의 매입대금이 입금되지 아니하거나 화환어음의 인수가 이루어지지 아니하는 경우의 그 화환어음
4. 환거래은행 등으로부터 지급 또는 인수거절된 경우의 그 화환어음
5. 본인이 화환어음 만기일 이전에 매입대금을 상환하고자 하는 경우의 그 화환어음
6. 제 3 호 및 제 4 호에 해당하는 화환어음이 은행의 관련 규정이 정하는 기간까지 상환되지 아니하여 미수금계정으로 대체처리된 경우 및 은행의 관련 규정에 따른 자산건전성 분류기준에 의거 회수가 불확실하거나 회수불능이 확실하여 "회수의문" 또는 "추정손실"로 분류되어 미수금계정으로 대체처리된 경우의 그 원화금액

②본인에 대하여 은행여신거래기본약관 제 7 조 제 4 항 및 제 5 항(은행의 서면독촉에 의한 기한전 채무변제의무) 각호에서 정한 사유중 하나라도 발생한 경우 본인은 은행의 서면독촉통지 도달일로부터 10 일 이상으로 은행이 정한 기간이 경과하면 모든 화환어음 매입대금의 상환의무를 지고 곧 변제하기로 한다.

③제 1 항 및 제 2 항과 관련하여 본인은 환가료 징수기간 만료일 익일부터 상환일까지 여신연체이율로 계산한 손해배상금을 지급하기로 한다. 다만, 부도처리가 환가료 징수기간 내에 이루어진 경우에는 부도처리일로부터 손해배상금을 기산한다.

④제 1 항 및 제 2 항과 관련하여 본인은 매입신청시 제출한 화환어음 또는 매입신청서에 근거하여 매입대금을 상환하며, 은행은 본인이 매입대금과 이에 부수하는 손해배상금, 수수료, 비용 등을 변제할때까지 화환어음 및 수출물품에 대하여 모든 권리를 행사한다.

제 12 조 화환어음 등의 반환

①이 약정에 의하여 은행에 대한 채무의 변제 또는 은행여신거래기본약관 제 9 조(은행으로부터의 상계 등)에 의한 상계 등의 경우 은행은 본인에게 화환어음 및 수출물품을 채무변제 등의 시점에 반환하지 아니하여도 된다.

②본인은 은행이 반환하는 화환어음을 은행에서 수령한다. 다만, 수출물품은 화환어음을 수령함으로써 반환받은 것으로 한다.

③은행의 책임없는 사유로 인하여 화환어음 및 수출물품의 반환이 불가능한 경우 은행의 반환의무는 없는 것으로 한다.

【 제 3 장 수입거래에 대한 특약 】

제 13 조 신용장의 발행, 통지 및 환거래은행 등의 선정

①은행은 본인이 제출하는 신용장발행신청서(조건변경신청서 포함)등의 기재사항에 따라 신용장을 발행, 통지한다.

②신용장발행신청서에 명시되어 있지 않은 경우 환거래은행(통지은행, 매입은행, 지급은행, 인수은행, 확인은행, 기타 관련은행을 말한다. 이하같음) 및 통지 방법은 은행이 선정하기로 한다.

제 14 조 대도물품의 처분

①본인은 대도물품을 입고, 운반, 출고, 가공, 매도 이외의 목적으로 사용하거나 제 3 자에게 담보로 제공할 수 없으며 또한 기타 은행의 권리를 해하는 행위도 할 수 없다.

②본인은 대도물품을 매도할 경우 금액, 물품의 인도, 대금의 영수방법 등에 관하여 미리 은행의 동의를 받는다.

③본인은 대도물품의 매도대금 영수 후 곧 은행에 지급하며 매도대금을 어음, 기타 유가증권 등으로 받는 경우에는 이를 곧 은행에 양도한다.

제 15 조 신용장 조건과 불일치하는 화환어음

①은행이 채권보전을 위하여 필요하다고 인정하는 경우 은행은 신용장조건과 불일치하는 화환어음에 대하여 본인의 동의없이 지급 또는 인수를 거절할 수 있다. 이 경우 은행은 본인에게 사후통지 하기로 한다.

②화환어음이 은행에 도착하기 전 신용장조건과의 불일치를 사유로 환거래은행 등으로부터 지급 또는 인수등의 동의여부에 대한 조회를 받은 경우에도 제 1 항과 같다.

③은행이 본인에게 신용장조건 불일치에 관한 조회를 하였으나 본인의 회보가 은행의 관련규정이 정한 기간내에 도착하지 않는 경우 은행은 화환어음의 지급 또는 인수에 대한 동의 또는 거절여부를 결정할 수 있다.

제 16 조 결제일

본인은 대금의 결제조건이 일람출급인 경우에는 화환어음(차기통지서가 먼저 도착하는 경우에는 그 차기통지서) 도착 후 은행의 관련규정이 정한 기일이내에 결제하고, 기한부 출급인 경우에는 만기일에 결제한다. 다만, 기일이내에 결제하지 못한 경우에는 은행의 관련규정에 따라 이화지급보증대지급금계정으로 처리하여 결제하며 본인은 그 원화금액을 상환하기로 한다.

제 17 조 수입물품선취보증서에 의한 수입물품 인도

①본인은 화환어음 도착전에 운송회사로부터 수입물품을 인도받고자 하는 경우 은행에 수입물품선취보증서(항공화물운송장에 의한 수입물품인도승락서를 포함한다. 이하 같음) 발급을 신청하여 은행의 사전승낙을 받아야 한다.

②본인은 수입물품선취보증서의 발급을 신청하는 경우 은행의 관련 규정이 정하는 바에 따라 수입결제대금을 적립한다.

제 18 조 신용장의 취소 및 조건변경

①은행은 본인이 신청한 경우에 한하여 신용장을 취소 또는 조건변경할 수 있다. 다만, 그 효력은 신용장의 취소 또는 조건변경의 당사자(개설은행, 수익자, 확인 신용장의 경우는 확인은행) 전원의 동의가 있어야 비로소 발생한다.

②제 1 항 본문에 불구하고 유효기일 경과 등 상당한 사유가 있는 경우 은행은 신용장을 취소할 수 있다. 이 때 은행은 본인에게 사후 통지한다.

제 19 조 제 3 자 명의의 신용장발행

본인이 제 3 자 명의의 신용장발행을 은행에 본인명의로 신청한 경우에는 모든 부분에 있어서 이 약정이 적용된다.

【 제 4 장 내국신용장발행에 대한 특약 】

제 20 조 지급금액

본인이 은행의 내국신용장 발행에 따라 은행에 지급할 원화금액은 발행당시의 내국신용장 원화금액에 불구하고 내국신용장 부기외화금액에 매입(추심)은행이 환어음을 매입(추심)하는 날의 해당환율을 곱하여 청구한 금액으로 한다.

제 21 조 구매물품의 처분

구매물품 처분에 관하여는 제 14 조를 준용한다.

제 22 조 신용장의 취소 및 조건변경

은행은 본인이 관계당사자의 동의를 얻어 신청한 경우에 한하여 내국신용장을 취소 또는 조건변경할 수 있다. 다만, 유효기일 경과등 상당한 사유가 있는 경우에는 은행이 신용장을 취소할 수 있다. 이때 은행은 본인에게 사후 통지한다.

【 제 5 장 내국신용장환어음매입(추심)에 대한 특약 】

제 23 조 매입대금 상환

①다음 각호에서 정한 사유중 하나라도 발생한 경우 본인은 은행으로부터의 독촉, 통지 등이 없어도 당연히 다음 각호에서 정한 환어음 매입대금의 상환의무를 지고 곧 변제하기로 한다.

1. 본인에 대하여 은행여신거래기본약관 제 7 조 제 1 항(당연 기한전 채무변제의무) 각호에서 정한 사유중 하나라도 발생한 경우의 모든 환어음
2. 내국신용장 발행은행에 의하여 지급거절되는 경우의 그 환어음

②본인에 대하여 은행여신거래기본약관 제 7 조 제 4 항 및 제 5 항(은행의 서면독촉에 의한 기한전 채무변제의무) 각호에서 정한 사유중 하나라도 발생한 경우 본인은 은행의 서면독촉통지 도달일로부터 10 일 이상으로 은행이 정한 기간이 경과하면 환어음 매입대금의 상환의무를 지고 곧 변제하기로 한다.

③제 1 항 및 제 2 항과 관련하여 본인은 매입이자 징수기간 만료일 익일부터 상환일까지 여신연체이율로 계산한 손해배상금을 지급하기로 한다.

④제 1 항 및 제 2 항과 관련하여 본인이 매입대금과 이에 부수하는 손해배상금, 수수료, 비용 등을 변제할 때까지 은행은 매도물품에 대하여 모든 권리를 행사한다.

제 24 조 환어음 등의 반환

①이 약정에 의하여 은행에 대한 채무의 변제 또는 은행여신거래기본약관 제 9 조(은행으로부터의 상계 등)에 의한 상계 등의 경우 은행은 환어음 및 이에 첨부된 서류를 채무변제 등의 시점에 반환하지 아니하여도 된다.

②본인은 은행이 반환하는 환어음 및 이에 첨부된 서류를 은행에서 수령한다.

③은행의 책임없는 사유로 인하여 환어음 및 이에 첨부된 서류의 반환이 불가능한 경우 은행의 반환의무는 없는 것으로 한다.

<table>
<tr><td colspan="2">본인은 은행여신거래기본약관 및 이 약정서 사본을 확실히 수령하고,주요내용에 대하여 충분한 설명을 듣고 이해하였음</td></tr>
<tr><td>본 인</td><td>(인)</td></tr>
</table>

4. 취소불능내국신용장개설신청서

담 당	검토자	결재권자

취소불능내국신용장개설신청서

취 소 불 능 내 국 신 용 장	신용장번호
1 고객번호 [ ] 개설신청인(상호, 주소, 대표자, 전화)	2 결제통화 및 금액 □①원 화₩ □②외 화(통화표시) □③원 화₩ (외화금액 @) 다만, 환어음 매입시 매매기준율이 개설시와 다를 경우 원화금액은 동 매매기준율로 환산한 금액으로 함.
4 수 혜 자(상호, 주소, 대표자, 전화)	3 어음대금 결제조건 □일람불(개설의뢰인이 자체자금으로 결제) □기한부(개설은행이 융자하여 결제)
	5 물품인도기일 / 6 유효기일

형식 : 수익자가 신용장 금액을 한도로하여 송장금액 전액을 어음금액으로 하고 본인(당사)을 지급인, 귀행을 지급장소로하는 일람출급환어음을 발행함을 허용하는 신용장

제 출 서 류

7 물품수령증명서 통 8 물품명세가 기재된 송장 통 9 공급자발행 세금계산사본 통

10 기 타

공 급 물 품 명 세

HS부호	품명 및 규격	단위 및 수량	단 가	금 액
29922-11-10000	Mono-Ethanol	2,000 M/T	@US$28,161	US$563,200

11 분할인도 □①허용함 □②불허함	12 서류제시기간 물품수령증명서발급일로부터 영업일이내
13 기 타	14 용 도

원 수 출 신 용 장 등 의 내 용

15 종류 : □수출L/C □D/A □D/P □내국신용장 □외화표시물품 공급계약서 □외화표시건설·용역 공급계약서 □기타 수출 관련계약서

16 신용장(계약서)번호	17 결제통화	18 금 액	19 선적(인도)기일	20 유효기일
21 수출(공급)상대방	22 발행은행		23 대금결제조건	24 수출지역
25 HS부호	26 품명 및 규격		27 단위 및 수량	금 액

귀행이 개설하는 내국신용장은 상기 원신용장과는 독립된 별개의 것임을 서약하고 위와같이 내국신용장 개설을 신청하오며 귀행 별도 소정 외국환거래약정서 조건을 무위 준수할 것을 확약합니다.

주 소 :

년 월 일 신 청 인 : (인) [인감및원본확인]

주식 회사 은행 귀하 Tel.

이 신용장에 관한 사항은 다른 특별한 규정이 없는 한 국제상공회의소 제정(1993년개정) 화환신용장 통일규칙에 따릅니다.

* 수 입 보 증 금	
승인신청번호	

5. 항공화물운송장

Shipper's Name and Address

Shipper's Account Number

Not negotiable

Air Waybill

issued by

KOREAN AIR

Copies 1, 2 and 3 of this Air Waybill are originals and have the same validity.

Consignee's Name and Address

Consignee's Account Number

Telephone :

It is agreed that the goods described herein are accepted in apparent good order and condition (except as noted) for carriage SUBJECT TO THE CONDITIONS OF CONTRACT ON THE REVERSE HEREOF. THE SHIPPER'S ATTENTION IS DRAWN TO THE NOTICE CONCERNING CARRIER'S LIMITATION OF LIABILITY. Shipper may increase such limitation of liability by declaring a higher value for carriage and paying a supplemental charge if required.

Issuing Carrier's Agent Name and City

Accounting Information

Agent's IATA Code

Account No.

Airport of Departure(Addr. of First Carrier) and Requested Routing

TO	By First Carrier	Routing and Destination	to	by	to	by	Currency	CHGS Code	WT/VAL PPD	WT/VAL COLL	Other PPD	Other COLL	Declared Value for Carriage	Declared Value for Customs

Airport of Destination	Flight/Date	For Carrier Use Only	Flight/Date	Amount of Insurance	INSURANCE-If Carrier offers Insurance, and such insurance is requested in accordance with conditions on reverse hereof, indicate amount to be insured in figures in box marked 'amount of Insurance'.

Handling Information

No. of Pieces RCP	Gross Weight	kg lb	Rate Class / Commodity item No.	Chargeable Weight	Rate / Charge	Total	Nature and Quantity of Goods (incl. Dimensions or Volume)

Prepaid	Weight Charge	Collect	Other Charges
	Valuation Charge		
	Tax		
	Total Other Charges Due Agent		Shipper certifies that the particulars on the face hereof are correct and that insofar as any part of the consignment contains dangerous goods, such part is properly described by name and is in proper condition for carriage by air according to the applicable Dangerous Goods Regulations.
	Total Other Charges Due Carrier		Signature of Shipper or his Agent
Total Prepaid		Total Collect	
Currency Conversion Rates		CC Charges In Dest. Currency	Executed on(date) at(place) Signature of Issuing Carrier or its Agent
For Carrier's Use Only at Destination		Charges at Destination	Total Collect Charges

ORIGINAL 3(FOR SHIPPER)

6. 선하증권

Bill of Lading

①Shipper/Exporter		⑪B/L No. ;
②Consignee		
③Notify Party		
Pre-Carrage by	⑥Place of Receipt	
④ Ocean Vessel	⑦Voyage No.	⑫Flag
⑤Port of Loading ⑧Port of Discharge ⑨ Place of Delivery ⑩ Final Destination(For the Merchant Ref.)		

⑬Container No. ⑭Seal No. Marks & No	⑮No. & Kinds of Containers or Packages	⑯Description of Goods	⑰Gross Weight	Measurement

⑱Freight and Charges	⑲Revenue tons	⑳Rate	㉑Per	㉒Prepaid	㉓Collect

㉓Freight prepaid at	㉔Freight payable at	㉖Place and Date of Issue
Total prepaid in	㉕No. of original B/L	
㉗Laden on board vessel Date Signature		㉘XYZ Co. Ltd. as agent for a carrier, zzz Liner Ltd.

7. 원산지증명서

1. Exporter(Name, address, country)	ORIGINAL **CERTIFICATE OF ORIGIN** issued by THE KOREA CHAMBER OF COMMERCE & INDUSTRY Seoul, Republic of Korea
2. Consignee(Name, address, country)	3. Country of Origin
4. Transport details	5. Remarks
6. Marks & numbers ; number and kind of packages ; description of goods	7. Quantity
8. Declaration by the Exporter (Signature) (Name)	9. Certification Authorized Signatory Certificate No.

THE KOREA CHAMBER OF COMMERCE & INDUSTRY

8. 상업송장

COMMERCIAL INVOICE

①Shipper/Seller	⑦Invoice No. and date ⑧L/C No. and date
② Consignee	⑨Buyer(if other than consignee) ⑩Other references COUNTRY OF ORIGIN :
③Departure date	
④Vessel/flight ⑤From	⑪Terms of delivery and payment
⑥To	

⑫Shipping Marks	⑬No.&kind of packages	⑭Goods description	⑮Quantity	⑯Unit price	⑰Amount

Signed by
⑱

9. 포장명세서

PACKING LIST

①Shipper/Seller		⑧No. & date of invoice
		⑨No. & date of L/C
②For account & risk of Messers.		⑩Consignee
		⑪Remarks :
③Notify party Same as above		Origin :
④Port of loading	⑤Final destination	⑫Payment Terms
⑥Carrier	⑦Sailing on or about	⑬Price Term :

⑭Marks & numbers of Pkg	⑮Description of Goods	⑯Quantity/Net	⑰Gross wt	⑱Measure

//

P.O.Box :
E-mail :
Telefax No. :
Telephone No. :

⑲ Signed by ____________________
Manager

10. 수출승인서

[별지 제3-1호 서식]

수출승인(신청)서
Export License(Application)

처리기간 : 1일
Handling Time : 1Day

(1) 수출자 무역업고유번호 671110 (Exporter) (Notification No.) 상호, 주소, 성명 (Name of firm, Address, Name of Rep.) (서명 또는 인) (Signature)	(4) 구매자 또는 계약당사자 (Buyer or Principal of Contract) (5) 신용장 또는 계약서 번호(L/C or Contract No.)
(2) 위탁자 사업자등록번호 (Requester) (Business No.) 상호, 주소, 성명 (Name of firm, Address, Name of Rep.) (서명 또는 인) (Signature)	(6) 금액(Total Amount) (7) 결제기간(Period of Payment) (8) 가격조건(Terms of Price)
(3) 원산지(Origin)	(9) 도착항(Port of Arrival)

(10) HS부호 (HS Code)	(11) 품명 및 규격 (Description/Size)	(12) 단위 및 수량 (Unit/Quantity)	(13) 단가 (Unit Price)	(14) 금액 (Amount)

(15) 승인기관기재란(Remarks to be filled out by an Approval Agency)

(16) 유효기간(Period of Approval)

(17) 승인번호(Approval No.)

(18) 승인기관 관리번호(No. of Approval Agency)

(19) 위의 신청사항을 대외무역법 제14조제2항 및 동법 시행령 제26조제1항의 규정에 의하여 승인합니다.
(The undersigned hereby approves the above-mentioned goods in accordance with Article 14(2) of the Foreign Trade Act and Article 26(1) of the Enforcement Decree of the said Act.)

년 월 일

승인권자 (인)

※승인기관이 2이상인 경우 (15)~(18)의 기재사항은 이면에 기재하도록 합니다.
※이 서식에 의한 승인과는 별도로 대금결제에 관한 사항에 대하여는 외국환거래법령이 정하는 바에 따라야 합니다.

2812-281-01611민
'98.1.12. 승인

210mm×297mm
일반용지 60g/㎡

11. 수입신고필증

UNI-PASS

수 입 신 고 필 증

(갑지)

※ 처리기간 : 3일

①신고번호	②신고일	③세관.과	⑥입항일

④B/L(AWB)번호	⑤화물관리번호	⑦반입일	⑧징수형태

⑨신 고 자 ⑩수 입 자 ⑪납세의무자 (주소) (상호) (성명) ⑫무역대리점 ⑬공 급 자	⑭통관계획	⑱원산지증명서 유무	⑳총중량	
	⑮신고구분	⑲가격신고서 유무	㉑총포장갯수	
	⑯거래구분	㉒국내도착항		㉓운송형태
	⑰종류	㉔적출국		
		㉕선기명		
	㉖MASTER B/L 번호		㉗운수기관부호	

㉘검사(반입)장소

● 품명 · 규격 (란번호/총란수 :)

㉙품 명 ㉚거래품명	㉛상 표

㉜모델 · 규격	㉝성분	㉞수량	㉟단가	㊱금액

㊲세번 부호		㊴순 중 량		㊷C/S 검사		㊹사후확인기관
㊳과세가격(CIF)		㊵수 량		㊸검사변경		
		㊶환급물량		㊺원산지표시		㊻특수세액
㊼수입요건확인 (발급서류명)						

㊽세종	㊾세율(구분)	㊿감면율	51세액	52감면분납부호	감면액	* 내국세종부호
XX XX XX XX XX						

53결제금액(인도조건-통화종류-금액-결제방법)		55환 율	

54총과세가격		56운임		58가산금액		63납부번호	
		57보험료		59공제금액		64부가가치세과표	

60세 종	61세 액	※관세사기재란	65세관기재란
관 세			
특 소 세			
교 통 세			
주 세			
교 육 세			
농 특 세			
부 가 세			
신고지연가산세			

62총세액합계		66담당자		67접수일시		68수리일자	

세관 · 과 : 999-99 신고번호 : 99999-99-9999999-9 Page : 999/999

* 수입신고필증의 진위 여부는 수출입통관정보시스템(KCIS)에 조회하여 확인하시기 바랍니다.(http : //kcis.ktnet.co.kr)
* 본 수입신고필증은 세관에서 형식적 요건만을 심사한 것이므로 신고내용이 사실과 다른 때에는 신고인 또는 수입화주가 책임을 져야 합니다.

12. 환급신청서

환 급 신 청 서(갑)

① 환급신청인	신청인부호
주 소	
상 호	사업자등록번호
성 명	

⑤※접수번호		처리기간 : 3일
기관부호	년도	일련번호

② 신청관세사 [ ]

③ 제출번호 [ ]

⑥※ 접수일자 [ ]

⑦ 환급구분 [ ]

(1 : 연산품정액, 2 : 간이(₩), 3 : 개별, 4 : 자동간이)

④ 제조자	통관고유번호
주 소	
상 호	사업자등록번호
성 명	

⑧※ 결정일자 [ ]

⑨ 추가환급 [ ]

⑩ 수 출 물 품 규 격			세 종	금 액
			⑰ 관 세	
			⑱ 특 소 세	
			⑲ 교 통 세	
⑪ H S	⑫ 부 호	⑬ 형 태	⑳ 주 세	
			㉑ 교 육 세	
⑭ 수출금액(FOB)	⑮ 수출물량	⑯ 단 위	㉒ 농 특 세	

㉓ 지급은행		
은 행 명		본(지)점
코 드 번 호		
온라인구좌번호		

㉔ 계	

총 (   ) 행

ⓐ행번호	수출신고번호				ⓕ 수리일자	ⓖ 수출물량	ⓗ 수출금액 (FOB)
	ⓑ세 관	ⓒ 과	ⓓ 신고번호	ⓔ 란			

결재	담 당	주 무	과 장	장

471-01541 민
97. 7. 2 승인

210 × 297m/m
일반용지 60g/m²

13. 외화획득용원료 물품등구매(공급)확인(신청)서

[별지 제4-2호 서식]

외화획득용원료 물품등구매(공급)확인(신청)서

처리기간
3 일

발급번호	
① 구매신청자(상호, 주소, 성명) (서명 또는 인)	③ 공급자(상호, 주소, 성명) (서명 또는 인)
② 구매확인신청자 사업자등록번호	④ 공급자 사업자등록번호

1. 구매(공급)원료 · 물품등의 내용

⑤ HS부호	⑥ 품명 및 규격	⑦ 단위 및 수량	⑧ 구매(공급)일	⑨ 단가	⑩ 금액	⑪ 비고

2. 근거서류의 내용

(⑫ 구매확인서를 근거로 다시 구매확인서를 발급하는 경우에는 근거서류 발급은행 기재 : _______은행 ______지점)

⑬ 근거서류 및 번호	⑭ HS부호	⑮ 품명 및 규격	⑯ 금액	⑰ 선적기일

⑱ 구매(공급)원료 · 물품등의 용도명세 :
(원자재구매, 원자재 임가공위탁, 완제품 임가공위탁, 완제품구매, 수출대행등 *해당용도를 표시하되 위탁가공무역에 소요되는 국산원자재를 구입하는 경우는 "(위탁가공)"문구를 추가표시)
* 한국은행 총액한도대출관련 무역금융 취급절차상의 용도표시 준용

위의 신청사항을 대외무역관리규정 제4-2-7조의 규정에 의하여 확인합니다.

년 월 일

은 행 장 (인)

※완제품에 대한 구매확인서 발급시 ⑯의 기재사항은 생략할 수 있습니다.

14. 구매확인서 물품수령확인서

[별지 제4-2호의2 서식]

(업 체 명)

<table>
<tr><td colspan="5">구매확인서 물품수령확인서
(발급번호 :)</td></tr>
<tr><td>물 품 공 급 자</td><td colspan="4"></td></tr>
<tr><td>물 품 인 수 일 자</td><td colspan="2"></td><td>물 품 인 수 금 액</td><td></td></tr>
<tr><td rowspan="2">인 수 물 품 명 세</td><td>(품 명)</td><td>(수 량)</td><td>(단 가)</td><td>(금 액)</td></tr>
<tr><td></td><td></td><td></td><td></td></tr>
<tr><td colspan="5">위 물품을 틀림없이 수령하였음을 증명함
발급일자 : 20 년 월 일
물품수령인 (인)</td></tr>
<tr><td colspan="5">*유의사항
1. 물품수령확인서는 관련세금계산서 건별로 대응하여 발급하여야 함.
2. 물품수령확인서는 공급자발행 세금계산서상의 발급일로부터 10일 이내에 발급하여야 함
3. 물품수령확인서상의 물품수령인의 서명 또는 인감은 구매확인서의 발급신청시 신고할 인감과 일치하여야 함
4. 물품수령확인서의 물품명세는 발급될 구매확인서의 물품명세와 일치하여야 함</td></tr>
</table>

15. 무역업고유번호신청서

[별지 제1-1호 서식]

무역업고유번호신청서
APPLICATION OF TRADE BUSINESS CODE

처리기간(Handling Time)
즉 시(Immediately)

① 상호 (Name of Firm)			② 무역업고유번호 (Trade Business Code)		
③ 주소 (Address)				④ 업종 (Business Type)	
⑤	전화번호 (Phone Number)		⑥ 전자우편주소 (Email Address)		
	팩스번호 (Fax Number)		⑦ 사업자등록번호 (Business Registry Number)		
⑧ 대표자성명 (Name of Rep.)			⑨ 주민등록번호 (Passport Number)		

대외무역법 시행령 제21조 및 대외무역 관리규정 제24조의 규정에 의하여 무역업고유번호를 위와 같이 신청합니다.

I hereby apply for the above-mentioned trade business code in accordance with Article 24 of the Foreign Trade Management Regulation.

신 청 일 : 년 월 일

Date of Application Year Month Day

신 청 인 : (서명)

Applicant Signature

사단법인 **한국무역협회 회장**

Chairman of Korea International Trade Association

유의사항 : 상호, 대표자, 주소, 전화번호 등 변동사항이 발생하는 경우 변동일로부터 20일 이내에 통보하거나 무역업데이타베이스에 수정입력하여야 함.

210㎜×297㎜
일반용지 70g/㎡

16. 소요량계산서

<제2호 서식>

소 요 량 계 산 서

① 수출 등 증명서류명 및 번호	② 소요량 산정방법

③ 수출물품의 내역				④ 부 산 물 내 역			
H.S	품명 및 규격	수량	단위	부산물명	발생량	단위	공제비율

⑤ 소 요 원 재 료 의 내 역				
H.S	품명 및 규격	단위소요량 × 수출수량 = 소요량	단위	비 고

⑥ 공제비율 산출내역 =

환급특례법 제10조의 규정 및 동법 시행령 제11조 제1항의 규정에 의하여 소요계산서를 작성합니다.

20 . . .
상 호 :
주 소 :
대 표 자 : (인)

17. 중재신청서

The Korea Commercial Arbitration Board

43RD FLOOR. TRADE TOWER (KOREA WORLD TRADE CENTER)
159, SAMSUNG-DONG. KANGNAM-GU.SEOUL 135-729, KOREA
Trade Center P.O. Box 50, CABLE ARBITRATION
TEL : 551 · 2000-19, FAX : (02)551-2020

To : The Korean Commercial Arbitration Board

REQUEST FOR ARBITRATION

1. Full Names and Addresses of Parties:
   (1) Claimant : Name of Corporation (1) ____________
   Address (2) ____________
   Name of Representative (3) ____________
   Name and Address of Agent, if any:
   Name (4) ____________
   Address (5) ____________

   (2) Respondent : Name of Corporation (6) ____________
   Address (7) ____________
   Name of Representative (8) ____________

2. Purport of Request (Claim or Relief sought ; amount , if any):
   (9) As attached

3. Grounds for Request and Method of Proof : As attached
   (10)

   Signature / Name : (11) ____________
   Dated : (12) ____________

Enclosures :
1. Signed copies of this request for arbitration ······ five copies
2. The original or certified copy of the document evidencing agreement on arbitration under the Rules of the Korean Commercial Arbitration Board ······ five copies
3. The original or reproduced copy of documentary evidence, if any, proving the claim stated in this Request for Arbitration ······ five copies
4. Certificate of Incorporation ······ one copies
5. A power of attorney, in case where the request is made by an agent ······ one copies

중 재 신 청 서

1. 당사자의 성명 및 주소

(가) 신청인

법 인	법인명칭		법인주소 전화번호	
	대표자 성 명		대표자 주 소	
개 인	성 명		주 소 전화번호	
대 리 인	성 명		주 소 전화번호	

(나) 피신청인

법 인	법인명칭		법인주소 전화번호	
	대표자 성 명		대표자 주 소	
개 인	성 명		주 소 전화번호	

2. 중재신청의 취지(별지기재) :

3. 중재신청의 이유 및 입증방법(별지기재) :

20 년 월 일

위 신청인 ________________인

(구비서류) : 가. 중재신청서 ·· 5부.

나. 중재합의를 인증하는 서면의 원본 또는 사본 ························ 5부.

다. 중재신청에 주장하는 청구의 근거를 증명하는 서증의 원본 또는 사본 5부.

라. 법인등기등본(개인인 경우 주민등록등본) ························ 1부.

마. 대리인 신청시는 위임장 및 인감증명서 ························ 1부.

바. 소정의 중재비용

사단법인 대 한 상 사 중 재 원 귀중.

중재신청서 작성 사례

중재신청서

1. 신청인

회사명 : (주)한국제약

주　소 : 서울특별시 강남구 삼성동 159

대표자 : 대표이사 이도령

대리인 : 이방자

서울특별시 강남구 삼성동 300

2. 피신청인

회사명 : SANTIAGO LTD.

주　소 : FERNANDEZ 1000, SANTIAGO, CHILE

대표자 : DOMINGO

3. 신청취지

(1) 피신청인은 지불기한이 지난 신청인의 수출환어음금액 미화 71,070달러 및 이에 대하여 1992년 2월 11일부터 완제일까지 연 18%의 비율에 의한 금원을 지급하라.

(2) 중재비용은 피신청인의 부담으로 한다. 라는 판정을 구함.

4. 신청이유

(1) 신청인은 한국의 계약회사인 (주)한국제약으로서 피신청인에게 의약품을 수출하였고 피신청인은 칠레 산디아고에 소재한 수입상으로서 신청인으로부터 의약품을 수입하였음.

(2) 신청인은 피신청인과 20XX년부터 거래를 시작하였으며 초기 결제조건은 신용장 방식이었음.

(3) 20XX년 피신청인은 신청인에게 신용장방식 대신 D/A 120days로 결제조건의 변경을 제의하여 신청인은 거래를 확대하기 위하여 본조건을 수용하였음.

(4) D/A 조건으로 거래를 한 후 피신청인은 결제 만기일을 넘겨 지불하기 시작하였고 20XX년 10월 기준으로 미화 12,690달러가 미지급상태에 있었음.

(5) 신청인은 본건 해결을 위하여 20XX년 10월 대리인을 현지에 파견하여 미화 19,260달러를 회수하였으며 동시에 잔액 미화 105,430달러에 대하여는 20XX년 2월 10일까지 분할 상환하겠다는 각서를 받았음. 또한, 본 각서에는 분쟁 발생시 대한상사중재원에서 중재로 해결할 수 있는 중재조항을 삽입하여 두었음.

(6) 그러나 그 이후 신청인은 미화 34,360달러만 피신청인으로부터 회수하였고 현재 미결재 잔액 미화 71,070달러가 남겨져 있고 그동안 피신청인의 지불지연으로 신청인은 이자부담을 안게 되었음.

(7) 그러므로 신청인은 미결제잔액 미화 71,070달러와 은행연체이자율에 근거하여 지연이자를 피신청인에게 법적으로 청구하기 위하여 귀원에 중재를 신청함.

5. 입증방법

갑 제1호증	중재합의서
갑 제2호증	각 서(1992. 2. 10자)
갑 제3호증의 1 내지 3	각 송장
갑 제4호증의 1 내지 2	각 서신

6. 첨부서류

가. 입증서류 각 1부

나. 법인등기등본(개인인 경우 주민등록등본) 1부

다. 대리인 신청시는 위임장 및 위임인의 인감증명서 각 1부

라. 소정의 중재비용

200* 년 12월 23일

신청인 (주) 한국제약

대표이사 이 도 령 (인)

(또는)

위 신청인 대리인

이 방 자 (인)

사단법인 대한상사중재원 귀중

18. 환어음

BILL OF EXCHANGE

NO. 123456 MAY 10, 20XX SEOUL, KOREA

FOR US$53,000.-

AT ××××× SIGHT OF THIS **ORIGINAL** BILL OF EXCHANGE(SECOND OF THE SAME TENOR AND DATE BEING UNPAID)

PAY TO KOREA BANK OR ORDER THE SUM OF

SAY US DOLLARS FIFTY THREE THOUSAND ONLY ;

VALUE RECEIVED AND CHARGE THE SAME TO ACCOUNT OF ABC CO., LTD.

DRAWN UNDER THE JANPAN BANK, LTD. HEADOFFICE TOKYO, JAPAN

L/C NO. X-1234 DATED MAY 1, 20XX

TO JAPAN BANK, LTD. HEADOFFICE, TOKYO

KBC CO., LTD

JAE SEUNG KIM

수출(4030011, 210×100) 외국환어음 백상지 80g/㎡

19. SWIFT 신용장

신용장 발행을 위한 SWIFT Message Type

(MT700 Issue of Documentary Credit)

M/O	Tag	Field Name	Content/Options
M	27	Sequence of Total	1n/1n
M	40A	Form of Documentary Credit	24x
M	20	Documentary Credit Number	16x
O	23	Reference to Pre-Advice	16x
O	31C	Date of Issue	6n
M	31D	Date and Place of Expiry	6n29x
O	51a	Applicant Bank	A or D
M	50	Applicant	4*35x
M	59	Beneficiary	[/34x]4*35x
M	32B	Currency Code, Amount	3a 15number
O	39A	Percentage Credit Amount Toterance	2n/2n
O	39B	Maximum Credit Amount	13x
O	39C	Additional Amounts Covered	4*35x
M	41a	Available with … By …	A or D
O	42C	Draft at…	3*35x
O	42a	Drawee	A or D
O	42M	Mixed Payment Details	4*35x
O	42P	Deferred Payment Details	4*35x
O	43P	Partial Shipment	1*35x
O	43T	Transshipment	1*35x
O	44A	Loading on Board/Dispatch/Taking in Charge at/from…	1*65x
O	44B	For Transportion to…	1*65x
O	44C	Latest Date of Shipment	6n
O	44D	Shipment Period	6*65x
O	45A	Description of Goods and/or Services	50*65x
O	46A	Documents Required	50*65x
O	47A	Additional Conditions	50*65x
O	71B	Charges	6*35x
O	48	Period for Presentation	4*35x
M	49	Confirmation instructions	7x
O	53a	Reimbursement Bank	A or D
O	78	instructions to the Paying/Accepting/Negotiating Bank	12*65x
O	57a	"Advise Through" Bank	A, B or D
O	72	Sender to Receiver Information	6*35x

수입신용장(SWIFT MT700) 개설 사례

Application header block :

: Input/Output Identifer	: I Outgoing Message
: Transaction Typer	: 700 issue of a documentary credit
: Transaction Prioity	: n Normal
: From	: ABCI BANK, SEOUL
: To	: XYZ BANK HONG KONG BRANCH. HONG KONG

Text Block :

/27 : sequence of total	: 1/1
/40A : form of documentary credit	: IRREVOCABLE
/20 : documentary credit number	: M1234 606NS00018
/31C : date of issue	: 20XX/06/24
/31D : date and place of expiry	: 20XX/08/20 HONG KONG
/50 : applicant	: KOREA CO., LTD. 159-1SAMSUNGDONG KANGNAMGU, SEOUL, KOREA
/59 : beneficiary	: CHINA CO., LTD. RM 1000 CHAI WAN IND. CITY PHASE 1, 60 WING TAIRO, CHAIWAN H.K.
/32B : currency code amount	: USD 119,000.00
/39A : pct credit amount toterance	: 10/10
/41D : available with by name, address	: ANY BANK BY NEGOTIATION
/42C : drafts at	: AT SIGHT
/42A : drawee	: HONG KONG BANK LTD., HONG KONG(ADDR 2007, JAR HOUSE 1 CON PLACE, CENTRAL, HONG KONG)
/43P : partial shipment	: ALLOWED
/43T : transshipment	: NOT ALLOWED
/44A : on board/Disp/taking charge	: SHIDAO, CHINA
/44B : for transportion to	: BUSAN, KOREA
/44C : latest date of shipment	: 20XX/08/10

/45A : description goods and/or services

700PAIRS OF CHINESE GIANT BEAR TOY
SIZE : MIN 1.5 METERS AT USD170.00
F.O.B.SHIDAO.CHINA

/46A : documents required

+SIGNED COMMERCIAL INVOICE IN QUINTUPLICATE
+PACKING LIST IN TRIPLICATE
+FULL SET OF CLEAN ON BOARD OCEAN BILL OF LANDING MADE OUT TO THE ORDER OF ABCBANK MARKED FREIGHT COLLECT AND NOTIFY APPLICANT
+CERTIFICATE OF ORIGIN

/47A : additional conditions

ALL DOCUMENTS MUST BEAR OUR CREDIT NUMBER M1234 606NS00018
T/T REIMBURSEMENT NOT ALLOWED
OUANTITY 10PCT MORE OR LESS ALLOWED
+THIRD PARTY DOCUMENTS ACCEPTABLE

/71B : charges	: ALL BANKING COMMISSIONS AND CHARGES INCLUDING REIMBURSEMENT CHARGES OUTSIDE KOREA ARE FOR ACCOUNT OF BENEFICIARY
/49 : confirmation instructions	: WITHOUT
/53A : reimbursement bank	: HONG KONG BANK LTD., HONG KONG(ADDR 2007, JAR HOUSE 1 CON PLACE, CENTRAL, HONG KONG)

/78 : instructions to the pay/acc/neg bk

DRAFTS MUST BE SENT TO DRAWEE BANK FOR YOUR REMBURSEMENT
AND ALL DOCUMENTS TO US BY COURIER SERVICE IN ONE LOT

/72 : sender to receiver information	: THIS CREDIT IS SUBJECT TO U.C.P(2007 REVISION) I.C.C. PUBLICATION NO. 600

20. 무역계약서(예시)

III. 무역계약서(예시)

1) 개별계약방법(Case by Case Contract)

HAWOO CORPORATION
W.T.P.O. BOX 1010
Trade Tower 30F.
Kangnam-Ku, Seoul, Korea
TEL: 02-6000-5353 FAX: 02-6000-5161

SALES CONTRACT NO.123

DATE : June 10, 20XX

MESSRS, PFISTER & VOGEL INC.
Los Angeles, U.S.A.

We as Seller confirm having sold you as Buyer the following goods on the terms and conditions as stated below and on the back hereof.

QUANTITY	DESCRIPTION	PRICE	SHIPMENT
10,000yards	Printed Synthetic Febric 44 x about 500yards 100% Acrylic Fast Color	CIF New York in U.S. Currency $0.72	Aug. 20XX

Total Amount : US$7,200.00

PAYMENT : By a Documentary Letter of Credit at 90 days after sight in favour of you.
INSURANCE : Seller to cover the CIF price plus 10% against All Risks including War and SRCC Risks.
PACKING : About 500 yards in a carton box
DESTINATION : LOS ANGELES, U.S.A.

<SHIPPING MARK>
P&V
LOS ANGELES
BOX NO. 1/UP
MADE IN KOREA

PLEASE SIGN AND RETURN THE DUPLICATE

BUYER
PFISTER & VOGEL INC.
CORPORATION.
(Signed)

David Jones
President

SELLER
HAWOO
(Signed)

GIL DONG HONG
Export Manager

General Terms and Conditions

1. Principal to Principal Basis : This Contract Recognizes the fact that it is on a principal to principal basis between Seller and Buyer.
2. Quantity : Quantity is subject to a variation of five percent(5%) plus or minus at Seller's option.
3. Shipment : The date of Bill of Lading shall be taken as the conclusive date of shipment. Partial shipment and / or transshipment shall be permitted, unless otherwise stated on the face hereof. Seller shall not be responsible for non-shipment or late shipment in whole or in part by reason of Force Majeure, such as fires, floods, earthquakes, tempests, strikes, lockouts, and other industrial disputes, mobilization, war, threat of war, riots, civil commotion, hostilities, blockade, requisition vessel, and any other contingencies beyond Seller's control.
4. Price : The price(s) is (are) on the rate of freight and insurance premium prevaling at the time of accepting the order, and any increase in the rate of freight and insurance premium at the time of shipment shall be born by Buyer.
5. Inspection : Inspection performed under the export regulation of Korea is final respect of quality and / or conditions of the contracted goods, unless otherwise stated on the face hereof.
6. Trade Terms : The trade terms used in this contract shall be governed and interpreted by the provisions of Incoterms(2010 edition) unless otherwise specificaly stated.
7. Infringement : Buyer shall hold Seller harmless from liability for any infringement with regard to patent, trade mark, design and/or copyright originated or chosen by Buyer.
8. Claim : Any claim by Buyer must be made in writing within fourteen(14) days will be recognized if they are used.
9. Arbitration : All disputes, controversies, or differences which may arise between Seller and Buyer, out of or in relation to or in connection with this Contract, or for the breach thereof, shall the finally settled by arbitration in Seoul, Korea accordance with the Commercial Arbitration Rules of The Korean Commercial Arbitration Board. The award rendered by the arbitrator(s) shall be final and binding upon both parties.
10. Governing Law : This Contract shall be governed in all respects by the laws of Korea.

2) 포괄계약방법(Master Contract)

GENERAL AGREEMENT

between; J P Inc., the buyer,
and IDOCom, the seller.

1. Business : Both parties shall act as principals, and not as agents.
2. Offers : All firm offers shall be made by cable, unless otherwise stipulated, shall remain in force for four days including the day cabled. Sundays and national holidays shall not be counted as days.
3. Acceptance : Acceptance must be made by cable within the time specified.
4. Order : An order by cable must be confirmed by cable on receipt ; subsequently a separate contract note or order sheet shall be sent by following mail. Orders thus confirmed can not be cancelled unless by mutual consent.
5. Price : Unless otherwise stated in letter or cable, prices shall be in U.S. Currency on CIF New York basis.
6. Quality : (a) Goods sold on sample shall be guaranteed by the seller to confirm exactly to sample upon arrival at destination.
(b) Goods sold without sample shall be guaranteed by the seller to be equal to the fair average of the season's crop.
7. Quantity : Weight and quantity determined by the seller, as set forth in shipping documents, shall be final.
8. Marking : All shipments shall be marked

J & P
LOS ANGELES
MADE IN KOREA
and given running numbers.

9. Terms : Banker's Irrevocable Letter of Credit is to be opened at the time each contract is concluded. Draft is to be drawn at sight, under the Credit for the full invoice amount with full set of Shipping Documents attached, namely, Bills of Lading. Insurance Policies or Certificates, Commercial Invoices, Consular Invoices and other documents which particular contracts require.
10. Shipment : Shipment shall be made within the time specified in the contract of sale. In case of force majeure one month's delay is allowed. The date of the Bill of Lading shall be full and sufficient evidence of the date of shipment.
11. Destination : New York unless expressly specified by cables or letters. The port of discharge, however, shall be at the buyer's option in accordance with the

special agreement when each contract is made.

12. Insurance : Insurance shall be effected by the seller on W.A., including risks of Theft, Pilferage and Non-Delivery for the invoice amount plus ten percent. War Risk or any other additional insurance, if required, shall be covered for account of the buyer. Policies or Certificates are to be made out in U.S. Currency, and claims payable in Los Angeles.
13. Claims : Claims, if any, shall be filed by cable within fourteen days from the date of final discharge at destination. Certificates by recognized surveyors shall be sent by airmail without delay.
14. Arbitration : Claims and disputes, unless amicably adjusted between seller and buyer, are to be submitted to two arbitrators appointed by respective parties, whose decision both parties should accept and abide by.

This agreement shall be valid from the date of May 1, 20XX

(Buyers) JP INC., New York

(Sellers) IDOCom CORPORATION. SEOUL

21. offer sheet

127-1
Samsung-dong
Kangnam-ku
SEOUL, KOREA
W.T.P.O. BOX 1010
CABLE : " IDOCom "
SEOUL
TEL : 81-2-3000-1234

IDOCom CORPORATION

OFFER SHEET

Messrs,

Offer No.______________
Date ______________
Ref. No. ______________

We are pleased to offer the under-mentioning article(s) as per conditions and detalis described as follows

HS	Description	Q'ty	Unit price	Amount

Origin :
Quality :
packing :
Shipment :
Inspection :
Payment :

Validity :
Remarks :

Looking forward to your valued order for the above offer, we are

Yours faithfully,

IDOCom CORPORATION

____

22. 복합운송서류

Consignor/shipper	MULTIMODAL TRANSPORT BILL OF LADING B/L No.
Consignee	*Reg. NO. 468* *CT SHIPPING CO., LTD.* **#10-4, Bukchang-dong,** **Chung-ku, Seoul, Korea** **TEL:(02)755-9389, FAX: (02)755-9389**
Notify Party	For delivery of goods please apply to:
Pre-carriage by / Place of Receipt	
Vessel/Voyage No.	
Port of Loading / Port of Discharge	

PARTICULARS FURNISHED BY CONSIGNOR/SHIPPER

Container No. & Seal No. Marks and No.	No & Kinds of Containers or P'kgs	Description of Goods	Gross Weight	Measurement

Total Number of Containers or Packages(in words)	Freight Payable at

Freight & Charges	Prepaid	Collect	Received by the Carrier, the Goods specified herein apparent good order and condition unless otherwise stated, to be transported to such place as agreed, authorized or permitted herein and subject to all the terms and conditions appearing on the front and reverse of this Multimodal Transportation Bill of Loading(hereinafter called K B/L) to customs or any other agreements between the parties, The Particulars of the Good condition, contents and value of the Goods are unknown to the Carrier. In witness where more original K B/L(s) have been issued and either one(1) has been surrendered, all the other(s) shall be null and void . If required by the Carrier and (1) duly endorsed original K B/L must be surrendered in exchange for the Goods or delivery order.

Place and Date of Issue	No. of Original B/L	Signature ACTING AS A CARRIER *CT SHIPPING CO., LTD.*
B/L No.		

Incoterms®
2010

ICC rules
for the use of domestic and
international trade terms

Entry into force: 1 January 2011

International Chamber of Commerce
The world business organization

INCOTERMS® 2010

Rules for any mode or modes of transport

EXW

FCA

CPT

CIP

DAT

DAP

DDP

EXW

EX WORKS

EXW (insert named place of delivery) Incoterms® 2010

GUIDANCE NOTE

This rule may be used irrespective of the mode of transport selected and may also be used where more than one mode of transport is employed. It is suitable for domestic trade, while FCA is usually more appropriate for international trade.

"Ex Works means that the seller delivers when it places the goods at the disposal of the buyer at the seller's premises or at another named place (i.e., works, factory, warehouse, etc.). The seller does not need to load the goods on any collecting vehicle, nor does it need to clear the goods for export, where such clearance is applicable.

The parties are well advised to specify as clearly as possible the point within the named place of delivery, as the costs and risks to that point are for the account of the seller. The buyer bears all costs and risks involved in taking the goods from the agreed point, if any, at the named place of delivery.

EXW represents the minimum obligation for the seller. The rule should be used with care as:

a) The seller has no obligation to the buyer to load the goods, even though in practice the seller may be in a better position to do so. If the seller does load the goods, it does so at the buyer's risk and expense. In cases where the seller is in a better position to load the goods, FCA, which obliges the seller to do so at its own risk and expense, is usually more appropriate.

b) A buyer who buys from a seller on an EXW basis for export needs to be aware that the seller has an obligation to provide only such assistance as the buyer may require to effect that export: the seller is not bound to organize the export clearance. Buyers are therefore well advised not to use EXW if they cannot directly or indirectly obtain export clearance.

c) The buyer has limited obligations to provide to the seller any information regarding the export of the goods. However, the seller may need this information for, e.g., taxation or reporting purposes.

A THE SELLER' S OBLIGATIONS

A1 General obligations of the seller The seller must provide the goods and the commercial invoice in conformity with the contract of sale and any other evidence of conformity that may be required by the contract.

Any document referred to in A1-A10 may be an equivalent electronic record or procedure if agreed between the parties or customary.

A2 Licences, authorizations, security clearances and other formalities
Where applicable, the seller must provide the buyer, at the buyer's request, risk and expense, assistance in obtaining any export licence, or other official authorization necessary for the export of the goods.

Where applicable, the seller must provide, at the buyer's request, risk and expense, any information in the possession of the seller that is required for the security clearance of the goods.

A3 Contracts of carriage and insurance

a) Contract of carriage
The seller has no obligation to the buyer to make a contract of carriage.

b) Contract of insurance
The seller has no obligation to the buyer to make a contract of insurance. However, the seller must provide the buyer, at the buyer's request, risk and expense (if any), with information that the buyer needs for obtaining insurance.

A4 Delivery The seller must deliver the goods by placing them at the disposal of the buyer at the agreed point, if any, at the named place of delivery, not loaded on any collecting vehicle. If no specific point has been agreed within the named place of delivery, and if there are several points available, the seller may select the point that best suits its purpose. The seller must deliver the goods on the agreed date or within the agreed period.

B THE BUYER' S OBLIGATIONS

B1 General obligations of the buyer The buyer must pay the price of the goods as provided in the contract of sale.

Any document referred to in B1-B10 may be an equivalent electronic record or procedure if agreed between the parties or customary.

B2 Licences, authorizations, security clearances and other formalities Where applicable, it is up to the buyer to obtain, at its own risk and expense, any export and import licence or other official authorization and carry out all customs formalities for the export of the goods.

B3 Contracts of carriage and insurance

a) Contract of carriage The buyer has no obligation to the seller to make a contract of carriage.

b) Contract of insurance The buyer has no obligation to the seller to make a contract of insurance.

B4 Taking delivery The buyer must take delivery of the goods when A4 and A7 have been complied with.

A5 Transfer of risks The seller bears all risks of loss of or damage to the goods until they have been delivered in accordance with A4 with the exception of loss or damage in the circumstances described in

B5. A6 Allocation of costs The seller must pay all costs relating to the goods until they have been delivered in accordance with A4, other than those payable by the buyer as envisaged in B6.

A7 Notices to the buyer The seller must give the buyer any notice needed to enable the buyer to take delivery of the goods.

A8 Delivery document The seller has no obligation to the buyer.

B5 Transfer of risks The buyer bears all risks of loss of or damage to the goods from the time they have been delivered as envisaged in A4.

If the buyer fails to give notice in accordance with B7, then the buyer bears all risks of loss of or damage to the goods from the agreed date or the expiry date of the agreed period for delivery, provided that the goods have been clearly identified as the contract goods.

B6 Allocation of costs

The buyer must:

a)pay all costs relating to the goods from the time they have been delivered as envisaged in A4;

b) pay any additional costs incurred by failing either to take delivery of the goods when they have been placed at its disposal or to give appropriate notice in accordance with B7, provided that the goods have been clearly identified as the contract goods;

c) pay, where applicable, all duties, taxes and other charges, as well as the costs of carrying out customs formalities payable upon export; and

d) reimburse all costs and charges incurred providing assistance as envisaged in A2.

B7 Notices to the seller The buyer must, whenever it is entitled to determine the time within an agreed period and/or the point of taking delivery within the named place, give the seller sufficient notice thereof.

B8 Proof of delivery The buyer must provide the seller with appropriate evidence of having taken delivery.

A9 Checking - packaging - marking The seller must pay the costs of those checking operations (such as checking quality, measuring, weighing, counting) that are necessary for the purpose of delivering the goods in accordance with A4.

The seller must, at its own expense, package the goods, unless it is usual for the particular trade to transport the type of goods sold unpackaged. The seller may package the goods in the manner appropriate for their transport, unless the buyer has notified the seller of specific packaging requirements before the contract of sale is concluded. Packaging is to be marked appropriately.

A10 Assistance with information and related costs The seller must, where applicable, in a timely manner, provide to or render assistance in obtaining for the buyer, at the buyer's request, risk and expense, any documents and information, including security-related information, that the buyer needs for the export and/or import of the goods and/or for their transport to the final destination.

B9 Inspection of goods The buyer must pay the costs of any mandatory pre-shipment inspection, including inspection mandated by the authorities of the country of export.

B10 Assistance with information and related costs The buyer must, in a timely manner, advise the seller of any security information requirements so that the seller may comply with A10.

The buyer must reimburse the seller for all costs and charges incurred by the seller in providing or rendering assistance in obtaining documents and information as envisaged in A10.

FCA

Free Carrier

FCA (insert named place of delivery) Incoterms® 2010

GUIDANCE NOTE

This rule may be used irrespective of the mode of transport selected and may also be used where more than one mode of transport is employed.

"Free Carrier" means that the seller delivers the goods to the carrier or another person nominated by the buyer at the seller's premises or another named place. The parties are well advised to specify as clearly as possible the point within the named place of delivery, as the risk passes to the buyer at that point.

If the parties intend to deliver the goods at the seller's premises, they should identify the address of those premises as the named place of delivery. If, on the other hand, the parties intend the goods to be delivered at another place, they must identify a different specific place of delivery.

FCA requires the seller to clear the goods for export, where applicable. However, the seller has no obligation to clear the goods for import, pay any import duty or carry out any import customs formalities.

A THE SELLER' S OBLIGATIONS

A1 General obligations of the seller The seller must provide the goods and the commercial invoice in conformity with the contract of sale and any other evidence of conformity that may be required by the contract.

Any document referred to in A1-A10 may be an equivalent electronic record or procedure if agreed between the parties or customary.

A2 Licences, authorizations, security clearances and other formalities Where applicable, the seller must obtain, at its own risk and expense, any export licence or other official authorization and carry out all customs formalities necessary for the export of the goods.

A3 Contracts of carriage and insurance

a) Contract of carriage The seller has no obligation to the buyer to make a contract of carriage. However, if requested by the buyer or if it is commercial practice and the buyer does not give an instruction to the contrary in due time, the seller may contract for carriage on usual terms at the buyer's risk and expense. In either case, the seller may decline to make the contract of carriage and, if it does, shall promptly notify the buyer.

b) Contract of insurance The seller has no obligation to the buyer to make a contract of insurance. However, the seller must provide the buyer, at the buyer's request, risk, and expense (if any), with information that the buyer needs for obtaining insurance.

A4 Delivery The seller must deliver the goods to the carrier or another person nominated by the buyer at the agreed point, if any, at the named place on the agreed date or within the agreed period.

Delivery is completed:
a) If the named place is the seller's premises, when the goods have been loaded on the means of transport provided by the buyer.

b) In any other case, when the goods are placed at the disposal of the carrier or another person nominated by the buyer on the seller's means of transport ready for unloading.

If no specific point has been notified by the buyer under B7 d) within the named place of delivery, and if there are several points available, the seller may select the point that best suits its purpose.

B THE BUYER' S OBLIGATIONS

B1 General obligations of the buyer The buyer must pay the price of the goods as provided in the contract of sale.

Any document referred to in B1-B10 may be an equivalent electronic record or procedure if agreed between the parties or customary.

B2 Licences, authorizations, security clearances and other formalities Where applicable, it is up to the buyer to obtain, at its own risk and expense, any import licence or other official authorization and carry out all customs formalities for the import of the goods and for their transport through any country.

B3 Contracts of carriage and insurance

a) Contract of carriage The buyer must contract at its own expense for the carriage of the goods from the named place of delivery, except when the contract of carriage is made by the seller as provided for in A3 a).

b) Contract of insurance The buyer has no obligation to the seller to make a contract of insurance.

B4 Taking delivery The buyer must take delivery of the goods when they have been delivered as envisaged in A4.

Unless the buyer notifies the seller otherwise, the seller may deliver the goods for carriage in such a manner as the quantity and/or nature of the goods may require.

A5 Transfer of risks The seller bears all risks of loss of or damage to the goods until they have been delivered in accordance with A4, with the exception of loss or damage in the circumstances described in B5.

A6 Allocation of costs

The seller must pay
a) all costs relating to the goods until they have been delivered in accordance with A4, other than those payable by the buyer as envisaged in B6; and

b) where applicable, the costs of customs formalities necessary for export, as well as all duties, taxes, and other charges payable upon export.

B5 Transfer of risks The buyer bears all risks of loss of or damage to the goods from the time they have been delivered as envisaged in A4.

If

a) the buyer fails in accordance with B7 to notify the nomination of a carrier or another person as envisaged in A4 or to give notice; or

b) the carrier or person nominated by the buyer as envisaged in A4 fails to take the goods into its charge,

then, the buyer bears all risks of loss of or damage to the goods:

(i) from the agreed date, or in the absence of an agreed date,

(ii) from the date notified by the seller under A7 within the agreed period; or, if no such date has been notified,

(iii) from the expiry date of any agreed period for delivery,

provided that the goods have been clearly identified as the contract goods.

B6 Allocation of costs

The buyer must pay

a) all costs relating to the goods from the time they have been delivered as envisaged in A4, except, where applicable, the costs of customs formalities necessary for export, as well as all duties, taxes, and other charges payable upon export as referred to in A6 b);

b) any additional costs incurred, either because:

(i) the buyer fails to nominate a carrier or another person as envisaged in A4, or

(ii) the carrier or person nominated by the buyer as envisaged in A4 fails to take the goods into its charge, or

(iii) the buyer has failed to give appropriate notice in accordance with B7,

provided that the goods have been clearly identified as the contract goods; and

c) where applicable, all duties, taxes and other charges as well as the costs of carrying out customs formalities payable upon import of the goods and the costs for their transport through any country.

A7 Notices to the buyer The seller must, at the buyer's risk and expense, give the buyer sufficient notice either that the goods have been delivered in accordance with A4 or that the carrier or another person nominated by the buyer has failed to take the goods within the time agreed.

A8 Delivery document The seller must provide the buyer, at the seller's expense, with the usual proof that the goods have been delivered in accordance with A4.

The seller must provide assistance to the buyer, at the buyer's request, risk and expense, in obtaining a transport document.

A9 Checking - packaging - marking The seller must pay the costs of those checking operations (such as checking quality, measuring, weighing, counting) that are necessary for the purpose of delivering the goods in accordance with A4, as well as the costs of any pre-shipment inspection mandated by the authority of the country of export.

The seller must, at its own expense, package the goods, unless it is usual for the particular trade to transport the type of goods sold unpackaged. The seller may package the goods in the manner appropriate for their transport, unless the buyer has notified the seller of specific packaging requirements before the contract of sale is concluded. Packaging is to be marked appropriately.

A10 Assistance with information and related costs The seller must, where applicable, in a timely manner, provide to or render assistance in obtaining for the buyer, at the buyer's request, risk and expense, any documents and information, including security-related information, that the buyer needs for the import of the goods and/or for their transport to the final destination.

B7 Notices to the seller The buyer must notify the seller of

a) the name of the carrier or another person nominated as envisaged in A4 within sufficient time as to enable the seller to deliver the goods in accordance with that article;

b) where necessary, the selected time within the period agreed for delivery when the carrier or person nominated will take the goods;

c) the mode of transport to be used by the person nominated; and

d) the point of taking delivery within the named place.

B8 Proof of delivery

The buyer must accept the proof of delivery provided as envisaged in A8.

B9 Inspection of goods The buyer must pay the costs of any mandatory pre-shipment inspection, except when such inspection is mandated by the authorities of the country of export.

B10 Assistance with information and related costs The buyer must, in a timely manner, advise the seller of any security information requirements so that the seller may comply with A10.

The buyer must reimburse the seller for all costs and charges incurred by the seller in providing or rendering assistance in obtaining documents and information as envisaged in A10.

The seller must reimburse the buyer for all costs and charges incurred by the buyer in providing or rendering assistance in obtaining documents and information as envisaged in B10.

The buyer must, where applicable, in a timely manner, provide to or render assistance in obtaining for the seller, at the seller's request, risk and expense, any documents and information, including security-related information, that the seller needs for the transport and export of the goods and for their transport through any country.

CPT

CARRIAGE PAID TO

CPT (insert named place of destination) Incoterms® 2010

GUIDANCE NOTE

This rule may be used irrespective of the mode of transport selected and may also be used where more than one mode of transport is employed.

"Carriage Paid To" means that the seller delivers the goods to the carrier or another person nominated by the seller at an agreed place (if any such place is agreed between the parties) and that the seller must contract for and pay the costs of carriage necessary to bring the goods to the named place of destination.

When CPT, CIP, CFR or CIF are used, the seller fulfils its obligation to deliver when it hands the goods over to the carrier and not when the goods reach the place of destination.

This rule has two critical points, because risk passes and costs are transferred at different places. The parties are well advised to identify as precisely as possible in the contract both the place of delivery, where the risk passes to the buyer, and the named place of destination to which the seller must contract for the carriage. If several carriers are used for the carriage to the agreed destination and the parties do not agree on a specific point of delivery, the default position is that risk passes when the goods have been delivered to the first carrier at a point entirely of the seller's choosing and over which the buyer has no control. Should the parties wish the risk to pass at a later stage (e.g., at an ocean port or airport), they need to specify this in their contract of sale.

The parties are also well advised to identify as precisely as possible the point within the agreed place of destination, as the costs to that point are for the account of the seller. The seller is advised to procure contracts of carriage that match this choice precisely. If the seller incurs costs under its contract of carriage related to unloading at the named place of destination, the seller is not entitled to recover such costs from the buyer unless otherwise agreed between the parties.

CPT requires the seller to clear the goods for export, where applicable. However, the seller has no obligation to clear the goods for import, pay any import duty or carry out any import customs formalities.

A THE SELLER' S OBLIGATIONS

A1 General obligations of the seller The seller must provide the goods and the commercial invoice in conformity with the contract of sale and any other evidence of conformity that may be required by the contract.

Any document referred to in A1-A10 may be an equivalent electronic record or procedure if agreed between the parties or customary.

A2 Licences, authorizations, security clearances and other formalities Where applicable, the seller must obtain, at its own risk and expense, any export licence or other official authorization and carry out all customs formalities necessary for the export of the goods, and for their transport through any country prior to delivery.

A3 Contracts of carriage and insurance

a) Contract of carriage The seller must contract or procure a contract for the carriage of the goods from the agreed point of delivery, if any, at the place of delivery to the named place of destination or, if agreed, any point at that place. The contract of carriage must be made on usual terms at the seller's expense and provide for carriage by the usual route and in a customary manner. If a specific point is not agreed or is not determined by practice, the seller may select the point of delivery and the point at the named place of destination that best suit its purpose.

b) Contract of insurance The seller has no obligation to the buyer to make a contract of insurance. However, the seller must provide the buyer, at the buyer's request, risk, and expense (if any), with information that the buyer needs for obtaining insurance.

A4 Delivery The seller must deliver the goods by handing them over to the carrier contracted in accordance with A3 on the agreed date or within the agreed period.

B THE BUYER' S OBLIGATIONS

B1 General obligations of the buyer The buyer must pay the price of the goods as provided in the contract of sale.

Any document referred to in B1-B10 may be an equivalent electronic record or procedure if agreed between the parties or customary.

B2 Licences, authorizations, security clearances and other formalities Where applicable, it is up to the buyer to obtain, at its own risk and expense, any import licence or other official authorization and carry out all customs formalities for the import of the goods and for their transport through any country.

B3 Contracts of carriage and insurance

a) Contract of carriage The buyer has no obligation to the seller to make a contract of carriage.

b) Contract of insurance The buyer has no obligation to the seller to make a contract of insurance. However, the buyer must provide the seller, upon request, with the necessary information for obtaining insurance.

B4 Taking delivery The buyer must take delivery of the goods when they have been delivered as envisaged in A4 and receive them from the carrier at the named place of destination.

A5 Transfer of risks The seller bears all risks of loss of or damage to the goods until they have been delivered in accordance with A4, with the exception of loss or damage in the circumstances described in B5.

A6 Allocation of costs The seller must pay

a) all costs relating to the goods until they have been delivered in accordance with A4, other than those payable by the buyer as envisaged in B6;

b) the freight and all other costs resulting from A3 a), including the costs of loading the goods and any charges for unloading at the place of destination that were for the seller's account under the contract of carriage; and

c) where applicable, the costs of customs formalities necessary for export, as well as all duties, taxes and other charges payable upon export, and the costs for their transport through any country that were for the seller's account under the contract of carriage.

A7 Notices to the buyer The seller must notify the buyer that the goods have been delivered in accordance with A4.

The seller must give the buyer any notice needed in order to allow the buyer to take measures that are normally necessary to enable the buyer to take the goods.

B5 Transfer of risks The buyer bears all risks of loss of or damage to the goods from the time they have been delivered as envisaged in A4.

If the buyer fails to give notice in accordance with B7, it must bear all risks of loss of or damage to the goods from the agreed date or the expiry date of the agreed period for delivery, provided that the goods have been clearly identified as the contract goods.

B6 Allocation of costs

The buyer must, subject to the provisions of A3 a), pay
a) all costs relating to the goods from the time they have been delivered as envisaged in A4, except, where applicable, the costs of customs formalities necessary for export, as well as all duties, taxes, and other charges payable upon export as referred to in A6 c);

b) all costs and charges relating to the goods while in transit until their arrival at the agreed place of destination, unless such costs and charges were for the seller's account under the contract of carriage;

c) unloading costs, unless such costs were for the seller's account under the contract of carriage;

d) any additional costs incurred if the buyer fails to give notice in accordance with B7, from the agreed date or the expiry date of the agreed period for dispatch, provided that the goods have been clearly identified as the contract goods; and

e) where applicable, all duties, taxes and other charges, as well as the costs of carrying out customs formalities payable upon import of the goods and the costs for their transport through any country, unless included within the cost of the contract of carriage.

B7 Notices to the seller The buyer must, whenever it is entitled to determine the time for dispatching the goods and/or the named place of destination or the point of receiving the goods within that place, give the seller sufficient notice thereof.

A8 Delivery document If customary or at the buyer's request, the seller must provide the buyer, at the seller's expense, with the usual transport document[s] for the transport contracted in accordance with A3.

This transport document must cover the contract goods and be dated within the period agreed for shipment. If agreed or customary, the document must also enable the buyer to claim the goods from the carrier at the named place of destination and enable the buyer to sell the goods in transit by the transfer of the document to a subsequent buyer or by notification to the carrier.

When such a transport document is issued in negotiable form and in several originals, a full set of originals must be presented to the buyer.

A9 Checking - packaging - marking The seller must pay the costs of those checking operations (such as checking quality, measuring, weighing, counting) that are necessary for the purpose of delivering the goods in accordance with A4, as well as the costs of any pre-shipment inspection mandated by the authority of the country of export.

The seller must, at its own expense, package the goods, unless it is usual for the particular trade to transport the type of goods sold unpackaged. The seller may package the goods in the manner appropriate for their transport, unless the buyer has notified the seller of specific packaging requirements before the contract of sale is concluded. Packaging is to be marked appropriately.

A10 Assistance with information and related costs The seller must, where applicable, in a timely manner, provide to or render assistance in obtaining for the buyer, at the buyer's request, risk and expense, any documents and information, including security-related information, that the buyer needs for the import of the goods and/or for their transport to the final destination.

The seller must reimburse the buyer for all costs and charges incurred by the buyer in providing or rendering assistance in obtaining documents and information as envisaged in B10.

B8 Proof of delivery The buyer must accept the transport document provided as envisaged in A8 if it is in conformity with the contract.

B9 Inspection of goods The buyer must pay the costs of any mandatory pre-shipment inspection, except when such inspection is mandated by the authorities of the country of export.

B10 Assistance with information and related costs The buyer must, in a timely manner, advise the seller of any security information requirements so that the seller may comply with A10.

The buyer must reimburse the seller for all costs and charges incurred by the seller in providing or rendering assistance in obtaining documents and information as envisaged in A10.

The buyer must, where applicable, in a timely manner, provide to or render assistance in obtaining for the seller, at the seller's request, risk and expense, any documents and information, including security-related information, that the seller needs for the transport and export of the goods and for their transport through any country.

CIP

CARRIAGE AND INSURANCE PAID TO

CIP (insert named place of destination) Incoterms® 2010

GUIDANCE NOTE

This rule may be used irrespective of the mode of transport selected and may also be used where more than one mode of transport is employed.

"Carriage and Insurance Paid to" means that the seller delivers the goods to the carrier or another person nominated by the seller at an agreed place (if any such place is agreed between the parties) and that the seller must contract for and pay the costs of carriage necessary to bring the goods to the named place of destination.

The seller also contracts for insurance cover against the buyer's risk of loss of or damage to the goods during the carriage. The buyer should note that under CIP the seller is required to obtain insurance only on minimum cover. Should the buyer wish to have more insurance protection, it will need either to agree as much expressly with the seller or to make its own extra insurance arrangements.

When CPT, CIP, CFR or CIF are used, the seller fulfils its obligation to deliver when it hands the goods over to the carrier and not when the goods reach the place of destination.

This rule has two critical points, because risk passes and costs are transferred at different places. The parties are well advised to identify as precisely as possible in the contract both the place of delivery, where the risk passes to the buyer, and the named place of destination to which the seller must contract for carriage. If several carriers are used for the carriage to the agreed destination and the parties do not agree on a specific point of delivery, the default position is that risk passes when the goods have been delivered to the first carrier at a point entirely of the seller's choosing and over which the buyer has no control.

Should the parties wish the risk to pass at a later stage (e.g., at an ocean port or an airport), they need to specify this in their contract of sale.

The parties are also well advised to identify as precisely as possible the point within the agreed place of destination, as the costs to that point are for the account of the seller. The seller is advised to procure contracts of carriage that match this choice precisely. If the seller incurs costs under its contract of carriage related to unloading at the named place of destination, the seller is not entitled to recover such costs from the buyer unless otherwise agreed between the parties.

CIP requires the seller to clear the goods for export, where applicable. However, the seller has no obligation to clear the goods for import, pay any import duty or carry out any import customs formalities.

A THE SELLER' S OBLIGATIONS

A1 General obligations of the seller The seller must provide the goods and the commercial invoice in conformity with the contract of sale and any other evidence of conformity that may be required by the contract.

Any document referred to in A1-A10 may be an equivalent electronic record or procedure if agreed between the parties or customary.

A2 Licences, authorizations, security clearances and other formalities Where applicable, the seller must obtain, at its own risk and expense, any export licence or other official authorization and carry out all customs formalities necessary for the export of the goods and for their transport through any country prior to delivery.

B THE BUYER' S OBLIGATIONS

B1 General obligations of the buyer The buyer must pay the price of the goods as provided in the contract of sale.

Any document referred to in B1-B10 may be an equivalent electronic record or procedure if agreed between the parties or customary.

B2 Licences, authorizations, security clearances and other formalities Where applicable, it is up to the buyer to obtain, at its own risk and expense, any import licence or other official authorization and carry out all customs formalities for the import of the goods and for their transport through any country.

A3 Contracts of carriage and insurance

a) Contract of carriage The seller must contract or procure a contract for the carriage of the goods from the agreed point of delivery, if any, at the place of delivery to the named place of destination or, if agreed, any point at that place. The contract of carriage must be made on usual terms at the seller's expense and provide for carriage by the usual route and in a customary manner. If a specific point is not agreed or is not determined by practice, the seller may select the point of delivery and the point at the named place of destination that best suit its purpose.

b) Contract of insurance The seller must obtain at its own expense cargo insurance complying at least with the minimum cover as provided by Clauses (C) of the Institute Cargo Clauses (LMA/IUA) or any similar clauses. The insurance shall be contracted with underwriters or an insurance company of good repute and entitle the buyer, or any other person having an insurable interest in the goods, to claim directly from the insurer.

When required by the buyer, the seller shall, subject to the buyer providing any necessary information requested by the seller, provide at the buyer's expense any additional cover, if procurable, such as cover as provided by Clauses (A) or (B) of the Institute Cargo Clauses (LMA/IUA) or any similar clauses, and/or cover complying with the Institute War Clauses and/or Institute Strikes Clauses (LMA/IUA) or any similar clauses.

The insurance shall cover, at a minimum, the price provided in the contract plus 10% (i.e., 110%) and shall be in the currency of the contract.

The insurance shall cover the goods from the point of delivery set out in A4 and A5 to at least the named place of destination.

The seller must provide the buyer with the insurance policy or other evidence of insurance cover.

Moreover, the seller must provide the buyer, at the buyer's request, risk, and expense (if any), with information that the buyer needs to procure any additional insurance.

A4 Delivery The seller must deliver the goods by handing them over to the carrier contracted in accordance with A3 on the agreed date or within the agreed period.

B3 Contracts of carriage and insurance

a) Contract of carriage The buyer has no obligation to the seller to make a contract of carriage.

b) Contract of insurance The buyer has no obligation to the seller to make a contract of insurance. However, the buyer must provide the seller, upon request, with any information necessary for the seller to procure any additional insurance requested by the buyer as envisaged in A3 b).

B4 Taking delivery The buyer must take delivery of the goods when they have been delivered as envisaged in A4 and receive them from the carrier at the named place of destination.

A5 Transfer of risks The seller bears all risks of loss of or damage to the goods until they have been delivered in accordance with A4, with the exception of loss or damage in the circumstances described in B5.

A6 Allocation of costs

The seller must pay
a) all costs relating to the goods until they have been delivered in accordance with A4, other than those payable by the buyer as envisaged in B6;

b) the freight and all other costs resulting from A3 a), including the costs of loading the goods and any charges for unloading at the place of destination that were for the seller's account under the contract of carriage;

c) the costs of insurance resulting from A3 b); and

d) where applicable, the costs of customs formalities necessary for export, as well as all duties, taxes and other charges payable upon export, and the costs for their transport through any country that were for the seller's account under the contract of carriage.

A7 Notices to the buyer The seller must notify the buyer that the goods have been delivered in accordance with A4.

The seller must give the buyer any notice needed in order to allow the buyer to take measures that are normally necessary to enable the buyer to take the goods.

B5 Transfer of risks The buyer bears all risks of loss of or damage to the goods from the time they have been delivered as envisaged in A4.

If the buyer fails to give notice in accordance with B7, it must bear all risks of loss of or damage to the goods from the agreed date or the expiry date of the agreed period for delivery, provided that the goods have been clearly identified as the contract goods.

B6 Allocation of costs

The buyer must, subject to the provisions of A3 a), pay
a) all costs relating to the goods from the time they have been delivered as envisaged in A4, except, where applicable, the costs of customs formalities necessary for export, as well as all duties, taxes and other charges payable upon export as referred to in A6 d);

b) all costs and charges relating to the goods while in transit until their arrival at the agreed place of destination, unless such costs and charges were for the seller's account under the contract of carriage;

c) unloading costs, unless such costs were for the seller's account under the contract of carriage;

d) any additional costs incurred if it fails to give notice in accordance with B7, from the agreed date or the expiry date of the agreed period for dispatch, provided that the goods have been clearly identified as the contract goods;

e) where applicable, all duties, taxes and other charges as well as the costs of carrying out customs formalities payable upon import of the goods and the costs for their transport through any country, unless included within the cost of the contract of carriage; and

f) the costs of any additional insurance procured at the buyer's request under A3 and B3.

B7 Notices to the seller The buyer must, whenever it is entitled to determine the time for dispatching the goods and/or the named place of destination or the point of receiving the goods within that place, give the seller sufficient notice thereof.

A8 Delivery document If customary or at the buyer's request, the seller must provide the buyer, at the seller's expense, with the usual transport document[s] for the transport contracted in accordance with A3.

This transport document must cover the contract goods and be dated within the period agreed for shipment. If agreed or customary, the document must also enable the buyer to claim the goods from the carrier at the named place of destination and enable the buyer to sell the goods in transit by the transfer of the document to a subsequent buyer or by notification to the carrier.

When such a transport document is issued in negotiable form and in several originals, a full set of originals must be presented to the buyer.

A9 Checking - packaging - marking The seller must pay the costs of those checking operations (such as checking quality, measuring, weighing, counting) that are necessary for the purpose of delivering the goods in accordance with A4 as well as the costs of any pre-shipment inspection mandated by the authority of the country of export.

The seller must, at its own expense, package the goods, unless it is usual for the particular trade to transport the type of goods sold unpackaged. The seller may package the goods in the manner appropriate for their transport, unless the buyer has notified the seller of specific packaging requirements before the contract of sale is concluded. Packaging is to be marked appropriately.

A10 Assistance with information and related costs The seller must, where applicable, in a timely manner, provide to or render assistance in obtaining for the buyer, at the buyer's request, risk and expense, any documents and information, including security-related information, that the buyer needs for the import of the goods and/or for their transport to the final destination.

The seller must reimburse the buyer for all costs and charges incurred by the buyer in providing or rendering assistance in obtaining documents and information as envisaged in B10.

B8 Proof of delivery The buyer must accept the transport document provided as envisaged in A8 if it is in conformity with the contract.

B9 Inspection of goods The buyer must pay the costs of any mandatory pre-shipment inspection, except when such inspection is mandated by the authorities of the country of export.

B10 Assistance with information and related costs The buyer must, in a timely manner, advise the seller of any security information requirements so that the seller may comply with A10.

The buyer must reimburse the seller for all costs and charges incurred by the seller in providing or rendering assistance in obtaining documents and information as envisaged in A10.

The buyer must, where applicable, in a timely manner, provide to or render assistance in obtaining for the seller, at the seller's request, risk and expense, any documents and information, including security-related information, that the seller needs for the transport and export of the goods and for their transport through any country.

DAT

DELIVERED AT TERMINAL

DAT (insert named terminal at port or place of destination) Incoterms® 2010

GUIDANCE NOTE

This rule may be used irrespective of the mode of transport selected and may also be used where more than one mode of transport is employed.

"Delivered at Terminal" means that the seller delivers when the goods, once unloaded from the arriving means of transport, are placed at the disposal of the buyer at a named terminal at the named port or place of destination. "Terminal" includes any place, whether covered or not, such as a quay, warehouse, container yard or road, rail or air cargo terminal. The seller bears all risks involved in bringing the goods to and unloading them at the terminal at the named port or place of destination.

The parties are well advised to specify as clearly as possible the terminal and, if possible, a specific point within the terminal at the agreed port or place of destination, as the risks to that point are for the account of the seller. The seller is advised to procure a contract of carriage that matches this choice precisely.

Moreover, if the parties intend the seller to bear the risks and costs involved in transporting and handling the goods from the terminal to another place, then the DAP or DDP rules should be used.

DAT requires the seller to clear the goods for export, where applicable. However, the seller has no obligation to clear the goods for import, pay any import duty or carry out any import customs formalities.

A THE SELLER' S OBLIGATIONS

A1 General obligations of the seller The seller must provide the goods and the commercial invoice in conformity with the contract of sale and any other evidence of conformity that may be required by the contract.

Any document referred to in A1-A10 may be an equivalent electronic record or procedure if agreed between the parties or customary.

A2 Licences, authorizations, security clearances and other formalities Where applicable, the seller must obtain, at its own risk and expense, any export licence and other official authorization and carry out all customs formalities necessary for the export of the goods and for their transport through any country prior to delivery.

A3 Contracts of carriage and insurance

a) Contract of carriage The seller must contract at its own expense for the carriage of the goods to the named terminal at the agreed port or place of destination. If a specific terminal is not agreed or is not determined by practice, the seller may select the terminal at the agreed port or place of destination that best suits its purpose.

b) Contract of insurance The seller has no obligation to the buyer to make a contract of insurance. However, the seller must provide the buyer, at the buyer's request, risk, and expense (if any), with information that the buyer needs for obtaining insurance.

A4 Delivery The seller must unload the goods from the arriving means of transport and must then deliver them by placing them at the disposal of the buyer at the named terminal referred to in A3 a) at the port or place of destination on the agreed date or within the agreed period.

B THE BUYER' S OBLIGATIONS

B1 General obligations of the buyer The buyer must pay the price of the goods as provided in the contract of sale.

Any document referred to in B1-B10 may be an equivalent electronic record or procedure if agreed between the parties or customary.

B2 Licences, authorizations, security clearances and other formalities Where applicable, the buyer must obtain, at its own risk and expense, any import licence or other official authorization and carry out all customs formalities for the import of the goods.

B3 Contracts of carriage and insurance

a) Contract of carriage The buyer has no obligation to the seller to make a contract of carriage.

b) Contract of insurance The buyer has no obligation to the seller to make a contract of insurance. However, the buyer must provide the seller, upon request, with the necessary information for obtaining insurance.

B4 Taking delivery The buyer must take delivery of the goods when they have been delivered as envisaged in A4.

A5 Transfer of risks The seller bears all risks of loss of or damage to the goods until they have been delivered in accordance with A4 with the exception of loss or damage in the circumstances described in B5.

A6 Allocation of costs

The seller must pay
a) in addition to costs resulting from A3 a), all costs relating to the goods until they have been delivered in accordance with A4, other than those payable by the buyer as envisaged in B6; and

b) where applicable, the costs of customs formalities necessary for export as well as all duties, taxes and other charges payable upon export and the costs for their transport through any country, prior to delivery in accordance with A4.

A7 Notices to the buyer The seller must give the buyer any notice needed in order to allow the buyer to take measures that are normally necessary to enable the buyer to take delivery of the goods.

A8 Delivery document The seller must provide the buyer, at the seller's expense, with a document enabling the buyer to take delivery of the goods as envisaged in A4/B4.

B5 Transfer of risks The buyer bears all risks of loss of or damage to the goods from the time they have been delivered as envisaged in A4.

If

a) the buyer fails to fulfil its obligations in accordance with B2, then it bears all resulting risks of loss of or damage to the goods; or

b) the buyer fails to give notice in accordance with B7, then it bears all risks of loss of or damage to the goods from the agreed date or the expiry date of the agreed period for delivery,

provided that the goods contract goods. have been clearly identified as the

B6 Allocation of costs

The buyer must pay
a) all costs relating to the goods from the time they have been delivered as envisaged in A4;

b) any additional costs incurred by the seller if the buyer fails to fulfil its obligations in accordance with B2, or to give notice in accordance with B7, provided that the goods have been clearly identified as the contract goods; and

c) where applicable, the costs of customs formalities as well as all duties, taxes and other charges payable upon import of the goods.

B7 Notices to the seller The buyer must, whenever it is entitled to determine the time within an agreed period and/or the point of taking delivery at the named terminal, give the seller sufficient notice thereof.

B8 Proof of delivery The buyer must envisaged in A8. accept the delivery document provided as

A9 Checking - packaging - marking The seller must pay the costs of those checking operations (such as checking quality, measuring, weighing, counting) that are necessary for the purpose of delivering the goods in accordance with A4, as well as the costs of any pre-shipment inspection mandated by the authority of the country of export.

The seller must, at its own expense, package the goods, unless it is usual for the particular trade to transport the type of goods sold unpackaged. The seller may package the goods in the manner appropriate for their transport, unless the buyer has notified the seller of specific packaging requirements before the contract of sale is concluded. Packaging is to be marked appropriately.

A10 Assistance with information and related costs The seller must, where applicable, in a timely manner, provide to or render assistance in obtaining for the buyer, at the buyer's request, risk and expense, any documents and information, including security-related information, that the buyer needs for the import of the goods and/or for their transport to the final destination.

The seller must reimburse the buyer for all costs and charges incurred by the buyer in providing or rendering assistance in obtaining documents and information as envisaged in B10.

B9 Inspection of goods The buyer must pay the costs of any mandatory pre-shipment inspection, except when such inspection is mandated by the authorities of the country of export.

B10 Assistance with information and related costs The buyer must, in a timely manner, advise the seller of any security information requirements so that the seller may comply with A10.

The buyer must reimburse the seller for all costs and charges incurred by the seller in providing or rendering assistance in obtaining documents and information as envisaged in A10.

The buyer must, where applicable, in a timely manner, provide to or render assistance in obtaining for the seller, at the seller's request, risk and expense, any documents and information, including security-related information, that the seller needs for the transport and export of the goods and for their transport through any country.

DAP

DELIVERED AT PLACE

DAP (insert named place of destination) Incoterms® 2010

GUIDANCE NOTE

This rule may be used irrespective of the mode of transport selected and may also be used where more than one mode of transport is employed.

"Delivered at Place" means that the seller delivers when the goods are placed at the disposal of the buyer on the arriving means of transport ready for unloading at the named place of destination. The seller bears all risks involved in bringing the goods to the named place.

The parties are well advised to specify as clearly as possible the point within the agreed place of destination, as the risks to that point are for the account of the seller. The seller is advised to procure contracts of carriage that match this choice precisely. If the seller incurs costs under its contract of carriage related to unloading at the place of destination, the seller is not entitled to recover such costs from the buyer unless otherwise agreed between the parties.

DAP requires the seller to clear the goods for export, where applicable. However, the seller has no obligation to clear the goods for import, pay any import duty or carry out any import customs formalities. If the parties wish the seller to clear the goods for import, pay any import duty and carry out any import customs formalities, the DDP term should be used.

A THE SELLER' S OBLIGATIONS

A1 General obligations of the seller The seller must provide the goods and the commercial invoice in conformity with the contract of sale and any other evidence of conformity that may be required by the contract.

Any document referred to in A1-A10 may be an equivalent electronic record or procedure if agreed between the parties or customary.

A2 Licences, authorizations, security clearances and other formalities Where applicable, the seller must obtain, at its own risk and expense, any export licence and other official authorization and carry out all customs formalities necessary for the export of the goods and for their transport through any country prior to delivery.

A3 Contracts of carriage and insurance

a) Contract of carriage The seller must contract at its own expense for the carriage of the goods to the named place of destination or to the agreed point, if any, at the named place of destination. If a specific point is not agreed or is not determined by practice, the seller may select the point at the named place of destination that best suits its purpose.

b) Contract of insurance The seller has no obligation to the buyer to make a contract of insurance. However, the seller must provide the buyer, at the buyer's request, risk, and expense (if any), with information that the buyer needs for obtaining insurance.

A4 Delivery The seller must deliver the goods by placing them at the disposal of the buyer on the arriving means of transport ready for unloading at the agreed point, if any, at the named place of destination on the agreed date or within the agreed period.

B THE BUYER' S OBLIGATIONS

B1 General obligations of the buyer The buyer must pay the price of the goods as provided in the contract of sale.

Any document referred to in B1-B10 may be an equivalent electronic record or procedure if agreed between the parties or customary.

B2 Licences, authorizations, security clearances and other formalities Where applicable, the buyer must obtain, at its own risk and expense, any import licence or other official authorization and carry out all customs formalities for the import of the goods.

B3 Contracts of carriage and insurance

a) Contract of carriage The buyer has no obligation to the seller to make a contract of carriage.

b) Contract of insurance The buyer has no obligation to the seller to make a contract of insurance. However, the buyer must provide the seller, upon request, with the necessary information for obtaining insurance.

B4 Taking delivery The buyer must take delivery of the goods when they have been delivered as envisaged in A4.

A5 Transfer of risks The seller bears all risks of loss of or damage to the goods until they have been delivered in accordance with A4, with the exception of loss or damage in the circumstances described in B5.

A6 Allocation of costs

The seller must pay
a) in addition to costs resulting from A3 a), all costs relating to the goods until they have been delivered in accordance with A4, other than those payable by the buyer as envisaged in B6;

b) any charges for unloading at the place of destination that were for the seller's account under the contract of carriage; and

c) where applicable, the costs of customs formalities necessary for export as well as all duties, taxes and other charges payable upon export and the costs for their transport through any country, prior to delivery in accordance with A4.

A7 Notices to the buyer The seller must give the buyer any notice needed in order to allow the buyer to take measures that are normally necessary to enable the buyer to take delivery of the goods.

A8 Delivery document The seller must provide the buyer, at the seller's expense, with a document enabling the buyer to take delivery of the goods as envisaged in A4/B4.

B5 Transfer of risks The buyer bears all risks of loss of or damage to the goods from the time they have been delivered as envisaged in A4.

If
a) the buyer fails to fulfil its obligations in accordance with B2, then it bears all resulting risks of loss of or damage to the goods; or

b) the buyer fails to give notice in accordance with B7, then it bears all risks of loss of or damage to the goods from the agreed date or the expiry date of the agreed period for delivery,

provided that the goods have been clearly identified as the contract goods.

B6 Allocation of costs

The buyer must pay
a) all costs relating to the goods from the time they have been delivered as envisaged in A4;

b) all costs of unloading necessary to take delivery of the goods from the arriving means of transport at the named place of destination, unless such costs were for the seller's account under the contract of carriage;

c) any additional costs incurred by the seller if the buyer fails to fulfil its obligations in accordance with B2 or to give notice in accordance with B7, provided that the goods have been clearly identified as the contract goods; and

d) where applicable, the costs of customs formalities, as well as all duties, taxes and other charges payable upon import of the goods.

B7 Notices to the seller The buyer must, whenever it is entitled to determine the time within an agreed period and/or the point of taking delivery within the named place of destination, give the seller sufficient notice thereof.

B8 Proof of delivery The buyer must accept the delivery document provided as envisaged in A8.

A9 Checking - packaging - marking The seller must pay the costs of those checking operations (such as checking quality, measuring, weighing, counting) that are necessary for the purpose of delivering the goods in accordance with A4, as well as the costs of any pre-shipment inspection mandated by the authority of the country of export.

The seller must, at its own expense, package the goods, unless it is usual for the particular trade to transport the type of goods sold unpackaged.

The seller may package the goods in the manner appropriate for their transport, unless the buyer has notified the seller of specific packaging requirements before the contract of sale is concluded. Packaging is to be marked appropriately.

A10 Assistance with information and related costs The seller must, where applicable, in a timely manner, provide to or render assistance in obtaining for the buyer, at the buyer's request, risk and expense, any documents and information, including security-related information, that the buyer needs for the import of the goods and/or for their transport to the final destination.

The seller must reimburse the buyer for all costs and charges incurred by the buyer in providing or rendering assistance in obtaining documents and information as envisaged in B10.

B9 Inspection of goods The buyer must pay the costs of any mandatory pre-shipment inspection, except when such inspection is mandated by the authorities of the country of export.

B10 Assistance with information and related costs The buyer must, in a timely manner, advise the seller of any security information requirements so that the seller may comply with A10.

The buyer must reimburse the seller for all costs and charges incurred by the seller in providing or rendering assistance in obtaining documents and information as envisaged in A10.

The buyer must, where applicable, in a timely manner, provide to or render assistance in obtaining for the seller, at the seller's request, risk and expense, any documents and information, including security-related information, that the seller needs for the transport and export of the goods and for their transport through any country.

DDP

DELIVERED DUTY PAID

DDP (insert named place of destination) Incoterms® 2010

GUIDANCE NOTE

This rule may be used irrespective of the mode of transport selected and may also be used where more than one mode of transport is employed.

"Delivered Duty Paid" means that the seller delivers the goods when the goods are placed at the disposal of the buyer, cleared for import on the arriving means of transport ready for unloading at the named place of destination. The seller bears all the costs and risks involved in bringing the goods to the place of destination and has an obligation to clear the goods not only for export but also for import, to pay any duty for both export and import and to carry out all customs formalities.

DDP represents the maximum obligation for the seller.

The parties are well advised to specify as clearly as possible the point within the agreed place of destination, as the costs and risks to that point are for the account of the seller. The seller is advised to procure contracts of carriage that match this choice precisely. If the seller incurs costs under its contract of carriage related to unloading at the place of destination, the seller is not entitled to recover such costs from the buyer unless otherwise agreed between the parties.

The parties are well advised not to use DDP if the seller is unable directly or indirectly to obtain import clearance.

If the parties wish the buyer to bear all risks and costs of import clearance, the DAP rule should be used.

Any VAT or other taxes payable upon import are for the seller's account unless expressly agreed otherwise in the sales contract.

A THE SELLER' S OBLIGATIONS

A1 General obligations of the seller The seller must provide the goods and the commercial invoice in conformity with the contract of sale and any other evidence of conformity that may be required by the contract.

Any document referred to in A1-A10 may be an equivalent electronic record or procedure if agreed between the parties or customary.

A2 Licences, authorizations, security clearances and other formalities Where applicable, the seller must obtain, at its own risk and expense, any export and import licence and other official authorization and carry out all customs formalities necessary for the export of the goods, for their transport through any country and for their import.

A3 Contracts of carriage and insurance

a) Contract of carriage The seller must contract at its own expense for the carriage of the goods to the named place of destination or to the agreed point, if any, at the named place of destination. If a specific point is not agreed or is not determined by practice, the seller may select the point at the named place of destination that best suits its purpose.

b) Contract of insurance The seller has no obligation to the buyer to make a contract of insurance. However, the seller must provide the buyer, at the buyer's request, risk, and expense (if any), with information that the buyer needs for obtaining insurance.

A4 Delivery The seller must deliver the goods by placing them at the disposal of the buyer on the arriving means of transport ready for unloading at the agreed point, if any, at the named place of destination on the agreed date or within the agreed period.

B THE BUYER' S OBLIGATIONS

B1 General obligations of the buyer The buyer must pay the price of the goods as provided in the contract of sale.

Any document referred to in B1-B10 may be an equivalent electronic record or procedure if agreed between the parties or customary.

B2 Licences, authorizations, security clearances and other formalities Where applicable, the buyer must provide assistance to the seller, at the seller's request, risk and expense, in obtaining any import licence or other official authorization for the import of the goods.

B3 Contracts of carriage and insurance

a) Contract of carriage The buyer has no obligation to the seller to make a contract of carriage.

b) Contract of insurance The buyer has no obligation to the seller to make a contract of insurance. However, the buyer must provide the seller, upon request, with the necessary information for obtaining insurance.

B4 Taking delivery The buyer must take delivery of the they have been delivered as envisaged in A4. goods when

A5 Transfer of risks The seller bears all risks of loss of or damage to the goods until they have been delivered in accordance with A4, with the exception of loss or damage in the circumstances described in B5.

A6 Allocation of costs

The seller must pay
a) in addition to costs resulting from A3 a), all costs relating to the goods until they have been delivered in accordance with A4, other than those payable by the buyer as envisaged in B6;

b) any charges for unloading at the place of destination that were for the seller's account under the contract of carriage; and

c) where applicable, the costs of customs formalities necessary for export and import as well as all duties, taxes and other charges payable upon export and import of the goods, and the costs for their transport through any country prior to delivery in accordance with A4.

A7 Notices to the buyer The seller must give the buyer any notice needed in order to allow the buyer to take measures that are normally necessary to enable the buyer to take delivery of the goods.

A8 Delivery document The seller must provide the buyer, at the seller's expense, with a document enabling the buyer to take delivery of the goods as envisaged in A4/B4.

B5 Transfer of risks The buyer bears all risks of loss of or damage to the goods from the time they have been delivered as envisaged in A4.

If

a) the buyer fails to fulfil its obligations in accordance with B2, then it bears all resulting risks of loss of or damage to the goods; or

b) the buyer fails to give notice in accordance with B7, then it bears all risks of loss of or damage to the goods from the agreed date or the expiry date of the agreed period for delivery,

provided that the goods have been clearly identified as the contract goods.

B6 Allocation of costs

The buyer must pay

a) all costs relating to the goods from the time they have been delivered as envisaged in A4;

b) all costs of unloading necessary to take delivery of the goods from the arriving means of transport at the named place of destination, unless such costs were for the seller's account under the contract of carriage; and

c) any additional costs incurred if it fails to fulfil its obligations in accordance with B2 or to give notice in accordance with B7, provided that the goods have been clearly identified as the contract goods.

B7 Notices to the seller The buyer must, whenever it is entitled to determine the time within an agreed period and/or the point of taking delivery within the named place of destination, give the seller sufficient notice thereof.

B8 Proof of delivery The buyer must accept the proof of delivery provided as envisaged in A8.

A9 Checking - packaging - marking The seller must pay the costs of those checking operations (such as checking quality, measuring, weighing, counting) that are necessary for the purpose of delivering the goods in accordance with A4, as well as the costs of any pre-shipment inspection mandated by the authority of the country of export or of import.

The seller must, at its own expense, package the goods, unless it is usual for the particular trade to transport the type of goods sold unpackaged. The seller may package the goods in the manner appropriate for their transport, unless the buyer has notified the seller of specific packaging requirements before the contract of sale is concluded. Packaging is to be marked appropriately.

A10 Assistance with information and related costs The seller must, where applicable, in a timely manner, provide to or render assistance in obtaining for the buyer, at the buyer's request, risk and expense, any documents and information, including security-related information, that the buyer needs for the transport of the goods to the final destination, where applicable, from the named place of destination.

The seller must reimburse the buyer for all costs and charges incurred by the buyer in providing or rendering assistance in obtaining documents and information as envisaged in B10.

B9 Inspection of goods The buyer has no obligation to the seller to pay the costs of any mandatory pre-shipment inspection mandated by the authority of the country of export or of import.

B10 Assistance with information and related costs The buyer must, in a timely manner, advise the seller of any security information requirements so that the seller may comply with A10.

The buyer must reimburse the seller for all costs and charges incurred by the seller in providing or rendering assistance in obtaining documents and information as envisaged in A10.

The buyer must, where applicable, in a timely manner, provide to or render assistance in obtaining for the seller, at the seller's request, risk and expense, any documents and information, including security-related information, that the seller needs for the transport, export and import of the goods and for their transport through any country.

INCOTERMS® 2010

Rules for sea and inland waterway transport

FAS

FOB

CFR

CIF

FAS

FREE ALONGSIDE SHIP

FAS (insert named port of shipment) Incoterms® 2010

GUIDANCE NOTE

This rule is to be used only for sea or inland waterway transport.

“Free Alongside Ship” means that the seller delivers when the goods are placed alongside the vessel (e.g., on a quay or a barge) nominated by the buyer at the named port of shipment. The risk of loss of or damage to the goods passes when the goods are alongside the ship, and the buyer bears all costs from that moment onwards.

The parties are well advised to specify as clearly as possible the loading point at the named port of shipment, as the costs and risks to that point are for the account of the seller and these costs and associated handling charges may vary according to the practice of the port.

The seller is required either to deliver the goods alongside the ship or to procure goods already so delivered for shipment. The reference to “procure here caters for multiple sales down a chain (string sales), particularly common in the commodity trades.

Where the goods are in containers, it is typical for the seller to hand the goods over to the carrier at a terminal and not alongside the vessel. In such situations, the FAS rule would be inappropriate, and the FCA rule should be used.

FAS requires the seller to clear the goods for export, where applicable. However, the seller has no obligation to clear the goods for import, pay any import duty or carry out any import customs formalities.

A THE SELLER' S OBLIGATIONS

A1 General obligations of the seller The seller must provide the goods and the commercial invoice in conformity with the contract of sale and any other evidence of conformity that may be required by the contract.

Any document referred to in A1-A10 may be an equivalent electronic record or procedure if agreed between the parties or customary.

A2 Licences, authorizations, security clearances and other formalities Where applicable, the seller must obtain, at its own risk and expense, any export licence or other official authorization and carry out all customs formalities necessary for the export of the goods.

A3 Contracts of carriage and insurance

a) Contract of carriage The seller has no obligation to the buyer to make a contract of carriage. However, if requested by the buyer or if it is commercial practice and the buyer does not give an instruction to the contrary in due time, the seller may contract for carriage on usual terms at the buyer's risk and expense. In either case, the seller may decline to make the contract of carriage and, if it does, shall promptly notify the buyer.

b) Contract of insurance The seller has no obligation to the buyer to make a contract of insurance. However, the seller must provide the buyer, at the buyer's request, risk, and expense (if any), with information that the buyer needs for obtaining insurance.

A4 Delivery The seller must deliver the goods either by placing them alongside the ship nominated by the buyer at the loading point, if any, indicated by the buyer at the named port of shipment or by procuring the goods so delivered. In either case, the seller must deliver the goods on the agreed date or within the agreed period and in the manner customary at the port.

If no specific loading point has been indicated by the buyer, the seller may select the point within the named port of shipment that best suits its purpose. If the parties have agreed that delivery should take place within a period, the buyer has the option to choose the date within that period.

B THE BUYER' S OBLIGATIONS

B1 General obligations of the buyer The buyer must pay the price of the goods as provided in the contract of sale.

Any document referred to in B1-B10 may be an equivalent electronic record or procedure if agreed between the parties or customary.

B2 Licences, authorizations, security clearances and other formalities Where applicable, it is up to the buyer to obtain, at its own risk and expense, any import licence or other official authorization and carry out all customs formalities for the import of the goods and for their transport through any country.

B3 Contracts of carriage and insurance

a) Contract of carriage The buyer must contract, at its own expense for the carriage of the goods from the named port of shipment, except where the contract of carriage is made by the seller as provided for in A3 a).

b) Contract of insurance The buyer has no obligation to the seller to make a contract of insurance.

B4 Taking delivery The buyer must take delivery of the goods when they have been delivered as envisaged in A4.

B5 Transfer of risks The buyer bears all risks of loss of or damage to the goods from

A5 Transfer of risks The seller bears all risks of loss of or damage to the goods until they have been delivered in accordance with A4 with the exception of loss or damage in the circumstances described in B5.

A6 Allocation of costs

The seller must pay
a) all costs relating to the goods until they have been delivered in accordance with A4, other than those payable by the buyer as envisaged in B6; and

b) where applicable, the costs of customs formalities necessary for export as well as all duties, taxes and other charges payable upon export.

A7 Notices to the buyer The seller must, at the buyer's risk and expense, give the buyer sufficient notice either that the goods have been delivered in accordance with A4 or that the vessel has failed to take the goods within the time agreed.

the time they have been delivered as envisaged in A4.

If
a) the buyer fails to give notice in accordance with B7; or

b) the vessel nominated by the buyer fails to arrive on time, or fails to take the goods or closes for cargo earlier than the time notified in accordance with B7;

then the buyer bears all risks of loss of or damage to the goods from the agreed date or the expiry date of the agreed period for delivery, provided that the goods have been clearly identified as the contract goods.

B6 Allocation of costs

The buyer must pay
a) all costs relating to the goods from the time they have been delivered as envisaged in A4, except, where applicable, the costs of customs formalities necessary for export as well as all duties, taxes, and other charges payable upon export as referred to in A6 b);

b) any additional costs incurred, either because:
(i) the buyer has failed to give appropriate notice in accordance with B7, or
(ii) the vessel nominated by the buyer fails to arrive on time, is unable to take the goods, or closes for cargo earlier than the time notified in accordance with B7,

provided that the goods have been clearly identified as the contract goods; and

c) where applicable, all duties, taxes and other charges, as well as the costs of carrying out customs formalities payable upon import of the goods and the costs for their transport through any country.

B7 Notices to the seller The buyer must give the seller sufficient notice of the vessel name, loading point and, where necessary, the selected delivery time within the agreed period.

A8 Delivery document The seller must provide the buyer, at the seller's expense, with the usual proof that the goods have been delivered in accordance with A4.

Unless such proof is a transport document, the seller must provide assistance to the buyer, at the buyer's request, risk and expense, in obtaining a transport document.

A9 Checking - packaging - marking The seller must pay the costs of those checking operations (such as checking quality, measuring, weighing, counting) that are necessary for the purpose of delivering the goods in accordance with A4, as well as the costs of any pre-shipment inspection mandated by the authority of the country of export.

The seller must, at its own expense, package the goods, unless it is usual for the particular trade to transport the type of goods sold unpackaged. The seller may package the goods in the manner appropriate for their transport, unless the buyer has notified the seller of specific packaging requirements before the contract of sale is concluded. Packaging is to be marked appropriately.

A10 Assistance with information and related costs The seller must, where applicable, in a timely manner, provide to or render assistance in obtaining for the buyer, at the buyer's request, risk and expense, any documents and information, including security-related information, that the buyer needs for the import of the goods and/or for their transport to the final destination.

The seller must reimburse the buyer for all costs and charges incurred by the buyer in providing or rendering assistance in obtaining documents and information as envisaged in B10.

B8 Proof of delivery The buyer must accept the proof of delivery provided as envisaged in A8.

B9 Inspection of goods The buyer must pay the costs of any mandatory pre-shipment inspection, except when such inspection is mandated by the authorities of the country of export.

B10 Assistance with information and related costs The buyer must, in a timely manner, advise the seller of any security information requirements so that the seller may comply with A10.

The buyer must reimburse the seller for all costs and charges incurred by the seller in providing or rendering assistance in obtaining documents and information as envisaged in A10.

The buyer must, where applicable, in a timely manner, provide to or render assistance in obtaining for the seller, at the seller's request, risk and expense, any documents and information, including security-related information, that the seller needs for the transport and export of the goods and for their transport through any country.

FOB

FREE ON BOARD

FOB (insert named port of shipment) Incoterms® 2010

GUIDANCE NOTE

This rule is to be used only for sea or inland waterway transport.

"Free on Board" means that the seller delivers the goods on board the vessel nominated by the buyer at the named port of shipment or procures the goods already so delivered. The risk of loss of or damage to the goods passes when the goods are on board the vessel, and the buyer bears all costs from that moment onwards.

The seller is required either to deliver the goods on board the vessel or to procure goods already so delivered for shipment. The reference to "procure" here caters for multiple sales down a chain ('string sales'), particularly common in the commodity trades.

FOB may not be appropriate where goods are handed over to the carrier before they are on board the vessel, for example goods in containers, which are typically delivered at a terminal. In such situations, the FCA rule should be used.

FOB requires the seller to clear the goods for export, where applicable. However, the seller has no obligation to clear the goods for import, pay any import duty or carry out any import customs formalities.

A THE SELLER' S OBLIGATIONS

A1 General obligations of the seller The seller must provide the goods and the commercial invoice in conformity with the contract of sale and any other evidence of conformity that may be required by the contract.

Any document referred to in A1-A10 may be an equivalent electronic record or procedure if agreed between the parties or customary.

A2 Licences, authorizations, security clearances and other formalities Where applicable, the seller must obtain, at its own risk and expense, any export licence or other official authorization and carry out all customs formalities necessary for the export of the goods.

A3 Contracts of carriage and insurance

a) Contract of carriage The seller has no obligation to the buyer to make a contract of carriage. However, if requested by the buyer or if it is commercial practice and the buyer does not give an instruction to the contrary in due time, the seller may contract for carriage on usual terms at the buyer's risk and expense. In either case, the seller may decline to make the contract of carriage and, if it does, shall promptly notify the buyer.

b) Contract of insurance The seller has no obligation to the buyer to make a contract of insurance. However, the seller must provide the buyer, at the buyer's request, risk, and expense (if any), with information that the buyer needs for obtaining insurance.

A4 Delivery The seller must deliver the goods either by placing them on board the vessel nominated by the buyer at the loading point, if any, indicated by the buyer at the named port of shipment or by procuring the goods so delivered. In either case, the seller must deliver the goods on the agreed date or within the agreed period and in the manner customary at the port.

If no specific loading point has been indicated by the buyer, the seller may select the point within the named port of shipment that best suits its purpose.

B THE BUYER' S OBLIGATIONS

B1 General obligations of the buyer The buyer must pay the price of the goods as provided in the contract of sale.

Any document referred to in B1-B10 may be an equivalent electronic record or procedure if agreed between the parties or customary.

B2 Licences, authorizations, security clearances and other formalities Where applicable, it is up to the buyer to obtain, at its own risk and expense, any import licence or other official authorization and carry out all customs formalities for the import of the goods and for their transport through any country.

B3 Contracts of carriage and insurance

a) Contract of carriage The buyer must contract, at its own expense for the carriage of the goods from the named port of shipment, except where the contract of carriage is made by the seller as provided for in A3 a).

b) Contract of insurance The buyer has no obligation to the seller to make a contract of insurance.

B4 Taking delivery The buyer must take delivery of the goods when they have been delivered as envisaged in A4.

A5 Transfer of risks The seller bears all risks of loss of or damage to the goods until they have been delivered in accordance with A4 with the exception of loss or damage in the circumstances described in B5.

A6 Allocation of costs

The seller must pay
a) all costs relating to the goods until they have been delivered in accordance with A4, other than those payable by the buyer as envisaged in B6; and

b) where applicable, the costs of customs formalities necessary for export, as well as all duties, taxes and other charges payable upon export.

B5 Transfer of risks The buyer bears all risks of loss of or damage to the goods from the time they have been delivered as envisaged in A4.

If
a) the buyer fails to notify the nomination of a vessel in accordance with B7; or

b) the vessel nominated by the buyer fails to arrive on time to enable the seller to comply with A4, is unable to take the goods, or closes for cargo earlier than the time notified in accordance with B7;

then, the buyer bears all risks of loss of or damage to the goods:
(i) from the agreed date, or in the absence of an agreed date,
(ii) from the date notified by the seller under A7 within the agreed period, or, if no such date has been notified,
(iii) from the expiry date of any agreed period for delivery, provided that the goods have been clearly identified as the contract goods.

B6 Allocation of costs

The buyer must pay
a) all costs relating to the goods from the time they have been delivered as envisaged in A4, except, where applicable, the costs of customs formalities necessary for export, as well as all duties, taxes and other charges payable upon export as referred to in A6 b);

b) any additional costs incurred, either because:
(i) the buyer has failed to give appropriate notice in accordance with B7, or
(ii) the vessel nominated by the buyer fails to arrive on time, is unable to take the goods, or closes for cargo earlier than the time notified in accordance with B7, provided that the goods have been clearly identified as the contract goods; and

c) where applicable, all duties, taxes and other charges, as well as the costs of carrying out customs formalities payable upon import of the goods and the costs for their transport through any country.

A7 Notices to the buyer The seller must, at the buyer's risk and expense, give the buyer sufficient notice either that the goods have been delivered in accordance with A4 or that the vessel has failed to take the goods within the time agreed.

A8 Delivery document The seller must provide the buyer, at the seller's expense, with the usual proof that the goods have been delivered in accordance with A4.

Unless such proof is a transport document, the seller must provide assistance to the buyer, at the buyer's request, risk and expense, in obtaining a transport document.

A9 Checking - packaging - marking The seller must pay the costs of those checking operations (such as checking quality, measuring, weighing, counting) that are necessary for the purpose of delivering the goods in accordance with A4, as well as the costs of any pre-shipment inspection mandated by the authority of the country of export.

The seller must, at its own expense, package the goods, unless it is usual for the particular trade to transport the type of goods sold unpackaged. The seller may package the goods in the manner appropriate for their transport, unless the buyer has notified the seller of specific packaging requirements before the contract of sale is concluded. Packaging is to be marked appropriately.

A10 Assistance with information and related costs The seller must, where applicable, in a timely manner, provide to or render assistance in obtaining for the buyer, at the buyer's request, risk and expense, any documents and information, including security-related information, that the buyer needs for the import of the goods and/or for their transport to the final destination.

The seller must reimburse the buyer for all costs and charges incurred by the buyer in providing or rendering assistance in obtaining documents and information as envisaged in B10.

B7 Notices to the seller The buyer must give the seller sufficient notice of the vessel name, loading point and, where necessary, the selected delivery time within the agreed period.

B8 Proof of delivery The buyer must envisaged in A8. accept the proof of delivery provided as

B9 Inspection of goods The buyer must pay the costs of any mandatory pre-shipment inspection, except when such inspection is mandated by the authorities of the country of export.

B10 Assistance with information and related costs The buyer must, in a timely manner, advise the seller of any security information requirements so that the seller may comply with A10.

The buyer must reimburse the seller for all costs and charges incurred by the seller in providing or rendering assistance in obtaining documents and information as envisaged in A10.

The buyer must, where applicable, in a timely manner, provide to or render assistance in obtaining for the seller, at the seller's request, risk and expense, any documents and information, including security-related information, that the seller needs for the transport and export of the goods and for their transport through any country.

CFR

COST AND FREIGHT

CFR (insert named port of destination) Incoterms® 2010

GUIDANCE NOTE

This rule is to be used only for sea or inland waterway transport.

"Cost and Freight" means that the seller delivers the goods on board the vessel or procures the goods already so delivered. The risk of loss of or damage to the goods passes when the goods are on board the vessel. The seller must contract for and pay the costs and freight necessary to bring the goods to the named port of destination.

When CPT, CIP, CFR or CIF are used, the seller fulfils its obligation to deliver when it hands the goods over to the carrier in the manner specified in the chosen rule and not when the goods reach the place of destination.

This rule has two critical points, because risk passes and costs are transferred at different places. While the contract will always specify a destination port, it might not specify the port of shipment, which is where risk passes to the buyer. If the shipment port is of particular interest to the buyer, the parties are well advised to identify it as precisely as possible in the contract.

The parties are well advised to identify as precisely as possible the point at the agreed port of destination, as the costs to that point are for the account of the seller. The seller is advised to procure contracts of carriage that match this choice precisely. If the seller incurs costs under its contract of carriage related to unloading at the specified point at the port of destination, the seller is not entitled to recover such costs from the buyer unless otherwise agreed between the parties.

The seller is required either to deliver the goods on board the vessel or to procure goods already so delivered for shipment to the destination. In addition, the seller is required either to make a contract of carriage or to procure such a contract. The reference to "procure here caters for multiple sales down a chain (string sales), particularly common in the commodity trades.

CFR may not be appropriate where goods are handed over to the carrier before they are on board the vessel, for example goods in containers, which are typically delivered at a terminal. In such circumstances, the CPT rule should be used.

CFR requires the seller to clear the goods for export, where applicable. However, the seller has no obligation to clear the goods for import, pay any import duty or carry out any import customs formalities.

A THE SELLER' S OBLIGATIONS

A1 General obligations of the seller The seller must provide the goods and the commercial invoice in conformity with the contract of sale and any other evidence of conformity that may be required by the contract.

Any document referred to in A1-A10 may be an equivalent electronic record or procedure if agreed between the parties or customary.

A2 Licences, authorizations, security clearances and other formalities Where applicable, the seller must obtain, at its own risk and expense, any export licence or other official authorization and carry out all customs formalities necessary for the export of the goods.

A3 Contracts of carriage and insurance

a) Contract of carriage The seller must contract or procure a contract for the carriage of the goods from the agreed point of delivery, if any, at the place of delivery to the named port of destination or, if agreed, any point at that port. The contract of carriage must be made on usual terms at the seller's expense and provide for carriage by the usual route in a vessel of the type normally used for the transport of the type of goods sold.

b) Contract of insurance The seller has no obligation to the buyer to make a contract of insurance. However, the seller must provide the buyer, at the buyer's request, risk, and expense (if any), with information that the buyer needs for obtaining insurance.

A4 Delivery The seller must deliver the goods either by placing them on board the vessel or by procuring the goods so delivered. In either case, the seller must deliver the goods on the agreed date or within the agreed period and in the manner customary at the port.

B THE BUYER' S OBLIGATIONS

B1 General obligations of the buyer The buyer must pay the price of the goods as provided in the contract of sale.

Any document referred to in B1-B10 may be an equivalent electronic record or procedure if agreed between the parties or customary.

B2 Licences, authorizations, security clearances and other formalities Where applicable, it is up to the buyer to obtain, at its own risk and expense, any import licence or other official authorization and carry out all customs formalities for the import of the goods and for their transport through any country.

B3 Contracts of carriage and insurance

a) Contract of carriage The buyer has no obligation to the seller to make a contract of carriage.

b) Contract of insurance The buyer has no obligation to the seller to make a contract of insurance. However, the buyer must provide the seller, upon request, with the necessary information for obtaining insurance.

B4 Taking delivery The buyer must take delivery of the goods when they have been delivered as envisaged in A4 and receive them from the carrier at the named port of destination.

A5 Transfer of risks The seller bears all risks of loss of or damage to the goods until they have been delivered in accordance with A4, with the exception of loss or damage in the circumstances described in B5.

A6 Allocation of costs

The seller must pay
a) all costs relating to the goods until they have been delivered in accordance with A4, other than those payable by the buyer as envisaged in B6;

b) the freight and all other costs resulting from A3 a), including the costs of loading the goods on board and any charges for unloading at the agreed port of discharge that were for the seller's account under the contract of carriage; and

c) where applicable, the costs of customs formalities necessary for export as well as all duties, taxes and other charges payable upon export, and the costs for their transport through any country that were for the seller's account under the contract of carriage.

A7 Notices to the buyer The seller must give the buyer any notice needed in order to allow the buyer to take measures that are normally necessary to enable the buyer to take the goods.

B5 Transfer of risks The buyer bears all risks of loss of or damage to the goods from the time they have been delivered as envisaged in A4.

If the buyer fails to give notice in accordance with B7, then it bears all risks of loss of or damage to the goods from the agreed date or the expiry date of the agreed period for shipment, provided that the goods have been clearly identified as the contract goods.

B6 Allocation of costs

The buyer must, subject to the provisions of A3 a), pay
a) all costs relating to the goods from the time they have been delivered as envisaged in A4, except, where applicable, the costs of customs formalities necessary for export as well as all duties, taxes, and other charges payable upon export as referred to in A6 c);

b) all costs and charges relating to the goods while in transit until their arrival at the port of destination, unless such costs and charges were for the seller's account under the contract of carriage;

c) unloading costs including lighterage and wharfage charges, unless such costs and charges were for the seller's account under the contract of carriage;

d) any additional costs incurred if it fails to give notice in accordance with B7, from the agreed date or the expiry date of the agreed period for shipment, provided that the goods have been clearly identified as the contract goods; and

e) where applicable, all duties, taxes and other charges, as well as the costs of carrying out customs formalities payable upon import of the goods and the costs for their transport through any country unless included within the cost of the contract of carriage.

B7 Notices to the seller The buyer must, whenever it is entitled to determine the time for shipping the goods and/or the point of receiving the goods within the named port of destination, give the seller sufficient notice thereof.

A8 Delivery document The seller must, at its own expense, provide the buyer without delay with the usual transport document for the agreed port of destination.

This transport document must cover the contract goods, be dated within the period agreed for shipment, enable the buyer to claim the goods from the carrier at the port of destination and, unless otherwise agreed, enable the buyer to sell the goods in transit by the transfer of the document to a subsequent buyer or by notification to the carrier.

When such a transport document is issued in negotiable form and in several originals, a full set of originals must be presented to the buyer.

A9 Checking - packaging - marking The seller must pay the costs of those checking operations (such as checking quality, measuring, weighing, counting) that are necessary for the purpose of delivering the goods in accordance with A4, as well as the costs of any pre-shipment inspection mandated by the authority of the country of export.

The seller must, at its own expense, package the goods, unless it is usual for the particular trade to transport the type of goods sold unpackaged. The seller may package the goods in the manner appropriate for their transport, unless the buyer has notified the seller of specific packaging requirements before the contract of sale is concluded. Packaging is to be marked appropriately.

A10 Assistance with information and related costs The seller must, where applicable, in a timely manner, provide to or render assistance in obtaining for the buyer, at the buyer's request, risk and expense, any documents and information, including security-related information, that the buyer needs for the import of the goods and/or for their transport to the final destination.

The seller must reimburse the buyer for all costs and charges incurred by the buyer in providing or rendering assistance in obtaining documents and information as envisaged in B10.

B8 Proof of delivery The buyer must accept the transport document provided as envisaged in A8 if it is in conformity with the contract.

B9 Inspection of goods The buyer must pay the costs of any mandatory pre-shipment inspection, except when such inspection is mandated by the authorities of the country of export.

B10 Assistance with information and related costs The buyer must, in a timely manner, advise the seller of any security information requirements so that the seller may comply with A10.

The buyer must reimburse the seller for all costs and charges incurred by the seller in providing or rendering assistance in obtaining documents and information as envisaged in A10.

The buyer must, where applicable, in a timely manner, provide to or render assistance in obtaining for the seller, at the seller's request, risk and expense, any documents and information, including security-related information, that the seller needs for the transport and export of the goods and for their transport through any country.

CIF

COST INSURANCE AND FREIGHT

CIF (insert named port of destination) Incoterms® 2010

GUIDANCE NOTE

This rule is to be used only for sea or inland waterway transport.

"Cost, Insurance and Freight" means that the seller delivers the goods on board the vessel or procures the goods already so delivered. The risk of loss of or damage to the goods passes when the goods are on board the vessel. The seller must contract for and pay the costs and freight necessary to bring the goods to the named port of destination.

The seller also contracts for insurance cover against the buyer's risk of loss of or damage to the goods during the carriage. The buyer should note that under CIF the seller is required to obtain insurance only on minimum cover. Should the buyer wish to have more insurance protection, it will need either to agree as much expressly with the seller or to make its own extra insurance arrangements.

When CPT, CIP, CFR, or CIF are used, the seller fulfils its obligation to deliver when it hands the goods over to the carrier in the manner specified in the chosen rule and not when the goods reach the place of destination.

This rule has two critical points, because risk passes and costs are transferred at different places. While the contract will always specify a destination port, it might not specify the port of shipment, which is where risk passes to the buyer. If the shipment port is of particular interest to the buyer, the parties are well advised to identify it as precisely as possible in the contract.

The parties are well advised to identify as precisely as possible the point at the agreed port of destination, as the costs to that point are for the account of the seller. The seller is advised to procure contracts of carriage that match this choice precisely. If the seller incurs costs under its contract of carriage related to unloading at the specified point at the port of destination, the seller is not entitled to recover such costs from the buyer unless otherwise agreed between the parties.

The seller is required either to deliver the goods on board the vessel or to procure goods already so delivered for shipment to the destination. In addition the seller is required either to make a contract of carriage or to procure such a contract. The reference to "procure here caters for multiple sales down a chain (string sales), particularly common in the commodity trades.

CIF may not be appropriate where goods are handed over to the carrier before they are on board the vessel, for example goods in containers, which are typically delivered at a terminal. In such circumstances, the CIP rule should be used.

CIF requires the seller to clear the goods for export, where applicable. However, the seller has no obligation to clear the goods for import, pay any import duty or carry out any import customs formalities.

A THE SELLER' S OBLIGATIONS

A1 General obligations of the seller The seller must provide the goods and the commercial invoice in conformity with the contract of sale and any other evidence of conformity that may be required by the contract.

Any document referred to in A1-A10 may be an equivalent electronic record or procedure if agreed between the parties or customary.

A2 Licences, authorizations, security clearances and other formalities Where applicable, the seller must obtain, at its own risk and expense, any export licence or other official authorization and carry out all customs formalities necessary for the export of the goods.

B THE BUYER' S OBLIGATIONS

B1 General obligations of the buyer The buyer must pay the price of the goods as provided in the contract of sale.

Any document referred to in B1-B10 may be an equivalent electronic record or procedure if agreed between the parties or customary.

B2 Licences, authorizations, security clearances and formalities Where applicable, it is up to the buyer to obtain, at its own risk and expense, any import licence or other official authorization and carry out all customs formalities for the import of the goods and for their transport through any country.

A3 Contracts of carriage and insurance

a) Contract of carriage The seller must contract or procure a contract for the carriage of the goods from the agreed point of delivery, if any, at the place of delivery to the named port of destination or, if agreed, any point at that port. The contract of carriage must be made on usual terms at the seller's expense and provide for carriage by the usual route in a vessel of the type normally used for the transport of the type of goods sold.

b) Contract of insurance The seller must obtain, at its own expense, cargo insurance complying at least with the minimum cover provided by Clauses(C) of the Institute Cargo Clauses (LMA/IUA) or any similar clauses. The insurance shall be contracted with underwriters or an insurance company of good repute and entitle the buyer, or any other person having an insurable interest in the goods, to claim directly from the insurer.

When required by the buyer, the seller shall, subject to the buyer providing any necessary information requested by the seller, provide at the buyer's expense any additional cover, if procurable, such as cover as provided by Clauses (A) or (B) of the Institute Cargo Clauses (LMA/IUA) or any similar clauses and/or cover complying with the Institute War Clauses and/or Institute Strikes Clauses (LMA/IUA) or any similar clauses.

The insurance shall cover, at a minimum, the price provided in the contract plus 10% (i.e., 110%) and shall be in the currency of the contract.

The insurance shall cover the goods from the point of delivery set out in A4 and A5 to at least the named port of destination.

The seller must provide the buyer with the insurance policy or other evidence of insurance cover.

Moreover, the seller must provide the buyer, at the buyer's request, risk, and expense (if any), with information that the buyer needs to procure any additional insurance.

A4 Delivery The seller must deliver the goods either by placing them on board the vessel or by procuring the goods so delivered. In either case, the seller must deliver the goods on the agreed date or within the agreed period and in the manner customary at the port.

B3 Contracts of carriage and insurance

a) Contract of carriage The buyer has no obligation to the seller to make a contract of carriage.

b) Contract of insurance The buyer has no obligation to the seller to make a contract of insurance. However, the buyer must provide the seller, upon request, with any information necessary for the seller to procure any additional insurance requested by the buyer as envisaged in A3 b).

B4 Taking delivery The buyer must take delivery of the goods when they have been delivered as envisaged in A4 and receive them from the carrier at the named port of destination.

A5 Transfer of risks The seller bears all risks of loss of or damage to the goods until they have been delivered in accordance with A4, with the exception of loss or damage in the circumstances described in B5.

A6 Allocation of costs

The seller must pay
a) all costs relating to the goods until they have been delivered in accordance with A4, other than those payable by the buyer as envisaged in B6;

b) the freight and all other costs resulting from A3 a), including the costs of loading the goods on board and any charges for unloading at the agreed port of discharge that were for the seller's account under the contract of carriage;

c) the costs of insurance resulting from A3 b); and

d) where applicable, the costs of customs formalities necessary for export, as well as all duties, taxes and other charges payable upon export, and the costs for their transport through any country that were for the seller's account under the contract of carriage.

B5 Transfer of risks The buyer bears all risks of loss of or damage to the goods from the time they have been delivered as envisaged in A4.

If the buyer fails to give notice in accordance with B7, then it bears all risks of loss of or damage to the goods from the agreed date or the expiry date of the agreed period for shipment, provided that the goods have been clearly identified as the contract goods.

B6 Allocation of costs

The buyer must, subject to the provisions of A3 a), pay
a) all costs relating to the goods from the time they have been delivered as envisaged in A4, except, where applicable, the costs of customs formalities necessary for export, as well as all duties, taxes and other charges payable upon export as referred to in A6 d);

b) all costs and charges relating to the goods while in transit until their arrival at the port of destination, unless such costs and charges were for the seller's account under the contract of carriage;

c) unloading costs including lighterage and wharfage charges, unless such costs and charges were for the seller's account under the contract of carriage;

d) any additional costs incurred if it fails to give notice in accordance with

B7, from the agreed date or the expiry date of the agreed period for shipment, provided that the goods have been clearly identified as the contract goods;

e) where applicable, all duties, taxes and other charges, as well as the costs of carrying out customs formalities payable upon import of the goods and the costs for their transport through any country, unless included within the cost of the contract of carriage; and

f) the costs of any additional insurance procured at the buyer's request under A3 b) and B3 b).

A7 Notices to the buyer The seller must give the buyer any notice needed in order to allow the buyer to take measures that are normally necessary to enable the buyer to take the goods.

A8 Delivery document The seller must, at its own expense provide the buyer without delay with the usual transport document for the agreed port of destination.

This transport document must cover the contract goods, be dated within the period agreed for shipment, enable the buyer to claim the goods from the carrier at the port of destination and, unless otherwise agreed, enable the buyer to sell the goods in transit by the transfer of the document to a subsequent buyer or by notification to the carrier.

When such a transport document is issued in negotiable form and in several originals, a full set of originals must be presented to the buyer.

A9 Checking - packaging - marking The seller must pay the costs of those checking operations (such as checking quality, measuring, weighing, counting) that are necessary for the purpose of delivering the goods in accordance with A4, as well as the costs of any pre-shipment inspection mandated by the authority of the country of export.

The seller must, at its own expense, package the goods, unless it is usual for the particular trade to transport the type of goods sold unpackaged. The seller may package the goods in the manner appropriate for their transport, unless the buyer has notified the seller of specific packaging requirements before the contract of sale is concluded. Packaging is to be marked appropriately.

B7 Notices to the seller The buyer must, whenever it is entitled to determine the time for shipping the goods and/or the point of receiving the goods within the named port of destination, give the seller sufficient notice thereof.

B8 Proof of delivery The buyer must accept the transport document provided envisaged in A8 if it is in conformity with the contract. as

B9 Inspection of goods The buyer must pay the costs of any mandatory pre-shipment inspection, except when such inspection is mandated by the authorities of the country of export.

A10 Assistance with information and related costs The seller must, where applicable, in a timely manner, provide to or render assistance in obtaining for the buyer, at the buyer's request, risk and expense, any documents and information, including security-related information, that the buyer needs for the import of the goods and/or for their transport to the final destination.

The seller must reimburse the buyer for all costs and charges incurred by the buyer in providing or rendering assistance in obtaining documents and information as envisaged in B10.

B10 Assistance with information and related costs The buyer must, in a timely manner, advise the seller of any security information requirements so that the seller may comply with A10.

The buyer must reimburse the seller for all costs and charges incurred by the seller in providing or rendering assistance in obtaining documents and information as envisaged in A10.

The buyer must, where applicable, in a timely manner, provide to or render assistance in obtaining for the seller, at the seller's request, risk and expense, any documents and information, including security-related information, that the seller needs for the transport and export of the goods and for their transport through any country.

UCP 600

Article 1 Application of UCP

The Uniform Customs and Practice for Documentary Credits, 2007 Revision, ICC Publication no. 600 ("UCP") are rules that apply to any documentary credit ("credit") (including, to the extent to which they may be applicable, any standby letter of credit) when the text of the credit expressly indicates that it is subject to these rules. They are binding on all parties thereto unless expressly modified or excluded by the credit.

Article 2 Definitions

For the purpose of these rules:

Advising bank means the bank that advises the credit at the request of the issuing bank.

Applicant means the party on whose request the credit is issued.

Banking day means a day on which a bank is regularly open at the place at which an act subject to these rules is to be performed.

Beneficiary means the party in whose favour a credit is issued.

Complying presentation means a presentation that is in accordance with the terms and conditions of the credit, the applicable provisions of these rules and international standard banking practice.

Confirmation means a definite undertaking of the confirming bank, in addition to that of the issuing bank, to honour or negotiate a complying presentation.

Confirming bank means the bank that adds its confirmation to a credit upon the issuing bank' s authorization or request.

Credit means any arrangement, however named or described, that is irrevocable and thereby constitutes a definite undertaking of the issuing bank to honour a complying presentation.

Honour means:

a. to pay at sight if the credit is available by sight payment.

b. to incur a deferred payment undertaking and pay at maturity if the credit is available by deferred payment.

c. to accept a bill of exchange ("draft") drawn by the beneficiary and pay at maturity if the credit is available by acceptance.

Issuing bank means the bank that issues a credit at the request of an applicant or on its own behalf.

Negotiation means the purchase by the nominated bank of drafts (drawn on a bank other than the nominated bank) and/or documents under a complying presentation, by advancing or agreeing to advance funds to the beneficiary on or before the banking day on which reimbursement is due to the nominated bank.

Nominated Bank means the bank with which the credit is available or any bank in the case of a credit available with any bank.

Presentation means either the delivery of documents under a credit to the issuing bank or nominated bank or the documents so delivered.

Presenter means a beneficiary, bank or other party that makes a presentation.

Article 3 Interpretations

For the purpose of these rules:

Where applicable, words in the singular include the plural and in the plural include the singular.

A credit is irrevocable even if there is no indication to that effect.

A document may be signed by handwriting, facsimile signature, perforated signature, stamp, symbol or any other mechanical or electronic method of authentication.

A requirement for a document to be legalized, visaed, certified or similar will be satisfied by any signature, mark, stamp or label on the document which appears to satisfy that requirement.

Branches of a bank in different countries are considered to be separate banks.

Terms such as "first class", "well known", "qualified", "independent", "official", "competent" or "local" used to describe the issuer of a document allow any issuer except the beneficiary to issue that document.

Unless required to be used in a document, words such as "prompt", "immediately" or "as soon as possible" will be disregarded.

The expression "on or about" or similar will be interpreted as a stipulation that an event is to occur during a period of five calendar days before until five calendar days after the specified date, both start and end dates included.

The words "to", "until", "till", "from" and "between" when used to determine a period of shipment include the date or dates mentioned, and the words "before" and "after" exclude the date mentioned.

The words "from" and "after" when used to determine a maturity date exclude the date mentioned.

The terms "first half" and "second half" of a month shall be construed respectively as the 1st to the 15th and the 16th to the last day of the month, all dates inclusive.

The terms "beginning", "middle" and "end" of a month shall be construed respectively as the 1st to the 10th, the 11th to the 20th and the 21st to the last day of the month, all dates inclusive.

Article 4 Credits v. Contracts

a. A credit by its nature is a separate transaction from the sale or other contract on which it may be based. Banks are in no way concerned with or bound by such contract, even if any reference whatsoever to it is included in the credit. Consequently, the undertaking of a bank to honour, to negotiate or to fulfil any other obligation under the credit is not subject to claims or defences by the applicant resulting from its relationships with the issuing bank or the beneficiary.

A beneficiary can in no case avail itself of the contractual relationships existing between banks or between the applicant and the issuing bank.

b. An issuing bank should discourage any attempt by the applicant to include, as an integral part of the credit, copies of the underlying contract, proforma invoice and the like.

Article 5 Documents v. Goods, Services or Performance

Banks deal with documents and not with goods, services or performance to which the documents may relate.

Article 6 Availability, Expiry Date and Place for Presentation

a. A credit must state the bank with which it is available or whether it is available with any bank. A credit available with a nominated bank is also available with the issuing bank.

b. A credit must state whether it is available by sight payment, deferred payment, acceptance or negotiation.

c. A credit must not be issued available by a draft drawn on the applicant.

d.

i. A credit must state an expiry date for presentation. An expiry date stated for honour or negotiation will be deemed to be an expiry date for presentation.

ii. The place of the bank with which the credit is available is the place for presentation. The place for presentation under a credit available with any bank is that of any bank. A place for presentation other than that of the issuing bank is in addition to the place of the issuing bank.

e. Except as provided in sub-article 29 (a), a presentation by or on behalf of the beneficiary must be made on or before the expiry date.

Article 7 Issuing Bank Undertaking

a. Provided that the stipulated documents are presented to the nominated bank or to the issuing bank and that they constitute a complying presentation, the issuing bank must honour if the credit is available by:

i. sight payment, deferred payment or acceptance with the issuing bank;

ii. sight payment with a nominated bank and that nominated bank does not pay;

iii. deferred payment with a nominated bank and that nominated bank does not incur its deferred payment undertaking or, having incurred its deferred payment undertaking, does not pay at maturity;

iv. acceptance with a nominated bank and that nominated bank does not accept a draft drawn on it or, having accepted a draft drawn on it, does not pay at maturity;

v. negotiation with a nominated bank and that nominated bank does not negotiate.

b. An issuing bank is irrevocably bound to honour as of the time it issues the credit.

c. An issuing bank undertakes to reimburse a nominated bank that has honoured or negotiated a complying presentation and forwarded the documents to the issuing bank. Reimbursement for the amount of a complying presentation under a credit available by acceptance or deferred payment is due at maturity, whether or not the nominated bank prepaid or purchased before maturity. An issuing bank' s undertaking to reimburse a nominated bank is independent of the issuing bank' s undertaking to the beneficiary.

Article 8 Confirming Bank Undertaking

a. Provided that the stipulated documents are presented to the confirming bank or to any other nominated bank and that they constitute a complying presentation, the confirming bank must:

i. honour, if the credit is available by

a. sight payment, deferred payment or acceptance with the confirming bank;

b. sight payment with another nominated bank and that nominated bank does not pay;

c. deferred payment with another nominated bank and that nominated bank does not incur its deferred payment undertaking or, having incurred its deferred payment undertaking, does not pay at maturity;

d. acceptance with another nominated bank and that nominated bank does not accept a draft drawn on it or, having accepted a draft drawn on it, does not pay at maturity;

e. negotiation with another nominated bank and that nominated bank does not negotiate.

ii. negotiate, without recourse, if the credit is available by negotiation with the confirming bank.

b. A confirming bank is irrevocably bound to honour or negotiate as of the time it adds its confirmation to the credit.

c. A confirming bank undertakes to reimburse another nominated bank that has honoured or negotiated a complying presentation and forwarded the documents to the confirming bank. Reimbursement for the amount of a complying presentation under a credit available by acceptance or deferred payment is due at maturity, whether or not another nominated bank prepaid or purchased before maturity. A confirming bank's undertaking to reimburse another nominated bank is independent of the confirming bank's undertaking to the beneficiary.

d. If a bank is authorized or requested by the issuing bank to confirm a credit but is not prepared to do so, it must inform the issuing bank without delay and may advise the credit without confirmation.

Article 9 Advising of Credits and Amendments

a. A credit and any amendment may be advised to a beneficiary through an advising bank. An advising bank that is not a confirming bank advises the credit and any amendment without any undertaking to honour or negotiate.

b. By advising the credit or amendment, the advising bank signifies that it has satisfied itself as to the apparent authenticity of the credit or amendment and that the advice accurately reflects the terms and conditions of the credit or amendment received.

c. An advising bank may utilize the services of another bank ("second advising bank") to advise the credit and any amendment to the beneficiary. By advising the credit or amendment, the second advising bank signifies that it has satisfied itself as to the apparent authenticity of the advice it has received and that the advice accurately reflects the terms and conditions of the credit or amendment received.

d. A bank utilizing the services of an advising bank or second advising bank to advise a credit must use the same bank to advise any amendment thereto.

e. If a bank is requested to advise a credit or amendment but elects not to do so, it must so inform, without delay, the bank from which the credit, amendment or advice has been received.

f. If a bank is requested to advise a credit or amendment but cannot satisfy itself as to the apparent authenticity of the credit, the amendment or the advice, it must so inform, without delay, the bank from which the instructions appear to have been received. If the advising bank or second advising bank elects nonetheless to advise the credit or amendment, it must inform the beneficiary or second advising bank that it has not been able to satisfy itself as to the apparent authenticity of the credit, the amendment or the advice.

Article 10 Amendments

a. Except as otherwise provided by article 38, a credit can neither be amended nor cancelled without the agreement of the issuing bank, the confirming bank, if any, and the beneficiary.

b. An issuing bank is irrevocably bound by an amendment as of the time it issues the amendment. A confirming bank may extend its confirmation to an amendment and will be irrevocably bound as of the time it advises the amendment. A confirming bank may, however, choose to advise an amendment without extending its confirmation and, if so, it must inform the issuing bank without delay and inform the beneficiary in its advice.

c. The terms and conditions of the original credit (or a credit incorporating previously accepted amendments) will remain in force for the beneficiary until the beneficiary communicates its acceptance of the amendment to the bank that advised such amendment. The beneficiary should give notification of acceptance or rejection of an amendment. If the beneficiary fails to give such notification, a presentation that complies with the credit and to any not yet accepted amendment will be deemed to be notification of acceptance by the beneficiary of such amendment. As of that moment the credit will be amended.

d. A bank that advises an amendment should inform the bank from which it received the amendment of any notification of acceptance or rejection.

e. Partial acceptance of an amendment is not allowed and will be deemed to be notification of rejection of the amendment.

f. A provision in an amendment to the effect that the amendment shall enter into force unless rejected by the beneficiary within a certain time shall be disregarded.

Article 11 Teletransmitted and Pre-Advised Credits and Amendments

a. An authenticated teletransmission of a credit or amendment will be deemed to be the operative credit or amendment, and any subsequent mail confirmation shall be disregarded.

If a teletransmission states "full details to follow" (or words of similar effect), or states that the mail confirmation is to be the operative credit or amendment, then the teletransmission will not be deemed to be the operative credit or amendment. The issuing bank must then issue the operative credit or amendment without delay in terms not inconsistent with the teletransmission.

b. A preliminary advice of the issuance of a credit or amendment ("pre-advice") shall only be sent if the issuing bank is prepared to issue the operative credit or amendment. An issuing bank that sends a pre-advice is irrevocably committed to issue the operative credit or amendment, without delay, in terms not inconsistent with the pre-advice.

Article 12 Nomination

a. Unless a nominated bank is the confirming bank, an authorization to honour or negotiate does not impose any obligation on that nominated bank to honour or negotiate, except when expressly agreed to by that nominated bank and so communicated to the beneficiary.

b. By nominating a bank to accept a draft or incur a deferred payment undertaking, an issuing bank authorizes that nominated bank to prepay or purchase a draft accepted or a deferred payment undertaking incurred by that nominated bank.

c. Receipt or examination and forwarding of documents by a nominated bank that is not a confirming bank does not make that nominated bank liable to honour or negotiate, nor does it constitute honour or negotiation.

Article 13 Bank-to-Bank Reimbursement Arrangements

a. If a credit states that reimbursement is to be obtained by a nominated bank ("claiming bank") claiming on another party ("reimbursing bank"), the credit must state if the reimbursement is subject to the ICC rules for bank-to-bank reimbursements in effect on the date of issuance of the credit.

b. If a credit does not state that reimbursement is subject to the ICC rules for bank-to-bank reimbursements, the following apply:

i. An issuing bank must provide a reimbursing bank with a reimbursement authorization that conforms with the availability stated in the credit. The reimbursement authorization should not be subject to an expiry date.

ii. A claiming bank shall not be required to supply a reimbursing bank with a certificate of compliance with the terms and conditions of the credit.

iii. An issuing bank will be responsible for any loss of interest, together with any expenses incurred, if reimbursement is not provided on first demand by a reimbursing bank in accordance with the terms and conditions of the credit.

iv. A reimbursing bank' s charges are for the account of the issuing bank. However, if the charges are for the account of the beneficiary, it is the responsibility of an issuing bank to so indicate in the credit and in the reimbursement authorization. If a reimbursing bank' s charges are for the account of the beneficiary, they shall be deducted from the amount due to a claiming bank when reimbursement is made. If no reimbursement is made, the reimbursing bank' s charges remain the obligation of the issuing bank.

c. An issuing bank is not relieved of any of its obligations to provide reimbursement if reimbursement is not made by a reimbursing bank on first demand.

Article 14 Standard for Examination of Documents

a. A nominated bank acting on its nomination, a confirming bank, if any, and the issuing bank must examine a presentation to determine, on the basis of the documents alone, whether or not the documents appear on their face to constitute a complying presentation.

b. A nominated bank acting on its nomination, a confirming bank, if any, and the issuing bank shall each have a maximum of five banking days following the day of presentation to determine if a presentation is complying. This period is not curtailed or otherwise affected by the occurrence on or after the date of presentation of any expiry date or last day for presentation.

c. A presentation including one or more original transport documents subject to articles 19, 20, 21, 22, 23, 24 or 25 must be made by or on behalf of the beneficiary not later than 21 calendar days after the date of shipment as described in these rules, but in any event not later than the expiry date of the credit.

d. Data in a document, when read in context with the credit, the document itself and international standard banking practice, need not be identical to, but must not conflict with, data in that document, any other stipulated document or the credit.

e. In documents other than the commercial invoice, the description of the goods, services or performance, if stated, may be in general terms not conflicting with their description in the credit.

f. If a credit requires presentation of a document other than a transport document, insurance document or commercial invoice, without stipulating by whom the document is to be issued or its data content, banks will accept the document as presented if its content appears to fulfil the function of the required document and otherwise complies with sub-article 14 (d).

g. A document presented but not required by the credit will be disregarded and may be returned to the presenter.

h. If a credit contains a condition without stipulating the document to indicate compliance with the condition, banks will deem such condition as not stated and will disregard it.

i. A document may be dated prior to the issuance date of the credit, but must not be dated later than its date of presentation.

j. When the addresses of the beneficiary and the applicant appear in any stipulated document, they need not be the same as those stated in the credit or in any other stipulated document, but must be within the same country as the respective addresses mentioned in the credit. Contact details (telefax, telephone, email and the like) stated as part of the beneficiary' s and the applicant' s address will be disregarded. However, when the address and contact details of the applicant appear as part of the consignee or notify party details on a transport document subject to articles 19, 20, 21, 22, 23, 24 or 25, they must be as stated in the credit.

k. The shipper or consignor of the goods indicated on any document need not be the beneficiary of the credit.

l. A transport document may be issued by any party other than a carrier, owner, master or charterer provided that the transport document meets the requirements of articles 19, 20, 21, 22, 23 or 24 of these rules.

Article 15 Complying Presentation

a. When an issuing bank determines that a presentation is complying, it must honour.

b. When a confirming bank determines that a presentation is complying, it must honour or negotiate and forward the documents to the issuing bank.

c. When a nominated bank determines that a presentation is complying and honours or negotiates, it must forward the documents to the confirming bank or issuing bank.

Article 16 Discrepant Documents, Waiver and Notice

a. When a nominated bank acting on its nomination, a confirming bank, if any, or the issuing bank determines that a presentation does not comply, it may refuse to honour or negotiate.

b. When an issuing bank determines that a presentation does not comply, it may in its sole judgement approach the applicant for a waiver of the discrepancies. This does not, however, extend the period mentioned in sub-article 14 (b).

c. When a nominated bank acting on its nomination, a confirming bank, if any, or the issuing bank decides to refuse to honour or negotiate, it must give a single notice to that effect to the presenter.

The notice must state:

i. that the bank is refusing to honour or negotiate; and

ii. each discrepancy in respect of which the bank refuses to honour or negotiate; and

iii.

a) that the bank is holding the documents pending further instructions from the presenter; or

b) that the issuing bank is holding the documents until it receives a waiver from the applicant and agrees to accept it, or receives further instructions from the presenter prior to agreeing to accept a waiver; or

c) that the bank is returning the documents; or

d) that the bank is acting in accordance with instructions previously received from the presenter.

d. The notice required in sub-article 16 (c) must be given by telecommunication or, if that is not possible, by other expeditious means no later than the close of the fifth banking day following the day of presentation.

e. A nominated bank acting on its nomination, a confirming bank, if any, or the issuing bank may, after providing notice required by sub-article 16 (c) (iii) (a) or (b), return the documents to the presenter at any time.

f. If an issuing bank or a confirming bank fails to act in accordance with the provisions of this article, it shall be precluded from claiming that the documents do not constitute a complying presentation.

g. When an issuing bank refuses to honour or a confirming bank refuses to honour or negotiate and has given notice to that effect in accordance with this article, it shall then be entitled to claim a refund, with interest, of any reimbursement made.

Article 17 Original Documents and Copies

a. At least one original of each document stipulated in the credit must be presented.

b. A bank shall treat as an original any document bearing an apparently original signature, mark, stamp, or label of the issuer of the document, unless the document itself indicates that it is not an original.

c. Unless a document indicates otherwise, a bank will also accept a document as original if it:

i. appears to be written, typed, perforated or stamped by the document issuer' s hand; or

ii. appears to be on the document issuer' s original stationery; or

iii. states that it is original, unless the statement appears not to apply to the document presented.

d. If a credit requires presentation of copies of documents, presentation of either originals or copies is permitted.

e. If a credit requires presentation of multiple documents by using terms such as "in duplicate", "in two fold" or "in two copies", this will be satisfied by the presentation of at least one original and the remaining number in copies, except when the document itself indicates otherwise.

Article 18 Commercial Invoice

a. A commercial invoice:

i. must appear to have been issued by the beneficiary (except as provided in article 38);

ii. must be made out in the name of the applicant (except as provided in sub-article 38 (g));

iii. must be made out in the same currency as the credit; and

iv. need not be signed.

b. A nominated bank acting on its nomination, a confirming bank, if any, or the issuing bank may accept a commercial invoice issued for an amount in excess of the amount permitted by the credit, and its decision will be binding upon all parties, provided the bank in question has not honoured or negotiated for an amount in excess of that permitted by the credit.

c. The description of the goods, services or performance in a commercial invoice must correspond with that appearing in the credit.

Article 19 Transport Document Covering at Least Two Different Modes of Transport

a. A transport document covering at least two different modes of transport (multimodal or combined transport document), however named, must appear to:

i. indicate the name of the carrier and be signed by:

- the carrier or a named agent for or on behalf of the carrier, or

- the master or a named agent for or on behalf of the master.

Any signature by the carrier, master or agent must be identified as that of the carrier, master or agent.

Any signature by an agent must indicate whether the agent has signed for or on behalf of the carrier or for or on behalf of the master.

ii. indicate that the goods have been dispatched, taken in charge or shipped on board at the place stated in the credit, by:

- pre-printed wording, or

- a stamp or notation indicating the date on which the goods have been dispatched, taken in charge or shipped on board.

The date of issuance of the transport document will be deemed to be the date of dispatch, taking in charge or shipped on board, and the date of shipment. However, if the transport document indicates, by stamp or notation, a date of dispatch, taking in charge or shipped on board, this date will be deemed to be the date of shipment.

iii. indicate the place of dispatch, taking in charge or shipment and the place of final destination stated in the credit, even if:

a. the transport document states, in addition, a different place of dispatch, taking in charge or shipment or place of final destination,

or

b. the transport document contains the indication "intended" or similar qualification in relation to the vessel, port of loading or port of discharge.

iv. be the sole original transport document or, if issued in more than one original, be the full set as indicated on the transport document.

v. contain terms and conditions of carriage or make reference to another source containing the terms and conditions of carriage (short form or blank back transport document). Contents of terms and conditions of carriage will not be examined.

vi. contain no indication that it is subject to a charter party.

b. For the purpose of this article, transhipment means unloading from one means of conveyance and reloading to another means of conveyance (whether or not in different modes of transport) during the carriage from the place of dispatch, taking in charge or shipment to the place of final destination stated in the credit.

c.

i. A transport document may indicate that the goods will or may be transhipped provided that the entire carriage is covered by one and the same transport document.

ii. A transport document indicating that transhipment will or may take place is acceptable, even if the credit prohibits transhipment.

Article 20 Bill of Lading

a. A bill of lading, however named, must appear to:

i. indicate the name of the carrier and be signed by:

- the carrier or a named agent for or on behalf of the carrier, or

- the master or a named agent for or on behalf of the master.

Any signature by the carrier, master or agent must be identified as that of the carrier, master or agent.

Any signature by an agent must indicate whether the agent has signed for or on behalf of the carrier or for or on behalf of the master.

ii. indicate that the goods have been shipped on board a named vessel at the port of loading stated in the credit by:

- pre-printed wording, or

- an on board notation indicating the date on which the goods have been shipped on board.

The date of issuance of the bill of lading will be deemed to be the date of shipment unless the bill of lading contains an on board notation indicating the date of shipment, in which case the date stated in the on board notation will be deemed to be the date of shipment.

If the bill of lading contains the indication "intended vessel" or similar qualification in relation to the name of the vessel, an on board notation indicating the date of shipment and the name of the actual vessel is required.

iii. indicate shipment from the port of loading to the port of discharge stated in the credit.

If the bill of lading does not indicate the port of loading stated in the credit as the port of loading, or if it contains the indication "intended" or similar qualification in relation to the port of loading, an on board notation indicating the port of loading as stated in the credit, the date of shipment and the name of the vessel is required. This provision applies even when loading on board or shipment on a named vessel is indicated by pre-printed wording on the bill of lading.

iv. be the sole original bill of lading or, if issued in more than one original, be the full set as indicated on the bill of lading.

v. contain terms and conditions of carriage or make reference to another source containing the terms and conditions of carriage (short form or blank back bill of lading). Contents of terms and conditions of carriage will not be examined.

vi. contain no indication that it is subject to a charter party.

b. For the purpose of this article, transhipment means unloading from one vessel and reloading to another vessel during the carriage from the port of loading to the port of discharge stated in the credit.

c.

i. A bill of lading may indicate that the goods will or may be transhipped provided that the entire carriage is covered by one and the same bill of lading.

ii. A bill of lading indicating that transhipment will or may take place is acceptable, even if the credit prohibits transhipment, if the goods have been shipped in a container, trailer or LASH barge as evidenced by the bill of lading.

d. Clauses in a bill of lading stating that the carrier reserves the right to tranship will be disregarded.

Article 21 Non-Negotiable Sea Waybill

a. A non-negotiable sea waybill, however named, must appear to:

i. indicate the name of the carrier and be signed by:

- the carrier or a named agent for or on behalf of the carrier, or

- the master or a named agent for or on behalf of the master.

Any signature by the carrier, master or agent must be identified as that of the carrier, master or agent.

Any signature by an agent must indicate whether the agent has signed for or on behalf of the carrier or for or on behalf of the master.

ii. indicate that the goods have been shipped on board a named vessel at the port of loading stated in the credit by:

- pre-printed wording, or

- an on board notation indicating the date on which the goods have been shipped on board.

The date of issuance of the non-negotiable sea waybill will be deemed to be the date of shipment unless the non-negotiable sea waybill contains an on board notation indicating the date of shipment, in which case the date stated in the on board notation will be deemed to be the date of shipment.

If the non-negotiable sea waybill contains the indication "intended vessel" or similar qualification in relation to the name of the vessel, an on board notation indicating the date of shipment and the name of the actual vessel is required.

iii. indicate shipment from the port of loading to the port of discharge stated in the credit.

If the non-negotiable sea waybill does not indicate the port of loading stated in the credit as the port of loading, or if it contains the indication "intended" or similar qualification in relation to the port of loading, an on board notation indicating the port of loading as stated in the credit, the date of shipment and the name of the vessel is required. This provision applies even when loading on board or shipment on a named vessel is indicated by pre-printed wording on the non-negotiable sea waybill.

iv. be the sole original non-negotiable sea waybill or, if issued in more than one original, be the full set as indicated on the non-negotiable sea waybill.

v. contain terms and conditions of carriage or make reference to another source containing the terms and conditions of carriage (short form or blank back non-negotiable sea waybill). Contents of terms and conditions of carriage will not be examined.

vi. contain no indication that it is subject to a charter party.

b. For the purpose of this article, transhipment means unloading from one vessel and reloading to another vessel during the carriage from the port of loading to the port of discharge stated in the credit.

c.

i. A non-negotiable sea waybill may indicate that the goods will or may be transhipped provided that the entire carriage is covered by one and the same non-negotiable sea waybill.

ii. A non-negotiable sea waybill indicating that transhipment will or may take place is acceptable, even if the credit prohibits transhipment, if the goods have been shipped in a container, trailer or LASH barge as evidenced by the non-negotiable sea waybill.

d. Clauses in a non-negotiable sea waybill stating that the carrier reserves the right to tranship will be disregarded.

Article 22 Charter Party Bill of Lading

a. A bill of lading, however named, containing an indication that it is subject to a charter party (charter party bill of lading), must appear to:

i. be signed by:

- the master or a named agent for or on behalf of the master, or

- the owner or a named agent for or on behalf of the owner, or

- the charterer or a named agent for or on behalf of the charterer.

Any signature by the master, owner, charterer or agent must be identified as that of the master, owner, charterer or agent.

Any signature by an agent must indicate whether the agent has signed for or on behalf of the master, owner or charterer.

An agent signing for or on behalf of the owner or charterer must indicate the name of the owner or charterer.

ii. indicate that the goods have been shipped on board a named vessel at the port of loading stated in the credit by:

- pre-printed wording, or

- an on board notation indicating the date on which the goods have been shipped on board.

The date of issuance of the charter party bill of lading will be deemed to be the date of shipment unless the charter party bill of lading contains an on board notation indicating the date of shipment, in which case the date stated in the on board notation will be deemed to be the date of shipment.

iii. indicate shipment from the port of loading to the port of discharge stated in the credit. The port of discharge may also be shown as a range of ports or a geographical area, as stated in the credit.

iv. be the sole original charter party bill of lading or, if issued in more than one original, be the full set as indicated on the charter party bill of lading.

b. A bank will not examine charter party contracts, even if they are required to be presented by the terms of the credit.

Article 23 Air Transport Document

a. An air transport document, however named, must appear to:

i. indicate the name of the carrier and be signed by:

- the carrier, or

- a named agent for or on behalf of the carrier.

Any signature by the carrier or agent must be identified as that of the carrier or agent.

Any signature by an agent must indicate that the agent has signed for or on behalf of the carrier.

ii. indicate that the goods have been accepted for carriage.

iii. indicate the date of issuance. This date will be deemed to be the date of shipment unless the air transport document contains a specific notation of the actual date of shipment, in which case the date stated in the notation will be deemed to be the date of shipment.

Any other information appearing on the air transport document relative to the flight number and date will not be considered in determining the date of shipment.

iv. indicate the airport of departure and the airport of destination stated in the credit.

v. be the original for consignor or shipper, even if the credit stipulates a full set of originals.

vi. contain terms and conditions of carriage or make reference to another source containing the terms and conditions of carriage. Contents of terms and conditions of carriage will not be examined.

b. For the purpose of this article, transhipment means unloading from one aircraft and reloading to another aircraft during the carriage from the airport of departure to the airport of destination stated in the credit.

c.

i. An air transport document may indicate that the goods will or may be transhipped, provided that the entire carriage is covered by one and the same air transport document.

ii. An air transport document indicating that transhipment will or may take place is acceptable, even if the credit prohibits transhipment.

Article 24 Road, Rail or Inland Waterway Transport Documents

a. A road, rail or inland waterway transport document, however named, must appear to:

i. indicate the name of the carrier and:

- be signed by the carrier or a named agent for or on behalf of the carrier, or

- indicate receipt of the goods by signature, stamp or notation by the carrier or a named agent for or on behalf of the carrier.

Any signature, stamp or notation of receipt of the goods by the carrier or agent must be identified as that of the carrier or agent.

Any signature, stamp or notation of receipt of the goods by the agent must indicate that the agent has signed or acted for or on behalf of the carrier.

If a rail transport document does not identify the carrier, any signature or stamp of the railway company will be accepted as evidence of the document being signed by the carrier.

ii. indicate the date of shipment or the date the goods have been received for shipment, dispatch or carriage at the place stated in the credit. Unless the transport document contains a dated reception stamp, an indication of the date of receipt or a date of shipment, the date of issuance of the transport document will be deemed to be the date of shipment.

iii. indicate the place of shipment and the place of destination stated in the credit.

b.

i. A road transport document must appear to be the original for consignor or shipper or bear no marking indicating for whom the document has been prepared.

ii. A rail transport document marked "duplicate" will be accepted as an original.

iii. A rail or inland waterway transport document will be accepted as an original whether marked as an original or not.

c. In the absence of an indication on the transport document as to the number of originals issued, the number presented will be deemed to constitute a full set.

d. For the purpose of this article, transhipment means unloading from one means of conveyance and reloading to another means of conveyance, within the same mode of transport, during the carriage from the place of shipment, dispatch or carriage to the place of destination stated in the credit.

e.

i. A road, rail or inland waterway transport document may indicate that the goods will or may be transhipped provided that the entire carriage is covered by one and the same transport document.

ii. A road, rail or inland waterway transport document indicating that transhipment will or may take place is acceptable, even if the credit prohibits transhipment.

Article 25 Courier Receipt, Post Receipt or Certificate of Posting

a. A courier receipt, however named, evidencing receipt of goods for transport, must appear to:

i. indicate the name of the courier service and be stamped or signed by the named courier service at the place from which the credit states the goods are to be shipped; and

ii. indicate a date of pick-up or of receipt or wording to this effect. This date will be deemed to be the date of shipment.

b. A requirement that courier charges are to be paid or prepaid may be satisfied by a transport document issued by a courier service evidencing that courier charges are for the account of a party other than the consignee.

c. A post receipt or certificate of posting, however named, evidencing receipt of goods for transport, must appear to be stamped or signed and dated at the place from which the credit states the goods are to be shipped. This date will be deemed to be the date of shipment.

Article 26 "On Deck", "Shipper's Load and Count", "Said by Shipper to Contain" and Charges Additional to Freight

a. A transport document must not indicate that the goods are or will be loaded on deck. A clause on a transport document stating that the goods may be loaded on deck is acceptable.

b. A transport document bearing a clause such as "shipper' s load and count" and "said by shipper to contain" is acceptable.

c. A transport document may bear a reference, by stamp or otherwise, to charges additional to the freight.

Article 27 Clean Transport Document

A bank will only accept a clean transport document. A clean transport document is one bearing no clause or notation expressly declaring a defective condition of the goods or their packaging. The word "clean" need not appear on a transport document, even if a credit has a requirement for that transport document to be "clean on board".

Article 28 Insurance Document and Coverage

a. An insurance document, such as an insurance policy, an insurance certificate or a declaration under an open cover, must appear to be issued and signed by an insurance company, an underwriter or their agents or their proxies.

Any signature by an agent or proxy must indicate whether the agent or proxy has signed for or on behalf of the insurance company or underwriter.

b. When the insurance document indicates that it has been issued in more than one original, all originals must be presented.

c. Cover notes will not be accepted.

d. An insurance policy is acceptable in lieu of an insurance certificate or a declaration under an open cover.

e. The date of the insurance document must be no later than the date of shipment, unless it appears from the insurance document that the cover is effective from a date not later than the date of shipment.

f.

i. The insurance document must indicate the amount of insurance coverage and be in the same currency as the credit.

ii. A requirement in the credit for insurance coverage to be for a percentage of the value of the goods, of the invoice value or similar is deemed to be the minimum amount of coverage required.

If there is no indication in the credit of the insurance coverage required, the amount of insurance coverage must be at least 110% of the CIF or CIP value of the goods.

When the CIF or CIP value cannot be determined from the documents, the amount of insurance coverage must be calculated on the basis of the amount for which honour or negotiation is requested or the gross value of the goods as shown on the invoice, whichever is greater.

iii. The insurance document must indicate that risks are covered at least between the place of taking in charge or shipment and the place of discharge or final destination as stated in the credit.

g. A credit should state the type of insurance required and, if any, the additional risks to be covered. An insurance document will be accepted without regard to any risks that are not covered if the credit uses imprecise terms such as "usual risks" or "customary risks".

h. When a credit requires insurance against "all risks" and an insurance document is presented containing any "all risks" notation or clause, whether or not bearing the heading "all risks", the insurance document will be accepted without regard to any risks stated to be excluded.

i. An insurance document may contain reference to any exclusion clause.

j. An insurance document may indicate that the cover is subject to a franchise or excess (deductible).

Article 29 Extension of Expiry Date or Last Day for Presentation

a. If the expiry date of a credit or the last day for presentation falls on a day when the bank to which presentation is to be made is closed for reasons other than those referred to in article 36, the expiry date or the last day for presentation, as the case may be, will be extended to the first following banking day.

b. If presentation is made on the first following banking day, a nominated bank must provide the issuing bank or confirming bank with a statement on its covering schedule that the presentation was made within the time limits extended in accordance with sub-article 29 (a).

c. The latest date for shipment will not be extended as a result of sub-article 29 (a).

Article 30 Tolerance in Credit Amount, Quantity and Unit Prices

a. The words "about" or "approximately" used in connection with the amount of the credit or the quantity or the unit price stated in the credit are to be construed as allowing a tolerance not to exceed 10% more or 10% less than the amount, the quantity or the unit price to which they refer.

b. A tolerance not to exceed 5% more or 5% less than the quantity of the goods is allowed, provided the credit does not state the quantity in terms of a stipulated number of packing units or individual items and the total amount of the drawings does not exceed the amount of the credit.

c. Even when partial shipments are not allowed, a tolerance not to exceed 5% less than the amount of the credit is allowed, provided that the quantity of the goods, if stated in the credit, is shipped in full and a unit price, if stated in the credit, is not reduced or that sub-article 30 (b) is not applicable. This tolerance does not apply when the credit stipulates a specific tolerance or uses the expressions referred to in sub-article 30 (a).

Article 31 Partial Drawings or Shipments

a. Partial drawings or shipments are allowed.

b. A presentation consisting of more than one set of transport documents evidencing shipment commencing on the same means of conveyance and for the same journey, provided they indicate the same destination, will not be regarded as covering a partial shipment, even if they indicate different dates of shipment or different ports of loading, places of taking in charge or dispatch. If the presentation consists of more than one set of transport documents, the latest date of shipment as evidenced on any of the sets of transport documents will be regarded as the date of shipment.

A presentation consisting of one or more sets of transport documents evidencing shipment on more than one means of conveyance within the same mode of transport will be regarded as covering a partial shipment, even if the means of conveyance leave on the same day for the same destination.

c. A presentation consisting of more than one courier receipt, post receipt or certificate of posting will not be regarded as a partial shipment if the courier receipts, post receipts or certificates of posting appear to have been stamped or signed by the same courier or postal service at the same place and date and for the same destination.

Article 32 Instalment Drawings or Shipments

If a drawing or shipment by instalments within given periods is stipulated in the credit and any instalment is not drawn or shipped within the period allowed for that instalment, the credit ceases to be available for that and any subsequent instalment.

Article 33 Hours of Presentation

A bank has no obligation to accept a presentation outside of its banking hours.

Article 34 Disclaimer on Effectiveness of Documents

A bank assumes no liability or responsibility for the form, sufficiency, accuracy, genuineness,

falsification or legal effect of any document, or for the general or particular conditions stipulated in a document or superimposed thereon; nor does it assume any liability or responsibility for the description, quantity, weight, quality, condition, packing, delivery, value or existence of the goods, services or other performance represented by any document, or for the good faith or acts or omissions, solvency, performance or standing of the consignor, the carrier, the forwarder, the consignee or the insurer of the goods or any other person.

Article 35 Disclaimer on Transmission and Translation

A bank assumes no liability or responsibility for the consequences arising out of delay, loss in transit, mutilation or other errors arising in the transmission of any messages or delivery of letters or documents, when such messages, letters or documents are transmitted or sent according to the requirements stated in the credit, or when the bank may have taken the initiative in the choice of the delivery service in the absence of such instructions in the credit.

If a nominated bank determines that a presentation is complying and forwards the documents to the issuing bank or confirming bank, whether or not the nominated bank has honoured or negotiated, an issuing bank or confirming bank must honour or negotiate, or reimburse that nominated bank, even when the documents have been lost in transit between the nominated bank and the issuing bank or confirming bank, or between the confirming bank and the issuing bank.

A bank assumes no liability or responsibility for errors in translation or interpretation of technical terms and may transmit credit terms without translating them.

Article 36 Force Majeure

A bank assumes no liability or responsibility for the consequences arising out of the interruption of its business by Acts of God, riots, civil commotions, insurrections, wars, acts of terrorism, or by any strikes or lockouts or any other causes beyond its control.

A bank will not, upon resumption of its business, honour or negotiate under a credit that expired during such interruption of its business.

Article 37 Disclaimer for Acts of an Instructed Party

a. A bank utilizing the services of another bank for the purpose of giving effect to the instructions of the applicant does so for the account and at the risk of the applicant.

b. An issuing bank or advising bank assumes no liability or responsibility should the instructions it transmits to another bank not be carried out, even if it has taken the initiative in the choice of that other bank.

c. A bank instructing another bank to perform services is liable for any commissions, fees, costs or expenses ("charges") incurred by that bank in connection with its instructions.

If a credit states that charges are for the account of the beneficiary and charges cannot be collected or deducted from proceeds, the issuing bank remains liable for payment of charges.

A credit or amendment should not stipulate that the advising to a beneficiary is conditional upon the receipt by the advising bank or second advising bank of its charges.

d. The applicant shall be bound by and liable to indemnify a bank against all obligations and responsibilities imposed by foreign laws and usages.

Article 38 Transferable Credits

a. A bank is under no obligation to transfer a credit except to the extent and in the manner expressly consented to by that bank.

b. For the purpose of this article:

Transferable credit means a credit that specifically states it is "transferable". A transferable credit may be made available in whole or in part to another beneficiary ("second beneficiary") at the request of the beneficiary ("first beneficiary").

Transferring bank means a nominated bank that transfers the credit or, in a credit available with any bank, a bank that is specifically authorized by the issuing bank to transfer and that transfers the credit. An issuing bank may be a transferring bank.

Transferred credit means a credit that has been made available by the transferring bank to a second beneficiary.

c. Unless otherwise agreed at the time of transfer, all charges (such as commissions, fees, costs or expenses) incurred in respect of a transfer must be paid by the first beneficiary.

d. A credit may be transferred in part to more than one second beneficiary provided partial drawings or shipments are allowed.

A transferred credit cannot be transferred at the request of a second beneficiary to any subsequent beneficiary. The first beneficiary is not considered to be a subsequent beneficiary.

e. Any request for transfer must indicate if and under what conditions amendments may be advised to the second beneficiary. The transferred credit must clearly indicate those conditions.

f. If a credit is transferred to more than one second beneficiary, rejection of an amendment by one or more second beneficiary does not invalidate the acceptance by any other second beneficiary, with respect to which the transferred credit will be amended accordingly. For any second beneficiary that rejected the amendment, the transferred credit will remain unamended.

g. The transferred credit must accurately reflect the terms and conditions of the credit, including confirmation, if any, with the exception of:

- the amount of the credit,
- any unit price stated therein,
- the expiry date,
- the period for presentation, or
- the latest shipment date or given period for shipment,

any or all of which may be reduced or curtailed.

The percentage for which insurance cover must be effected may be increased to provide the amount of cover stipulated in the credit or these articles.

The name of the first beneficiary may be substituted for that of the applicant in the credit.

If the name of the applicant is specifically required by the credit to appear in any document other than the invoice, such requirement must be reflected in the transferred credit.

h. The first beneficiary has the right to substitute its own invoice and draft, if any, for those of a second beneficiary for an amount not in excess of that stipulated in the credit, and upon such substitution the first beneficiary can draw under the credit for the difference, if any, between its invoice and the invoice of a second beneficiary.

i. If the first beneficiary is to present its own invoice and draft, if any, but fails to do so on first demand, or if the invoices presented by the first beneficiary create discrepancies that did not exist in the presentation made by the second beneficiary and the first beneficiary fails to correct them on first demand, the transferring bank has the right to present the documents as received from the second beneficiary to the issuing bank, without further responsibility to the first beneficiary.

j. The first beneficiary may, in its request for transfer, indicate that honour or negotiation is to be effected to a second beneficiary at the place to which the credit has been transferred, up to and including the expiry date of the credit. This is without prejudice to the right of the first beneficiary in accordance with sub-article 38 (h).

k. Presentation of documents by or on behalf of a second beneficiary must be made to the transferring bank.

Article 39 Assignment of Proceeds

The fact that a credit is not stated to be transferable shall not affect the right of the beneficiary to assign any proceeds to which it may be or may become entitled under the credit, in accordance with the provisions of applicable law. This article relates only to the assignment of proceeds and not to the assignment of the right to perform under the credit.

UNITED NATIONS CONVENTION ON CONTRACTS FOR THE INTERNATIONAL SALE OF GOODS (1980) [CISG]

THE STATES PARTIES TO THIS CONVENTION,
BEARING IN MIND the broad objectives in the resolutions adopted by the sixth special session of the General Assembly of the United Nations on the establishment of a New International Economic Order,
CONSIDERING that the development of international trade on the basis of equality and mutual benefit is an important element in promoting friendly relations among States,
BEING OF THE OPINION that the adoption of uniform rules which govern contracts for the international sale of goods and take into account the different social, economic and legal systems would contribute to the removal of legal barriers in international trade and promote the development of international trade,
HAVE AGREED as follows:

PART I

SPHERE OF APPLICATION AND GENERAL PROVISIONS

Chapter I

SPHERE OF APPLICATION

Article 1

(1) This Convention applies to contracts of sale of goods between parties whose places of business are in different States:

(a) when the States are Contracting States; or

(b) when the rules of private international law lead to the application of the law of a Contracting State.

(2) The fact that the parties have their places of business in different States is to be disregarded whenever this fact does not appear either from the contract or from any dealings between, or from information disclosed by, the parties at any time before or at the conclusion of the contract.

(3) Neither the nationality of the parties nor the civil or commercial character of the parties or of the contract is to be taken into consideration in determining the application of this Convention.

Article 2

This Convention does not apply to sales:

(a) of goods bought for personal, family or household use, unless the seller, at any time before or at the conclusion of the contract, neither knew nor ought to have known that the goods were bought for any such use;

(b) by auction;

(c) on execution or otherwise by authority of law;

(d) of stocks, shares, investment securities, negotiable instruments or money;

(e) of ships, vessels, hovercraft or aircraft;

(f) of electricity.

Article 3

(1) Contracts for the supply of goods to be manufactured or produced are to be considered sales unless the party who orders the goods undertakes to supply a substantial part of the materials necessary for such manufacture or production.

(2) This Convention does not apply to contracts in which the preponderant part of the obligations of the party who furnishes the goods consists in the supply of labour or other services.

Article 4

This Convention governs only the formation of the contract of sale and the rights and obligations of the seller and the buyer arising from such a contract. In particular, except as otherwise expressly provided in this Convention, it is not concerned with:

(a) the validity of the contract or of any of its provisions or of any usage;

(b) the effect which the contract may have on the property in the goods sold.

Article 5

This Convention does not apply to the liability of the seller for death or personal injury caused by the goods to any person.

Article 6

The parties may exclude the application of this Convention or, subject to article 12, derogate from or vary the effect of any of its provisions.

Chapter II

GENERAL PROVISIONS

Article 7

(1) In the interpretation of this Convention, regard is to be had to its international character and to the need to promote uniformity in its application and the observance of good faith in international trade.

(2) Questions concerning matters governed by this Convention which are not expressly settled in it are to be settled in conformity with the general principles on which it is based or, in the absence of such principles, in conformity with the law applicable by virtue of the rules of private international law.

Article 8

(1) For the purposes of this Convention statements made by and other conduct of a party are to be interpreted according to his intent where the other party knew or could not have been unaware what that intent was.

(2) If the preceding paragraph is not applicable, statements made by and other conduct of a party are to be interpreted according to the understanding that a reasonable person of the same kind as the other party would have had in the same circumstances.

(3) In determining the intent of a party or the understanding a reasonable person would have had, due consideration is to be given to all relevant

circumstances of the case including the negotiations, any practices which the parties have established between themselves, usages and any subsequent conduct of the parties.

Article 9

(1) The parties are bound by any usage to which they have agreed and by any practices which they have established between themselves.

(2) The parties are considered, unless otherwise agreed, to have impliedly made applicable to their contract or its formation a usage of which the parties knew or ought to have known and which in international trade is widely known to, and regularly observed by, parties to contracts of the type involved in the particular trade concerned.

Article 10

For the purposes of this Convention:

(a) if a party has more than one place of business, the place of business is that which has the closest relationship to the contract and its performance, having regard to the circumstances known to or contemplated by the parties at any time before or at the conclusion of the contract;

(b) if a party does not have a place of business, reference is to be made to his habitual residence.

Article 11

A contract of sale need not be concluded in or evidenced by writing and is not subject to any other requirement as to form. It may be proved by any means, including witnesses.

Article 12

Any provision of article 11, article 29 or Part II of this Convention that allows a contract of sale or its modification or termination by agreement or any offer, acceptance or other indication of intention to be made in any form other than in writing does not apply where any party has his place of business in a Contracting State which has made a declaration under article 96 of this Convention. The parties may not derogate from or vary the effect or this article.

Article 13

For the purposes of this Convention "writing" includes telegram and telex.

PART II

FORMATION OF THE CONTRACT

Article 14

(1) A proposal for concluding a contract addressed to one or more specific persons constitutes an offer if it is sufficiently definite and indicates the intention of the offeror to be bound in case of acceptance. A proposal is sufficiently definite if it indicates the goods and expressly or implicitly fixes or makes provision for determining the quantity and the price.

(2) A proposal other than one addressed to one or more specific persons is to be considered merely as an invitation to make offers, unless the contrary is clearly indicated by the person making the proposal.

Article 15

(1) An offer becomes effective when it reaches the offeree.

(2) An offer, even if it is irrevocable, may be withdrawn if the withdrawal reaches the offeree before or at the same time as the offer.

Article 16

(1) Until a contract is concluded an offer may be revoked if the revocation reaches the offeree before he has dispatched an acceptance.

(2) However, an offer cannot be revoked:

(a) if it indicates, whether by stating a fixed time for acceptance or otherwise, that it is irrevocable; or

(b) if it was reasonable for the offeree to rely on the offer as being irrevocable and the offeree has acted in reliance on the offer.

Article 17

An offer, even if it is irrevocable, is terminated when a rejection reaches the offeror.

Article 18

(1) A statement made by or other conduct of the offeree indicating assent to an offer is an acceptance. Silence or inactivity does not in itself amount to acceptance.

(2) An acceptance of an offer becomes effective at the moment the indication of assent reaches the offeror. An acceptance is not effective if the indication of assent does not reach the offeror within the time he has fixed or, if no time is fixed, within a reasonable time, due account being taken of the circumstances of the transaction, including the rapidity of the means of communication employed by the offeror. An oral offer must be accepted immediately unless the circumstances indicate otherwise.

(3) However, if, by virtue of the offer or as a result of practices which the parties have established between themselves or of usage, the offeree may indicate assent by performing an act, such as one relating to the dispatch of the goods or payment of the price, without notice to the offeror, the acceptance is effective at the moment the act is performed, provided that the act is performed within the period of time laid down in the preceding paragraph.

Article 19

(1) A reply to an offer which purports to be an acceptance but contains additions, limitations or other modifications is a rejection of the offer and constitutes a counter-offer.

(2) However, a reply to an offer which purports to be an acceptance but contains additional or different terms which do not materially alter the terms of the offer constitutes an acceptance, unless the offeror, without undue delay, objects orally to the discrepancy or dispatches a notice to that effect. If he does not so object, the terms of the contract are the terms of the offer with the modifications contained in the acceptance.

(3) Additional or different terms relating, among other things, to the price, payment, quality and quantity of the goods, place and time of delivery, extent of one party' s liability to the other or the settlement of disputes are considered

to alter the terms of the offer materially.

Article 20

(1) A period of time for acceptance fixed by the offeror in a telegram or a letter begins to run from the moment the telegram is handed in for dispatch or from the date shown on the letter or, if no such date is shown, from the date shown on the envelope. A period of time for acceptance fixed by the offeror by telephone, telex or other means of instantaneous communication, begins to run from the moment that the offer reaches the offeree.

(2) Official holidays or non-business days occurring during the period for acceptance are included in calculating the period. However, if a notice of acceptance cannot be delivered at the address of the offeror on the last day of the period because that day falls on an official holiday or a non-business day at the place of business of the offeror, the period is extended until the first business day which follows.

Article 21

(1) A late acceptance is nevertheless effective as an acceptance if without delay the offeror orally so informs the offeree or dispatches a notice to that effect.

(2) If a letter or other writing containing a late acceptance shows that it has been sent in such circumstances that if its transmission had been normal it would have reached the offeror in due time, the late acceptance is effective as an acceptance unless, without delay, the offeror orally informs the offeree that he considers his offer as having lapsed or dispatches a notice to that effect.

Article 22

An acceptance may be withdrawn if the withdrawal reaches the offeror before or at the same time as the acceptance would have become effective.

Article 23

A contract is concluded at the moment when an acceptance of an offer becomes effective in accordance with the provisions of this Convention.

Article 24

For the purposes of this Part of the Convention, an offer, declaration of acceptance or any other indication of intention "reaches" the addressee when it is made orally to him or delivered by any other means to him personally, to his place of business or mailing address or, if he does not have a place of business or mailing address, to his habitual residence.

PART III

SALE OF GOODS

Chapter I

GENERAL PROVISIONS

Article 25

A breach of contract committed by one of the parties is fundamental if it results in such detriment to the other party as substantially to deprive him of what he is entitled to expect under the contract, unless the party in breach did not foresee and a reasonable person of the same kind in the same circumstances would not have foreseen such a result.

Article 26

A declaration of avoidance of the contract is effective only if made by notice to the other party.

Article 27

Unless otherwise expressly provided in this Part of the Convention, if any notice, request or other communication is given or made by a party in accordance with this Part and by means appropriate in the circumstances, a delay or error in the transmission of the communication or its failure to arrive does not deprive that party of the right to rely on the communication.

Article 28

If, in accordance with the provisions of this Convention, one party is entitled to require performance of any obligation by the other party, a court is not bound to enter a judgement for specific performance unless the court would do so under its own law in respect of similar contracts of sale not governed by this Convention.

Article 29

(1) A contract may be modified or terminated by the mere agreement of the parties.

(2) A contract in writing which contains a provision requiring any modification or termination by agreement to be in writing may not be otherwise modified or terminated by agreement. However, a party may be precluded by his conduct from asserting such a provision to the extent that the other party has relied on that conduct.

Chapter II

OBLIGATIONS OF THE SELLER

Article 30

The seller must deliver the goods, hand over any documents relating to them and transfer the property in the goods, as required by the contract and this Convention.

Section I. Delivery of the goods and handing over of documents

Article 31

If the seller is not bound to deliver the goods at any other particular place, his obligation to deliver consists:

(a) if the contract of sale involves carriage of the goods - in handing the goods over to the first carrier for transmission to the buyer;

(b) if, in cases not within the preceding subparagraph, the contract relates to specific goods, or unidentified goods to be drawn from a specific stock or to be manufactured or produced, and at the time of the conclusion of the contract the parties knew that the goods were at, or were to be manufactured or produced at, a particular place - in placing the goods at the buyer' s disposal at that place;

(c) in other cases - in placing the goods at the buyer' s disposal at the place where the seller had his place of business at the time of the conclusion of the contract.

Article 32

(1) If the seller, in accordance with the contract or this Convention, hands the goods over to a carrier and if the goods are not clearly identified to the contract by markings on the goods, by shipping documents or otherwise, the seller must give the buyer notice of the consignment specifying the goods.

(2) If the seller is bound to arrange for carriage of the goods, he must make such contracts as are necessary for carriage to the place fixed by means of transportation appropriate in the circumstances and according to the usual terms for such transportation.

(3) If the seller is not bound to effect insurance in respect of the carriage of the goods, he must, at the buyer' s request, provide him with all available information necessary to enable him to effect such insurance.

Article 33

The seller must deliver the goods:

(a) if a date is fixed by or determinable from the contract, on that date;

(b) if a period of time is fixed by or determinable from the contract, at any time within that period unless circumstances indicate that the buyer is to choose a date; or

(c) in any other case, within a reasonable time after the conclusion of the contract.

Article 34

If the seller is bound to hand over documents relating to the goods, he must hand them over at the time and place and in the form required by the contract. If the seller has handed over documents before that time, he may, up to that time, cure any lack of conformity in the documents, if the exercise of this right does not cause the buyer unreasonable inconvenience or unreasonable expense. However, the buyer retains any right to claim damages as provided for in this Convention.

Section II. Conformity of the goods and third party claims

Article 35

(1) The seller must deliver goods which are of the quantity, quality and

description required by the contract and which are contained or packaged in the manner required by the contract.

(2) Except where the parties have agreed otherwise, the goods do not conform with the contract unless they:

(a) are fit for the purposes for which goods of the same description would ordinarily be used;

(b) are fit for any particular purpose expressly or impliedly made known to the seller at the time of the conclusion of the contract, except where the circumstances show that the buyer did not rely, or that it was unreasonable for him to rely, on the seller' s skill and judgement;

(c) possess the qualities of goods which the seller has held out to the buyer as a sample or model;

(d) are contained or packaged in the manner usual for such goods or, where there is no such manner, in a manner adequate to preserve and protect the goods.

(3) The seller is not liable under subparagraphs (a) to (d) of the preceding paragraph for any lack of conformity of the goods if at the time of the conclusion of the contract the buyer knew or could not have been unaware of such lack of conformity.

Article 36

(1) The seller is liable in accordance with the contract and this Convention for any lack of conformity which exists at the time when the risk passes to the buyer, even though the lack of conformity becomes apparent only after that time.

(2) The seller is also liable for any lack of conformity which occurs after the time indicated in the preceding paragraph and which is due to a breach of any of his obligations, including a breach of any guarantee that for a period of time the goods will remain fit for their ordinary purpose or for some particular purpose or will retain specified qualities or characteristics.

Article 37

If the seller has delivered goods before the date for delivery, he may, up to that date, deliver any missing part or make up any deficiency in the quantity of the goods delivered, or deliver goods in replacement of any non-conforming goods delivered or remedy any lack of conformity in the goods delivered, provided that the exercise of this right does not cause the buyer unreasonable inconvenience or unreasonable expense. However, the buyer retains any right to claim damages as provided for in this Convention.

Article 38

(1) The buyer must examine the goods, or cause them to be examined, within as short a period as is practicable in the circumstances.

(2) If the contract involves carriage of the goods, examination may be deferred until after the goods have arrived at their destination.

(3) If the goods are redirected in transit or redispatched by the buyer without a reasonable opportunity for examination by him and at the time of the conclusion of the contract the seller knew or ought to have known of the possibility of such redirection or redispatch, examination may be deferred until after the goods have arrived at the new destination.

Article 39

(1) The buyer loses the right to rely on a lack of conformity of the goods if he does not give notice to the seller specifying the nature of the lack of conformity within a reasonable time after he has discovered it or ought to have discovered it.

(2) In any event, the buyer loses the right to rely on a lack of conformity of the goods if he does not give the seller notice thereof at the latest within a period of two years from the date on which the goods were actually handed over to the buyer, unless this time-limit is inconsistent with a contractual period of guarantee.

Article 40

The seller is not entitled to rely on the provisions of articles 38 and 39 if the lack of conformity relates to facts of which he knew or could not have been unaware and which he did not disclose to the buyer.

Article 41

The seller must deliver goods which are free from any right or claim of a third party, unless the buyer agreed to take the goods subject to that right or claim. However, if such right or claim is based on industrial property or other intellectual property, the seller' s obligation is governed by article 42.

Article 42

(1) The seller must deliver goods which are free from any right or claim of a third party based on industrial property or other intellectual property, of which at the time of the conclusion of the contract the seller knew or could not have been unaware, provided that the right or claim is based on industrial property or other intellectual property:

(a) under the law of the State where the goods will be resold or otherwise used, if it was contemplated by the parties at the time of the conclusion of the contract that the goods would be resold or otherwise used in that State; or

(b) in any other case, under the law of the State where the buyer has his place of business.

(2) The obligation of the seller under the preceding paragraph does not extend to cases where:

(a) at the time of the conclusion of the contract the buyer knew or could not have been unaware of the right or claim; or

(b) the right or claim results from the seller' s compliance with technical drawings, designs, formulae or other such specifications furnished by the buyer.

Article 43

(1) The buyer loses the right to rely on the provisions of article 41 or article 42 if he does not give notice to the seller specifying the nature of the right or claim of the third party within a reasonable time after he has become aware or ought to have become aware of the right or claim.

(2) The seller is not entitled to rely on the provisions of the preceding paragraph if he knew of the right or claim of the third party and the nature of it.

Article 44

Notwithstanding the provisions of paragraph (1) of article 39 and paragraph (1) of article 43, the buyer may reduce the price in accordance with article 50 or claim damages, except for loss of profit, if he has a reasonable excuse for his failure to give the required notice.

Section III. Remedies for breach of contract by the seller

Article 45

(1) If the seller fails to perform any of his obligations under the contract or this Convention, the buyer may:

(a) exercise the rights provided in articles 46 to 52;

(b) claim damages as provided in articles 74 to 77.

(2) The buyer is not deprived of any right he may have to claim damages by exercising his right to other remedies.

(3) No period of grace may be granted to the seller by a court or arbitral tribunal when the buyer resorts to a remedy for breach of contract.

Article 46

(1) The buyer may require performance by the seller of his obligations unless the buyer has resorted to a remedy which is inconsistent with this requirement.

(2) If the goods do not conform with the contract, the buyer may require delivery of substitute goods only if the lack of conformity constitutes a fundamental breach of contract and a request for substitute goods is made either in conjunction with notice given under article 39 or within a reasonable time thereafter.

(3) If the goods do not conform with the contract, the buyer may require the seller to remedy the lack of conformity by repair, unless this is unreasonable having regard to all the circumstances. A request for repair must be made either in conjunction with notice given under article 39 or within a reasonable time thereafter.

Article 47

(1) The buyer may fix an additional period of time of reasonable length for performance by the seller of his obligations.

(2) Unless the buyer has received notice from the seller that he will not perform

within the period so fixed, the buyer may not, during that period, resort to any remedy for breach of contract. However, the buyer is not deprived thereby of any right he may have to claim damages for delay in performance.

Article 48

(1) Subject to article 49, the seller may, even after the date for delivery, remedy at his own expense any failure to perform his obligations, if he can do so without unreasonable delay and without causing the buyer unreasonable inconvenience or uncertainty of reimbursement by the seller of expenses advanced by the buyer. However, the buyer retains any right to claim damages as provided for in this Convention.

(2) If the seller requests the buyer to make known whether he will accept performance and the buyer does not comply with the request within a reasonable time, the seller may perform within the time indicated in his request. The buyer may not, during that period of time, resort to any remedy which is inconsistent with performance by the seller.

(3) A notice by the seller that he will perform within a specified period of time is assumed to include a request, under the preceding paragraph, that the buyer make known his decision.

(4) A request or notice by the seller under paragraph (2) or (3) of this article is not effective unless received by the buyer.

Article 49

(1) The buyer may declare the contract avoided:

(a) if the failure by the seller to perform any of his obligations under the contract or this Convention amounts to a fundamental breach of contract; or

(b) in case of non-delivery, if the seller does not deliver the goods within the additional period of time fixed by the buyer in accordance with paragraph (1) of article 47 or declares that he will not deliver within the period so fixed.

(2) However, in cases where the seller has delivered the goods, the buyer loses the right to declare the contract avoided unless he does so:

(a) in respect of late delivery, within a reasonable time after he has become aware that delivery has been made;

(b) in respect of any breach other than late delivery, within a reasonable time:

(i) after he knew or ought to have known of the breach;

(ii) after the expiration of any additional period of time fixed by the buyer in accordance with paragraph (1) of article 47, or after the seller has declared that he will not perform his obligations within such an additional period; or

(iii) after the expiration of any additional period of time indicated by the seller in accordance with paragraph (2) of article 48, or after the buyer has declared that he will not accept performance.

Article 50

If the goods do not conform with the contract and whether or not the price has already been paid, the buyer may reduce the price in the same proportion as the value that the goods actually delivered had at the time of the delivery bears to the value that conforming goods would have had at that time. However, if the seller remedies any failure to perform his obligations in accordance with article 37 or article 48 or if the buyer refuses to accept performance by the seller in accordance with those articles, the buyer may not reduce the price.

Article 51

(1) If the seller delivers only a part of the goods or if only a part of the goods delivered is in conformity with the contract, articles 46 to 50 apply in respect of the part which is missing or which does not conform.

(2) The buyer may declare the contract avoided in its entirety only if the failure to make delivery completely or in conformity with the contract amounts to a fundamental breach of the contract.

Article 52

(1) If the seller delivers the goods before the date fixed, the buyer may take delivery or refuse to take delivery.

(2) If the seller delivers a quantity of goods greater than that provided for in the contract, the buyer may take delivery or refuse to take delivery of the excess quantity. If the buyer takes delivery of all or part of the excess quantity, he must pay for it at the contract rate.

Chapter III

OBLIGATIONS OF THE BUYER

Article 53

The buyer must pay the price for the goods and take delivery of them as required by the contract and this Convention.

Section I. Payment of the price

Article 54

The buyer' s obligation to pay the price includes taking such steps and complying with such formalities as may be required under the contract or any laws and regulations to enable payment to be made.

Article 55

Where a contract has been validly concluded but does not expressly or implicitly fix or make provision for determining the price, the parties are considered, in the absence of any indication to the contrary, to have impliedly made reference to the price generally charged at the time of the conclusion of the contract for such goods sold under comparable circumstances in the trade concerned.

Article 56

If the price is fixed according to the weight of the goods, in case of doubt it is to be determined by the net weight.

Article 57

(1) If the buyer is not bound to pay the price at any other particular place, he must pay it to the seller:

(a) at the seller' s place of business; or

(b) if the payment is to be made against the handing over of the goods or of documents, at the place where the handing over takes place.

(2) The seller must bear any increases in the expenses incidental to payment which is caused by a change in his place of business subsequent to the conclusion of the contract.

Article 58

(1) If the buyer is not bound to pay the price at any other specific time, he must pay it when the seller places either the goods or documents controlling their disposition at the buyer' s disposal in accordance with the contract and this Convention. The seller may make such payment a condition for handing over the goods or documents.

(2) If the contract involves carriage of the goods, the seller may dispatch the goods on terms whereby the goods, or documents controlling their disposition, will not be handed over to the buyer except against payment of the price.

(3) The buyer is not bound to pay the price until he has had an opportunity to examine the goods, unless the procedures for delivery or payment agreed upon by the parties are inconsistent with his having such an opportunity.

Article 59

The buyer must pay the price on the date fixed by or determinable from the contract and this Convention without the need for any request or compliance with any formality on the part of the seller.

Section II. Taking delivery

Article 60

The buyer' s obligation to take delivery consists:

(a) in doing all the acts which could reasonably be expected of him in order to enable the seller to make delivery; and

(b) in taking over the goods.

Section III. Remedies for breach of contract by the buyer

Article 61

(1) If the buyer fails to perform any of his obligations under the contract or this Convention, the seller may:

(a) exercise the rights provided in articles 62 to 65;

(b) claim damages as provided in articles 74 to 77.

(2) The seller is not deprived of any right he may have to claim damages by

exercising his right to other remedies.

(3) No period of grace may be granted to the buyer by a court or arbitral tribunal when the seller resorts to a remedy for breach of contract.

Article 62

The seller may require the buyer to pay the price, take delivery or perform his other obligations, unless the seller has resorted to a remedy which is inconsistent with this requirement.

Article 63

(1) The seller may fix an additional period of time of reasonable length for performance by the buyer of his obligations.

(2) Unless the seller has received notice from the buyer that he will not perform within the period so fixed, the seller may not, during that period, resort to any remedy for breach of contract. However, the seller is not deprived thereby of any right he may have to claim damages for delay in performance.

Article 64

(1) The seller may declare the contract avoided:

(a) if the failure by the buyer to perform any of his obligations under the contract or this Convention amounts to a fundamental breach of contract; or

(b) if the buyer does not, within the additional period of time fixed by the seller in accordance with paragraph (1) of article 63, perform his obligation to pay the price or take delivery of the goods, or if he declares that he will not do so within the period so fixed.

(2) However, in cases where the buyer has paid the price, the seller loses the right to declare the contract avoided unless he does so:

(a) in respect of late performance by the buyer, before the seller has become aware that performance has been rendered; or

(b) in respect of any breach other than late performance by the buyer, within a reasonable time:

(i) after the seller knew or ought to have known of the breach; or

(ii) after the expiration of any additional period of time fixed by the seller in accordance with paragraph (1) of article 63, or after the buyer has declared that he will not perform his obligations within such an additional period.

Article 65

(1) If under the contract the buyer is to specify the form, measurement or other features of the goods and he fails to make such specification either on the date agreed upon or within a reasonable time after receipt of a request from the seller, the seller may, without prejudice to any other rights he may have, make the specification himself in accordance with the requirements of the buyer that may be known to him.

(2) If the seller makes the specification himself, he must inform the buyer of the details thereof and must fix a reasonable time within which the buyer may make a different specification. If, after receipt of such a communication, the buyer fails to do so within the time so fixed, the specification made by the seller is binding.

Chapter IV

PASSING OF RISK

Article 66

Loss of or damage to the goods after the risk has passed to the buyer does not discharge him from his obligation to pay the price, unless the loss or damage is due to an act or omission of the seller.

Article 67

(1) If the contract of sale involves carriage of the goods and the seller is not bound to hand them over at a particular place, the risk passes to the buyer when the goods are handed over to the first carrier for transmission to the buyer in accordance with the contract of sale. If the seller is bound to hand the goods over to a carrier at a particular place, the risk does not pass to the buyer until the goods are handed over to the carrier at that place. The fact that the seller is authorized to retain documents controlling the disposition of the goods does not affect the passage of the risk.

(2) Nevertheless, the risk does not pass to the buyer until the goods are clearly identified to the contract, whether by markings on the goods, by shipping documents, by notice given to the buyer or otherwise.

Article 68

The risk in respect of goods sold in transit passes to the buyer from the time of the conclusion of the contract. However, if the circumstances so indicate, the risk is assumed by the buyer from the time the goods were handed over to the carrier who issued the documents embodying the contract of carriage. Nevertheless, if at the time of the conclusion of the contract of sale the seller knew or ought to have known that the goods had been lost or damaged and did not disclose this to the buyer, the loss or damage is at the risk of the seller.

Article 69

(1) In cases not within articles 67 and 68, the risk passes to the buyer when he takes over the goods or, if he does not do so in due time, from the time when the goods are placed at his disposal and he commits a breach of contract by failing to take delivery.

(2) However, if the buyer is bound to take over the goods at a place other than a place of business of the seller, the risk passes when delivery is due and the buyer is aware of the fact that the goods are placed at his disposal at that place.

(3) If the contract relates to goods not then identified, the goods are considered not to be placed at the disposal of the buyer until they are clearly identified to the contract.

Article 70

If the seller has committed a fundamental breach of contract, articles 67, 68 and 69 do not impair the remedies available to the buyer on account of the breach.

Chapter V

PROVISIONS COMMON TO THE OBLIGATIONS OF THE SELLER AND OF THE BUYER

Section I. Anticipatory breach and instalment contracts

Article 71

(1) A party may suspend the performance of his obligations if, after the conclusion of the contract, it becomes apparent that the other party will not perform a substantial part of his obligations as a result of:

(a) a serious deficiency in his ability to perform or in his creditworthiness; or

(b) his conduct in preparing to perform or in performing the contract.

(2) If the seller has already dispatched the goods before the grounds described in the preceding paragraph become evident, he may prevent the handing over of the goods to the buyer even though the buyer holds a document which entitles him to obtain them. The present paragraph relates only to the rights in the goods as between the buyer and the seller.

(3) A party suspending performance, whether before or after dispatch of the goods, must immediately give notice of the suspension to the other party and must continue with performance if the other party provides adequate assurance of his performance.

Article 72

(1) If prior to the date for performance of the contract it is clear that one of the parties will commit a fundamental breach of contract, the other party may declare the contract avoided.

(2) If time allows, the party intending to declare the contract avoided must give reasonable notice to the other party in order to permit him to provide adequate assurance of his performance.

(3) The requirements of the preceding paragraph do not apply if the other party has declared that he will not perform his obligations.

Article 73

(1) In the case of a contract for delivery of goods by instalments, if the failure of one party to perform any of his obligations in respect of any instalment constitutes a fundamental breach of contract with respect to that instalment, the other party may declare the contract avoided with respect to that instalment.

(2) If one party' s failure to perform any of his obligations in respect of any instalment gives the other party good grounds to conclude that a fundamental breach of contract will occur with respect to future instalments, he may declare the contract avoided for the future, provided that he does so within a reasonable time.

(3) A buyer who declares the contract avoided in respect of any delivery may, at the same time, declare it avoided in respect of deliveries already made or of

future deliveries if, by reason of their interdependence, those deliveries could not be used for the purpose contemplated by the parties at the time of the conclusion of the contract.

Section II. Damages

Article 74

Damages for breach of contract by one party consist of a sum equal to the loss, including loss of profit, suffered by the other party as a consequence of the breach. Such damages may not exceed the loss which the party in breach foresaw or ought to have foreseen at the time of the conclusion of the contract, in the light of the facts and matters of which he then knew or ought to have known, as a possible consequence of the breach of contract.

Article 75

If the contract is avoided and if, in a reasonable manner and within a reasonable time after avoidance, the buyer has bought goods in replacement or the seller has resold the goods, the party claiming damages may recover the difference between the contract price and the price in the substitute transaction as well as any further damages recoverable under article 74.

Article 76

(1) If the contract is avoided and there is a current price for the goods, the party claiming damages may, if he has not made a purchase or resale under article 75, recover the difference between the price fixed by the contract and the current price at the time of avoidance as well as any further damages recoverable under article 74. If, however, the party claiming damages has avoided the contract after taking over the goods, the current price at the time of such taking over shall be applied instead of the current price at the time of avoidance.

(2) For the purposes of the preceding paragraph, the current price is the price prevailing at the place where delivery of the goods should have been made or, if there is no current price at that place, the price at such other place as serves as a reasonable substitute, making due allowance for differences in the cost of transporting the goods.

Article 77

A party who relies on a breach of contract must take such measures as are reasonable in the circumstances to mitigate the loss, including loss of profit, resulting from the breach. If he fails to take such measures, the party in breach may claim a reduction in the damages in the amount by which the loss should have been mitigated.

Section III. Interest

Article 78

If a party fails to pay the price or any other sum that is in arrears, the other party is entitled to interest on it, without prejudice to any claim for damages recoverable under article 74.

Section IV. Exemptions

Article 79

(1) A party is not liable for a failure to perform any of his obligations if he proves that the failure was due to an impediment beyond his control and that he could not reasonably be expected to have taken the impediment into account at the time of the conclusion of the contract or to have avoided or overcome it or its consequences.

(2) If the party' s failure is due to the failure by a third person whom he has engaged to perform the whole or a part of the contract, that party is exempt from liability only if:

(a) he is exempt under the preceding paragraph; and

(b) the person whom he has so engaged would be so exempt if the provisions of that paragraph were applied to him.

(3) The exemption provided by this article has effect for the period during which the impediment exists.

(4) The party who fails to perform must give notice to the other party of the impediment and its effect on his ability to perform. If the notice is not received by the other party within a reasonable time after the party who fails to perform

knew or ought to have known of the impediment, he is liable for damages resulting from such non-receipt.

(5) Nothing in this article prevents either party from exercising any right other than to claim damages under this Convention.

Article 80

A party may not rely on a failure of the other party to perform, to the extent that such failure was caused by the first party' s act or omission.

Section V. Effects of avoidance

Article 81

(1) Avoidance of the contract releases both parties from their obligations under it, subject to any damages which may be due. Avoidance does not affect any provision of the contract for the settlement of disputes or any other provision of the contract governing the rights and obligations of the parties consequent upon the avoidance of the contract.

(2) A party who has performed the contract either wholly or in part may claim restitution from the other party of whatever the first party has supplied or paid under the contract. If both parties are bound to make restitution, they must do so concurrently.

Article 82

(1) The buyer loses the right to declare the contract avoided or to require the seller to deliver substitute goods if it is impossible for him to make restitution of the goods substantially in the condition in which he received them.

(2) The preceding paragraph does not apply:

(a) if the impossibility of making restitution of the goods or of making restitution of the goods substantially in the condition in which the buyer received them is not due to his act or omission;

(b) if the goods or part of the goods have perished or deteriorated as a result of the examination provided for in article 38; or

(c) if the goods or part of the goods have been sold in the normal course of business or have been consumed or transformed by the buyer in the course of normal use before he discovered or ought to have discovered the lack of conformity.

Article 83

A buyer who has lost the right to declare the contract avoided or to require the seller to deliver substitute goods in accordance with article 82 retains all other remedies under the contract and this Convention.

Article 84

(1) If the seller is bound to refund the price, he must also pay interest on it, from the date on which the price was paid.

(2) The buyer must account to the seller for all benefits which he has derived from the goods or part of them:

(a) if he must make restitution of the goods or part of them; or

(b) if it is impossible for him to make restitution of all or part of the goods or to make restitution of all or part of the goods substantially in the condition in which he received them, but he has nevertheless declared the contract avoided or required the seller to deliver substitute goods.

Section VI. Preservation of the goods

Article 85

If the buyer is in delay in taking delivery of the goods or, where payment of the price and delivery of the goods are to be made concurrently, if he fails to pay the price, and the seller is either in possession of the goods or otherwise able to control their disposition, the seller must take such steps as are reasonable in the circumstances to preserve them. He is entitled to retain them until he has been reimbursed his reasonable expenses by the buyer.

Article 86

(1) If the buyer has received the goods and intends to exercise any right under the contract or this Convention to reject them, he must take such steps to preserve them as are reasonable in the circumstances. He is entitled to retain them until he has been reimbursed his reasonable expenses by the seller.

(2) If goods dispatched to the buyer have been placed at his disposal at their destination and he exercises the right to reject them, he must take possession of them on behalf of the seller, provided that this can be done without payment of the price and without unreasonable inconvenience or unreasonable expense. This provision does not apply if the seller or a person authorized to take charge of the goods on his behalf is present at the destination. If the buyer takes possession of the goods under this paragraph, his rights and obligations are governed by the preceding paragraph.

Article 87

A party who is bound to take steps to preserve the goods may deposit them in a warehouse of a third person at the expense of the other party provided that the expense incurred is not unreasonable.

Article 88

(1) A party who is bound to preserve the goods in accordance with article 85 or 86 may sell them by any appropriate means if there has been an unreasonable delay by the other party in taking possession of the goods or in taking them back or in paying the price or the cost of preservation, provided that reasonable notice of the intention to sell has been given to the other party.

(2) If the goods are subject to rapid deterioration or their preservation would involve unreasonable expense, a party who is bound to preserve the goods in accordance with article 85 or 86 must take reasonable measures to sell them. To the extent possible he must give notice to the other party of his intention to sell.

(3) A party selling the goods has the right to retain out of the proceeds of sale an amount equal to the reasonable expenses of preserving the goods and of selling them. He must account to the other party for the balance.

PART IV

FINAL PROVISIONS

Article 89

The Secretary-General of the United Nations is hereby designated as the depositary for this Convention.

Article 90

This Convention does not prevail over any international agreement which has already been or may be entered into and which contains provisions concerning the matters governed by this Convention, provided that the parties have their places of business in States parties to such agreement.

Article 91

(1) This Convention is open for signature at the concluding meeting of the United Nations Conference on Contracts for the International Sale of Goods and will remain open for signature by all States at the Headquarters of the United Nations, New York until 30 September 1981.

(2) This Convention is subject to ratification, acceptance or approval by the signatory States.

(3) This Convention is open for accession by all States which are not signatory States as from the date it is open for signature.

(4) Instruments of ratification, acceptance, approval and accession are to be deposited with the Secretary-General of the United Nations.

Article 92

(1) A Contracting State may declare at the time of signature, ratification, acceptance, approval or accession that it will not be bound by Part II of this Convention or that it will not be bound by Part III of this Convention.

(2) A Contracting State which makes a declaration in accordance with the preceding paragraph in respect of Part II or Part III of this Convention is not to be considered a Contracting State within paragraph (1) of article 1 of this Convention in respect of matters governed by the Part to which the declaration applies.

Article 93

(1) If a Contracting State has two or more territorial units in which, according to its constitution, different systems of law are applicable in relation to the matters dealt with in this Convention, it may, at the time of signature, ratification, acceptance, approval or accession, declare that this Convention is to extend to all its territorial units or only to one or more of them, and may amend its declaration by submitting another declaration at any time.

(2) These declarations are to be notified to the depositary and are to state expressly the territorial units to which the Convention extends.

(3) If, by virtue of a declaration under this article, this Convention extends to one or more but not all of the territorial units of a Contracting State, and if the place of business of a party is located in that State, this place of business, for the purposes of this Convention, is considered not to be in a Contracting State, unless it is in a territorial unit to which the Convention extends.

(4) If a Contracting State makes no declaration under paragraph (1) of this article, the Convention is to extend to all territorial units of that State.

Article 94

(1) Two or more Contracting States which have the same or closely related legal rules on matters governed by this Convention may at any time declare that the Convention is not to apply to contracts of sale or to their formation where the parties have their places of business in those States. Such declarations may be made jointly or by reciprocal unilateral declarations.

(2) A Contracting State which has the same or closely related legal rules on matters governed by this Convention as one or more non-Contracting States may at any time declare that the Convention is not to apply to contracts of sale or to their formation where the parties have their places of business in those States.

(3) If a State which is the object of a declaration under the preceding paragraph subsequently becomes a Contracting State, the declaration made will, as from the date on which the Convention enters into force in respect of the new Contracting State, have the effect of a declaration made under paragraph (1), provided that the new Contracting State joins in such declaration or makes a reciprocal unilateral declaration.

Article 95

Any State may declare at the time of the deposit of its instrument of ratification, acceptance, approval or accession that it will not be bound by subparagraph (1)(b) of article 1 of this Convention.

Article 96

A Contracting State whose legislation requires contracts of sale to be concluded in or evidenced by writing may at any time make a declaration in accordance with article 12 that any provision of article 11, article 29, or Part II of this Convention, that allows a contract of sale or its modification or termination by agreement or any offer, acceptance, or other indication of intention to be made in any form other than in writing, does not apply where any party has his place of business in that State.

Article 97

(1) Declarations made under this Convention at the time of signature are subject to confirm!ation upon ratification, acceptance or approval.

(2) Declarations and confirm!ations of declarations are to be in writing and be formally notified to the depositary.

(3) A declaration takes effect simultaneously with the entry into force of this Convention in respect of the State concerned. However, a declaration of which the depositary receives formal notification after such entry into force takes effect on the first day of the month following the expiration of six months after the date of its receipt by the depositary. Reciprocal unilateral declarations under article 94 take effect on the first day of the month following the expiration of six months after the receipt of the latest declaration by the depositary.

(4) Any State which makes a declaration under this Convention may withdraw it at any time by a formal notification in writing addressed to the depositary. Such withdrawal is to take effect on the first day of the month following the expiration of six months after the date of the receipt of the notification by the depositary.

(5) A withdrawal of a declaration made under article 94 renders inoperative, as from the date on which the withdrawal takes effect, any reciprocal declaration made by another State under that article.

Article 98

No reservations are permitted except those expressly authorized in this Convention.

Article 99

(1) This Convention enters into force, subject to the provisions of paragraph (6) of this article, on the first day of the month following the expiration of twelve

months after the date of deposit of the tenth instrument of ratification, acceptance, approval or accession, including an instrument which contains a declaration made under article 92.

(2) When a State ratifies, accepts, approves or accedes to this Convention after the deposit of the tenth instrument of ratification, acceptance, approval or accession, this Convention, with the exception of the Part excluded, enters into force in respect of that State, subject to the provisions of paragraph (6) of this article, on the first day of the month following the expiration of twelve months after the date of the deposit of its instrument of ratification, acceptance, approval or accession.

(3) A State which ratifies, accepts, approves or accedes to this Convention and is a party to either or both the Convention relating to a Uniform Law on the Formation of Contracts for the International Sale of Goods done at The Hague on 1 July 1964 (1964 Hague Formation Convention) and the Convention relating to a Uniform Law on the International Sale of Goods done at The Hague on 1 July 1964 (1964 Hague Sales Convention) shall at the same time denounce, as the case may be, either or both the 1964 Hague Sales Convention and the 1964 Hague Formation Convention by notifying the Government of the Netherlands to that effect.

(4) A State party to the 1964 Hague Sales Convention which ratifies, accepts, approves or accedes to the present Convention and declares or has declared under article 52 that it will not be bound by Part II of this Convention shall at the time of ratification, acceptance, approval or accession denounce the 1964 Hague Sales Convention by notifying the Government of the Netherlands to that effect.

(5) A State party to the 1964 Hague Formation Convention which ratifies, accepts, approves or accedes to the present Convention and declares or has declared under article 92 that it will not be bound by Part III of this Convention shall at the time of ratification, acceptance, approval or accession denounce the 1964 Hague Formation Convention by notifying the Government of the Netherlands to that effect.

(6) For the purpose of this article, ratifications, acceptances, approvals and accessions in respect of this Convention by States parties to the 1964 Hague Formation Convention or to the 1964 Hague Sales Convention shall not be effective until such denunciations as may be required on the part of those States in respect of the latter two Conventions have themselves become effective. The

depositary of this Convention shall consult with the Government of the Netherlands, as the depositary of the 1964 Conventions, so as to ensure necessary co-ordination in this respect.

Article 100

(1) This Convention applies to the formation of a contract only when the proposal for concluding the contract is made on or after the date when the Convention enters into force in respect of the Contracting States referred to in subparagraph (1)(a) or the Contracting State referred to in subparagraph (1)(b) of article 1.

(2) This Convention applies only to contracts concluded on or after the date when the Convention enters into force in respect of the Contracting States referred to in subparagraph (1)(a) or the Contracting State referred to in subparagraph (1)(b) of article 1.

Article 101

(1) A Contracting State may denounce this Convention, or Part II or Part III of the Convention, by a formal notification in writing addressed to the depositary.

(2) The denunciation takes effect on the first day of the month following the expiration of twelve months after the notification is received by the depositary. Where a longer period for the denunciation to take effect is specified in the notification, the denunciation takes effect upon the expiration of such longer period after the notification is received by the depositary.

DONE at Vienna, this day of eleventh day of April, one thousand nine hundred and eighty, in a single original, of which the Arabic, Chinese, English, French, Russian and Spanish texts are equally authentic.

IN WITNESS WHEREOF the undersigned plenipotentiaries, being duly authorized by their respective Governments, have signed this Convention.

국내문헌

권오, "국제운송관련 규칙의 멸실 · 손상 및 지연 손해 조항에 관한 연구", 「관세학회지」 제13권 제3호, (한국관세학회, 2012).

김선옥, "운송물 인도행위에 대한 헤이그-비스비 규칙 제3조 6항의 적용에 관한 해석", 「무역 연구」 제8권 제3호, (한국무역연구원, 2012).

김순자 · 박성철, 무역실무강의, 한문사닷컴, 2009.

남풍우, 무역결제론, 두남, 2007.

무역실무연구회, 무역실무, 두남, 2013.

박광서, 무역결제론, 삼영사, 2008.

박명섭, 관세와 통관, 형설출판사, 2002.

박명섭, 국제무역의 이해, 삼영사, 2003.

박명섭, 국제물류의 이해, 법문사, 2010.

박명섭, 국제물류의 이해와 사례, 법문사, 2005.

박명섭, 무역실무, 우용출판사, 2005.

배정한, 국제무역대금결제, 삼영사, 2008.

신승관, "수출결제통화 선택 결정요인 분석", 무역협회 무역연구소, 2005. 4.

양영환 · 오원석 · 박광서, 무역상무, 삼영사, 2010.

양영환 · 오원석 · 박명섭, 국제무역의 이해, 삼영사, 2003.

양정호, "국제복합운송계약에서 로테르담 규칙의 적용상 문제점에 관한 연구", 「무역상무연구」 제46권, (한국무역상무학회지, 2010).

양정호, "로테르담 규칙에 대한 평가와 전망", 「무역상무연구」 제51권, (한국무역상무학회지, 2011).

이강빈, "몬트리올 협약상 국제항공화물운송에 관한 연구", 「무역상무연구」 제49권, (한국무역상무학회, 2011).

이용근, 무역실무, 삼영사, 2006.

조현숙, "로테르담 규칙에서 해상운송인의 책임에 대한 비교 연구", 「무역학회지」 제35권 제1호, (한국무역학회, 2010).

최병권, "로테르담 규칙상 운송인의 책임에 관한 연구",「해양비즈니스」제20권, (한국해양비즈니스학회, 2011).

외국문헌

Alan E. Branch, *Elements of Export Marketing and Management*, 2nd ed., Chapman & Hall (1990).

A. G. Guest, et al., *Benjiamin' s Sale of Goods*, 4th ed., Sweet & Maxwell (1992).

Bertrams, *Bank Guarantees in International Trade*, 2nd revised ed., Kluwer Law International (1996).

H. van Houtte, *The Law of International Trade*, Sweet & Maxwell (2002).

Justin Malbon · Bernard Bisshop, *Australian Export, A Guide to Law and Practice*, Cambridge University (2006).

Kenneth D. Weiss, *Building an Import/Export Business*, N. Y. John Wiely & Sons, Inc. (1991).

Leo D' arcy, et al., *Schmitthoff' s Export Trade-The Law and Practice of International Trade*, 10th ed., Sweet & Maxwell (2000).

Roy Goode, *Guide to the ICC Uniform Rules for Demand Guarantees*, International Chamber of Commerce (1992).

기타자료

http://www.kotra.or.kr

http://www.kita.net

http://www.kcab.or.kr

http://www.customs.go.kr

http://www.ksure.or.kr/

| ㄱ |

간이정액환급 224
간이정액환급제도 224
간접거래(indirect trade) 6
간접조사 36
갑판적화물 236
개방식 동맹(open conference) 111
개별환급 224
개별환급제도 224
개산수량조건 65
개설은행(Issuing Bank) 184
개설의뢰인(Applicant) 183
개인키 242
개장(unitary packing) 73
개품운송계약(contract of affreight in a general ship) 10, 109
거래알선사이트(e-maket place) 248
거래약정(Interchange Agreement: I/A) 259
거래제의 7, 43
거증책임의 원칙 155
검사증명서(Certificate of Inspection) 246
검색엔진(search engine) 248
견본에 의한 매매(Sales by Sample) 60
견적송장(Proforma Invoice) 244
결제(honour) 184
결제조건 68
경상의 법칙(mirror image rule) 52
계약운송인형 복합운송인 132
계약운임제도(contract rate system) 111
고가이동기중기(Gantry Crane) 139
고장부 선하증권(Foul B/L or Dirty B/L) 233
고지의무 148
공동보험(Co-insurance) 150
공동해손(General Average: G/A) 154
공동해손조항(general average clause) 161
공인검정인(sworn measurer/surveyor) 246
공적운임(Dead Freight) 120
공표운임률(tariff rate) 111
과부족 용인조건 64
과실약관 235
과오납금 환급 222
관세(customs, tariff) 213
관세법(customs law) 17, 213
관세법상 관세환급 222
관세환급(customs drawback) 12, 222
광속상거래(Commerce At Light Speed: CALS) 248
교차청약(cross offer) 50
구상무역 28
구상보증용(counter standby) 194
구조료(Salvage Award) 154
구조비(Salvage Charge) 154
구협회적하약관(Lloyd' s S.G. Policy) 157
국영무역 4
국제도로물품운송계약에 관한 협약(CMR: Convention on the Contract for the International Carriage of Goods by Road) 142
국제물품매매계약 45, 46
국제복합운송 131
국제복합운송 규칙 134
국제복합운송인 132
국제철도운송조약(CIM: Convention Concerning International Carriage by Rail) 143
국제팩토링(international factoring) 210
국제표준화기구 135
국제항공운송 122

국제해사위원회(Comite Maritime International: CMI) 238
권리증권(document of title) 226
규격에 의한 매매(Sales by Type or Grade) 60
금융보증용(financial standby) 194
기간경과 선하증권(Stale B/L) 234
기간보험(Time Policy) 147
기간용선계약(Time Charter) 118
기명식 234
기명식 선하증권(Straight B/L) 233
기탁신용장(Escrow Credit) 191
기판력(旣判力) 274
기한부신용장(Usance Credit) 191
기한부어음(usance draft) 191

| ㄴ |

나(임대차)용선계약(Bareboat Charter, Demise Charter) 118
낙성계약(concensual contract) 47
난외약관 160
내국물품 213
내국신용장(local L/C) 9, 191
내륙 컨테이너 화물 통관기지(ICD: Inland Container Depot) 140
내장(inner packing) 73
냉동 컨테이너(Reefer Container) 137
네트워크 약정(Network Agreement: N/A) 259

| ㄷ |

다자간 상호계산(multi-netting) 207
단독해손(Particular Average: P/A) 154
단독해손 부담보(FPA: Free from Particular Average) 161
단순송금방식 174
단위탑재용기운임(BUC: Bulk Unitization Charge) 125
담보(Warranty) 149
담보위험(perils covered) 151
대금결제방식 171
대금결제시기 170
대외무역법 17
대위(subrogation) 156
대응구매 29
대응청약(counter offer) 8, 49
대한무역진흥공사(Korea Trade Promotion Corporation: KOTRA) 7
도로운송 142
도로화물탁송장(Road Consignment Note) 142
독립성 · 추상성의 원칙(the principle of independent or abstraction) 179
동시개설신용장(Back to Back Credit) 192
동시지급 70, 170
동업자조회처(trade reference) 41
동일책임체계 132
동종제한의 원칙 157
드라이 컨테이너(Dry Container) 137
디지털 물품(digital goods) 251

| ㄹ |

로테르담 규칙(Rotterdam Rules) 121

| ㅁ |

마켓 클레임 267
만재화물(FCL cargo: Full Container Load cargo) 136
매도청약(selling offer) 8
매수청약(buying offer) 13
매입신용장(Negotiation Credit) 189
매입은행(Negotiating Bank) 185
면책위험(excepted perils) 151
면책증권 227
명세서에 의한 매매(Sales by Specification) 61
명시적 조건(express terms) 169
몬트리올 협약(Montreal Convention) 128
무고장 선하증권(Clean B/L) 232
무기명식 234
무담보신용장(Clean Credit) 186
무소구조건(without recourse) 210

무역거래의 절차 7
무역거래자 25
무역계약 45
무역계약의 성립요건 48
무역관리 16
무역대금결제 169
무역대리업 25
무역업 25
무역업고유번호 25
무역클레임 266
무차별운임(FAK: freight all kinds rate) 113
무확인신용장(Unconfirmed Credit) 187
무환수출입 29
묵시적 조건(implied terms) 169
문언증권 227
문의 8
물리적 물품(physical goods) 251
미국 특허 및 상표국(U. S. Patent and Trademark Office) 261
민간무역 4

ㅂ

바르샤바 협약(Warsaw Convention) 20, 127
반송 214
벌크 탑재방식(Bulk Loading) 123
법원의 확정판결 278
법적 중량(legal weight) 63
변환소프트웨어 258
보상(to pay) 147
보세 218
보세건설장 220
보세공장 220
보세구역(bonded area) 219
보세구역 도착전 신고(declaration prior to arrival at the bonded area) 215
보세운송 221
보세전시장 220
보세제도 218
보세지역(bonded area) 10
보세창고 220
보세판매장 220
보증신용장(Standby Credit) 193, 195
보통품질(Usual Standard Quality: U.S.Q.) 61
보험가액(Insurable Value) 149
보험계약(contract of insurance) 46
보험계약기간(Duration of the Policy) 150
보험계약자(Insurance Policy) 147
보험금(Claim Amount) 149
보험금액(Insurable Amount) 149
보험기간(Duration of Risk) 150
보험료(Premium) 149
보험목적물(Subject-matter Insured) 148
보험승낙서(Cover Note) 245
보험약관(Clauses) 149
보험자(Insurer, Assurer) 148
보험조건 71
보험증권(Insurance Policy) 10, 149, 245
보험증명서(Certificate of Insurance) 10, 245
복합운송 선하증권(Multimodal Transport B/L: MTD) 233
복합운송계약 10
복합운송서류(Multimodal Transport Document: MTD) 10, 133
복합운송인의 책임체계 132
본선수령증(Mate' s Receipt: M/R) 10
볼레로 프로젝트(Bolero Project) 259, 260
부담보위험(perils not covered) 151
부적운임 120
부정기선(tramper) 10, 117
부정기선 운송 117
부정기선 운임 119
부종보증 194
부지약관 236
분석증명서(Certificate of Analysis) 246
분손담보(W/A: With Average) 161
분할선적(partial shipment) 67
분할지급 71, 170
불요식계약(informal contract) 47
불확정청약(free offer) 49
비유통성 선하증권(Non-negotiable B/L)

233
비율(비례)운임(Pro-rate Freight) 120

| ㅅ |

사이버무역(cyber trade) 248
사전송금(advance remittance) 173
사전송금방식(advance remittance) 174
사후송금(later remittance) 173
사후송금방식 174
상계 206
상공인명부(Directory) 7
상공회의소(Chamber of Commerce and Industry) 7
상사중재 274
상업보증용(commercial standby) 194
상업송장(Commercial Invoice) 244
상업신용장(Commercial Credit) 186
상표에 의한 매매(Sales by Mark or Brand) 60
상호계산(offsetting, netting) 206
상호계산방식 206
상환은행(Reimbursing Bank) 186
상환증권 227
서류발급비(Documentation Fee) 114
선대신용장(Red Clause or Packing L/C) 192
선물환계약(forward exchange contract) 9
선박보험 146
선별검사(C/S; cargo selectivity) 215
선임(운임)보험 146
선적기간 66
선적서류(Shipping Documents: S/D) 225
선적 선하증권(Shipped B/L) 232
선적수량조건 64
선적일자 증명 68
선적조건 66
선적지시서(Shipping Order: S/O) 10
선적품질조건 62
선지급 70, 170
선지급운임(Prepaid Freight) 113, 119
선하증권(Bill of Lading: B/L) 10, 226
선하증권법(The Bills of Lading Act) 228
성수기할증료(Peak Season Charge) 114
성실할려제도(fidelity rate system) 111
세계무역센터협회(WTCA) 261
세관검사장 219
세관송장(Customs Invoice) 244
소급보험(lost or not lost clause) 150
소량화물(LCL cargo: Less Container Load cargo) 136
소손해면책 조항 159
소송(Litigation) 274
소지인식 234
손인(Peril) 147
손해(Loss) 147
손해방지비용(Sue and Labour Charge) 154
손해조사비용(Survey Fee) 155
송금방식 69, 173
송장(invoice) 243
수기문언 우선원칙 156
수량조건 63
수령 선하증권(Received for shipment B/L) 232
수익자(Beneficiary) 183
수입 214
수입승인서(Import License: I/L) 15, 198
수입신고(import declaration) 215
수입신고수리 216
수입오퍼(buying offer) 249
수입자동승인품목 19
수입제한승인품목 20
수입통관(import clearance) 214
수입통관절차 215
수입할당제 22
수입화물대도(Trust Receipt: T/R) 14
수입화물선취보증서(Letter of Guarantee: L/G) 14
수입화물선취보증장(Letter of Guarantee: L/G) 237
수출 213
수출마케팅조사(export marketing research) 7
수출면장(export permit) 10

수출물품 선적관리 217
수출승인서(Export License: E/L) 9
수출신고(export declaration) 10, 217
수출신고수리 217
수출오퍼(selling offer) 249
수출용 원재료 223
수출입공고 17
수출자동승인품목 19
수출제한승인품목 19
수출통관(export clearance) 217
수탁가공무역 26
수탁판매수입 27
순중량(net weight) 63
승낙(acceptance) 52
신고서심사 215
신용위험(credit risk) 39, 270
신용장(Letter of Credit: L/C) 8
신용장거래약정 9
신용장거래의 당사자 183
신용장 개설 198
신용장방식 68, 178
신용장 유효기일(expiry date) 199
신용장의 조건변경(amendment) 199
신용장조건변경의뢰서(application for amendment to letter of credit) 199
신용장통일규칙(Uniform Customs and Practice for Documentary Credit: UCP) 174
신용조사 39
신용조회처(references) 7
신의성실의 원칙(Grundsatz von Treu und Glauben) 270
신협회적하약관의 담보위험 165
실손보상의 원칙 155
실제운송인형 복합운송인 132
심리종결 280
쌍무계약(bilateral contract) 47

| ㅇ |

안벽 139
알선(Intermediation) 273
약식 선하증권(Short Form B/L) 234
양도가능신용장(Transferable Credit) 188
양도불능신용장(Non-Transferable Credit) 188
양륙수량조건 64
양륙품질조건 62
양자 간 상호계산(bilateral-netting) 207
엄격일치의 원칙(doctrine of strict compliance) 179
에이프런(apron) 139
여행자신용장(Traveller' s Credit) 186
연계무역 28
열거담보방식 151
영국해상보험법(MIA: Marine Insurance Act 1906) 145
영사송장(Consular Invoice) 244
영업능력(capacity) 7
예정보험(floating policy) 150
오픈 탑 컨테이너(Open top Container) 137
외국물품 214
외국인도수출 27
외국인수수입 27
외국중재판정의 승인 및 집행에 관한 UN 협약 278
외국환거래법 17
외국환거래약정서 198
외장(outer packing) 72
요식증권 227
요인증권 227
요크앤트워프 규칙(York Antwerp Rules, 1990) 154
용선계약(contract of charter party) 109
용선계약서(Charter Party) 10
용선운송계약 10
용적운임 112
용적화물 112
운송계약(contract of carriage) 46
운송계약의 증빙 226
운임공동계산(pooling agreement) 111
운임연할려제도(deferred rate system) 112
운임톤(R/T: revenue ton) 113
운임협정(rate agreement) 111

원산지증명서(Certificate of Origin) 246
위부(abandonment) 153, 156
위약환급 223
위탁가공무역 26
위탁거래 6
위탁조사 36
위탁판매 6
위탁판매수출 26
위태(Hazard) 147
위험(Risk) 147
위험물 취급수수료(Dangerous Handling Fee) 126
위험의 변경(Variation of Risk) 152
위험의 변동(Alteration of Risk) 151, 152
유가증권 226
유류할증료(BAF: Bunker Adjustment Factor) 114
유상계약(remunerative contract) 47
유엔 행정 · 상업 · 운송에 관한 전자문서교환방식(United Nations Electronic Data Interchange for Administration, Commerce and Transport: UN/EDIFACT) 255, 257
유통성 선하증권(Negotiable B/L) 233
유통증권 227
육상운동 142
은행조회처(bank reference) 41
의도적 클레임 267
이로(deviation) 152
이로약관 236
이종책임체계 132, 133
이탤릭서체약관 160
이행보증용(performance standby) 194
인격(character) 7
인도증권 227
인수도(D/A: Documents against Acceptance) 69, 176
인수신용장(Acceptance Credit) 190
인수은행(Accepting Bank) 186
인터넷 EDI 262
인터넷무역(internet trade) 248
일괄납부정산제도 224
일대용선계약(Daily Charter) 118
일등항해사(chief mate) 10
일람불신용장(Sight Credit) 191
일반거래조건협정서(Agreement on General Terms and Conditions of Business) 8, 54
일반적 클레임 266
일반화물요율(GCR: General Cargo Rate) 125
일부보험(Under Insurance) 150
일치하는 제시(complying presentation) 68
임의 기재사항 234
입체지불수수료(Disbursement Fee) 126
입항전 신고(declaration prior to arrival) 215

ㅈ

자본(capital) 7
작성자 불이익의 원칙 157
잠재하자약관 236
재판관할조항(jurisdiction clause) 76
저화장(Storage Yard) 139
적색 선하증권(Red B/L) 234
적하보험 146
적하보험약관 157
전대신용장 170
전부보험(Full Insurance) 150
전자거래약정(e-Contract) 253
전자결제 256
전자무역(electronic trade) 247
전자무역거래(electronic trade transactions) 248
전자문서교환(Electronic Data Interchange: EDI) 247, 248
전자상거래(electronic commerce) 248
전자식 선하증권(Electronic B/L) 241, 242
전자통신문(electronic message) 255
전자화폐(cyber cash) 252
정기선(liner) 10, 110
정기선 운송 110
정형거래조건(trade terms) 79

제3자 네트워크(third party network) 258
제시증권 227
조건부청약(conditional offer) 50
조달(procure) 85, 90
조정(Mediation) 273
조화장(Marshalling Yard) 139
조회(inquiry) 8, 44
종가운임(Valuation Charge) 112, 125
종합보세구역 221
종합보세구역내 판매물품에 대한 관세환급 223
준거법조항 76
중계무역(intermediate trade) 27
중계수수료 27
중량운임 112
중량/용적증명서(Certificate of Measurement/Weight) 246
중복보험(Double Insurance) 150
중재(Arbitration) 274
중재계약(arbitration agreement) 75, 276
중재법 278
중재부탁계약(submission to arbitration) 277
중재인(arbitrator) 274
중재조항(arbitration clause) 277
중재판정(award) 274
중재판정효력의 국제성 275
증거증권 227
지급계약(contract of payment) 46
지급도(D/P: Documents against Payment) 69, 176
지급신용장(Payment Credit) 189
지급은행(Paying Bank) 185
지급하는 서류상환도지급(Cash against Document: CAD) 70
지시식 234
지시식 선하증권(Order B/L) 233
지시증권 227
지정보세구역 219
지정보세구역 장치물품의 멸실 · 손상으로 인한 관세환급 223
지정장치장 219
지체료(Detention Charge) 114
직소금지효력 278
직접거래(direct trade) 5
직접 네트워크(direct network) 258
직접손해보상의 원칙 155
직접조사 35
직접지급보증용(direct pay standby) 194

| ㅊ |

차별운임(discrimination rate) 113
착지불 수수료(Charges Collect Fee) 126
처분증권 227
철도운송 143
철도화물탁송장(Rail Consignment Note) 142
철회(withdrawal) 273
청구권의 포기(waiver of claim) 269
청구보증(demand guarantee) 211
청약(offer) 48
청약의 유인 49
체선료(Demurrage) 114
체화할증료(Port Congestion Surcharge) 114
초과보험(Over Insurance) 150
총괄운임(Lump Sum Freight) 120
총괄운임용선계약(Lump Sum Charter) 118
총중량(gross weight) 63
최저운임(minimum rate) 113
추심거래절차 177
추심방식 69, 175
추심에 관한 통일규칙(Uniform Rules for Collections: URC) 174, 175
추심은행(collecting bank) 175, 177
추심의뢰은행(remitting bank) 175
추정적 증거 226
추정전손(Constructive Total Loss) 153
추정전손조항(constructive loss clause) 161
출항전 신고(declaration prior to departure) 215
취소가능신용장(Revocable Credit) 187
취소불능신용장(Irrevocable Credit) 187

취소불능화환신용장개설신청서 198

| ㅋ |

컨테이너 규격 136
컨테이너 운송 135
컨테이너 탑재방식(Container Loading) 123
컨테이너 터미널 138
쿼터제도 22
클레임(claim) 74, 265
클레임조건 74
클레임 통지(claim notice) 268
클레임 포기(Waiver of Claim) 273

| ㅌ |

터미널화물처리비(THC: Terminal Handling Charge) 114
토마스신용장(TOMAS Credit) 192
통과무역 27
통관(custom clearance) 213
통선하증권(Through B/L) 233
통일상법전(Uniform Commercial Code: UCC) 254
통지은행(Advising Bank) 184
통합공고 20
통화할증료(CAF: Currency Adjustment Factor) 114
특별비용(Particular Charge) 155
특정품목할인요율(SCR: Special Cargo Rate) 125
특허보세구역 220

| ㅍ |

파손화물보상장(Letter of Indemnity: L/I) 115, 232, 233
판매적격품질(Good Merchantable Quality: G.M.Q.) 61
팔레트 탑재방식(Pallet Loading) 123
평균세액증명제도 224
평균중등품질(Fair Average Quality: F.A.Q.) 61
폐쇄식 동맹(closed conference) 111
포괄담보방식 151
포괄예정보험(open cover) 245
포장명세서(packing list) 244
포장조건 72
포페이팅(forfaiting) 210
표준품에 의한 매매(Sales by Standard) 61
품목분류방식 18
품목분류요율(CCR: Commodity Classification Rate) 125
품질조건 59
품질증명서(Quality Certificate) 246
플랫트 랙 컨테이너(Flat Rack Container) 138
피보험이익(Insurable Interest) 148
피보험자(Insured, Assured) 148

| ㅎ |

하터법(Harter Act) 228
한국무역정보통신(KTNET) 258
한국무역협회 7
함부르크 규칙(Hamburg Rules) 121, 230
항공운송주선업자(Air Freight Forwarder) 129
항공운임 125
항공화물운송대리점업(Air Cargo Agent) 128
항공화물운송장(Air Waybill: AWB) 130, 239, 240
항공화물탁송장(Air Consignment Note) 130, 239
항해과실 228
항해보험(Voyage Insurance) 147
항해용선계약(Voyage Charter, Trip Charter) 118
해상보험 145
해상보험증권 156
해상손해 152
해상운송 109
해상운송계약 109
해상운임 112
해상위험 150

해상화물운송장(Electronic Seaway Bill) 237, 238, 262
해외시장조사(overseas market research) 31
해운동맹 111
헤이그 규칙(Hague Rules) 228
헤이그-비스비 규칙(Hague-Visby Rules) 120, 229
현물상환도지급(Cash on Delivery: COD) 70
현실전손(Actual Total Loss: ATL) 153
혼합보험(Mixed Policy) 147
화물선취보증장(Letter of Guarantee: L/G) 115
화물위치추적(cargo tracking) 252
화물의 수령증(a receipt for the goods shipped) 226
화물취급수수료(Handling Charge) 126
화해(amicable settlement, compromise) 269, 273
화환신용장(Documentary Credit) 186
화환신용장 거래절차 196
확인신용장(Confirmed Credit) 187
확인은행(Confirming Bank) 184
확정청약 8, 49
환급대상수출 223
환급특례법상 관세환급 223
환어음(bill of exchange) 175
환적(transhipment) 67
회전신용장(Revolving Credit) 192
후지급 71, 170
후지급운임(Freight Collect) 113
희망이익보험 146

기타

Agreement on General Terms and Conditions of Business 54
Air Waybill: AWB 130
approximate quantity term 65
assigrable 188
AWB Fee(Documentation Fee) 126
banker's usance 190
Berth Term(liner term) 운임 113
Bolero(Bill of Lading Electronic Registry Organization) 260
Booking List(인수확약서) 116
business proposal 43
Capacity(능력) 41
Capital(자본) 41
Cargo Boat Note(B/N: 화물수도증) 116
CCCN 방식 19
CFR(Cost and Freight: 운임포함인도) 91
CFS(container freight station) 12, 139
CFS 작업료(CFS Charge) 114
Character(인격) 40
CIF(Cost Insurance and Freight: 운임 · 보험료 포함인도) 92
CIP(Carriage and Insurance Paid to: 운송비 · 보험료지급인도) 88
Circular Letter 43
Container Load Plan(CLP: 컨테이너 내적표) 117
CPT(Carriage Paid to: 운송비지급인도) 87
Cubic Meter: CBM 64
CY(container yard) 12, 139
DAP(Delivered at Place: 도착장소인도) 89
DAT(Delivered at Terminal: 도착터미널인도) 88
DDP(Delivered Duty Paid: 관세지급인도) 89
Delivery Order(D/O: 인도지시서) 116
divisible 188
Dock Receipt(D/R: 부두수령증) 117
EDI(Electric Data Interchange) 241, 256
Equipment Interchange Receipt(EIR: 기기수도증) 117
Establishing Bank 184
EXW(EX Works: 공장인도) 85
FAS(Free Alongside Ship: 선측인도) 90
FCA(Free Carrier: 운송인인도) 86
FCL(full container load) 12
FEU: forty-foot equivalent unit 64, 136
FI(Free In) 운임 113

FIO(Free In & Out) 운임 113
FO(Free Out) 운임 113
FOB(Free on Board: 본선인도) 91
great gross 63
Groupage B/L 234
GSP(Generalized System of Preferences; 일반특혜관세) 246
House B/L 234
HS 방식 19
HS 협약 20
ICC(A) 164
ICC(B) 164
ICC(C) 164
ICD 140
Incoterms 79
Incoterms® 2010 79
Incoterms의 제정목적 80
ISO(International Standardization Organization) 135
Land Bridge 운송 133
LCL(less than a container load) 12
Long Ton(L/T) 63
marine insurance 145
Master B/L 234
Mate' s Receipt(M/R: 본선수령증) 116
Metric Ton(M/T) 63
Micro Land Bridge 134
Mini Land Bridge 134
more or less clause: M/L clause 65
MTO: Multimodal Transportation Operation 132
Negative List System 18
New York 협약 278
Notifying Bank 185
O/A 방식 209
open rate 111
Opening Bank 184
POP의 원칙 157
Positive List System 18
Quota 제도 22
Reversed Interior Point Intermodal 134
Rule Book(볼레로규약집) 260
Rye Terms(R.T.) 62
Sea and Air 운송 133
Sea Damage(S.D.) 62
shipper' s usance 190
Shipping Order(S/O: 선적지시서) 116
Shipping Request(S/R: 선복신청서) 116
Short Ton(S/T) 63
Siberia Land Bridge 134
SITC 방식 18
small gross 63
Society for Worldwide Interbank Financial Telecommunication 198
SWIFT 198
Tale Quale(T.Q.) 62
Tally Sheet(검수표) 116
TEU: twenty-foot equivalent unit 64, 136
The Harmonized Commodity Description and Coding System 19
The United Nations Convention on the Recognition and Enforcement of Foreign Arbitral Awards 278
trade card 252, 261, 262
Trans China Railroad 134
transferable 188
Transferable L/C 200
transmissable 188
Transmitting Bank 185
Uniform Rules for Collections(1995 Revision) ICC Publication No 522: URC 522 175
WAIOP(With Average Irrespective of Percentage) 161

저자 약력

박 명 섭

성균관대학교 무역학과 학 · 석 · 박사과정 수료
영국 리버풀대학 경제학과 Ph.D
일본 코베대학 경영학부 외국인연구원(Japan Foundation Fellow)
부산수산대학교 무역학과 교수(1985.3~1996.7)
부경대학교 국제통상학부 교수(1996.7~2002.2)
일본 후쿠오카 대학 상학부, 나카무라가쿠엔 대학 유통과학연구과 객원교수
현) 성균관대학교 경영학부 교수
성균관대학교 대학원 무역학과장
한국안보통상학회 회장

신 정 식

경기대학교 경상대학 무역학과 졸업(경영학사)
경기대학교 대학원 무역학과 수료(경영학박사)
삼원상사 대표
아비코주식회사 자문역 역임
경기대학교 교학처장
현) 경기대학교 경상대학 무역학과 교수
경기대학교 대학원 무역학과 주임교수
경기대학교 교육대학원 상업정보교육전공 주임교수
한국무역상무학회 부회장
한국상업교육학회 부회장

국제상무 2판

발행일 2014년 1월 20일 초판 발행
저 자 박명섭, 신정식 공저
발행인 홍진기
발행처 아카데미프레스
주 소 413-756 경기도 파주시 문발동 출판정보산업단지 507-9
전 화 031-947-7389
팩 스 031-947-7698
웹사이트 www.academypress.co.kr
이메일 info@academypress.co.kr
등록일 2003. 6. 18. 제406-2011-000131호
ISBN 978-89-97544-42-4 93320

값 25,000원